KB033442

대동단실기
大同團實記

신복룡
申福龍

건국대학교 정치외교학과, 동 대학원 수료(정치학박사)
건국대학교 정치외교학과 교수 역임
미국 조지타운대학 객원 교수
건국대학교 중앙도서관장 및 대학원장 역임
한국정치외교사학회장 역임
건국대학교 정치외교학과 석좌 교수 역임
조선민족대동단기념사업회 부회장
역ㆍ저서 :『동학사상과 갑오농민혁명』,『한국정치사』,『전봉준평전』,『한
국분단사연구』(2001년도 한국정치학회 학술상 수상),『한말외국인기록』(전 23권),
『한국사 새로 보기』,『이방인이 본 조선 다시 읽기』,『한국정치사상사』(2011
년도 한국정치학회 인재학술상 수상),『입당구법순례행기』,『정치권력론』

대동단실기(大同團實記)

초   판 1쇄 발행 2003년 10월 20일
개정증보판 1쇄 발행 2014년 10월 10일

지은이 | 신복룡
펴낸이 | 윤관백
펴낸곳 | 도서출판선인

등 록 | 제5-77호(1998.11.4)
주 소 | 서울시 마포구 마포대로 4다길 4(마포동 324-1) 곳마루 B/D 1층
전 화 | 02)718-6252 / 6257
팩 스 | 02)718-6253
E-mail | sunin72@chol.com

정가 27,000원
ISBN 978-89-5933-759-0 93900

· 잘못된 책은 바꿔 드립니다.
· www.suninbook.com

* 본 저서는 조선민족대동단기념사업회의 연구비로 발간된 것임

대동단실기(大同團實記)

신복룡

도서출판 선인

3판 서문

    2012년에 일선 교직에서 완전히 물러나 강의 부담에서 벗어났을 때 내가 해야 할 일들 가운데 가장 서둘러야 할 것은 이미 발간했던 저술들의 개정 증보판을 쓰는 일이었는데, 그 가운데 나는 이 책에 먼저 손이 갔다. 1982년에 초판을 출판했을 무렵과 재판을 낸 2003년의 상황은 지금과 여러 가지 면에서 여건이 많이 달라졌다 여러 역사 연구 기관에서 많은 사료를 발굴했을 뿐만 아니라 이들을 디지털화함으로써 사료 접근이 그만큼 쉬워졌다는 점에 대하여 나는 많은 고마움을 느끼고 있다. 국사편찬위원회, 국가보훈처, 독립기념관 독립운동사연구소 및 여러 학회의 노력에 힘입어 이제 3판을 수정 증보한 것에 대하여 깊이 감사를 드린다.

    수정 작업 과정에서 자료 수집에 많은 분들로부터 신세를 졌다. 특히 독립운동사연구소의 이동언(李東彦) 연구원과 한성대학교 사학과의 조규태(曺圭泰) 교수님께서 많이 도와 주셨고 국가보훈처의 서동일(徐東一) 박사와 전문관 김정아(金貞亞) 선생님께서 많이 도와주셨다. 어려운 일본 고문(古文)의 번역에는 건국대학교 일어교육과 조남덕(趙南德) 교수님으로부터 많은 도움을 받았다.

    무엇보다도 이번 개정판의 출판에 연구비를 도와주신 조선민족대동단

기념사업회의 창립 회장이시자 현재의 고문이신 김자동(金滋東) 선생님께 깊이 감사를 드린다. 한국현대사의 질곡(桎梏)을 모두 겪으시고 미수(米壽)를 바라보는 연세에 아직도 민족정기를 찾고자 애쓰시는 모습이 감사하고 사사롭게는 부족한 이 사람을 늘 과분하게 여겨주신 것에 대해서도 깊이 감사를 드리며, 여생 동안에 일생토록 꿈꾸어 오신 바를 이루시기 바란다.

　아울러 증보판을 쓰는 과정에서 기록과 사진을 제공해 주신 유족 여러분께도 깊이 감사를 드리며, 이 보잘것없는 책이 그분들의 후손들에게 조상의 넋을 기리는 데 작은 보탬이 될 수 있다면 더 바랄 것이 없다. 그리고 어려운 출판계의 여건에도 불구하고 부족한 나의 글의 출판을 맡아준 도서출판 선인의 윤관백(尹寬伯) 사장님과 책을 아름답게 만들어준 편집부 박애리, 임현지 선생님께도 감사의 말씀을 드린다.

2014년 7월 7일

신 복 룡

2판 서문

   세월이 많이 흘러 개정판을 내는 것은 초판을 그만큼 잘 썼다는 뜻인지 아니면 필자가 게을렀다는 뜻인지 가늠하기 어려운 일이지만, 어쨌든 오랫동안 마음속에 빚처럼 남아 있던 책의 재판을 내게 되니 기쁘기 짝이 없다. 1982년에 초판이 나온 지 20년이 지났다. 워낙 특수 분야의 사학이어서 독자층도 엷었고, 여러 모로 글이 부족한 탓에 절판된 지도 꽤 시간이 지났지만 개고(改稿)를 한다는 것이 쉽지 않았다.

   그럼에도 불구하고 그동안 대동단(大同團) 관계의 법정 기록 등 새로운 자료가 많이 발굴되었고, 2002년 6월에 조선민족대동단(朝鮮民族大同團)기념사업회가 창립된 이후 유족과 만날 수 있는 기회가 마련되어 가승(家乘)과 증언 및 관련자의 사진 등을 얻을 수 있었던 것이 재판의 용기를 얻게 된 결정적인 계기가 되었다. 따라서 이 글은 유족 및 관계자 여러분들과의 공저나 다름없는 책이다.

   이 책을 쓰면서 가장 고심했던 부분은, 그래서 집필을 머뭇거릴 수밖에 없었던 이유는, 관계자들의 일부가 대동단사건 이전에 일진회(一進會)에 가담함으로써 친일이라는 비난을 들을 수 있는 전비(前非)를 가지고 있으며, 또 일부에는 대동단사건 이후에 친일의 길을 걸은 인사들이 있기 때문에 글을 쓰기가 쉽지 않았다는 점이다. "역사가에게 정확은 미덕이기 이전에 의무"(E. H. Carr)라고 하지만, 그 부덕(不德)함을 거론한다는 것이 필자로서는 부담되는 일이 아닐 수 없었다. 그러나 "사실은 신성한 것이고 해석이 다른 것은 그 뒤의 일"(Charles P. Scott)이기 때문에 사실을 사실대로 기록할 수밖에 없었고, 이 부분이 혹시 유족들에게 아픔을 주지나 않았나 하는 생각이 들어 미안할 따름이다.

책을 내노라면 많은 분들에게 빚을 지게 된다. 유족들께서 도와주신 것은 당신들의 일이니 그렇다 할 수도 있는 일이지만, 그러나 어쨌든 도움을 받는다는 것은 고맙고 송구한 일이다. 활판으로 인쇄한 초판을 스캐닝하여 컴퓨터 조판본을 만들어 준 코리아 콘텐츠 랩(Korea Contents Lab)사의 유대성(劉大成) 사장님에게 깊은 감사를 드리며, 돈 주고 사볼 만한 책도 아닌 것을 출판해 주신 도서출판 선인(先人)의 윤관백(尹寬伯) 사장님에게 많은 빚을 졌다. 귀한 자료와 사진을 구해 주신 독립기념관 독립운동사연구소의 조범래(趙凡來) 박사님과 이동언(李東彦) 연구원께 깊은 감사를 드린다.

이 분야의 전문가인 국민대학교 장석흥(張錫興) 교수께서는 부족한 원고를 읽고 많은 지적을 해줌으로써 이나마 책의 모양을 갖출 수 있도록 도와주었다. 대전 우송대학교의 김형훈(金亨勳) 교수는 나를 대신하여 충남·대전 일대의 대동단 유족들을 면담하고 자료를 모아 주는 수고를 맡아주었다. 건국대학교 정치외교학과의 정수진(丁秀珍) 양은 인천 일대에 사시는 유족들의 자료를 수집하느라고 고생을 많이 했다. 언제나 그렇듯이, 원고 정리에 많은 수고를 해준 나의 충실한 조교, 건국대학교 대학원의 박성진(朴城進) 석사에게 고마움을 잊을 수 없다.

2003년 8월 9일

신 복 룡

　한국의 민족운동사를 공부하면서 느끼는 한 가지 안타까움은 후손들에게 읽히고 알릴만 한 가치가 있음에도 역사의 뒤안길에 묻힌 채 잊혀 가고 있는 사실(史實)들이 너무 많다는 점이다. 하나의 사실이 후세에 빛을 보지 못하는 데에는 여러 가지의 이유가 있다. 홍범도(洪範圖)의 경우와 같이 스스로 아무런 기록을 남기지 않았거나 활약한 인물이 천수(天壽)를 누리지 못하여 누구에게도 그 얘기를 전해 주지 못한 경우도 있고, 후세의 역사가들이 게을러 미처 발굴 · 천착(穿鑿)하지 못한 경우도 있다.

　여기에서 소개하고자 하는 대동단(大同團)이 아직 학계에 보고된 바가 없는 이유는 그것이 점조직(點組織)의 비밀 결사였기 때문에 자료를 얻기 어려웠다는 점도 있지만, 그것이 역사의 망각 지대에 놓여 있었다고 하는 점도 중요한 이유가 될 수 있다. 그러나 어떤 역사적 사건이 후세에 전승되지 않는다고 해서 그것이 가지는 가치조차 비하(卑下)될 이유는 없다. 이는 사향(麝香)을 아무리 보자기에 싸둔다고 해도 그 향마저 감출 수는 없는 것과 마찬가지이다.

　1919년의 3 · 1운동이 실패로 돌아간 뒤 그것이 민족의 대동단결을 이루지 못했다는 회한(悔恨)에 빠진 전협(全協)을 비롯한 몇몇 선각자들은 민족의 전면적인 참여를 통하여 다시 한번 독립운동을 전개하리라고 마음 먹고, 전국의 각계각층을 망라한 11개 사회 대표자로서 한 단체를 조직했 다. 그것이 곧 조선민족대동단(朝鮮民族大同團, 약칭 대동단)이었다. 대동단이 활약한 시기는 3·1운동의 물결이 누그러지기 시작한 1919년 4월부터 시 작하여 이듬해 4월까지 1년 남짓한 기간이 된다. 그러나 이 기간 동안에 대동단은 지하 문서를 배포하고 『대동신보』(大同申報)라는 지하 신문을 제 작하여 배포했다. 그러나 대동단의 업적으로서 가장 주목할 만한 사실은 1919년 11월 초순에 의친왕(義親王) 이강 공(李堈公)의 상해(上海) 탈출을 기 도했다고 하는 사실이다. 이 사건은 결국 바라던 목적을 이루지 못했지만 이것이 국내외에 미친 영향은 매우 컸다.

대동단이 가지는 극적(劇的)인 요소는 그 지도급 인물 중의 일부가 전 일진회(一進會) 회원이었다고 하는 사실이다. 그럼에도 불구하고 그들은 끝내 자신의 부덕(不德)을 씻고 개과(改過)하여 민족 전선에 투신했으니, 우 리는 그들의 행적을 미쁘다 하지 않을 수 없다. 항간(巷間)에서는 전협과 그의 몇몇 동지들의 전력을 들어 그들의 논공행상에 부정적인 태도를 취 하는 사람이 있으나, 처음에는 선(善)했다가 나중에는 부덕(不德)한 사람이 비난을 받을 수 있지만 처음에는 다소의 실수가 있다고 하더라도 끝내는 자신의 과오를 뉘우치고 대의(大義)의 길을 걸었다면 우리는 오히려 그들 의 처사를 아름답다고 말할 수 있을 것이다.

이 글은 본디 하나의 학술 서적으로 엮으려 했으나, 더 많은 사람들에 게 읽히도록 하고자 소설적 분위기의 논픽션 스타일로 엮었음에 대하여 학계에서는 양해하여 주시기 바란다. 그러나 사실을 말할 뿐 지어낸 이야 기는 없다.(述而不作) 그리고 집필하면서 문헌적인 자료에 충실하려고 한 기본적인 입장에는 변함이 없지만, 결국 이 글은 발과 증언으로 쓰인 것 이다. 그러므로 나는 이 글이 나오기까지 귀중한 증언을 해준 대동단원들 과 그 후손들에게 감사를 드리지 않을 수 없다.

그런 점에서 본다면 이 글은 나 자신의 단독 저술이 아니오, 대동단원과 그 유족들에 의한 공저라고 할 수 있다. 그럼에도 본의(本意) 아니게 이 글에 사실과 다름이 있거나 선열(先烈)들의 뜻에 어긋남이 있다면 이는 전적으로 나 자신의 책임이다. 끝으로 교정과 색인 작업의 수고로움을 맡아 준 신채호(辛采鎬)·이동현(李東玹) 두 학제(學弟)에게 감사하며, 보잘것없는 나의 글을 마다하지 않고 번번이 출판해 준 양영각(養英閣)의 여러분들께 깊은 감사를 드린다.

1982년 9월 30일
신 복 룡

헌사(獻辭)

이 글을 삼가 고(故) 역전(力田) 최익환(崔益煥) 선생과 그 옛 동지들의 영전(靈前)에 바칩니다. "인생은 백마가 달려가는 것을 문틈으로 내다보는 것처럼 빠르다."(人生如白駒過隙, 『三國志』)는 옛말이 있습니다만, 선생께서 1959년에 타계하신 지도 어언 사분세기(四分世紀)의 세월이 지났습니다. 그동안 세상도 많이 바뀌어 선생과 함께 조국의 미래를 걱정하던 첫 동지들은 모두 유명(幽明)을 달리했고 오직 한기동(韓基東) 선생만이 아직 충남(忠南) 서산(瑞山)에서 천수(天壽)를 누리고 있습니다.

돌아보니 제가 이 글을 준비한 지도 벌써 15년의 세월이 흘렀습니다. 선생의 딸인 최명화(崔明和)와 1969년에 결혼하여 선생의 행적을 어렴풋이 들었을 때만 해도 독립 유공자 포상 신청서를 작성할 자료밖에는 가지고 있지 않았습니다. 그러던 제가 이 글을 쓰게 된 것은 대동단이라는 비밀 결사가 항간에 구전(口傳)되는 정도로 밖에는 알려진 것이 없다는 안타까움뿐만 아니라, 단편적으로나마 아내나 선생의 옛 후학들로부터 들은 선생의 고매(高邁)한 민족혼이 저의 가슴에 와 닿는 것이 있었기 때문이었습니다.

선생의 외아들이 명문대학에 합격하고 부친께 등록금을 요구했더니,

"이 세상에 너보다 더 똑똑하면서도 공부를 못하고 있는 청년들이 많은데 내가 어찌 너의 등록금만을 대어 줄 수 있느냐?"고 말씀하시면서 자식의 학비를 마련해 주지 않았다는 얘기를 들으면서, 저 역시 자식들을 둔 한 아비로서 과연 그럴 수 있을까 하는 생각이 들어 숙연해진 적이 있었습니다. 지금 생각하면 왜 저는 제 아내와 좀 더 빨리 인연을 맺어 생전에 선생을 뵙고 사랑을 받아 보지 못했을까 하는 안타까움이 늘 머리를 스칩니다.

그 뒤 제 자식들에게 "너의 외할아버지는 이런 분이셨다."고 가훈(家訓)을 들려주려고 자료를 찾아 도서관을 뒤지고 전국에 생존해 있는 선생의 옛 동지와 후손들을 찾아다닌 지 15년의 세월이 흐른 지금, 저는 이제 저의 자식이라든가, 부족한 이 사람을 위해 밤낮으로 기도해 주시는 수(壽) 80의 빙모(聘母)에게 보답한다는 사사로운 생각을 넘어서, 한국의 민족운동사를 공부하는 한 학도로서 대동단의 기록을 발굴하여 세상에 전하는 것이 제게 부과된 하나의 의무임을 알게 되었습니다.

그러나 대동단이 점조직의 비밀 결사였고 생존자도 많지 않아 여러 가지 고초를 겪으면서 이제 겨우 한 권의 책을 엮기에 이르렀습니다. 그동안 고생도 많았지만 추억될 보람도 많았습니다. 임종(臨終)이 가까운 박형남(朴馨南) 선생을 북아현동으로 찾아갔을 때 노안(老眼)에 눈물을 적시며 맞아 주시던 일이며, 서산(瑞山)의 한기동 선생을 찾아갔을 때 능소화 우거진 전원에서 60년 전의 사건을 또박또박 들려주시던 일을 잊을 수가 없습니다. 1972년의 어느 날에는 이을규(李乙奎) 선생이 위독하시다는 신문 보도를 보고 휘경동 자택을 허겁지겁 찾아갔으나 생전의 모습을 뵙지도 못하고 영전(靈前)에 분향(焚香)만 하고 돌아오면서 자신의 게으름에 괴로워한 적도 있습니다.

생존자와 유족들을 찾아다니며 뼈저리게 느낀 것은 그 후손들의 거의가 제대로 배우지 못하고 가난하게 살고 있다는 사실이었습니다. 어느 애국자인들 자식을 위해 독립운동을 한 분이 있겠습니까마는, 저는 그들의 비참한 현실을 바라보면서 저들보다 조금은 더 배운 제가 저들을 위해서 할 수 있는 일이 무엇인가를 생각한 끝에 1977년에는 대동단원으로서 서훈(敍勳)을 받지 못한 전협(全協) 선생 외 29명의 포상(褒賞) 신청을 저의 명의(名義)로 원호처에 제출했으나 "생사 불명" 등의 이유로 모두 기각 당하는 아픔을 맛보기도 했습니다. 나중에 독립유공자 포상이라도 받으려고 그들이 민족 전선에 투신한 것은 아니라는 점을 누구보다도 잘 알고 있는 제가 시키지도 않은 일을 한 것은 그렇게 하는 것이 이미 포상을 받은 선생께서 옛 동지들을 위해 베풀 수 있는 자그마한 우정이요, 그 일은 저만이 대신할 수 있다고 생각했기 때문이었습니다.

"역사는 과거나 현재에게 들려주는 대화"라고 말한 학자가 있습니다. 비록 선생께서 잡초만이 무성한 망우리(忘憂里) 공동묘지에 묻혀 있고, 옛 동지들의 후손들이 어렵게 살아간다고 할지라도, 부족한 이 글이 대동단원들의 단심(丹心)을 후손들에게 전해 줄 수만 있다면 저는 그 하나만으로도 지난날의 모든 고단함을 잊을 수가 있습니다. 71수(壽)의 간난(艱難)한 생애에 어느 한때도 영화(榮華)가 없었고 말년에는 성북동 셋집에서 아사(餓死)나 다름없는 최후를 마치신 그 여한(餘恨)을 어찌 풀 수 있겠습니까마는, 바라건대 영혼이나마 지하에서 편히 잠드소서.

1982년 팔월 한가위

신 복 룡

재배 근서(再拜謹書)

차례

【부 록】

사진 차례

제1장

모 멸侮蔑의 시 대

1. 뜬구름

때는 1908년 여름 어느 날.

경기도 부평(富平) 군청의 동헌(東軒)에는 6척 장신의 한 헌헌장부(軒軒丈夫)가 서북쪽으로 날아가는 뭉게구름을 물끄러미 바라보며 깊은 사념(思念)에 사로잡혀 있었다.

이 사람은 누구인가? 이름은 전협(全協), 호는 두암(斗庵). 1876년생이니 이제 나이 30이 갓 넘은 이 사람이 바로 부평 군수였다. 그는 뜬구름을 바라보며 지난날 자신이 걸어온 길을 더듬어보고 있었다. 명문가라고는 할 수 없지만 서울의 양반 가문인 완산(完山) 전씨(全氏)의 문중에서 태어난 그는 어려서부터 그 재질이 총명하고 인물 또한 출중하여 남들의 부러움을 받으며 소년 시절을 보냈다. 청년이 되어서는 한때 황해도 봉산(鳳山)과 해주(海州)에서 산 적도 있다. 14세에 과거에 응시했지만, 이미 기울어가는 나라며 어지러운 사회 풍조는 이 어린 소년의 꿈을 무산시켜 버리고 말았다.

어찌하면 이 난세에 이름을 청사(靑史)에 기록하고 후세에 유업을 남길 수 있을 것인가? 그는 당시를 풍미하던 동학(東學)에 입도할 것을 결심했다. 그러면서도 청운의 꿈을 버리지 않은 전협은 관계(官界)의 진출을 집요하게 추구한 결과 나이 20세가 되던 1896년에는 농상공부(農商工部)의 주사(主事)로 취직할 수 있었다.[1] 시문(詩文)이 뛰어났고 그 성격 또한 호방했던 전협은 주위 사람들의 이목을 집중시키기에 충분했다.

나라는 날이 갈수록 어지러워지고 능력보다는 정실과 연줄이 더 앞서는 시대가 왔다. 전협은 이 난세를 어떻게 살아갈 것인가를 궁리한 나머지, 그 무렵 그 힘이 날로 창성(昌盛)하여 가던 일진회(一進會)에 가담함으로써 입신양명의 발돋움을 삼으려고 생각했다. 그 무렵만 해도 러일전쟁이 막 끝난 터에 일진회는 동학종단의 한 지파(支派)로서 그 순수성을 유지하고 있었다. 일진회에서 그의 능력은 바로 남들의 눈에 띄게 되었다. 1904년이 되자 전협은 전국환(全國煥) 또는 전도환(全道煥)이라는 이름으로 일진회 전라북도 조사위원이 되었다가 다시 일진회의 총무와 평의원이 될 수 있었다.[2] 이제 그의 나이 30세도 채 되지 못한 것을 생각한다면 그의 출세는 순풍에 돛을 단 배와 같았다.

그는 이용구(李容九)와 송병준(宋秉濬)의 눈에 들게 되었고, 그와 아울러 그의 전도(前途)는 양양하기만 했다. 그는 곧 이어 제주(濟州) 군수로 영전되었다가 1905년에 부평 군수로 전임되었다.[3] 이때 그는 일진회 소속으로 북간도 개척을 위한 책임을 함께 맡고 있었다.[4] 그가 부평 군수로 전임된 지 3년이 지난 1908년, 세월은 그동안 많이 변했다. 그가 지난날 그토록 순수하게 출발했던 일진회는 일본 침략의 주구가 되었으며, 전협의

1) 靑柳南冥, 『朝鮮獨立騷擾史論』(서울 : 朝鮮硏究會, 1920), 87쪽.
2) 「一進會日誌」, 광무 8년(1904) 11월 22일자, 金正柱(編), 『朝鮮統治史料』(4) (東京 : 宗高書房, 1970), 392쪽.
3) 「一進會日誌」, 광무 9년(1905) 7월 22일자, 같은 책, 672쪽.
4) 「一進會日誌」, 광무 9년(1905) 7월 30일자, 같은 책, 674쪽.

이름은 이용구나 송병준의 다음 반열(班列)에 서게 되었다.

일본 천황에게 보내는 한일합방청원서(韓日合邦請願書)에는 세 번째로 그의 이름이 서명(署名)되었고, 시간이 흐름에 따라 그에게는 매국노라는 이름이 자연스럽게 주어지게 되었다. 나이 30세에 얻은 부평 군수, 그것은 그에게 분명히 명예가 되었다. 그러나 그것이 자신의 본심이 아니었다고 하는 것이 그의 양심을 찌르고 있었다. 그가 제주 군수로 있을 무렵 서울에는 옥씨(玉氏)라고 하는 정실 부인이 있었으나, 제주에 온 이후로는 객수(客愁)를 이길 길이 없어 그곳의 김씨녀(金氏女)를 소실로 취(娶)하여 슬하에는 충선(忠善)과 직선(直善)이라고 하는 두 아들까지 두어 가정적으로도 다 복하다고 스스로 생각했다.[5]

권력은 여자를 따르게 하는 것인지도 모른다. 그가 비록 정실 아내와 소실을 두었다고는 하나 그에게는 그들에게 못지않게 총애하는 여인이 있었다. 거창(居昌) 태생의 이 여인은 지난날 장안에 이름을 떨치던 기생 변(영)화(卞榮和)였다. 난세에 꿈을 키우는 한 호걸과 그를 따르는 여장부— 이 두 사람은 곧 연사(戀事)를 맺게 되었고, 부평 군수로 부임하면서 전협은 이 여인과 동거하기 시작했다.[6] 낮이면 일개의 방백수령(方伯守令)으로 부러울 것이 없었고 밤이면 가인(佳人)을 품안에 품을 수 있었던 이 난세의 영웅에게도 일말의 민족적인 양심은 살아 있었다.

"나의 인생은 이렇게 끝나고 마는 것일까?"

전협은 소실 변화를 바라보며 중얼거렸다. 비록 기생의 몸이라고 하나 고금의 학문과 기예(技藝)가 출중했던 이 남상여걸(男相女傑)에게는 지아비의 흉리(胸裡)를 읽을 만한 총명이 있었다. 그는 야망에 눈이 어두워 이제는 역사에 욕된 매국노로 기록되어 버린 전협의 젊은 날과 자신의 운명에

---

5) 「전협 五十年 一生」(8), 『東亞日報』 1927년 1월 19일자; 全直善(1906년생 : 전협의 次男 : 경기도 인천시 북구 부평등 770-5/2 거주)의 증언.
6) 朴馨南(서울시 서대문구 북아현동 1-18)의 증언.

전협(全協)   최익환(崔益煥)

대해 연민의 정을 품고 있었다. 그 젊은 나이에 부귀도 공명도 그리고 인생의 즐거움도 다 맛보았지만, 이제 죄지은 몸이 된 자신들에게 그러한 세속진토(世俗塵土) 속의 명예나 허물(毁譽褒貶)이 모두 부질없는 것이라는 사실을 그들은 뼈저리게 느끼고 있었다. 그들에게는 적막한 암울만이 깃들고 있었다.

"손님이 찾아 오셨습니다."

통인(通引)이 두 사람의 적막을 깨뜨렸다. 통인은 한 청년을 안내해 들어왔다. 이제 나이 갓 스물이 넘은 이 청년을 바라보며 전협은 반가움을 금할 길이 없었다. 전협은 청년을 안내하여 내실로 들어갔고 얼마간의 주찬이 마련되었다. 그들의 얘기는 꽤 오랫동안 계속되었다. 그간의 인사며 시세(時勢)에 관한 얘기를 나누는 이 두 사람 사이에는 열두 살의 나이 차이도 아랑곳없이 이어져 갔다. 이 청년은 누구인가?

이름은 최익환(崔益煥). 1890년생이니 이제 나이 18세였다.[7] 충남 홍성군 주북면 평리(忠南 洪城郡 州北面 坪里)에서 태어나, 일찍이 청운의 뜻을 품고 상경한 그가 의탁할 곳이라고는 민족의 혼이 깃든 동학(東學)에 먼저 입도(入道)하는 길밖에 없었다. 남자다운 기상이라기보다는 고고한 선비와 같은 이 귀골의 청년은 그의 선배인 전협이 그랬던 것처럼 일진회에 가담함으로써 자신의 꿈을 실현해 보고자 했다.

서울에 올라온 최익환은 능력 있는 자만이 살아남는다는 비정한 현실을 금세 깨달을 수가 있었다. 그는 실력을 배양하려면 먼저 학업을 계속해야 한다는 결론에 이르게 되었다. 그는 비록 동학의 교도라고는 할지라도 서학(西學)에 대한 이해가 없이는 서세동점(西勢東漸)의 이 현실에서 나래를 펼 수 없으리라는 사실을 깨닫게 되었다. 그리하여 그는 일진회의 도움을 얻어 경성사립광무(光武)일어학교에 입학하게 되었으니, 때는 그의 나이 16세 되던 1905년 9월이었다. 광무일어학교는 일진회가 일본에 대한 이해를 증진시키려고 1905년 5월에 서울 중서하교(中署河橋)에 세운 학교였다.[8]

러일전쟁이 끝나고 동양에서 일본의 세력이 날로 치솟는 무렵의 세류(世流)로 보아 일본어를 유창하게 할 수 있다는 것이 하나의 중요한 무기가 될 수 있다는 그의 생각은 정확했다. 일어학교의 학창 생활은 2년 동안 계속되었다. 일진회원이라는 그의 신분은 그 무렵 일본의 세력 아래에 있는 조선 땅에서는 불편 없이 지내기에 충분한 것이었다. 천성적으로 두뇌가 명민했던 최익환은 일어학교에서 발군의 실력을 보여 줄 수가 있었

---

7) 최익환의 출생 연도는 자료에 따라서 다르다. 관문서에는 1888년생으로 되어 있고 호적등본에는 1889년생으로 되어 있으나 그의 족보와 동학(東學) 입도 무렵의 명첩(名帖)에는 1890년생으로 되어 있다. 그의 출생 연도는 1890년이 맞다. 그럼에도 그가 1888년으로 나이를 늘려 잡은 것은 어린 티를 벗기 위해 나이를 속인 것이다.

8) 「一進會日誌」(광무 9년(1905) 5월 11일자), 金正柱(編), 『朝鮮統治史料』(4), 477쪽.

고, 그 덕분에 졸업과 동시인 1907년 5월에 그는 종사도량형사무국(從事度量衡事務局)의 통역관으로 취직할 수 있었다. 그는 이곳에서 12개월 동안 근무했다.

최익환은 곧 이용구와 송병준의 인정을 받았다. 그는 통역관만으로는 자신의 꿈을 이룰 수가 없다고 판단했다. 그는 전임(轉任) 운동을 했다. 그의 꿈은 곧 이루어져 1908년에 그는 탁지부(度支部) 세무주사(敍判任 7級)의 사령을 받아 충남 서천군(舒川郡) 재무서(財務署) 주사(主事)로 전보되기에 이르렀다.[9] 이제 최익환으로서는 지난날 같은 동학 교도였으며 일진회의 선배인 전협을 찾아 작별의 인사를 드리러 온 것이었다.

그들의 오래간만의 만남에서 오는 기쁨도 잠시뿐이었다. 그들은 자신들이 지금 역사의 어느 순간에 서 있으며, "나는 과연 누구인가?" 하는 질문에 대하여 가장 정확한 대답을 내릴 수 있는 사람들이었다. 그들의 반가움과 즐거움은 울분과 자책(自責) 그리고 부끄러움으로 변했고, 그들의 주석(酒席)도 그러한 방향으로 흘러가고 있었다.

"속죄"(贖罪)!

문득 그들의 입에서 이런 말이 튀어나왔다. 아직도 때는 늦지 않았다는 생각이 그들의 머리를 스쳐갔다. 전협으로서는 차기 농상공부대신의 물망에까지 오르고 있다는 유혹을 뿌리치는 것이 쉽지는 않았지만,[10] 그들이 이제까지 살아온 인생에 견주어 본다면 그들의 여생은 더 길고 멀다는 것을 그들은 잘 알고 있었다. 그러나 당장 그들에게 만족할 만한 해답이 나오는 것은 아니었다. 전협은 최익환에게 일단 서천으로 내려가 세무주사의 일을 맡아보면서 천천히 기회를 찾아보도록 권고했다. 최익환도 그

---

9) 이상 최익환의 청년기에 대해서는 국사편찬위원회(編), 『大韓帝國官員履歷書』(서울 : 探求堂, 1972), 343쪽 참조.

10) 「전협에 대한 경찰 조서」(2), 『한민족독립운동사자료집(5) : 대동단사건(I)』(과천 : 국사편찬위원회, 1988), 191쪽 ; 「대동단사건에 대한 경성지방법원검사국 의견서」, 같은 책, 215쪽. 이하 『대동단사건』(I)로 略記함.

것이 좋겠다고 생각했다.

전협을 작별한 최익환은 서천으로 부임하는 길에 먼저 자신의 본가인 홍주(洪州) 옥암리(玉岩里)를 찾았다. 이곳에서 그는 씻을 수 없는 마음의 충격을 받았다. 그가 고향을 떠날 때와는 달리 홍주는 이미 일본군들의 말발굽 아래 초토화되어 있었다. 그가 고향을 떠나 있는 동안 을사조약(乙巳條約)이 체결되었고, 이에 분개한 홍주의 전 참판인 민종식(閔宗植)은 의병 500명을 이끌고 거병(擧兵)했다. 그러나 민종식의 의기는 비정한 현실 앞에 아무런 소득도 없이 사그라졌다. 그의 군대는 일본군의 기습을 받아 500명 가운데 82명이 전투에서 피살되었고, 145명이 체포되어 온갖 고초를 겪었으며, 나머지는 유랑의 길을 떠났다. 민종식은 1905년 11월에 체포되어 사형 언도를 받고 종신형으로 감형됨으로써 목숨을 부지할 수가 있었다.[11]

초토화된 고향의 모습은 최익환의 가슴에 못을 박았다. 그는 자신이 일진회의 회원이었던 오명(汚名)을 씻을 길이 없었다. 고향을 떠나 서천에 세무주사로 부임한 뒤에도 최익환은 이 자책의 쓰라림을 지울 길이 없이 어언 2년의 세월이 흘렀다. 이제는 무언가를 결심할 때가 되었다고 그는 생각했다. 그리하여 그는 자신의 지기(知己)인 전협을 찾아가 이 일을 상의하기로 작정하고 상경(上京) 길에 올랐다.

2. 유랑(流浪)

최익환이 전협을 만나려고 다시 부평을 찾은 것은 1909년 봄이었다. 그 동안 서로 떨어져 지내며 고뇌에 찬 생활을 보냈지만, 그들이 각기 제시

11) 「朝鮮暴徒討伐誌」, 金正明(編), 『明治百年史叢書 : 朝鮮獨立運動』(1)(東京 : 原書房, 1967), 126, 133~135쪽; 「忠淸道洪州の義兵處罰等の件」, 같은 책, 10쪽.

한 결론은 동일한 것이었다. 그들은 더 이상 자신의 자리에서는 민족 앞에 지은 죄를 속죄할 수 없다는 사실을 확인하기에 이르렀다. 그렇다면 어쩔 것인가? 전협과 최익환은 만주(滿洲)로 망명한다는 데에 쉽게 합의를 볼 수가 있었다. 그들은 만주로 건너가 새로운 삶을 시작하면서 민족을 위해 일할 기회를 찾기로 했다. 그런데 여기에는 심각한 한 가지 문제가 담겨 있었다. 그것은 다름이 아니라 자금을 어떻게 마련하느냐 하는 문제였다.

본디 민족운동에서 자금은 민족운동자의 자체 부담일 수가 없다. 이것은 그 운동 참여자가 안고 있는 기본적인 숙명인 것이다. 한 민족이 국난(國難)에 처하게 되면 그 민족 구성원 가운데 그 어느 누구인들 울분과 비감을 느끼지 안을까마는, 일단 민족이 기울어진 이후에 나타나는 각 사회 계층의 태도는 다를 수밖에 없다. 자체의 자본주의화를 달성하지 못한 반(半)봉건사회의 계층은 크게 나누어 관료 지배층, 토지 자본가, 매판자본가, 무산 지식인, 농·상·공업에 종사하는 1차 산업 노동자 등이 있다. 이들 중에서 재산의 잠재력이라는 측면에서 볼 때 민족주의의 경제적 부담을 맡을 수 있는 계층은 이들 가운데 관료 지배층과 토지 자본가, 그리고 매판 자본가들밖에는 없다.

그러나 이들은 이미 그들의 성격상 그러한 기능이나 의지를 결여하고 있었다. 대한제국 말기의 상황으로 볼 때 관료 지배층은 민족보다는 명리를 유지하는 길을 택했고, 매판자본가가 독립운동 자금을 출연(出捐)한다고 하는 것은 처음부터 생각할 수조차도 없는 일이었다. 이들 가운에서 마지막 기대를 걸 수 있는 계층은 영·호남(嶺湖南)의 지주 계급들이었지만, 다 그렇다고 할 수는 없으나, 이들은 민족운동에 투신하는 모험보다는 문전옥답(門前沃畓)을 지키는 안일(安逸)을 택했다.

이와 같이 경제적 상층 지배 계층이 민족운동의 대오(隊伍)에서 탈락하는 것은 서구라파 사회에서도 마찬가지였다. 그러나 산업혁명을 거치고

자본주의 단계에 접어든 그들에게는 다행하게도 중산 시민 계층이 형성되어 있었다. 민족운동의 영도 세력은 소수의 지식 분자들이지만, 이를 밀고 나가는 중추적 추진 세력은 중산 계급의 지식분자들이었다.[12] 이들은 위로는 지도자의 이론을 흡수하여 실천하고, 아래로는 이를 민중에게 전달하는 매개자로서의 고리(環)가 된다. 이들은 민족운동의 조작을 가늠하는 열쇠의 구실을 하고 있다. 따라서 중산층이 형성되어 있지 못한 경우에 민족운동은 차질을 일으킬 수밖에 없다.

한국의 대일(對日) 민족주의가 안고 있는 비극은 바로 여기에 있었다. 민족운동의 참여자들인 무산 지식인들이나 농업 노동자들은 보수화된 지주 계급이나 매판 계급 또는 민족운동의 반정부적 성격에 대하여 역한 감정을 안고 있는 관료 지배층으로부터 도움은커녕 심한 반격을 받게 된다. 따라서 한국의 무산 지식인들이나 농업 노동자들이 민족운동의 선봉에 선다고 하는 것은 먼저 자신의 생존의 위협을 자초하는 일일 뿐만 아니라 지구력을 상실하게 된다. 따라서 한국의 민족운동은 그 초기의 단계에는 지주 계급에 대한 공격으로부터 비롯하게 되는데, 갑오동학농민혁명(甲午東學農民革命)의 경우가 바로 그 대표적인 사례였다.[13]

중산층이 형성되어 있지 않은 19세기 말엽과 20세기 초엽의 한국 민족운동은 그 자금을 마련하고자 지주나 자본가에 대한 불법적인 약탈·사취(詐取)·협박 등을 자행하는 일이 빈번했다. 그러나 이것은 어디까지나 민족운동의 차원에서 이해될 수 있는 것이지, 유물사관이나 계급투쟁의 이론과는 그 성격을 다소 달리하는 것이었다. 다만 한국 민족주의의 이러한 경제적 제약은 그들로 하여금 적색 제국주의에 대한 감염도(感染度)를 높이고 있다는 사실을 주목하지 않을 수가 없다.[14]

---

12) R. Emerson, *From Empire to Nation*(Boston : Beacon Press, 1962), p.170.
13) 이에 관한 자세한 논의는 신복룡, 『東學思想과 甲午農民革命』(서울 : 선인, 2006), 448~454쪽 참조.

최익환과 전협이 머리를 맞대고 민족운동을 통하여 속죄의 길을 모색하면서도 현실적으로 직면하게 되는 어려움도 바로 이와 같은 경제적인 어려움이었고, 이들도 결국 여느 투사들과 마찬가지로 불법적인 방법으로 그 자금의 염출을 계획할 수밖에 없었다. 두 사람은 이와 같은 방법을 써서라도 만주 망명의 자금을 마련한다는 데에 합의하고 각기 헤어졌다. 전협이나 최익환이 망명 자금을 염출할 수 있는 방법이라고 하는 것은 공직의 위치를 이용하여 남의 재산을 편취(騙取)하는 길밖에 없었다.

먼저 전협으로서는 그 무렵 부평 일대에 널려 있는 부재(不在) 지주의 공한지(空閑地)를 사취(詐取)하는 것이 가장 손쉬운 일이었다. 그때 마침 부평에는 윤치호(尹致昊)의 공한지 몇 만 평이 있었다. 전협은 먼저 윤치호의 인장과 매도증서를 위조하고, 자신의 소실인 변화(卞和)를 윤치호의 소실인 윤(尹)고라로 변장시킨 다음 매주(買主)를 찾았다. 원래 땅이 비옥했던 터라 매주는 많이 나타났다. 더구나 현지의 군수가 옆에서 보증을 하는 터이니 매매는 쉽게 이루어졌다.[15] 전협이 이 무렵 사취한 땅의 면적이라든가 지가(地價)에 대해서는 문헌에 나타나 있지 않고, 다만 그가 사문서를 위조하여 사기로 취재(取財)했다고만 되어 있어 그 자세한 내막을 알 길이 없다.

1908년 가을이 되어 전협은 끝내 부평 군수직을 3년 만에 사임했다. 그가 사임한 이유는 더 이상 일진회의 그늘 아래에서 살고 싶지 않았기 때문만이 아니라 머지않아 윤치호의 땅을 사취한 것이 탄로 나리라는 것을 알고 있었기 때문이다. 1909년이 되어 전협은 황해도 봉산 출신의 이기호(李基浩)와 충남 천안 출신의 장석유(張錫裕)를 만나 간도 유하현(柳河縣)으로 망명의 길을 떠났다. 이때 그는 노모인 한씨(韓氏)와 정실 부인 옥씨(玉氏)만을 데리고 갔다.

14) 金斗憲, 『民族原論』(서울 : 동국문화사, 1960), 117쪽.
15) 朴馨南의 증언.

이때부터 전협은 전국환(全國煥)·한석동(韓錫東)·김동진(金東震)·한유동(韓裕東) 등의 가명을 쓰면서 활동했다.[16] 그의 소실인 김씨(金氏)와 두 아들, 그리고 변화는 다른 곳으로 피신시켰다. 전협에게도 인간적인 정은 있었던지라, 그날 밤 둘째 아들인 직선(直善)을 품에 안아 잠들게 하고 떠나갔다. 직선이 잠을 깨었을 때는 이미 그의 아버지는 멀리 떠나고 없었다. 직선은 그것이 아버지의 모습을 마지막 본 때였다고 회고하고 있다.[17]

이 무렵 서천군청 재무서에 근무하고 있던 최익환에게도 전협이 윤치호의 땅을 사취하여 잠적했다는 소식이 들어왔다. 최익환은 이제 자신도 어떻게 하든 자금을 만들어 만주로 떠날 시기가 되었다고 생각했다. 최익환의 입장에서 본다면 돈을 마련한다는 것은 마음먹기에 달려 있었다. 그의 직책으로 볼 때 공금을 횡령할 수 있는 기회란 얼마든지 있었기 때문이었다.

1909년이 되자 봄부터 서천군 관내에서는 외동면(外東面) 이외의 12개 면에서 징수된 지세(地稅)가 들어오기 시작했다. 징수가 끝난 5월이 되자 최익환의 손에는 8,138원 17전 7리라는 거금이 들어왔다. 재무서장 윤충수(尹忠秀)는 이 돈을 홍산(鴻山)우편취급소로 탁송하기에 앞서 최익환이 맡아 두도록 했다. 최익환으로서는 이보다 더 좋은 기회가 없으리라고 생각했다. 그는 공금 가운데 3,137원을 빼돌려 숨겨 두고 기회를 기다리고 있었다.

그러나 최익환에게는 결정적인 실수가 있었다. 그것은 다름이 아니라 자금이 마련된 즉시 망명의 길을 떠나지 못했다는 사실이었다. 그는 머무적거리는 동안 탈주(脫走)의 기회를 잃었고, 이 사실은 곧 서산(瑞山)헌병대

---

16) 「전협에 대한 경찰 조서」(1), 『대동단사건』(I), 146~147쪽; 靑柳南冥, 『朝鮮獨立騷擾史論』, 187쪽; 「李堈公事件に關する報告の件」(大正 9년 11월 24일, 高警 第3431號), 金正明(編), 『明治百年史叢書 : 朝鮮獨立運動』(1/分冊)(東京 : 原書房, 1967), 195쪽.

17) 全直善의 증언.

에 탐지되었다. 최익환은 헌병대에 체포되어 재판에 회부되었다. 그러나 최익환으로서 이번의 사건이 망명과는 무관한 단순 범죄로 취급되었다고 하는 사실이 다행일 뿐이었다.

헌병대의 조사를 받고 예심(豫審)을 거쳐 최익환은 재판에 회부되었다. 그의 죄목은 형법대전(刑法大典) 제591조 도보관재산죄(盜保管財産罪)였다. 그는 1심 판결에서 7년형을 받았다. 최익환은 경성공소원(京城控訴院)에 2심을 신청했으나 공소가 기각됨으로써 확정 판결을 받았다. 그해(1909년) 12월이 되어 최익환은 서대문 형무소로 이감(移監)되어 길고도 어두운 수형(受刑)의 날이 시작되었다.[18]

생각해 보면 어리석기 짝이 없는 일이었다. 비정하고 냉엄한 식민지 지배 체제하에 적을 속이고 민족의 내일을 도모하기에는 19세라는 그의 나이가 너무 어리기만 했다. 그에게 꿈이 있었다고는 하지만 노회(老獪)한 왜경(倭警)을 속이기에는 그의 연조(年條)가 너무도 부족했고 살아남는 지혜를 갖추지 못했던 것이다. 그리하여 최익환은 그 아까운 20대의 한창 일할 나이를 컴컴한 서대문 형무소에서 보낼 수밖에 없었다.

3. 귀소(歸巢)

만주에 도착한 전협은 주로 해룡현(海龍縣)에서 보냈다. 그러나 그곳의 독립운동자들이 그를 보는 눈은 싸늘하기만 했다. 그는 이시영(李始榮)·이회영(李會榮)·이동녕(李東寧)·이윤일(李允一) 등을 만나보았으나 박해만 받았다. 그는 지난날 일진회원이었다는 업장(業障)을 떨쳐 버릴 수가 없었기 때문이었다.[19] 그는 상해(上海)로 가 보았으나 그가 몸을 붙일 곳이라

---

18)「崔益煥의 盜財産保管罪에 대한 판결문」(隆熙 3년 京城控訴院 재판 원본 7-5-17), 11~13쪽.

고는 없었다.[20] 그때까지만 해도 그가 참여할 만한 독립운동 조직이 이루어져 있지 않았기 때문이었다. 고국을 떠날 때는 꿈도 컸지만 혈혈단신(子子單身)인 그에게는 비벼 볼 언덕조차 보이지 않았다.

세월이 흐르면서 가지고 온 돈도 점차로 줄어들기 시작했다. 아무리 원대한 꿈을 위한 것이었다고는 하지만, 이제는 그 돈이 기껏 세 식구의 생활비로 쓰인다는 사실이 그를 더욱 못 견디게 괴롭히고 있었다. 그는 더이상 만주에 머무르는 것이 자신의 웅지(雄志)에 아무런 도움이 되지 못한다는 것을 알았다. 그는 독립운동을 하더라도 고국에 돌아가서 하는 것이더 떳떳한 일이라고 생각했다. 죄를 짓고 고국을 떠난 그로서는 이제 다시 호혈(虎穴)로 들어간다는 것이 얼마나 위험한 일인가 하는 점은 누구보다도 전협 자신이 잘 알고 있었다. 독립운동가에게 가장 거추장스러운 것은 가족이었다. 어차피 일신을 조국 전선에 던질 요량이라면 어머니와 아내를 간도(間島)에 두고 가는 것이 오히려 홀가분하고 일하기가 수월하리라고 그는 생각했다. 생각이 여기까지 미친 전협은 모든 위험을 무릅쓰고 1913년 초여름, 서울로 발길을 옮겼다.

전협은 먼저 조선을 떠나기에 앞서 얼마간의 전답을 마련해 두었던 철원(鐵原)에 자리를 잡고 미곡상을 차렸으나 경영은 뜻대로 되지 않고 오히려 동업자의 담보가 잘못되어 1913년 6월에 체포되었다. 더구나 사태를 어렵게 만든 것은, 비록 세월이 흘렀다고는 하지만 당대의 세도가인 윤치호의 토지를 사취한 그의 죄과는 사라진 것이 아니었다. 그는 그때까지도 경찰 수사망의 추적을 받고 있었다. 위험을 느꼈을 때는 이미 때가 너무늦었다. 그는 결국 지난날의 범죄 행위로 구속되었다.

전협에게 적용된 죄목은 사문서 위조·행사 및 사취취재죄(詐取取財罪)

---

19) 「전협에 대한 경찰 조서」(1), 『대동단사건』(I), 147쪽.
20) 「李堈公 事件에 관한 보고의 件」(大正 8년 11월 24일, 高警 第33431號), 金正明(편), 『明治百年史叢書 : 朝鮮獨立運動』(1/分冊), 195쪽.

였다. 그는 경성지방법원의 재판에 회부되어 3년형을 받았다. 자신의 지은 죄를 누구보다도 더 잘 알고 있는 그로서는 공소(控訴)를 스스로 포기했다. 그는 최익환이 그러했던 것처럼, 지난날 모멸(侮蔑)의 시대에 저질렀던 죄과를 이런 식으로밖에 속죄(贖罪)할 수 없는 자신의 운명이 야속스럽기만 했다. 7월 20일에 3년형을 언도받고 이튿날 형이 확정되자 전협은 서대문형무소에 수감되었다.[21]

그러나 운명은 참으로 기구한 것이었다. 전협은 이곳 서대문형무소에서 지난날 속죄와 구국을 함께 걱정했던 최익환을 다시 만날 수 있었다. 반가움과 부끄러움, 그리고 야속함이 교차되는 가운데 두 사람은 서로의 불운을 위로하며 수형(受刑)의 나날을 보냈다. 남달리 학식이 있던 이들은 주로 인쇄공으로서 재차(探字)와 조판으로 나날을 보냈다. 이들이 옥중에서 함께 보낸 세월은 2년 3개월 남짓 되었다. 1914년 11월 7일이 되어 전협은 잔여 형기 8개월을 남겨 두고 은사(恩赦)로 출옥이 결정되었다.[22] 1909년에 7년형을 받은 최익환으로서는 아직도 3년의 형기가 남아 있었기 때문에 이들은 이제 헤어지지 않을 수 없었다.

출옥을 앞둔 전협은 최익환이 출옥할 경우에 간도(間島) 해룡현(海龍縣)에서 만날 것을 제의했고, 최익환도 이에 응낙했다. 이들은 만주에서 또 다른 민족운동을 전개하기로 약속하고 옥중에서 헤어졌다. 1914년 11월의 겨울은 유난히도 추웠다. 출옥한 전협은 그 무렵 부평에 살고 있던 처자를 만나 보지도 못하고 만주 해룡현으로 향했다. 출옥의 기쁨도 잠시뿐, 전협은 그동안 옥중에서 몰랐던 세계의 조류와 대세를 알아보고자 동지들을 찾기 시작했다. 그러나 민족운동 단체가 조직되지 않은 무렵의 상황으로서 동지를 규합한다거나 그들과 어떤 제휴를 한다는 것이 여간 어렵지 않았다. 그러는 동안에 한 해의 세월이 헛되이 흘러갔다.

21) 「大同團豫審決定書」(1), 『동아일보』 1920년 6월 29일자.
22) 위와 같음.

해가 바뀌어 1915년이 되었다. 이해 8월 29일이 되자 최익환도 잔여 형기 1년여를 앞두고 은사로 출옥할 수가 있었다.[23] 그는 지난날 전협과의 약속에 따라 만주로 발길을 옮겼다. 그 무렵 해룡현에 머물고 있던 전협을 찾아갔으나 만나지 못하고 독립운동을 위한 현실적인 어려움에 낙백(落魄)의 세월을 보냈다. 이때 최익환은 주로 만주 봉천 일대에서 신한촌(新韓村) 설립 운동에 투신했으나 뜻과 같은 성과는 얻지 못했다.[24] 그는 2년여 동안 이런 식으로 망명의 세월을 보내다가 1918년 1월에 서울로 돌아왔다.[25]

1918년이 되자 세계 대세는 많이 바뀌기 시작했다. 유럽에서 제1차 세계대전이 종식되었다는 소식과 함께 약소국가들에게도 독립의 서광이 비칠 것만 같은 기운이 감돌았다. 전협과 최익환이 남대문 거리에서 우연히 만난 것은 이 무렵인 1918년 7월이었다.[26] 그해 8월이 되자 시베리아에서 민족운동에 정신(挺身)했던 윤기우(尹基祐)가 찾아왔다. 이 사람은 그 행동 반경이 넓었던 만큼 세계 조류에 대한 식견도 매우 넓었다. 그는 1차 세계대전과 파리강화회의 결과가 약소국가에게 유리하게 전개되고 있다는 사실과 미국에서 이승만(李承晩)이 윌슨(W. Wilson)을 상대로 하여 한국의 독립을 위한 외교 활동을 전개하고 있다는 사실을 전협에게 들려주었다.

전협을 비롯한 최익환, 윤기우, 그리고 애당초 전협의 만주행에 동지요 길잡이가 되었던 장석유(張錫裕) 등은 미국으로 건너가 이승만·김규식(金奎植)·박용만(朴容萬)의 독립운동에 합세하기로 합의를 보았다. 그러나 그러한 결의에도 불구하고 그들에게는 여전히 장애물이 가로막고 있었다.

23) 위와 같음.
24) 故 力田崔益煥先生 葬儀委員會(編),「故崔益煥先生 略歷」, *mimeo*, 2쪽.
25) 「최익환에 대한 예심 조서」(3),『한민족독립운동사자료집(6) : 대동단사건(II)』(과천 : 국사편찬위원회, 1988), 13~14쪽. 이하『대동단사건』(II)로 略記함.
26) 「최익환에 대한 예심 조서」(2),『대동단사건』(II), 4쪽;「공판시말서」(1), 같은 책, 323쪽.

그것은 미국으로 갈 여비를 마련하는 문제였다. 당장의 생활도 어려운 만주 땅에서 네 사람의 미국행 여비를 마련한다는 것은 도무지 불가능한 일이었다. 그들은 이 문제를 해결하려면 다시 귀국하여 부호들을 찾아가 보는 수밖에 없다고 생각했다.

그들은 다시 각기 자금을 마련할 만한 인물들을 물색하기 시작했다. 최익환은 서울에서 어떻게든 여비를 변통해 보겠노라고 대답했다. 윤기우는 경주 갑부 최준(崔俊)을 찾아가 보겠노라고 대답했다. 장석유는 칠곡의 부호 장승원(張承遠 : 張澤相의 아버지)을 찾아가기로 했다. 전협은 전봉강(全鳳岡)이라는 가명으로 남작(男爵) 정주영(鄭周永)의 아들인 정두화(鄭斗和)를 찾아가기로 했다. 정두화는 본디 대한제국의 내부(內部) 주사와 참서관(參書官)을 지냈고 지금은 종오위(從五位, 男爵)로서 충남 예산(禮山)의 호서은행(湖西銀行) 취체역(取締役)으로 있는 재력이 있는 인물이었다.[27] 전협은 자신이 잘 아는 김봉양(金鳳陽, 일명 金鳳濟)이 정두화의 스승이었기 때문에 그 인연으로 그에게 돈을 얻어 볼 생각이었다.[28] 학식이 높았던 김봉양은 그 무렵 유림의 지주(支柱)였던 곽종석(郭鍾錫)과도 깊은 교유(交遊)가 있어 그를 대동단에 가입시키려고 교섭할 정도로 전협의 활동에 호의적이었다.[29] 1918년 11월에 김봉양의 소개로 정두화를 찾아간 전협은 이렇게 말했다.

"중국에 있는 많은 토지를 개간하여 조선에서 생활이 곤란한 사람들을 이주시킬 계획인데, 조선에서는 일본인과의 경쟁도 심하여 같은 자본을 가지고도 일본인에게는 대항할 수 없으므로 생활이 곤란한 사람들을 이주시키려 합니다. 그곳에는 이동휘(李東輝)라는 사람도 거주하는데 조선을 위해 진력하고 있습니다."

---

27) 「정두화에 대한 경찰 조서」(1), 『대동단사건』(I), 185쪽.
28) 「전협에 대한 경찰 조서」(1), 『대동단사건』(I), 148쪽.
29) 「전협에 대한 경찰 조서」(2), 『대동단사건』(I), 189쪽; 「정두화에 대한 예심 조서」, 『대동단사건』(II), 177~178쪽.

전협의 말을 들은 정두화는 그 뜻을 가상하게 생각하여 생활비 조로 두 번에 걸쳐 3,600원과 500원을 주었다. 자금은 그것으로 충분했다.[30] 그들은 즉시 상해로 건너갔다. 그러나 전과자이거나 이미 "불령선인"(不逞鮮人)으로 분류된 그들로서는 미국으로 가는 여권을 발급 받을 길이 없었다.

이리하여 전협의 무리들이 계획했던 미국행의 꿈은 좌절되고 말았다. 그러나 여기에서 주저 물러앉아 있을 수만은 없다고 생각했다. 백방으로 여권을 주선하려던 전협과 최익환은 끝내 미국의 망명을 포기했지만, 그 가운데에서도 전협만은 상해로 망명하여 달리 독립운동의 길을 찾아보리라고 결심했다. 그리하여 돈이 마련된 전협은 동지들을 고국에 둔 채 자신만이 상해로 또 다시 망명의 길을 떠났으니, 때는 1918년 12월 10일이었다.[31]

상해에 도착한 전협은 그곳에서 김중호(金重浩)와 이원일(李元一)을 만났다. 그 무렵 일본헌병대의 기록에 따르면, 전협이 임시정부 경무국장 김구(金九)를 만난 것으로 되어 있으나[32] 이는 사실과 다르다. 왜냐하면 1918년 12월이면 아직 임시정부가 구성되어 있지도 않았을 뿐만 아니라, 그 무렵 김구는 상해에 있지도 않았기 때문이다. 전협이 김중호와 이원일을 만났을 때 그들은 주로 파리강화회의에 관한 얘기를 들려주었다. 그리고 그 무렵 유럽의 정계를 살펴볼 때 한국의 독립이 거의 확실시되므로 굳이 미국으로 건너가 이승만을 만날 필요가 없으며, 오히려 고국으로 돌아가 건국의 준비 작업에 착수하는 것이 좋으리라고 그들은 충고해 주었다.[33]

30) 「정두화에 대한 경찰 조서」(2), 『대동단사건』(I), 195쪽. 2003년 현재와 1919년 현재의 물가 대비는 약 4,830 : 1이다. 「1919년 말 현재의 각지 평균 물가 및 노임표」, 국사편찬위원회(편), 『일제침략하 한국 36년사(4) : 1918~1919』 (서울 : 탐구당, 1969), 745~746쪽 참조.

31) 靑柳南冥, 『朝鮮獨立騷擾史論』, 188쪽.

32) 「李堈公 事件에 관한 보고의 件」(大正 8년 11월 24일, 高警 第33431號), 金正明(편), 『明治百年史叢書 : 朝鮮獨立運動』(1/分冊), 195쪽.

전협의 일행은 미국 망명을 체념하고 1919년 2월에 귀국했다.[34] 그들의 충고가 얼마나 성급한 것이었고 덧없는 것이었던가 하는 것은 차후의 문제로 치더라도, 전협은 그들의 말에 상당한 공감을 받았다. 그리하여 미국 수속을 도와주던 브로커도 미덥지 않아 전협은 길림(吉林)에 들러 자기의 노모와 아내를 찾아본 다음 다시 서울에 돌아왔으니, 때는 1919년 3월이었다. 전협은 봉익동(鳳翼洞) 셋집에 머물면서 또 다른 기회를 모색하고 있었다.[35] 이때는 이미 1915년에 그의 둘째 부인인 김씨(金氏)가 세상을 떠났고 그의 두 아들도 행방을 알 수가 없었다. 그는 지난날 정을 주고받던 변화(卞和)를 만나 다시 동거를 시작했다.[36]

이 무렵에 최익환은 서울에 머물면서 또 다른 기회를 엿보고 있었다. 서울에 머무르고 있던 그가 겪는 어려움은 자금이었다. 그러나 이번에는 그가 일할 수 있는 기회가 의외에도 빨리 찾아왔다. 그해 봄에 3·1운동이 일어났기 때문이었다. 이런 점에서 본다면 영웅이 시대를 만드는 것이 아니라 시대가 영웅의 출현을 기다리고 있는 것이었는지도 모른다.

4. 함성(喊聲)

1919년 1월 12일.

암울했던 식민지 지배 체제하의 한민족에게는 하나의 파문이 던져졌다. 그것은 태황제(太皇帝 : 高宗)가 세상을 떠났다고 하는 사실이었다. 이

33) 「전협에 대한 경찰 조서」(1), 『대동단사건』(I), 148~149쪽.
34) 「정두화에 대한 경찰 조서」(2), 『대동단사건』(I), 197쪽;「전협에 대한 경찰 조서」(5), 같은 책, 207쪽;「대동단사건에 대한 경성지방법원검사국 의견서」, 같은 책, 215쪽.
35) 위와 같음.
36) 卞直善의 證言.

세상에 어느 죽음인들 의미가 없으랴마는, 고종의 죽음은 그 무렵 한민족의 가슴속에 하나의 충격을 안겨 주기에 충분한 것이었다. 그가 비운의 왕조의 사실상 마지막 왕이었다는 연민(憐憫)의 정은 그래도 시간이 가면 잊을 수 있는 것이었다. 그러나 그보다 더 중요한 것은 그가 일제에 의하여 독살되었다고 하는 그 무렵의 일반적인 인식이었다.[37] 그가 정말로 일제에 의하여 독살되었는지 아닌지의 여부는 그렇게 중요한 것이 아니다. 문제는 한민족의 가슴속에 그렇게 인식되고 그것이 하나의 기정사실로 받아들여졌다고 하는 점이었다.

역사의 흐름에는 계기가 필요하다. 역사 그 자체는 하나의 거대한 흐름에 틀림이 없지만, 그 시원(始原)을 따져 본다면 그것은 한 인간의 죽음과 같은 평범한 사건으로써 능히 바뀔 수 있는 것이었다. 추풍령(秋風嶺)의 정상에서 오른쪽에 떨어진 빗방울은 동쪽으로 흘러 동해(東海)의 창파(滄波)를 이루지만, 그 바위의 왼쪽에 떨어진 빗방울은 서쪽으로 흘러 황해(黃海)의 황톳물을 이룬다. 이와 같이 작은 계기도 결과는 크게 나타날 수가 있다. 역사에서도 마찬가지이며, 3·1운동사에서 고종의 죽음도 바로 이러한 예에 속하는 것이다.

이 무렵의 역사적인 또 다른 계기로서는 윌슨(W. Wilson)의 민족자결주의였다. 이것은 실상은 동유럽을 유념한 지극히 국소적인 것일 뿐만 아니라 전후의 패전국 식민지 처리에 대한 것이었으나 일부 한국인 식자들은 이를 사실 이상으로 과신하게 되었다. 애당초 윌슨이 민족자결주의를 표방한 것은 유럽의 소수 민족 문제의 해결을 겨냥한 것이었지 한국을 의식한 문제는 결코 아니었다. 바꿔 말해서 한국의 지식인들이 그의 이론을 도입한 것은 윌슨의 진의를 오해한 것이었다.

---

37) 「묵암 이종일 비망록」(1919년 1월 22일자), 『월간 중앙』 1979년 3월호, 105쪽; 「3월 9일 高陽郡 蠶島面 독도소방조 게시판에 첨부되어 발견된 유인물」, 『3·1운동독립선언서와 격문』(서울 : 국가보훈처, 2002), 66~67쪽.

한국의 3·1운동을 설명하면서 윌슨의 민족자결 이론을 더 이상 거론할 수 없는 또 다른 이유로서는 그 무렵의 대다수의 혁명 참여자들이 그렇게 대단할 정도로 윌슨의 사상에 경도된 것은 아니었고, 그리 널리 알려진 것도 아니라는 사실에 있다. 시위 참여자 가운데 민족자결주의는커녕 윌슨의 이름조차도 모르는 사람이 많았고, 심지어는 손병희(孫秉熙)의 이름조차도 모르는 사람이 많았다. 따라서 3·1운동사의 민중운동사적 성격을 설명하면서 우리는 그들의 자생적 의식 구조를 중요시해야 한다.

그렇다면 민중들로 하여금 봉기하게 했던 결정적 이유는 무엇이었던가? 고종의 죽음이라든가 윌슨의 민족자결주의가 일말의 자극을 준 것은 인정한다고 할지라도 그들이 봉기하게 된 결정적인 이유는 일본의 식민 정책에서 오는 피해 이외의 것은 없다. 그 무렵에 일본으로서는 몇 가지 내재적인 모순을 안고 있었다. 그것은 미완성된 초기 자본주의가 안고 있는 모순들이었다. 그들은 먼저 초기 자본주의의 완성을 위한 원료의 공급과 시장이 필요했고, 마비끼(間引)[38]를 할 만큼 절박한 인구 팽창의 문제를 해결하기 위하여 식민 정책이 필요했으며, 사무라이들은 신분이 낮은 부잣집의 자녀로 입양되어 부모에게는 신분을 상승시켜주고 자신은 재산을 얻는 방법이 성행했다. 더구나 사태를 악화시키는 것은 1868년의 메이지유신(明治維新) 이래 무장이 해제된 사무라이(侍)들의 불만을 해소하는 문제였다.[39]

일본의 입장에서 볼 때 이와 같은 복합적인 내재적 모순들을 해결하여 줄 수 있는 변수(變數)로서는 조선으로의 진출밖에는 없었다. 일본의 조선 진출은 그 자체로서의 이익도 무시할 수 없는 것이지만 도요토미 히데요

---

38) 마비키(間引)라 함은 생계가 어려워진 사무라이들이 자식들 가운데 몸이 건강하지 않은 아이를 마치 모판에서 병든 새순을 뽑아내듯이 솎아 내어 죽이는 방법.

39) 이에 관한 자세한 논의는, 신복룡, 『한국정치사』(서울 : 박영사, 2003), 328~332쪽.

시(豊臣秀吉)의 차도론(借道論)과 사이고 다카모리(西鄕隆盛)의 정한론(征韓論) 그리고 이토 히로부미(伊藤博文)의 동양평화론(東洋平和論)의 맥락(脈絡)을 잇는 주요한 구실이 될 수 있었다. 1919년이라면 합병 10년을 바라보는 시점으로서 일본으로서는 중간 결실을 얻기에 충분한 시기였다. 그들은 경제적인 착취의 진입 단계에 이르렀고, 식민도 어느 정도의 성과를 올리고 있었다. 이것은 상대적으로 조선의 입장에서 볼 때 한계 상황에 이르렀음을 의미하는 것이었다.

이러한 상황 속에서 고종의 죽음은 하나의 계기를 마련해 주었다. 범국민적이라고는 말할 수 없지만 전국적 규모의 항쟁이 일어났다. 그것은 자존(自存)을 위한 외침이었고, 생존을 위한 최소한의 요구였다. 이 무렵 시위 참여의 상황은 다음과 같은 수치로써 설명될 수 있다.

〈표1〉 사상자 상황(1919.3.1~3.3)

한국 측		일본 측	
사망	부상	사망	부상
187	456	8	77

* 출처 :「騷擾事件에 관한 朝鮮軍參謀部 報告書」(1919.5.1, 朝特報 第12號), 『韓國民族運動史料 : 3·1운동(3)』, 465쪽.

〈표 2〉 시위 발생 상황(1919.3.1~5.31) : 한국 측 자료

건수	군중 수	사망자 수	부상자 수
1,492	1,489,748	7,475	15,693

* 출처 : 朴殷植, 『韓國獨立運動之血史』(서울 : 서문당, 1975), 182~195쪽.

〈표 3〉 시위 발생 상황(1919.3.1~4.30) : 일본 측 자료

건수	군중 수	출동 병력	출동 횟수	발포	사상자	일인 측 사상자
760	463,086	2,071	141	185	1,199	141

* 출처 :「소요 사건에 관한 朝鮮軍參謀部 報告書」(1919.5.1, 朝特報 제12호), 『韓國民族運動史料 : 3·1운동(3)』(서울 : 국회도서관, 1979), 434쪽.

<표 4> 피검자 상황(1919.3.1~12.31)

연령	성별		합계
	남	여	
18세 이하	883	97	980
19~30	8,303	252	8,555
31~40	4,430	46	4,476
41~50	2,464	28	2,492
51~60	1,380	27	1,407
61~70	535	6	541
70세 이상	85	2	87
미상	500	13	513
합계	18,583	471	19,054

* 출처 : 尹炳奭, 「3·1운동 50년 : 3·1운동 약사」, *mimeo*, 77쪽.

<표 5> 3·1운동 관련 기소피고인의 연령별 현황(1919.3.1~5.8)

지청명	경성지법	공주지법	함흥지법	평양지법	해주지법	대구지법	부산지법	광주지법	총계	비율
18세 미만	34	3	6	8	14	17	27	28	137	2.1
20세 미만	86	20	39	65	33	58	64	67	432	6.7
25세 미만	270	75	136	227	181	228	218	171	1,506	23.5
30세 미만	168	63	115	265	168	142	111	95	1,127	2.0
40세 미만	214	99	200	378	225	223	144	111	1,594	24.8
50세 미만	115	49	122	275	115	103	52	51	882	13.7
60세 미만	73	18	56	201	67	35	17	33	500	7.8
70세 미만	29	7	22	46	23	13	6	11	157	2.4
70세 이상	5	—	2	3	3	2	2	—	17	0.3
불명	7	5	7	16	7	12	7	4	65	1.0
합계	1,001	339	705	1,484	836	833	648	571	6,417	100

* 출처 : 국사편찬위원회(편), 『일제침략하 한국36년사(4) : 1918~1919』(서울 : 탐구당, 1969), 880~883쪽.

카아(E. H. Carr)의 말에 의하면 역사는 해석(解釋)이라고 한다.[40] 우리는 위의 여러 가지 통계에서 몇 가지 의미를 찾아볼 수가 있다. 먼저 일본 측 자료는 사실을 과소평가했고, 한국 측 자료는 사실을 과장했기 때문에 어느 쪽 자료를 믿느냐에 따라서 사실 설명이 전혀 다르게 나타나 매우 조심스러운 일이기는 하지만, 한국 측 자료(〈표 2〉)에 따른다고 하더라도 시위 초반의 3·4·5월의 3개월 동안에 일어난 시위자의 총수는 전체 인구의 8.87%이며, 일본 측의 자료(〈표 3〉)를 따를 경우에는 3·4월 2개월 동안에 시위에 참여한 수가 전체 인구 비의 약 2.76%라든가, 1919년 3월부터 12월까지의 피검자의 수가 전체 인구 비의 약 0.11%라는 사실을 볼 때, 우리는 우리 선배 지사들의 회고담에서 볼 수 있는 바와 같이 "2천만 민중이 한결같이" 시위에 참여했다는 주장에 대해서는 냉정한 검증이 필요하다.

세계의 역사를 살펴볼 때, 한 민족이 멸망하면서 한민족만큼 침묵을 지킨 민족이 없었다. 임진왜란(壬辰倭亂) 무렵 실제로 총검을 들고 왜병에 항거한 인구 비는 약 4.6%에 지나지 않으며, 경술국치 전후의 항일참전율(抗日參戰率)은 약 1.1%에 지나지 않았다는 사실[41]을 우리는 중요시해야 한다. 그렇다면 "그대가 그께 태어났었더라면 그대는 독립투사가 되었을까?"라는 힐문(詰問)과는 별개의 것이다.

그러나 3·1운동사에서 우리가 이보다 더 중요시해야 할 사실은 그의 행동 방식에 있다. 바꿔 말해서, 시위를 비폭력적으로 전개한다는 것이 과연 얼마나 효과를 얻을 수 있었을까 하는 데에 대하여 우리는 회의를 갖게 된다. 사실상 3·1운동의 지도자들이 표방한 비폭력 항쟁이란 일본 군국주의의 정체를 정확하게 파악하지 못함으로써 이미 그 명분을 잃고 있었다. 군국주의의 총검 앞에서 도덕적 설득을 외친다거나 인류의 양심

---

40) E. H. Carr, *What is History?*(London : Macmillan Co., 1961), p.18.
41) 신복룡, 『韓國政治史』, 424~425쪽.

에 호소한다거나 비폭력을 표방한다는 것은 민족운동의 멜로 드라마화에 지나지 않는 것이었다.

이러한 현상은 3·1운동이 애당초 종교계에서 시작되었을 때부터 숙명적인 약점을 안고 있었다. 민족운동의 종교적 요소는 민중을 열광시키고 민중으로 하여금 더 높은 차원의 이상을 추구할 수 있도록 자극했다는 점에서는 기여했지만, 그와 같은 종교적 요소가 오히려 민족운동을 제약하는 경우가 있다. 왜냐하면 그들은 이상주의만을 지향할 뿐 현실을 냉엄하게 판단하지 못함으로써 민족운동을 실효 있게 전개시킬 만한 실질적인 역량과 전략을 갖추고 있지 못하기 때문이다. 신앙이 순수한 신앙에 머물러 있는 것이 아니고 그것이 현실 문제에 연루될 때, 그것은 이상주의만으로써는 소기의 목적을 달성할 수가 없었다.[42]

뿐만 아니라 민족운동의 종교적 색채는 그의 힘을 상대적으로 감소시키는 경우가 있는데, 이는 종교가 안고 있는 독선과 배타성 때문이다. 민족운동만큼 전체의 총화를 요구하는 것도 없다. 그럼에도 3·1운동의 경우에만 국한하여 보더라도 그 전체 과정에서 마찰을 초래하는 일이 빈번했다. 그러한 결과로 힘의 감소 현상을 일으킨 것은 말할 것도 없고, 오늘날에 와서는 역사 기술에서 문제의 중점을 흐리게 하는 경향마저도 있는데, 이를테면 3·1운동의 운동의 성격을 구명하면서 종교적 성분에 따라 과찬(過讚)과 비방(誹謗)이 서로 엇갈리고 있다는 점이 그것이다. 더욱이 33인 중에 유림 대표가 포함되어 있지 않았다는 하나의 이유만으로써 그들을 운동사의 맥락에서 제외하려는 사필(史筆)도 우리 주변에서는 흔히 볼 수가 있다.

3·1운동이 이와 같은 약점을 안고 있음에도 불구하고 그것은 몇 가지의 고귀한 의미를 안고 있다. 이를테면,

---

42) 같은 책, 424쪽.

(1) 그것이 계층·지역·신앙·성별을 초월하여 전개됨으로써 한국의 민족주의가 민중통합적인 기반 위에 서게 되었다는 점

(2) 이제까지 마찰을 이루었던 근대화 노선과 민족 보전(保全) 노선이 전반적인 융합을 이루면서 민중에게 수용되었다는 점

(3) 민주주의가 민족주의의 당면한 전제로 등장했다는 점

(4) 정치적 자유의 획득을 주요 목표로 했던 민족주의가 이를 계기로 하여 경제적 민족주의로 되었다는 점[43]

(5) 그 이후로 한국민족운동사에서 좌경화의 경향이 깊어졌다는 점[44]

등을 지적할 수가 있다.

이와 같은 숭고한 정신에도 불구하고 3·1운동은 끝내 독립을 쟁취하지는 못하고 그 유산과 교훈만이 후대에 남게 되었다. 3·1운동이 남긴 최대의 교훈은 국제 문제에서 도덕적 양심이나 종교적 호소가 무위(無爲)하다는 사실과 민족 전선에서의 전면적 대동단결(大同團結)이 얼마나 소중한가를 가르쳐 주었다는 사실이다. 3·1운동이 결국 실패했다는 사실은 또 다른 민족 전선의 출현을 요구하게 되었다. 그리고 이러한 요구에 따라서 새롭게 출현하는 민족운동은 그 실패의 전철을 되풀이하지 않는다는 것을 전제로 하는 것이었다. 전협은 자신이 그와 같은 임무를 감당하리라고 생각했다.

43) 千寬宇, 「한국 민족주의의 역사적 구조 : 재발견」, 陳德奎(編), 『한국의 민족주의』(서울 : 현대사상사, 1976), 84~85쪽.
44) 신복룡, 『한국정치사상사』(하)(서울 : 지식산업사, 2011), 586~590쪽 참조.

제2장

동 지 들

1. 규합

최익환(崔益煥)은 전국에서의 만세 소리를 들으면서 1919년 3월에 돈을 장만하고자 봉천(奉天)·장춘(長春)을 거쳐 지난날 몸을 의지했던 소수분(小綏芬)으로 떠났다. 최익환은 1917년 겨울에 그곳에 갔을 때 김천(金泉) 출신의 권태석(權泰錫 : 1895~1948)에게 빌린 돈으로 땅 15일 갈이를 사두고 박진수(朴鎭秀)에게 소작을 주었기 때문에 그곳을 가면 어느 정도의 돈을 마련할 수가 있었다.[1] 소수분으로 가던 도중 최익환은 경상도 영주(榮州) 출신의 강숙(姜淑)을 만나 그로부터 독립운동에 관한 얘기를 듣고 크게 고무받은 바 있어 1919년 3월 말일경에 귀국했다.[2]

1919년의 3월 중순이 지나갔으나 만세 소리는 그치지 않고 계속되었다.

---

1) 「최익환에 대한 경찰 조서」(2), 『한민족독립운동사자료집(5) : 대동단사건(I)』(과천 : 국사편찬위원회, 1988), 36쪽; 「최익환에 대한 경찰 조서」(4), 같은 책, 65쪽. 이하 『대동단사건』(I)로 略記함.
2) 「최익환에 대한 경찰 조서」(1), 『대동단사건』(I), 1쪽.

권태석(權泰錫)   권헌복(權憲復)

그러나 시간이 흐를수록 비폭력적인 시위가 한민족에게 독립을 가져다
줄 수 없다는 사실이 점차로 확실해지기 시작했다. 이것이 우리가 원하던
바는 아니라는 사실을 깨닫고 달리 독립운동의 길을 모색하던 중에 3월
어느 날 전협(全協)과 최익환이 다시 만났다.3) 이들은 이 민족적 함성과
불길을 지속시켜야 한다는 데 의견을 함께했고, 그러기 위해서는 어떤 형
태로든 비밀 결사를 조직할 수밖에 없다고 판단했다. 그 무렵까지도 전협
은 사회적 명성을 누리고 있었기 때문에 그가 동지 규합의 책임을 지기로
했다.4)

그러던 차에 최익환은 자신의 셋집인 봉익동(鳳翼洞) 62번지에서 충북
보은 출신 권헌복(權憲復)을 만났다. 권헌복은 본디 고향에서 넉넉한 삶을

---

3) 「大同團京城地法判決書」, 巖瀨健三郎(編), 『朝鮮倂合十年史 : 附 朝鮮 獨立
   問題의 眞相』(서울 : 大同出版協會, 1924), 432쪽.
4) 「공판시말서」(1), 『한민족독립운동사자료집(6) : 대동단사건(II)』(과천 : 국
   사편찬위원회, 1988), 324쪽. 이하 『대동단사건』(II)로 略記함.

누리던 사람이었으나, 1919년 4월에 정남용(鄭南用)을 만나 독립 사상을 고취 받은 뒤로는 구두수선공으로 변장하여 파고다공원에서 생활하면서 기회를 엿보고 있었다.[5]

권헌복은 그의 삼종숙(三從叔)인 권태석을 설득하여 동지로 만들었다. 전협과 권태석은 1917년에 최익환의 중개로 김천과 영동(永同)에 있는 땅을 매매한 인연으로 알게 되었으며,[6] 1918년 3월에 봉천(奉天)에서 만난 적도 있는 구면이었기 때문에 쉽게 의기가 투합했다.[7] 경북 김천 갑부의 차남으로서 호탕하기 이를 데 없는 권태석은 구한국 시대의 규장각 부제학을 지낸 권중은(權重殷)의 아들로서 함양(咸陽)의 안의(安義)공립보통학교를 마치고 일본에서 유학했으며, 중국에도 다녀온 바 있었다. 그는 학식과 재산을 가진 인물로서 심지가 굳고 능력 있는 사람이었다.[8] 그는 한때 보부상의 지방 대원으로 활약한 적이 있으며,[9] 최근에는 봉천·하르빈 등지에서 활동하다가 1918년 3월에 귀국하여 독립운동의 방법을 모색하고 있던 중이었다.[10]

비밀 결사의 윤곽이 드러나자 주모자들은 단체의 이름 짓기를 고심을 하다가 조선민족대동단(朝鮮民族大同團), 약칭 대동단(大同團)이라고 정했다.[11] "대동"(大同)의 의미는 무엇인가? 최익환은 그의 법정 진술에서 단체의 이름과 관련하여 이런 말을 했다.

5) 「권헌복에 대한 검찰 조서」(2), 『대동단사건』(I), 303~304쪽; 「권헌복에 대한 예심 조서」, 『대동단사건』(II), 112쪽.
6) 「권태석에 대한 경찰 조서」(3), 『대동단사건』(I), 53쪽; 「권태석에 대한 경찰 조서」(4), 같은 책, 71쪽.
7) 「최익환에 대한 예심 조서」(2), 『대동단사건(II)』, 5~6쪽.
8) 「권태석에 대한 경찰 조서」(2), 『대동단사건』(I), 43~44쪽; 「정남용에 대한 경찰 조서」(3), 같은 책, 156쪽.
9) 「양정에 대한 경찰 조서」(1), 『대동단사건』(I), 163쪽.
10) 「권태석에 대한 경찰 조서」(4), 『대동단사건』(I), 71쪽.
11) 「최익환에 대한 검찰 조서」(2), 『대동단사건』(I), 287쪽.

"대동단이란 이름은 내가 생각해 낸 것인데, 그 의미는 정의 · 인도는 세계에 동일한 것이고 조선인도 이 크나큰 정의 · 인도 아래 단결하여 나가지 않으면 안 될 것이라는 의미로 이름 지었다.[12]

이것은 3 · 1운동의 분파적 성격과 이로 인한 실패에 대한 회한의 의미뿐만 아니라 그 무렵 중국과 한국에서 함께 풍미하고 있던 강유위(康有爲)의 대동사상에서 암시 받은 바가 큰 것으로 보인다. "대동"이라 함은 본디 『예기』(禮記)에서 비롯되는 것이다. 그 예운편(禮運篇)에는 이렇게 기록되어 있다.

큰 도(道)가 행하여지던 때에는 널리 이로움을 위하여 어질고 능력 있는 자를 뽑아 신의를 강의하고 화목함을 수행하여, 사람들은 자기 부모만을 부모로 여기지 아니하고 자기 자식만을 자식으로 여기지 아니하고, 노인으로 하여금 그 여생을 마칠 곳을 갖게 하며, 장년으로 하여금 일할 곳을 갖게 하며, 어린이로 하여금 자랄 곳을 갖게 하여, 과부와 외로운 사람과 병들어 몸을 쓰지 못하는 사람을 불쌍히 여겨 그들 모두가 부양을 받을 수 있고, 남자는 직분을 가지며, 여자는 시집갈 곳이 있었다. 돈을 땅에 버리기를 싫어했지만 나를 위해 감추지 않았고, 힘을 쓰고자 했으나 나를 위해 쓰지는 않았다. 이런 까닭에 한가로움을 꾀함이 없고 도적질과 난적(亂賊)이 일어나지 않아 밖으로 사립문을 닫아걸지 않으니 이를 가리켜 대동(大同)이라 한다.[13]

---

12) 「최익환에 대한 경찰 조서」(2), 『대동단사건』(I), 38쪽; 「최익환에 대한 예심조서」(2), 『대동단사건』(II), 4쪽.

13) 禮記 禮運編 : 「大道之行也에 爲公하여 選賢與能하며 講信修睦하더니, 故로 人이 不獨親其親하며, 不獨子其子하여 使老有所終하며, 壯有所用하며, 幼有所長하며, 矜寡孤獨廢疾者이 皆有所養하며, 男有分이요 女有歸하며, 貨惡其棄於地也이나 不必藏於己하며, 力惡其不出於身也이나 不必爲己이니라. 是故로 謀閑而不興하며 盜竊亂賊이 而不作이라. 故로 外戶而不閉하니 是爲大同이라.」

위의 뜻을 살펴볼 때, "대동"이라는 의미에는 유교의 애민사상(愛民思想)뿐만 아니라 노장(老莊)의 무위이화(無爲而化)의 사상까지 포함된 일종의 혼합 사상으로서 중국의 역성론(易姓論)과 더불어 중국의 정치 전통으로 연면히 이어져 온 원시사회주의의 성격을 담고 있음을 볼 수가 있다.

정남용(鄭南用)

대동단의 지도부는 전국의 각계를 대표하는 유력자들로 조직을 확대한 다음 좀 더 치밀하게 독립운동을 전개하자는 데에 합의를 보았다. 그리하여 그들은 먼저 뜻 있는 동지들의 규합을 점검하기 시작했다. 전협과 최익환은 각기 자기들이 알고 있는 동지들을 추천하기 시작했다. 최익환은 먼저 권태석을 통해 소개받은 정남용(鄭南用, 1896~1921, 가명 鄭鎰·洪宇植·鄭義南·鄭必成)을 지목했다. 그 사람이라면 대사를 함께 논의할 수 있으리라고 최익환은 생각했다.[14]

정남용은 강원도 고성(高城) 출신으로서 일찍이 출가하여 건봉사(乾鳳寺) 안에 설립된 봉명(鳳鳴)소학교[15]를 마치고 서울로 올라와 1917년에 휘문의숙(徽文義塾)을 중퇴하고 중앙불교포교당에서 수학한 다음 북간도로 건너가 구룡촌(九龍村)·남양평(南陽坪)·동명촌(東明村) 등을 돌아보며 한때는 한국인들을 위해 교사 생활을 하다가 5개월 만에 귀국했다.[16] 그는 동지들

---

14) 『동아일보』 1921년 5월 18일자; 『大韓民國獨立功勳史』(서울 : 韓國民族運動研究所, 1971), 912쪽.
15) 봉명학교는 건봉사의 고승이었던 錦巖 李敎宰가 1906년에 세운 관동 지방 최초의 신식학교였다. 이영선, 『금강산건봉사사적』(서울 : 동산법문, 2003), 199~200, 319~321쪽 참조.

로부터 "신(神)과 같은 추앙을 받았다"[17]는 평판을 들은 것으로 보아 대단한 카리스마를 가지고 있는 인물이었던 것으로 보인다. 그는 한때 독립의 희망이 없는 것이 아닌가 절망하던 차에 불교 대표자인 이종욱(李鍾郁)과 한용운(韓龍雲)을 만나 감화를 받고[18] 건봉사로 돌아가 수도하고 있었다. 정남용은 3·1운동의 소식을 듣고 3월 10일에 고성을 떠나 서울로 올라와 있었다.

이종욱(李鍾郁)

승려라기보다는 혁명가의 기질을 타고난 정남용은 먼저 활동적이고 그 지면(知面)이 많아 독립운동자로서는 매우 적격인 인물이었다. 그는 그 무렵 이관수(李觀修)의 집에 하숙하고 있었는데 그가 바로 대동단원 이재호(李在浩 : 1878~1933)의 아들이었다.[19] 강원도 고성 출신인 이재호는 서당에서 한학을 배운 뒤 경성사립법률학교에서 잠시 수학한 뒤 궁내부(宮內府) 주사로 1년 동안 봉직했고, 전환국(典圜局) 기사로 근무하다가 지금은 직조업에 종사하면서 독립운동의 길을 모색하던 중에 양정(楊楨)의 소개로 전협을 만나 대동단원이 되었다.[20]

이종욱(1884~1969)은 특이한 경력의 소유자였다. 강원도 평창 출신으로서 월정사(月精寺)의 승려였던 그는 평창의 3·1운동에 참가한 뒤 3월 20일

---

16) 「정남용에 대한 경찰 조서」(4), 『대동단사건』(I), 184쪽.
17) 경성지방법원 「大同團京城地法一審判決文」, 82쪽.
18) 「대동단사건에 대한 경성지방법원검사국 의견서」, 『대동단사건』(I), 219쪽;
「정남용에 대한 예심 조서」(1), 『대동단사건』(II), 117~118쪽.
19) 「정남용에 대한 경찰 조서」, 『대동단사건』(I), 133~134쪽.
20) 「이재호에 대한 경찰 조서」(1), 『대동단사건』(I), 105쪽; 「이재호에 대한 예심 조서」, 『대동단사건』(II), 143쪽.

에는 인천 월미도에서 개최된 한성(漢城) 정부 창립회에 참석하여 이승만(李承晩)을 집정관 총재로 추대하는 등 매우 정치적 성향이 짙은 인물이었다. 그해 3월에 상해로 망명한 이종욱은 영안공사(永安公社)에서 안창호(安昌浩)를 만났는데 그 자리에서 안창호는 이종욱에게 조선으로 들어가 독립운동을 지원하라고 지시하면서 다음과 같이 말했다.

김사국(金思國)

"국내에서 모든 동포가 적 일본 놈들의 서리 찬 총칼 밑에서 신음하며 다수한 애국동지가 감옥에서 고통을 받는데 우리가 안전지대인 상해에만 있을 수 없으니 그대가 가는 것은 매우 애처로우면서도 고마운 일이다."[21]

그와 같은 임무를 받은 이종욱은 이륭양행(怡隆洋行)의 도움을 받아 3월에 다시 입국하여 청년외교단·애국부인회 등을 조직하고, 신상환(申相煥)·김사국(金思國 : 1895~1926) 등과 함께 국민회를 조직하여 상해임시정부의 국채를 국내에서 모집하는 책임을 맡고 있었다. 그는 다시 상해로 건너가 상해임시정부 내무부 참사관이 되어 1920년 3월에는 국내에 산재한 16개 독립 단체를 묶어 서울에 임시정부의 대표 기관을 설정하고 임시정부 의정원 의원의 자격으로 평안남도와 황해도를 제외한 10개 도에 연통제 조직의 책임자가 되어 있었다.[22]

4월 중순에 이르러 이들은 임시정부를 조직하고 각원을 선정하여 이를

21) 이종욱, 『爲國先烈招魂』(1962.7.15 : 手稿, 대한불교조계종 불학연구소 朴昇熙 연구원 소장), 5~6쪽.
22) 姜昔珠, 「남기고 싶은 이야기들 : 불교 근세 백년」, 『중앙일보』 1979년 8월 23일자.

선포하는 동시에 국민대회의 취지를 발표하고자 조선 13도의 대표자를 경성부 서린동 봉춘관(奉春館)에 소집하고, 학생들로 하여금 시위운동을 담당케 하며, 또한 그날 몇 천 명의 노동자를 종로에 모은 다음, 자동차를 타고 경성 부내를 달리며 인쇄물을 배포하는 계획을 수립했다. 김사국은 이를 실행하고자 이에 소용되는 비용을 갹출할 필요가 있어 4월 19일에 자신의 숙소인 통의동 김회수(金晦秀)의 방에서 민강(閔橿 : 1884~?) 등과 회동했다. 이에 천도교 대표자 안상덕(安商德 : 1880~1950)과 예수교 대표자 현석칠(玄錫七)은 각각 600원을 김사국에게 제공하여 비용에 충당하기로 하고 자금의 수수는 비밀 누설을 염려하여 금전 거래가 많은 민강의 약종상의 계좌를 이용했다가 발각되어 구금된 바가 있었다.[23]

정남용은 동지 규합에 매우 적극적이었다. 그는 자기와 같은 승려로서 임시정부 의정원 재무위원인 송세호(宋世浩 : 1893~1970)를 가입시켰다.[24] 경북 구미(龜尾) 출신인 송세호는 15~16세에 서울로 올라와 광무(光武)일어 학교를 다닌 경력으로 보아 이때 이미 동문인 최익환과 알고 지냈던 것으로 보인다. 그 후 1914년경에 출가하여 도리사(桃李寺, 善山)·금강사(金剛寺)·석왕사(釋王寺)·월정사 등지에서 수행하다가 이종욱을 만났으며, 그의 권고에 따라 1919년 4월에 봉천(奉天)·천진(天津)을 거쳐 상해임시정부를 찾아가 서병호(徐丙浩)·김철(金徹), 그리고 불교중앙포교당 시절부터 알고 지내던 신상완(申尙琓)과 백성욱(白性郁)을 만나 잠시 임시정부의 강원도 대표를 맡은 적이 있었으나 밀정으로 의심을 받아 임시정부 활동에 가담해보지도 못하고 귀국했다.[25] 그가 밀정으로 오해를 받은 것은 그가 지난

23)「경성 독립 운동 관련 학생의 예심 종결 결정」,『독립운동사자료집(5) : 3·1운동재판기록』(서울 : 독립운동사편찬위원회, 1972), 58, 78~79쪽.

24)『독립운동사자료집(9) : 임시정부사자료집』(서울 : 독립운동사편찬위원회, 1975), 48쪽. 상해임시정부 의정원 1919년 5월 3일자 결정.

25)「송세호에 대한 경찰 조서」,『대동단사건』(I), 138쪽;「송세호에 대한 예심 조서」,『대동단사건』(II), 86쪽.

날 일진회가 경영하는 광무학교 출신이라는 이유 때문이었던 것으로 보인다.

귀국한 송세호는 이종욱의 지휘를 받으며 1919년 9월 하순에 연건동(蓮建洞)교회 조사(助事)인 전필순(全弼淳)과 세브란스의학교 학생인 윤종석(尹鍾奭) 등과 함께 연통제에 가담하여 함경남북도와 전라남북도의 조직을 담당했다.[26] 이와 아울러 송세호는 같은 정남용의 소개로 알게 된 나창헌(羅昌憲, 가명 王世俊)과 함께 청년외교단[27] 단원으로 활약하고 있었던 점으로 미뤄 볼 때 나창헌도 이 무렵에 송세호와 함께 대동단에 가입한 것으로 보인다. 본디 나창헌은 평안남도 희천 출신으로서 한때(1914~1916) 일본

---

26) 「대동단사건에 대한 경성지방법원검사국 의견서」, 『대동단사건』(I), 219쪽; 「전필순에 대한 예심 조서」, 『대동단사건』(II), 75쪽; 「송세호에 대한 예심 조서」, 같은 책, 86~87쪽.

27) 청년외교단은 「상해 임시 정부를 지지하고 이에 조선의 상황을 통보함과 동시에 조선인으로부터 독립운동 자금을 모집하는 한편 제반 인쇄물을 배포함으로써 민심을 교란하여 일본 정부로 하여금 조선을 포기하게 할 목적으로」 1919년 6월 상순경에 이병철(李秉澈) · 조용주(趙鏞周) · 연병호(延秉昊) · 송세호 · 안재홍(安在鴻) 등 5명이 경성부 수은동 3번지 안모(安某, 여)의 집과 기타 모처에서 수차 회합 모의하여 설립한 단체이다. 1919년 8월 상순에 총무인 안재홍과 이병철은 이종욱을 상해로 파견하여 국무총리 이승만(李承晩) 앞으로 건의서를 제출함과 동시에 청년외교단 명의로 현금 550원을 전달했다. 이병철은 임시정부 재무총장이 발급한 애국금수합위원이란 사령서와 그 신표(信票)를 수령하여 이종욱이 휴대하여 가져 왔다. 이종욱은 대한적십자사 주모자이다. 이병철은 이종욱의 권유에 따라 8월 상순 임시정부 안창호 외 수십 명이 발기한 대한적십자사 명예 회원에 임명된 이래 송세호와 협의하여 동 회의 선언서 약 600매를 이종욱으로부터 수령하여 그의 일부를 배포하고 나머지는 송세호가 은익하고 있다가 체포된 바 있다. 「청년외교단원 검거에 관한 건」(大正 8년 12월 3일자 高警 제34301호), 『독립운동사자료집(9) : 임시정부사자료집』, 420~423쪽. 청년외교단에 관한 자세한 논의는, 張錫興, 「대한민국청년외교단 연구」, 『한국독립운동사 연구』(2)(천안 : 독립기념관 한국독립운동사연구소, 1988), 267~293쪽 참조.

으로 건너가 최면술을 배우고 귀국하여[28] 경성의학전문학교에 다니던 학생이었다. 1918년에 몸에 마병(麻病)을 얻은 이재호가 그의 병원에 다니면서 둘이는 친하게 되었는데, 나창헌이 시국 사건으로 쫓기는 몸이 되었을 때 이재호가 도움을 준 것이 인연이 되어 대동단에 가입하게 된 인물이었다.[29] 나창헌은 이미 3·1운동 무렵에 이필주(李弼柱) 목사의 방에서 준비한 거사 자료를 들고 시위에 가담한 죄로 실형을 받고 병 보석으로 출옥한 상태였다.[30]

이종욱은 대동단, 청년외교단, 애국단 등의 도움을 받아 서울에 연통본부를 두고 각 도에 감독부(監督府)를, 각 군에 총감부(總監部)를, 각 면에 사감부(司監部)를 설치하여 상해임시정부의 명령을 하달하고 하정(下情)을 상달한다는 구상을 가지고 있었다.[31] 그리고 조직의 확대를 위해 나창헌이 대동단과 교섭하고, 신현구(申鉉九)는 자신이 단장으로 있는 애국단을 담당하기로 했으며 전필순이 금전 출납을 맡도록 했다.[32]

초기의 행동 대원으로서는 윤용주(尹龍周 : 1884~1949)라는 인물이 있다. 충남 공주(公州) 출신으로서 한학에 깊은 지식을 가지고 있었고, 그 무렵에 고향에서 농업에 종사하고 있지만 한때는 의병에 몸을 담은 적이 있었던 그는 대동단원 중에서도 가장 열혈(熱血)한 인물 가운데 하나였다. 고향의 농사를 포기하고 1919년 5월에 상경한 그는 4~5년 전부터 알고 지내던 전협과 최익환을 만나 그들의 권고로 8월에 대동단에 가입했으며 이민하(李敏河)라는 가명을 쓰면서 주로 지방 조직에 몰두했는데, 대동단 전북 지부의 조

28) 장석흥, 「나창헌의 독립운동 노선과 성격」, 2001년 6월의 독립운동가 나창헌 선생 공훈선양학술강연회(서대문독립공원, 2001.6.28), 7쪽.
29) 「이재호에 대한 경찰 조서」(1), 『대동단사건』(I), 105~106쪽.
30) 「정남용에 대한 예심 조서」(3), 『대동단사건』(II), 140쪽; 「이달의 독립운동가 : 나창헌 선생」, 『광복회보』, 2001년 6월 20일(Vol.213).
31) 「윤종석에 대한 예심 조서」(1), 『대동단사건』(II), 59~60쪽.
32) 「송세호에 대한 예심 조서」(1), 『대동단사건』(II), 93쪽.

윤용주(尹龍周)

직이 그의 대표적인 작업이었다.[33]

이 무렵 윤용주는 단원의 모집에도 많은 노력을 기울였다. 그는 전협에게서 받은 신임장 15매를 가지고 동지 규합에 나섰는데, 그가 포섭한 인물로서는 전북 전주 출신으로서 미곡상을 경영하고 있는 김진명(金振明)이 있다. 구한국 시대에 순사로 1908년까지 봉직한 일이 있고, 합병 이후에는 보병 오장(伍長)으로 근무한 바 있는 김진명은 정보 활동을 위해 매우 유용한 사람이었다.[34] 윤용주는 충남 일대에서 동지를 규합하던 중에 1919년 10월에 김재구(金在九)의 소개로 김진명을 알게 된 뒤 그의 집을 방문하여 자신이 대동단의 단원임을 밝히고 이렇게 권면했다.

"지금 상해 방면에서는 조선 독립의 기운이 일어 독립운동을 하고 있어 조선에서도 대동단을 조직하여 그 응원을 하기로 되어 있는데 이 단체의 목적은 조선에 있는 청년과 노동자를 중심으로 상해 방면에서 요구해 오는 것을 응원하기로 되어 있으니 당신도 지방에서 국가를 걱정하는 사람이라고 하니 힘써 주기 바랍니다."[35]

이에 공감하여 대동단에 가입한 김진명에게는 상해 『독립신문』을 비롯한 임시정부의 문서를 수발하라는 임무와 함께 무정무의용사장(武政務義勇社

---

33) 「윤용주에 대한 경찰 조서」, 『대동단사건』(I), 90~91쪽.
34) 「윤용주에 대한 검찰 조서」(1), 『대동단사건』(I), 312쪽; 「김재구·이범수·형갑수·김진명·權昌順에 대한 판결문」, 大正 11년 刑控 36호.
35) 「김진명에 대한 경찰 조서」(1), 『대동단사건』(I), 89~90쪽; 「김진명에 대한 검찰 조서」(1), 같은 책, 311쪽.

長)이라 쓰고 「독립대동단」(獨立大同團)이라
는 도장이 찍힌 사령장이 발부되었다. 이
때 윤용주는 "조(鳥)"자의 도장을 가진 사
람이 찾아가면 대동단원으로 믿고 독립
운동 자금을 제공하라고 지시했다.[36]

형갑수(邢甲洙)

지방에서는 유독 전라북도에서 대동단
이 활발하게 활동했는데 그 주역은 남원
(南原) 출신 강경진(姜景鎭 : 1893~1940)이었
다. 강경진은 1919년 7월 중에 김재구로
부터 전협의 무리가 대동단을 조직하고
비밀리에 조선 독립을 위해 노력한다는
말을 듣고 그의 권유로 대동단에 가입하
여 경성을 왕복하며 2회에 걸쳐 자금 200원을 제공했고, 동지들에게 배부
할 목적으로 윤용주(尹龍周)에게서 독립운동의 취지가 기재되어 있는 「경
고문」 20매와 『독립신문』 4~5매를 받았다.[37]

한태현(韓泰鉉)은 대동단에 가입하여 이를 원조할 목적으로 1919년 8월
에 남원지방에서 청년단을 조직하였으며, 단원에게서 1인당 10원의 자금
을 모집하여 합계 200원을 본부에 제공했다.[38] 남원 출신인 형갑수(邢甲洙
: 1892~1873)는 남원의 3·1운동에 참여한 뒤로 임응철(林應喆)의 권유로 대

36)「김진명에 대한 경찰 조서」(1),『대동단사건』(I), 89~90쪽;「김진명에 대한
   검찰 조서」(1), 같은 책, 311쪽.
37)「참고인 강경진에 대한 예심 조서」,『한민족독립운동사자료집(6) : 대동단
   사건(II)』, 197~199쪽.『독립운동사자료집(9) : 임시정부사자료집』, 981~982
   쪽 : 大正 9년 刑控 제185호;「김재구·이범수·형갑수·김진명·權昌順에
   대한 판결문」, 大正 11년 刑控 36호.
38)「윤용주에 대한 예심 조서」(2), 같은 책, 248쪽;「김재구·이범수·형갑수·
   김진명·權昌順에 대한 판결문」, 大正 11년 刑控 36호.

동단에 가입하여 전북지부 총무부장을 맡아 남원지부를 이끌던 인물로서 형순권(邢舜權)에게 대동단의 가입을 권유할 때 김재구와 남원 출신으로 그곳에서 3·1운동에 참여한 이범수(李範壽 : 1893~1945) 그리고 강경진 등이 대동단에 이미 가입했다는 말을 했으며, 경성에 있는 대동단을 돕기 위해 남원에서 청년단을 조직하고 이범수와 한태현 등이 단장을 맡고 있다고 하면서 형순권에게 가입을 권유했다. 이때 강경진이 200원을, 이범수가 200원을, 형갑수가 100원을, 합계 500원을 독립 자금을 전협에게 제공했다.[39]

이일영(李一榮)은 윤용주의 권유로 대동단원이 된 인물이었다. 그는 경기도 진위(振威, 평택) 출신으로서 1913년부터 김재순(金在珣)·전용규(田鎔圭) 등과 함께 독립의군부(獨立義軍府)라는 비밀 결사를 조직하여 군자금을 모금하던 중에 1919년 8월에 윤용주를 만났고, 그를 통하여 전협을 만나 대동단의 활동에 동조하게 된 인물이었다.[40]

대동단 초기의 논객이었던 이건호(李建浩 : 1885~1951)는 본디 부여 출신으로서 서울에서 미곡상을 하면서 독립운동의 길을 모색하던 중에 1919년 7월에 권헌복의 소개로 정남용을 알게 되었다. 이때 정남용은 그에게 이런 말을 했다.

"현재 우리 조선 민족은 전혀 인간 취급을 받지 못하고 있습니다. 그것은 모두가 망국의 백성이 되어버린 때문이므로 이를 부흥할 방법을 되찾

39) 「윤용주에 대한 예심 조서」(2), 『대동단사건』(II), 248~249쪽; 「공판시말기」(1), 같은 책, 337쪽; 「공판시말기」(2), 같은 책, 354쪽; 『독립운동사자료집(9) : 임시정부사료집』, 981~982쪽 : 大正 9년 刑控 제185호; 「김재구·이범수·형갑수·김진명·權昌順에 대한 판결문」, 大正 11년 刑控 36호. 이범수의 이름은 이범위로 잘못 기록된 곳도 있다.
40) 「전협에 대한 경찰 조서」(4), 『대동단사건』(I), 201쪽; 『매일신보』 1913년 7월 6일자; 전용규에 대한 경성지방법원판결문(1915년 3월 13/16일자; 「이일영 신문 조서」, 『한민족독립운동사자료집』(5)(과천 : 국사편찬위원회, 1988), 154~155, 203~204쪽.

이범수(李範壽)   이건호(李建浩)

는 것은 조선 민족 출신의 의무일 뿐만 아니라 현재의 급선무입니다.”

　이러한 계기로 대동단에 가입한 이건호는 권헌복·정남용을 자기 집에
하숙시키면서 주로 각종 문서의 인쇄 업무와 『대동신보』의 배포 업무를
담당하고 있었다.41)

　경북 문경(聞慶) 출신 박형남(朴馨南, 본명 朴魯昌)이 대동단에 가입한 것은
1919년 9월 초순이었다. 융희(隆熙)학교(中央高普의 前身)를 졸업한 뒤 칠곡(漆
谷)에서 미곡상을 경영하면서 단군교(檀君敎) 계열에 속하여 있던 그는 가
회동(嘉會洞)의 서흥순(徐興淳)의 집에서 하숙을 하고 있었는데 이를 인연으
로 이건호를 만났고, 그를 통하여 정남용을 만나 그로부터 대동단이라는
조직이 있다는 사실과 이 조직은 조선 민족의 독립을 계획하고 사회주의
를 실현하는 데 목적이 있다는 말을 듣고 이에 가입하게 되었다.42)

---

41) 「이건호에 대한 경찰 조서」, 『대동단사건』(I), 78쪽; 「권헌복에 대한 경찰
　　조서」, 같은 책, 79~80쪽; 「권헌복에 대한 예심 조서」, 『대동단사건』(II),
　　112쪽.

박형남(朴馨南)

한기동(韓基東)

　정남용은 한기동(韓基東 : 1898~1997)을 가입시키는 데에 성공했다. 한기동은 예수교인으로 모리 하지메(森肇) 변호사 밑에서 사무원을 지낸 탓에 법률 지식이 있으며 그 무렵에는 블라디보스토크(海蔘威) 일대에서 미곡무역을 하였고, 하바로브스크에서는 군수품을 납품하는 등 대외 활동에 폭이 넓은 인물이었다. 그들은 3~4년 전에 세브란스병원에 입원했을 때 서로 알게 된 사이였다.[43] 평북 진남포 출신인 한기동은 그곳 삼숭(三崇)학교와 평양공립간이상업학교를 졸업하고 한때는 블라디보스토크로 건너가 기독청년회를 이끈 적도 있었다.

　그러나 한기동은 비행사가 되고자 일본으로 건너갔다. 그때 그는 학비를 조달하지 못하여 4~5개월 동안 도쿄(東京)에서 토야마 미츠루(頭山滿)의 식객 노릇을 한 적도 있었다.[44] 1919년 5월에 들어서면서부터 한기동은

42)「박형남에 대한 경찰 조서」,『대동단사건』(I), 80쪽.
43) 朴馨南(서울시 서대문구 북아현동 1-18)의 증언; 韓基東(충남 서산군 서산읍 수석리 963)의 증언;「한기동에 대한 예심 조서」,『대동단사건』(II), 169쪽.

관서 지방의 인심을 돌아보려고 평안북도의 선천(宣川)·철산(鐵山)·구성(龜城)·태천(泰川)·영변(寧邊), 그리고 평안남도의 개천(价川)·안주(安州)·정주(定州)·평원(平原)을 돌아보고 평양을 거쳐 서울로 돌아와 시세를 관망하고 있었다.[45]

그러던 차에 1919년 9월 강우규(姜宇奎)가 조선 총독 사이토 마코도(齋藤實)의 암살을 계획할 때는 그의 가회동(嘉會洞) 숙소로 찾아가 군자금 모집을 부탁 받고 민대식(閔大植)을 찾아가 군자금의 제공을 요구하는 한편, 다시 그의 부탁을 받고 세브란스병원 간호사 탁명숙(卓明淑)을 통해 경성부 누하동(樓下洞) 임재화(林在和)의 집에 강우규를 은닉시켜준 적이 있었는데,[46] 사건 이후에는 수사를 피해 은신하고 있었다. 대동단이 결성되기 직전까지 한기동은 원산 남감리교회의 정춘수(鄭春洙) 목사의 보호를 받고 있었다.[47] 그해 8월에 그는 서울의 외국인 목사 밑에서 서기의 일을 하고 있는 정일형(鄭一亨)으로부터 「국치기념호」라는 제목의 항일 문서를 받아 평양 일대에 배포하고 서울로 돌아와 정남용의 도움을 받으며 은닉하고 있던 중이었다.[48]

이 무렵의 주목할 만한 인물 가운데에는 이신애(李信愛. 李慈鄕)가 있다. 본디 평북 귀주 출신으로서 1913년에 개성(開城)의 호수돈(好壽敦)여학교를 졸업하고 원산의 기독교계 학교인 성경(聖經)여학교를 마친 뒤 1918년부터 기독교 전도사로 활약하고 있던 그는 이 무렵에 동향 사람인 한기동과 동거하고 있었으며, 이때 그도 강우규 사건에 도움을 주었다.[49] 이신애는

---

44) 「한기동에 대한 경찰 조서」, 『대동단사건』(I), 165쪽; 「공판시말기」(2), 『대동단사건』(II), 359쪽.
45) 「한기동에 대한 경찰 조서」, 『대동단사건』(I), 177쪽.
46) 「대동단사건에 대한 경성지방법원검사국 의견서」, 『대동단사건』(I), 220쪽.
47) 「한기동에 대한 경찰 조서」, 『대동단사건』(I), 176쪽.
48) 「대동단사건에 대한 경성지방법원검사국 의견서」, 『대동단사건』(I), 220쪽.
49) 이신애, 「이신애 사건」, mimeo(李炫熙 교수 소장); 이신애, 「이신애光復運

한기동의 전협·나창헌·정남용을 만났고, 끝내는 김가진(金嘉鎭)을 만나
10월 초순에 대동단에 가입했다.50) 이신애는 본디 33인 중의 하나였던 정
춘수 목사가 시무하던 원산(元山) 남감리교회의 신도이며 애국부인단 통
신원으로 활약하던 인물로서 1919년 3월 8일에 상경했다.51)

　　최익환은 1904년 10월부터 1905년 4월까지 일진회(一進會)에서 평의원과
경무위원장(警務委員長)을 지냈으나52) 이제는 참회의 길을 걷고 있는 동창
율(董昌律 : 1868~1843)을 권유하여 이에 가담시켰다.53) 본디 동창율은 함경
북도 북청 출신으로서 일찍이 일진회에 가입하여 경무위원장의 자리에까
지 올랐으나 그 집단의 친일화 과정에서 양심의 가책을 느껴 민족주의자
로 변신한 인물이었다.

　　최익환은 서울로 올라와 평안남도 강서 출신인 양정(楊楨 : 1865~?)의 소
개로 전협이 마련해 준 초음정(初音町)의 이재호의 집에 머물고 있었는데
이때 공주의 최석기(崔錫基), 대구의 김재구(金在九), 전주의 백남기(白南基)

　　　動史蹟」, *mimeo*(李炫熙 교수 소장).
50)「총독에 대한 흉행 범인 체포의 건」, 『독립운동사자료집(9) : 임시 정부사
　　자료집』, 345~350쪽; 「대정 8년 10월 6일 제28453호」, 『독립운동사자료집
　　(11) : 의열투쟁사자료집』(서울 : 독립운동사편찬위원회, 1976), 79~84쪽;
　　「한기동에 대한 경찰 조서」(2), 『대동단사건』(I), 178쪽; 「이신애에 대한 경
　　찰 조서」(1), 같은 책, 247~248쪽. 「한기동에 대한 예심 조서」(2), 『대동단사
　　건』(II), 219쪽; 「이신애에 대한 예심 조서」(2), 같은 책, 235쪽; 서대문형무소
　　역사관(제공), 「서대문형무소와 여성운동가(4) : 이신애」, 『독립정신』, 2014
　　년 1~2월호(Vol.73), 뒤표지 참조. 한기동과 이신애의 관계는 필자가 한기동
　　의 증언을 녹취할 때 직접 들은 것이며, 그는 이 사실을 자신이 죽은 이후에
　　발표해 달라고 부탁했다.
51) 韓基東(충남 서산군 서산읍 수석리 963)의 證言.
52)「동창율에 대한 경찰 조서」(1), 『대동단사건』(I), 118쪽; 「동창율에 대한
　　예심 조서」(1), 『대동단사건』(II), 152쪽; 「一進會日誌」(광무 11년(1907) 5월
　　26일자), 金正柱(編), 『朝鮮統治史料』(4)(東京 : 宗高書房, 1970), 674쪽.
53)「李堈公殿下擁立事件」(4), 『每日申報』1920년 11월 23일자.

동창율(董昌律)

양정(楊楨)

등도 함께 어울리는 동지들이었다.54) 본디 평양 출신의 보부상(褓負商) 두
목이었던 양정은 기동력을 자랑하는 보부상에 상당한 영향력을 가지고
있었으며 전협과는 그가 부평 군수로 재직할 때부터 알고 지내는 사이였
다.55) 전협을 다시 만나 대동단의 가입 권고를 들은 양정은 양제민(楊濟民)
이라는 이름으로 당원 모집에도 힘썼다.

양정에 의해 포섭되어 입단한 사람으로는 복벽(復辟)주의자로서 공주에
서 농업에 종사하던 이달하(李達河)가 있다. 이달하는 그 무렵에 경성사립
보성(普成)학교를 졸업한 사람으로서 문필에 뛰어났으며, 현실 참여에 깊
은 관심을 가지고 있던 차에 대한협회장 시절의 김가진의 집을 자주 방문
했다. 그는 평소에 이태왕(李太王)이나 황태자, 또는 이강 공(李堈公) 가운데
에서 어느 누구를 황제로 다시 추대하여 독립운동을 전개해야 한다는 확
신을 가지고 대한제국 말기의 내부대신이자 명성황후(明成皇后)의 종형제

54) 「동창율에 대한 경찰 조서」(1), 『대동단사건』(I), 119~120쪽.
55) 朴馨南의 증언; 「양정에 대한 경찰 조서」(1), 『대동단사건』(I), 162쪽.

이달하(李達河)

이능우(李能雨)

인 민영달(閔泳達)과 함께 복벽 운동을 했다.

이달하는 1919년 8월에 양정의 소개로 전협을 만나 의기가 투합하던 차에 그의 무리가 이강 공을 상해로 탈출시킨다는 밀계를 듣고 감동하여 대동단에 합류했다.[56] 그는 구종서(具宗書)의 소개로 정두화를 만났을 때에도 복벽 운동을 강조한 바 있다.[57] 그는 또한 5~6만 원의 재산을 가진 부자였다.[58] 이달하는 귀족이나 진신(縉紳) 가운데 전 참정대신 한규설(韓圭卨), 전 내부대신 윤용구(尹用求), 전 의정부 찬정(贊政) 홍순형(洪淳馨) 등을 영입 대상으로 삼고 교섭에 나섰으나 뜻을 이루지 못했다.[59]

---

56) 「이달하에 대한 경찰 조서」(1), 『대동단사건』(I), 143쪽; 「이달하에 대한 경찰 조서」(2), 같은 책, 179쪽; 「정두화에 대한 경찰 조서」(2), 같은 책, 197쪽; 「이달하에 대한 예심 조서」, 『대동단사건』(II), 174~175쪽.

57) 「정두화에 대한 경찰 조서」(2), 『대동단사건』(I), 197쪽; 「이달하에 대한 경찰 조서」(4), 같은 책, 205쪽; 「이달하에 대한 예심 조서」, 『대동단사건』 (II), 176쪽.

58) 「이달하에 대한 예심 조서」, 『대동단사건』(II), 176쪽.

이 밖에도 본디 친일 노선을 걸었으며 경술국치 때에는 합방 기념장(記念章)을 받은 적이 있던 이능우(李能雨)가 대동단에 가입했다.[60] 그는 번잡한 경력의 소유자였다. 명문 경성관립중학교를 졸업한 이능우는 모교의 교관, 경무국 주사,『중앙신문』기자, 내부(內部) 제방세 조사위원, 내부 참여관 보좌관을 지냈으며, 경술국치 이후에는 경성의『매일신보』기자가 되어 1913년까지 활약한 바 있으며, 최근까지 경성신문사 내의 조선고서간행회에서 번역을 담당하고 있던 지식인으로서 꿈도 많았다. 그러나 이제 낭인의 생활을 하고 있던 이능우는 평소에 알고 지내던 유태희(兪泰熙)로부터 최익환이 중국 방면에서 독립운동을 하다가 최근에 귀국했다는 말을 듣고 1919년 4월에 유태희의 소개로 초음정에서 최익환을 만나 대동단에 가입하게 되었다.[61]

최익환을 만나 대동단의 취지에 공감한 이능우는 다시 나경섭(羅景燮, 일명 羅世煥)을 포섭하여 단원으로 끌어들이는 데 성공했다. 나경섭은 경기도 수원에서 목재상을 하던 사람으로서 한때는 보부상의 두목(公事長)을 지낸 사람이었는데, 유태희의 집에서 이능우의 소개로 중국에서 갓 귀국한 최익환을 만나 알게 되었다.[62] 이능우는 최익환의 말을 빌려 이렇게 말했다.

"시베리아에 군정부가 있고, 길림에는 군정서(軍政署)가 있으며, 하와이에는 가정부가 있으며, 상해에는 가정부의 출장소가 있어 해외에서 동포들이 열심히 일하고 있으니 많이 도와주시오."

이에 대하여 나경섭은 이렇게 말했다.

---

59)「전협에 대한 경찰 조서」(3),『대동단사건』(I), 194쪽.
60)「이능우에 대한 검찰 조서」(1),『대동단사건』(I), 284쪽.
61)「이능우에 대한 경찰 조서」(1),『대동단사건』(I), 4쪽;「최익환에 대한 예심 조서」(2),『대동단사건』(II), 12쪽;「이능우에 대한 예심 조서」(1), 같은 책, 24~25쪽;「李堈公殿下擁立事件」(7),『每日申報』1920년 11월 26일자.
62)「나경섭에 대한 검찰 조서」(2),『대동단사건』(I), 293~294쪽;「최익환에 대한 예심 조서」(2),『대동단사건』(II), 12쪽.

"그와 같은 일은 신중히 숙고하여 행하여야 하며, 경솔해서는 안 됩니다. 나는 지난날 보부상을 이끌던 경험이 있으므로 대동단을 위해 할 일이 많으리라고 생각합니다."[63]

나경섭의 의사를 타진한 이능우는 유태희·나경섭과 함께 최익환을 찾아 갔다. 이 자리에서 최익환은 이렇게 말했다.

"조선 독립을 꾀하는 데에는 많은 단체들이 결속하여 공동 일치된 행동을 하지 않으면 안 됩니다. 지금 해외에서는 많은 동포들이 국사를 위해 일하고 있습니다. 또 조선 안에서도 독립운동을 열심히 하고 있으니 쓸 만한 청년들이 해외에 나가 노력하여 이번에 크게 활약하지 않으면 안 됩니다."[64]

나경섭은 보부상의 두목이었기 때문에 이를 끌어넣으면 300~400의 노동자를 참가시키는 것은 쉬울 것이라고 최익환은 판단했고, 그를 통하여 유인물을 배포하고자 계획하고 있었다.[65]

이 무렵에 김사국(金思國)도 대동단에 가입했다. 김사국은 1919년 2월에 나창헌·김탁원(金鐸遠)·민강 등과 함께 경성부 정동 소재 정동예배당 내의 이필주(李弼柱) 목사의 방에서 도쿄(東京) 유학생의 시위에 이어 제2의 독립운동에 분발하여 학생을 규합하고 참가할 것을 협의한 사실이 있으며, 이 과정에서 서로 친숙해진 사이였다.[66] 김사국은 3월 1일 이후 조선 전국에 봉기한 독립운동은 그동안 아무런 연속성이 없어 기대한 효과를 올릴 수 없다고 생각하고 국민 대회를 조직하여 각계 독립운동자를 망라하여 임시정부를 수립함으로써 독립운동을 체계적으로 전개하고자 3월 중순부터 동지들을 규합하고 있었다.

---

63) 「이능우에 대한 경찰 조서」(2), 『대동단사건』(I), 31~32쪽.
64) 「나경섭에 대한 경찰 조서」(2), 『대동단사건』(I), 54쪽.
65) 「최익환에 대한 경찰 조서」(2), 『대동단사건』(I), 41쪽.
66) 「참고인 김사국에 대한 예심 조서」, 『대동단사건』(II), 201~202쪽; 「경성 독립 운동 관련 학생의 예심 종결 결정서」: 『독립운동사자료집(5) : 3·1운 동재판기록』, 58, 67~70쪽.

김영철(金永喆)

이밖에도 김영철(金永喆 : 1898~1987)이 대동단에 가입했다. 경북 흥해(興海) 출신인 김영철은 고향에서 보통학교를 졸업했으며, 1914년 봄에 상경하여 1917년에 오성학교(五星學校)를 졸업하고 경성의학전문학교의 학생 신분으로 3·1운동에도 참여하는 등 민족주의적 성향이 강한 인물이었다. 그는 법정 진술에서 최익환과는 본시부터 알던 사이가 아니며 1919년 4월 중순경애 허정묵(許丁黙)의 소개로 알게 되었다고 말했다.[67] 그는 단원으로 가입하여 최익환으로부터 인쇄물의 배포를 부탁받고 쾌히 응낙하고 임무를 수행했다.[68]

이 무렵에 전협이 포섭한 인사로는 김찬규(金燦奎 : 1864~1925)가 있다. 경북 영주(榮州) 사람으로서 구한국 시대에 후릉 참봉(厚陵參奉) 및 비서승(秘書丞 : 勅任級)과 참판 벼슬을 한 적이 있어 참판의 칭호를 듣던 그는 호(號)를 석룡(石龍)이라 했으며 을사조약 이후 고향에 내려가 반일 운동을 꿈꾸고 있다가 상경한 인물이었다. 그는 곽종석(郭鍾錫), 이왕직 장관인 민병석(閔丙奭), 박영효(朴泳孝), 김가진 그리고 내부대신을 지낸 민영달 등과 교유(交遊)가 넓어 주로 귀족·유생 측의 가입을 맡았다. 그는 최익환과는 1917년 경성부 효자동 170번지의 신소사(申김史)가 운영하는 하숙집에서 만나 알고 지내던 터였으나 전협과 만난 것은 1919년 3월 하순 내지 4월 상순 사이었다.[69]

---

67) 「김영철에 대한 검찰 조서」(2), 『대동단사건』(I), 295쪽; 「최익환에 대한 예심 조서」(2), 『대동단사건』(II), 12쪽; 「김영철에 대한 예심 조서」, 같은 책, 63쪽. 일진회의 기록에 나오는 김영철(金永喆)과는 동명이인이다. 「一進會日誌」광무 9년(1905) 7월 30일자, 金正柱(編), 『朝鮮統治史料』(4), 674쪽.
68) 「김영철에 대한 경찰 조서」(1), 『대동단사건』(I), 7~8쪽.

이밖에도 전협은 그의 사위인 서병규(徐丙圭)와 그의 친구인 이병재(李秉宰), 그리고 김규(金奎) 등도 포섭했다. 그리고 이들 가운데 중간 책임자만 지도부와 접촉했고, 일반 당원은 철저하게 점 조직으로 운영함으로써 조직의 붕괴를 막고자 했다.[70] 당초에 외교 문제는 신규식(申圭植, 申檉)을 영입하여 맡기기로 하고 김용환(金用煥)을 중국에 파견하여 접촉하면서 독립운동 자금으로 정두화로부터 받은 돈 가운데에서 1,500원을 제공하는 등, 밀접한 관계를 유지했으나 김용환이 콜레라로 죽은 후에는 연락이 원활하게 이뤄지지 않았다.[71] 김병홍(金炳洪)과 김병홍(金炳興)은 대동단에 가입한 후에 봉천에 머물면서 독립운동을 주도했다.[72] 전협의 추천으로 이기현(李基鉉)도 단원으로 합류했다.[73]

초기의 조직이 함경도까지 확대되어 있었다는 것은 놀라운 사실이다. 그 중심에는 안이현(安履賢 : 1890~?)이 있었다. 평안북도 의주 출신인 그는 1911년 무렵에 향리를 떠나 각지를 방랑하였고 1919년 1월 함경남도 이원

69) 慶尙北道警察部, 『高等警察要史』(서울 : 朝鮮印刷株式會社, 1934), 188~189, 207, 280쪽. 「최익환에 대한 경찰 조서」(3), 『대동단사건』(I), 51~52쪽. 김찬규는 그 후에도 독립 운동을 계속하여 1922년부터는 북만주에 근거를 둔 한국판의단(韓國判義團) 검판장(檢判長) 김응섭(金應爕)의 밀사가 되어 조선에 잠입하여 군자금을 모금하던가운데문경에서 체포되어 징역 1년 6개월의 형을 받고 복역 중 1924년 2월 16일에 만기 출옥했으며, 밀양을 거점으로 군자금을 모금하기 위해 임시정부 군무총장 노백린(盧伯麟) 명의의 지령 180매를 인쇄하여 뿌린 혐의로 1925년에 다시 체포되어 5년형을 받고 복역 중에 병보석으로 석방되었으나 그 여독으로 곧 사망했다. 김찬규의 孫婦 이동복의 증언.

70) 「최익환에 대한 경찰 조서」(3), 『대동단사건』(I), 50쪽.

71) 「정남용에 대한 경찰 조서」(3), 『대동단사건』(I), 156, 158쪽; 「전협에 대한 경찰 조서」(4), 같은 책, 200쪽; 「전협에 대한 예심 조서」(10), 『대동단사건』(II), 283쪽.

72) 「전협에 대한 경찰 조서」(4), 『대동단사건』(I), 201쪽.

73) 「전협에 대한 경찰 조서」(1), 『대동단사건』(I), 149쪽; 「전협에 대한 검찰 조서」(1), 같은 책, 325쪽.

김용환(金用煥)

안이현(安履賢)

(利原)의 철산(鐵山)에서 광부 일을 하고 있었는데, 같은 해 4월 하순 충청남도 출신 대동단원 홍성일(洪聖一)로부터 그 단체에 가입하여 조국부흥 운동을 위해 상해로 건너가 임시정부에서 일할 것을 종용받았으나 홍성일로서는 여비가 부족하여 함께 갈 형편이 아니었다. 이에 안이현은 자기 돈 160원을 홍성일에게 제공한 뒤 먼저 출발하게 하였다.

홍성일의 소식을 기다리던 안이현은 드디어 홍성일이 상해로 찾아와 만나게 되자 목적을 변경하여 1920년 1월 상순 북간도로 넘어갔다. 그곳에서 안이현은 3월에 한대진(韓大震)을 수령으로 하는 대한국민회(大韓國民會) 서부지방총회에 가입하여 서무부장 홍정도(洪正道) 아래에 소속되어 서기로서 참여하였다. 그러는 과정에서 함흥경찰서는 권총을 휴대한 독립운동가가 잠입했다는 첩보를 얻어 수사한 결과 안이현이 읍내 삼성병원(三省病院) 이배식(李培式)의 집에 출입한다는 것을 탐지하여 환자로 위장한 그를 발견하자 격투 끝에 체포하였는데, 그때 그는 권총 1정과 탄환 7발을 소지하고 있었다.[74]

2. 뱃놀이

어느 정도의 인선이 끝나자 전협을 비롯한 창립 요원들은 자신들의 모임을 정식으로 조직화할 필요가 있다고 생각했다. 창립 장소를 백방으로 물색했으나 3·1운동 이후 더욱 심해진 일경의 눈을 피하기에 적당한 곳을 찾을 수가 없었다. 그러던 차에 그들에게 하나의 묘책이 떠올랐다. 그 무렵은 날씨가 풀리면서 한강(漢江)에서 뱃놀이가 한창이었다. 전협은 뱃놀이꾼으로 가장하여 전체 회합을 가지기로 했다.

이들은 일경의 눈을 완전히 속이려고 몇 척의 배에 기생 20명까지 태우고 한강 가운데로 나아갔다. 일부에서는 기생들과 어울려 노는 한편 전국에서 모인 40여 명의 대표들은 배 밑으로 번갈아 들어가면서 회의를 진행했다. 한강을 순시하던 일본 경찰들은 나라의 운명도 아랑곳하지 않은 채 취생몽사(醉生夢死)하는 아들의 무리를 바라보며 한심하다는 표정을 짓고 돌아갔다.[75]

조직이 정비되자, 먼저 이들은 각기의 부서를 정하는데 이들의 개인별 임무를 보면, 단장인 전협이 주로 단원의 모집과 통솔에 주력했고. 남다른 문장력을 가지고 있는 최익환이 출판물을 담당했으며, 전필순(全弼淳)이 본부의 사무 책임을 말았다. 모든 단원을 황족(皇族)·진신단(縉紳團)·유림단(儒林團)·종교단(宗敎團)·교육단(敎育團)·청년단(靑年團)·군인단(軍人團)·상인단(商人團)·노동단(勞動團)·부인단(婦人團)·지방 구역 등의 11개 지단(支團)으로 나누고, 종교단 총대(總代)에는 정남용, 유림단 총대에는 이기

74) 「大韓國民會 軍資金 募集員 檢擧」(조선총독부 경무국장, 1921.6.4), 金正明(編), 『明治百年史叢書 : 朝鮮獨立運動』(1/分册)(東京 : 原書房, 1967), 611~613쪽; 국가보훈처 소장 독립유공자 공적 조서(No.71731) : 안이현(安履賢)

75) 朴馨南의 증언. 유감스럽게도 뱃놀이가 있었던 날짜에 대한 기록이나 증언은 남아 있지 않다.

전필순(全弼淳)

유경근(劉景根)

연(李起淵)과 이내수(李來修), 상인단 총대에는 양정, 청년단 총대에는 나창헌, 군인단 총대에는 유경근(劉景根), 노인단 총대에는 김상열(金商說), 부인단 총대에는 이신애를 선출했으며, 나머지 부서는 적임자가 나타나는 대로 충원하기로 하고 뒤로 미루었다.[76]

　한강의 "뱃놀이"는 성공리에 끝났다. 이제 그들에게는 남은 문제가 있었다. 그것은 다름이 아니라 하나의 정신적 지주요 상징으로서 누구를 대동단의 총재로 추진하는가 하는 문제였다. 대동단의 총재로 추대하려면 몇 가지의 갖추어야 할 자질이 있어야 했다. 먼저 전 국민에게 알려진 지명도가 있어야 하는데, 그러려면 학문과 덕망이 일세를 풍미하는 인물이어야 한다. 뿐만 아니라 민족의 내일에 대한 진한 애정을 가진 인물이어야 한다. 조선 멸망 10년이 되는 그때까지 그러한 인물이 그리 흔히 존재하지는 않았다. 여러 사람이 그 물망에 올랐으나 그들은 결국 전 농상공

---

76) 宋相燾, 『騎驢隨筆』(서울 : 국사편찬위원회, 1971), 268쪽;「전협에 대한 경찰 조서」(5), 『대동단사건』(I), 206쪽.

부(農商工部) 대신인 동농(東農) 김가진(金嘉鎭)에게로 중지(衆知)를 모았다.

그 무렵에는 이미 공화정이 시대정신이었고, 망국의 책임 문제를 둘러싸고 왕실과 귀족에게 눈길이 곱지 않았으며, 더욱이 합방과 함께 작위를 받은 김가진을 지도자로 그들이 추대하려 한 아유는 무엇이었을까? 이에 대하여 이종욱은 다음과 같은 회고담을 남겼다.

> 저 왜적들이 기미년에 독립운동을 하는 동지들을 악평하여 말하기를, 독립운동자들은 조선 안에서 제일 하류 계급들의 망동(妄動)이요 상류 계급에서는 일본에 동화되어 추호도 움직이지 않는다고 미국·영국·프랑스 그 밖의 각국 사람들에게 선전하였으므로 전협과 정남용은 적의 이러한 선전을 봉쇄할 목적으로 왕족 가운데 의화군 이강과 귀족 가운데 동농 김가진을 상해임시정부로 모셔낼 계획을 수립한 것이 동기였다.[77]

추대를 위한 교섭의 책임은 단장인 전협에게 부여되었다. 전협은 본디 김가진과 친면이 두터운 사이라고는 할 수가 없었다. 그러나 전협은 망설이지 않고 그를 찾아갔다. 그들의 만남을 주선해 준 사람은 정두화(鄭斗和)였다. 왜냐하면 정두화의 여동생인 정정화(鄭靖和)가 김가진의 장남인 의한(毅漢)의 부인이었기 때문이다.[78] 1919년 4월 초순, 체부동(體府洞)의 후락(朽落)한 김가진의 집을 찾아간 전협은 그를 설득하기 시작했다. 이미 경술국치와 더불어 남작(男爵)의 칭호를 받고 일반의 눈이 곱지 않은 그에게 전협이 자신의 조직을 설명하고 뜻을 피력하는 데에는 위험이 따른다는 것을 그는 잘 알고 있었다. 이미 70객이 넘은 동농은 자신의 전력(前歷)을 들어 총재의 자리를 정중히 사양했다. 그러나 그는 전협의 뜻과 꿈을

---

77) 이종욱,『대동단 활동의 동기』(1965년 7월 1일 기록, 手稿), 1쪽.
78) 鄭靖和,『長江日記』(서울 : 학민사, 1998), 23, 31쪽.

꺾을 수는 없었다. 그리하여 지난날의 잘못에 대한 가책 속에서 낙백(落魄)의 세월을 보내던 김가진은 대동단의 총재직과 더불어 새로운 삶을 시작하게 되었다.[79)]

이제 대동단으로서 남은 문제는 그들의 행동 강령을 정하는 일이었다. 주로 최익환의 손에 의하여 쓰여진 그들의 행동 강령은 「방략」(方略)이라는 이름으로 다음과 같이 입안(立案)되었다.

■ 방략(方略)

정면 방침과 이면 책략으로 분리하여, 정면 방침은 평화와 선량을 기초로 하고 이면 책략은 저들의 완악(頑惡)하고 불성(不誠)함에 대응하기 위하여 부득이 비밀로 한다.

1. 전 민족을 통일하고 고유의 일정(一定) 세력을 부식(扶植)하여 외래의 세력에 의존하지 않을 것.

   (1) 단조(檀祖)가 창업한 조선의 일대 교육을 보급하고 세계의 새로운 추세와 일치하여 문명된 행동을 주로 하는 정신력을 실현할 것. 국민 각개의 취미와 정경(情景)의 집합인 각 단체의 표적을 보중(保重)하고 건전·충량(忠良)한 단체를 수립할 것.

   (2) 국민 행위의 주뇌(主腦)이며 신경선(神經線)·이목·수족 등이 되는 비밀 기관을 설치할 것.

   (3) 국민사교동맹(國民社交同盟)을 형성하고 적에 대한 사교 관계를 폐지할 것. 단 개인에 대하여는 은혜와 위엄(恩威)을 함께 베풀(竝施) 것.

   (4) 국민경제동맹(國民經濟同盟)을 형성하여 유무상통하고 수화상제(水火相濟)한다. 또 적에 대하여는 경제 관계를 중지하고 금전의 대차, 물질의 수요, 식료·원료·노력 기타 일체의 공급을 단절할 것.

---

79) 靑柳南冥, 『朝鮮獨立騷擾史論』(서울 : 朝鮮硏究會, 1920), 180~185쪽.

2. 열국의 교의(敎義)를 두루 살피고(通覽) 이웃 나라들과는 우의를 맺어 적을 고립의 궁지에 떨어뜨릴 것.

   (1) 적의 세계적 침략 음모를 저지·공격하고 인류 공동의 정의·인도와 평등·자유를 실행·확장하여 열국의 동정과 원조를 얻을 것.

   (2) 미국의 도의적 방침과 경제적 발전에 상호 순응하여 진출할 것.

   (3) 중화민국과 순치(脣齒)의 우의를 맺고 공수 동맹을 맺을 것.

3. 일본 인민으로 하여금 정의와 인도를 자각시키고 비인도적인 정부를 타파·개조하여 우방으로서의 신교(新交)를 출현시킬 것.

   (1) 일본을 외교적으로 고립시킴으로써 일본 민중의 여론을 파열시킬 것.

   (2) 경제적 궁곤(窮困), 특히 식량·원료와 조선에 있는 경제적 시설을 파괴함으로써 질서를 교란시킬 것.

   (3) 비인도적인 정부 발호(跋扈)를 막을 수 있도록 사회 폭발의 대전복·대개혁을 실행할 것.

조선 건국 4252년 4월 일

조선민족대동단[80]

이렇게 해서 1919년 5월 초순이 되어 조선민족대동단은 그 골격을 갖추기에 이르렀다. 이제 그들에게 남은 일은 어떻게 그들의 꿈을 실현하느냐 하는 것이었다.

---

80) 「大韓民國臨時政府에 관한 文書 續報의 件」(大正 8년 4월 25일 騷密第807號), 金正明(編), 『明治百年史叢書 : 朝鮮獨立運動』(2)(東京 : 原書房, 1967), 27~28쪽.

3. 조직과 이념

4월 하순에 접어들면서 대동단의 지도부에서는 자신들의 조직을 체계화하고 도식화할 필요가 있다고 생각했다. 그리하여 정남용은 김가진의 자문을 받아가면서 「기관」(機關)이라고 하는 직제표를 마련하였는데 그 내용은 다음과 같다.

■ 기관(機關)

중견 기관과 부설 기관으로 양분한다. 중견 기관은 영구히 존치하고, 부설 기관은 시국과 사무에 따라 수시로 존폐한다.

  1. 중견 기관은 중앙 추기(樞機)를 맡으며, 아래와 같이 6부로 나눈다.

    (1) 통재부(統宰部) : 국내 일체의 사무를 총람한다.

    (2) 추밀부(樞密部) : 통재부를 보익(輔翼)하고 각부를 지도하며 운용과 정책 수립을 맡는다.

    (3) 상무부(常務部) : 제반 시설을 앙장(鞅掌)하고 일반 서무를 집행한다.

    (4) 외무부(外務部) : 일체의 외교 사무를 장리(掌理)한다.

    (5) 재무부(財務部) : 일반 재정 사무를 장리한다.

    (6) 무정부(武政部) : 일체 용무(用武) 사무를 관리한다.

  2. 부설 기관은 중앙 기관의 결정 사항을 시설 · 집행하는 것으로서 각부의 감독 아래 다음과 같이 부설한다.

    (1) 추밀부 감독 아래 민권위원희 · 통신위원회 · 제도연구위원회 · 기관신문사와 지방 · 지구 단체 및 종교단 · 교육단 · 유림단 · 승신단(僧紳團) · 군인단 · 상공단 · 청년단 · 노동단 등 각 사회 대표위원으로써 성립되는 국민의사회(國民議事會)를 부설한다.

    (2) 상무부 감독 아래 국민 대회를 부설한다.

(3) 외무부 감독 아래 국민외교위원회를 부설한다.

(4) 재무부 감독 아래 국민경제동맹회를 부설한다.

(5) 무정부 감독 아래 의용단과 군인교육회를 부설한다.

3. 각 임원은 각 단체 및 지방 대표 중에서 선출하고 각기의 자격에 적합한 사무를 배당한다.[81]

위의 구성을 도표로 표시하면 다음과 같다.

〈표 1〉 중앙 조직

81) 위의 책, 29쪽; 朝鮮憲兵隊司令部(編),『朝鮮3·1獨立騷擾事件 : 槪況·思想及運動』(東京 : 巖南堂書店, 1969), 260~261쪽.

초창기에는 보부상인 양정이 전협으
로부터 받은 540원을 주고 자기 아내의
명의로 구입한 예지동(禮智洞) 집을 주로
근거지로 삼았으나,[82] 경찰의 눈을 피하
려고 수시로 장소를 옮겨 다녔는데 창단
으로부터 그들이 사실상 일망타진된 11
월까지 그들이 옮겨 다닌 근거지가 무려
23개 처가 된다고 하는 것은 그들의 고
충과 아울러 그들의 용의주도함을 엿볼
수 있다.[83]

민강(閔橿)

대동단의 조직과 활동 가운데에서 가
장 중요한 부분을 차지하고 있는 것은 상해와의 연락을 유지하는 일이었
는데, 이 일은 민강(閔橿 : 1884~1924?)에게 부여되었다. 그는 청주 출신인
민강은 전직 선전관(宣傳官)이었던 민병호(閔竝浩)의 아들로서 선대에게서
배운 궁중 비방 의약을 바탕으로 1897년에 동화약방(同和藥房)을 설립하여
상당한 재력도 갖추고 있었다. 그 무렵 동화약방은 한방과 양방을 혼합하
여 부채표 활명수(活命水)를 만들어 제약업계의 총아(寵兒)로 군림하고 있었
고, 중국과의 무역도 활발히 유지하고 있었다. 민강은 1909년에 대동청년
단에 가담한 뒤 소의학교(昭義學校)를 설립하고 교육 운동에 투신했으며,[84]
3·1운동 때에는 국민대회의 개최를 주도한 바 있다.[85]

동화약방은 중국과의 무역을 위하여 공성운송점(共城運送店, 南大門町 5丁

82) 「양정에 대한 경찰 조서」(2), 『대동단사건』(I), 210쪽.
83) 李信愛, 「李信愛光復運動史蹟」, mimeo(李炫熙 교수 소장), 5쪽.
84) 『독립운동사자료집(10) : 독립군전투사자료집』(서울 : 독립운동사편찬위원
    회, 1977, 965쪽.
85) 『독립운동사자료집(4) : 3·1운동사자료집』(서울 : 독립운동사편찬위원회,
    1971), 134~146쪽.

目 7번지)을 경영하고 있었는데, 민강은 이 운송회사의 장부(帳簿)에 별항(別項)을 잡아 대동단 자금의 대차 관계를 기록하고 있었으며, 상해임시정부의 연통제 요원 이종욱과 연락을 할 일이 있으면 "청심환(淸心丸)을 사러 왔다"는 것을 신호로 하여 공성운송점 내 박춘식(朴春植)이라는 가명을 이용하여 편지와 문서를 무역품으로 가장하거나 비밀 요원을 연결시켜 줌으로써 일경의 눈을 피할 수 있었다. 이종욱을 민강에게 소개한 사람은 윤종석이었고, 윤종석을 민강에게 소개한 사람은 강매(姜邁)였다.[86] 강매는 배재학당 교사였고, 민강은 소의학교 교사였기 때문에 그들은 직업상 전부터 잘 알고 지내는 사이였다.[87]

강매는 본디 충남 천안(天安) 출신으로서 일찍이 일본 유학 예비 학교인 낙영(樂英)학교에서 수학한 다음 일본으로 건너가 일본(日本)대학 법과를 졸업하고 배재학당(培材學堂)의 교사로 있던 인물로서 특히 한문 실력이 출중하여 그 무렵 위당(爲堂) 정인보(鄭寅普)와 쌍벽(雙璧)을 이루는 인물이었다. 그는 평소 독립 의지를 가지고 있던 터에 강화도의 교육자 유경근이라는 인물이 있다는 소문을 듣고 관철동의 조선여관으로 그를 찾아갔다. 그 자리에서 유경근은 강매에게 만주로 망명하여 그곳 교민들의 교육을 맡아보도록 권고했으나 무슨 이유에서인지 그는 만주로 가지 않았다.[88] 그 뒤 대동단에 가입한 강매는 최익환의 뒤를 이어 출판물의 작성과 인쇄를 맡아 대동단의 제일의 논객으로서 활약했다.[89]

86) 李浩璧,「남기고 싶은 이야기들 : 藥事 創業」(2),『中央日報』 1974년 7월 9일자 및 7월 18일자;「大同團豫審決定書」(2),『東亞日報』 1920년 6월 30일자;「大同團京城地法判決書」, 巖瀨健三郎(編),『朝鮮倂合十年史』, 445~446쪽;「大同團京城控訴院判決書」,『독립운동사자료집(10) : 독립군전투사자료집』, 876~877쪽;「윤종석에 대한 예심 조서」,『대동단사건』(II), 55~58쪽;「민강에 대한 예심 조서」, 같은 책, 70~72쪽.
87)「민강에 대한 예심 조서」,『대동단사건』(II), 70쪽.
88)「강매에 대한 예심 조서」,『대동단사건』(II), 65~66쪽.
89) 尹聲烈,「남기고 싶은 이야기들 : 培材學堂」,『中央日報』 1977년 4월 12일자.

대동단의 초창기의 이념은 그 정신사적 맥락으로 볼 때 3·1운동의 그 것을 크게 벗어나지 못하고 있는데, 이는 그들이 3·1운동의 실패에 대한 회오(悔悟)에서부터 비롯되었다는 사실에 비추어 볼 때 매우 아이러니컬한 일이 아닐 수 없다. 이들의 이념은 4월경에 접어들어 주로 최익환의 손에 의하여 쓰인 뒤 전협과의 상의를 거쳐 완성된 「선언서」(宣言書)와 「결의」(決議)에 잘 나타나고 있는데, 그 원문은 다음과 같다.

■ 선언서(宣言書)

우리 조선 민족은 2천만 성충(誠衷)과 묵계(黙契)의 발동에 따라 반만년 역사의 권위에 의지(倚)하여 인류 대동의 새로운 요구에 응하려 하며, 세계 평화의 대원칙을 준수하고 정의·인도의 영원한 기초를 확립하고자 먼저 조선 독립을 선포했다. 그 관계는 이미 국제적이며 또 인류적이다. 우리 민족은 추호(寸毫)도 남을 배척하려는 옅은 생각(淺慮)이 없으며 공의로운 길(公道) 정의로운 이치(正理)를 존중하고 광명정대(光明正大)한 행동과 평화·선량한 방법으로써 조선 독립이 해결되기를 여러 나라의 정의·공론(公論)의 결정에 기대하는 바이다. 일본이 재래의 착오를 개혁하지 않고, 인류 양심의 희망을 유린하고 세계 평화의 위신을 무시하여 비인도적이며 참독(慘毒)한 무력으로써 우리 문명적 생명력의 발작(發作)을 학살하는 것은 세계의 모든 인류가 용인할 수 없는 공분(共憤)된 일이다. 이에 우리 2천만 민족은 죽음을 맹세한 최후의 결심을 했다.

우리 민족은 민족적 정신의 자각을 진중히 가지며 생존상 기능의 자신(自信)을 발휘하여 엄격한 주장을 관철할 것이다. 뿐만 아니라 오늘에야 시국 진전의 형세에 비추어 사태의 쉽고 어려운 형세(機微)를 관찰하고 모든 우리 민족 일치의 동작으로써 10대 사회 각 단체와 지방 구역이 선출한 인원을 통일·종합시키기 위해 본단을 조직하고 우리 민족 영세(永世)의 귀추인 3대 강령을 내세워 이를 세계에 선언하는 바이다.

■ 3대 강령

(1) 조선 영원의 독립을 완성할 것.
(2) 세계 영원의 평화를 확보할 것.
(3) 사회의 자유 발전을 널리 실시(廣博)할 것.

조선 건국 4252년 5월 20일
조선민족대동단[90]

■ 결의(決議)

(1) 3대 강령을 몸소 실현하여 일본 정부로부터 조선 통치의 현재 시설을 완전히 인계하고 총독 정치를 철거하여 온건한 사회 발전의 시설을 시행할 것.
(2) 파리 만국 강화 회의에 참석할 우리 대표 위원을 고무(促勵)하고 열강에게 우리 조선 독립을 공인시키고자 연맹(聯盟)에 가입할 것.
(3) 완전한 독립 정부를 성립할 때까지 임시정부를 원조하고 국민 사무를 처리할 것.
(4) 일본이 우리 민족의 독립 시설에 대하여 포학한 무력으로써 억압하던 것을 하루 빨리 철폐하고 아울러 일본 군대를 철거할 것.
(5) 일본이 우리 조선의 독립을 인정하지 않고 포학(暴虐)을 계속 자행할 때는 하는 수 없이 최후의 수단을 쓸 터인즉 이에 관련된 결과는 일체 우리가 그 책임을 지지 않을 것임.
(6) 외국인의 생명과 재산은 모두 보호할 것.[91]

---

90) 金正明(編),『明治百年史叢書：朝鮮獨立運動』(2), 29~30쪽; 朝鮮憲兵隊司令部(編),『朝鮮3·1獨立騷擾事件』, 247쪽.
91) 金正明(編),『明治百年史叢書：朝鮮獨立運動』(2), 30쪽; 朝鮮憲兵隊司令部(編),『朝鮮3·1獨立騷擾事件』, 240쪽.

여기에서 핵심이 되는 것은 「선언서」 중의 3대 강령이라고 할 수 있다. 이 3대 강령은 크게 나누어 독립·평화·자유로 나눌 수 있는 것으로서, 무장 투쟁적 요소라든가 후대에 잘못 평가된 것처럼 정통적인 사회주의적인 노선을 보여 주고 있는 것도 아니었다.[92] 이것은 그 무렵의 여느 독립 단체와 마찬가지로 아직은 한국인의 자연주의적 평화 사상과 외교 지향적인 성격을 벗어나지 못하고 있는 실정이었다.

---

92) 이에 관한 자세한 논의는 3장 1절 지하문서의 제작 편을 참고할 것.

제3장

그늘 속에서

1. 지하 문서의 제작

초창기 대동단의 투쟁 방법은 대체로 평화주의적인 것이었는데 이러한 방법이 모든 단원의 호응을 받은 것은 아니었다. 일부 과격파 단원들 가운데에는 대동단의 활동 방향을 무장 투쟁으로 이끌어가야 한다고 주장했는데, 윤용주(尹龍周)가 바로 그러한 사람이었다. 지난날 의병(義兵) 투쟁에 가담한 바도 있는 윤용주는 무인답게 다음과 같은 투쟁 방법을 제시했다.

 (1) 오강(五江)의 석전(石戰)패와 상여군(輿事軍)을 포섭한다.
 (2) 보병대(步兵隊)의 무기고를 탈취한다.
 (3) 서대문 감옥을 폭파한다.[1]

윤용주의 이와 같은 제안은 현실적으로 성공의 가능성이 희박하다는

---

1) 朴馨南의 證言.

이유로 말미암아 받아들여지지 않았다. 그 대신에 당분간은 지하 문서의 제작과 배포에 주력한다는 데에 의견의 합의를 보았다. 지하 문서를 제작하면서 가장 어려운 것은 자금을 염출하는 문제였다. 처음에는 미국 망명을 위하여 예산의 갑부 정두화(鄭斗和)로부터 세 번(6월 15일, 8월 20일 및 일자미상)에 걸쳐 제공받은 7,100원으로 충당하다가,[2] 다음에는 전협(全協)이 소유하고 있던 봉익동(鳳翼洞)의 가옥을 매각한 대금으로 조직을 운영했다.

그리고 말기에는 권태석(權泰錫)이 600원의 자금을 제공했다. 그 돈은 그의 형인 권태영(權泰英)이 소유한 충북 영동의 땅 98,000평의 매매계약을 맺고 착수금으로 받은 것이었다.[3] 최익환(崔益煥)은 먼저 1,350원으로 수동식 인쇄기(등사판)와 활자 및 용지, 그리고 모필 등사판과 철필 등사판을 구입하여 수은동(授恩洞) 159번지 조은성(趙銀成)의 집, 황금정 5정목 142번지 이건호(李建浩)의 집, 그리고 주교정(舟橋町) 125번지의 자기 셋집에 이를 설치하고 지하 문서의 제작에 착수했다.[4]

이 무렵의 자금의 출처에 대해서는 좀 색다른 주장이 있다. 그것은 부인단(婦人團) 총대(總代)였던 이신애(李信愛)의 주장이다. 그의 증언에 따르면, 그 무렵 대동단이 사회주의적인 색채를 노정하게 되자 일본 사회당(社會黨)이 러시아의 케렌스키(A. Kerensky)와 협력하여 대동단에게 자금을 제공했다고 하나[5] 그 진부는 확인할 수가 없다. 다만 짐작건대, 1919년대라

2)「정두화에 대한 경찰 조서」(2),『한민족독립운동사자료집(5) : 대동단사건 (I)』(과천 : 국사편찬위원회, 1988), 197쪽;「전협에 대한 경찰 조서」(5), 같은 책, 207쪽;「대동단사건에 대한 경성지방법원검사국 의견서」, 같은 책, 216, 221쪽. 이하『대동단사건』(I)로 略記함.

3)「권태석에 대한 경찰 조서」(1),『대동단사건』(I), 3쪽;「권태석에 대한 경찰 조서」(2), 같은 책, 42~43쪽.

4)「大同團豫審決定書」(1),『동아일보』1920년 6월 29일자;「大同團京城地法判決書」, 岩瀬健三郎(編),『朝鮮併合十年史 : 附 朝鮮 獨立 問題의 眞相』(京城 : 大同出版協會, 1924), 448쪽;「최익환에 대한 경찰 조서」(2),『대동단사건』(I), 39~40쪽.

면 러시아나 일본의 사회주의 물결이 아직 조선에 상륙했다고 볼 수 없고, 또 적어도 그러한 물결이 상륙했다고 하더라도 조선의 지식인들 특히 대동단의 수뇌들이 과연 그들의 자금을 받았는지에 대해서는 의문의 여지가 남는다.

오히려 이 무렵 대동단의 지도급 인물들, 특히 전협이나 최익환 등은 외교적인 방법에 의하여 자신들의 입장을 관철하려 했음이 분명하다. 이와 같은 사실은 이들이 이미 이승만(李承晩)의 외교 주도론에 경도되어 도미(渡美)를 결행하려고 시도했다는 점으로써도 입증될 수가 있다.

어느 정도의 조직이 갖춰지자 대동단의 투쟁 방향을 논의하는 과정에서 지도부는 조선의 독립이 현재의 상태로는 도저히 자력으로써는 불가능하다고 판단하고, 파리강화회의와 미국의 윌슨(W. Wilson) 대통령에게 조선의 모든 민족의 뜻을 담은 진정서를 보내는 동시에 조선 내의 민의를 보여주고자 독립선언서를 발표하기로 하고 다음과 같은 문건을 작성했다.

■ 파리강화회의에 보내는 진정서

조선민족대동단은 정의와 인도를 기본으로 하여 세세 영원한 평화를 규정하는 만국강화회의에 서(書)를 제출하여 우리 2천만 민중의 사정을 설명하는 바이다. 생각건대 우리 조선은 단군 이래 완전한 자주 민족으로서 4,200여 년의 장구한 역사를 가졌으며, 실로 세계의 유수한 최고 문명을 특수하게 발달시켜 존속한 민족이라. 비록 구시대에 일례로서 한때 조선 왕실과 중국 황실(皇室) 사이에 예속적 관계기 있었으나 이로써 민족의 자주에 미친 일이 없고, 조선은 의연(毅然)히 조선족의 조선이요 외타(外他)의 지배를 받을 바가 없었는데, 침략주의에 발을 디딘 일본은 최초부터 동아공존의 성의가 없으며, 표

---

5) 李信愛, 「李信愛事件」, *mimeo*(이현희 교수 소장), 10~11쪽.

면으로는 동양 평화를 가장하고 음으로는 동양 병탄(倂呑)의 계획을 세워 조선을 지도한다는 구실로 간섭의 길을 열고, 우리 정부를 교란하며 우리 황후를 시살(弑殺)하여 침략의 발걸음을 확립했다.

청일전쟁(淸日戰爭)의 결과로 1895년에 영국·미국·프랑스·독일·러시아의 제국과 함께 (일본은) 한국의 독립을 공인하며 이를 확실히 보존하기를 약속했었다. 또 한국의 독립 보전과 동양 평화를 유지하고자 1904년의 일로전쟁의 개전에 즈음하여 한일동맹을 맺음으로써 우리 조선은 군정·재정 기타 제반의 원조에 극력(極力)하였더니 끝내 전쟁이 끝나고 러일 사이에 강화 회의를 열었을 때 일본은 재래의 야심을 바로 폭로하여 동맹인 우리 한국이 회의에 참가하는 것을 허락하지 않고 마음대로 한국에 대하여 우월권을 획득(獲取)했다.

그럼으로써 러일전쟁에 출동하였던 병력 전부로써 우리나라를 위협하여 황제와 정부를 핍박하며, "국력의 충실함이 만족스럽게 독립을 얻을 만 한 때까지"라는 구실로 속여 보호 조약을 압제·체결(勒成)했으며, 황제께서 단연 불허하시므로 군대를 몰아 입궐하여 대신을 가두고 인장을 강탈하여 더러운 손(穢手)으로 서류를 만들어 날인함으로써 늑약을 체결한 뒤 우리나라의 외교권을 빼앗아 열강과 직접 교통의 길을 끊었으며, 우리 관민의 반항을 무력으로 진압하여 일본의 보호국으로 만들었다.

우리 황제께서는 이를 변명하고자 해아 만국 평화 회의에 밀사를 파견시킨 것은 열강이 이미 승인하고 있는 일이다. 또한 저들은 우리의 내정을 속박하고, "징병령을 실시할 때까지"라는 구실로 속여 군대를 해산시키고 민간의 무기까지 압수했으며, "상당한 시기까지"라는 구실로 속여 사법권(司法權)을 빼앗음으로써 일본의 군대와 헌병·경찰을 각지에 배치하고 우리 민족으로 하여금 전혀 무저항자가 되게 만든 뒤에 애국심이 강한 광무황제(光武皇帝)를 협박하여 양위시켜 덕수궁에 가두었으며, 충성되고 어진 대신을 몰아내고 일본이 매수한 반역적인 신하(叛臣賊子)들로써 이른바 합병 내각을 조직했다. 저들은 또한 비밀과 무력으로써 예측하지도 못한 대담한 합병조약을 체결함으로써 우리에게 전해내려 오던 귀한 옥새를 강탈하고 합병 조칙(詔勅)을 압제적으로 발표했으며, 각국을 기만하여 한국의 군민이 자진 합병을 원했다고 거짓으로 사실을 공포함으로써 일개 군국주의적 정부의 야심으로 말미암아 5천 년에 가까운 문화의 종족(宗族)이 노예가 됨이 이제 10년이 되었다.

합병 이후 일본의 조선 통치 정책을 대략 열거하건대, 통계상 조선인의 부담은 7천만 원을 초과했으나 조선인을 위하여 지출하는 경비는 이른바 교육비 40만 원에 불과하며, 그 나머지 모두는 우리 조선인을 압박·침해하는 목적이나 일본인의 이익을 위하여 지출했을 뿐이다. 이른바 교육도 또한 열등 교육을 실시했으며, 역사적 국민성을 잘라 버리고(刈除) 일본인 밑에 노예가 되는 성품을 함양했을 뿐이었으며, 우수한 인격적 수양을 철저하게 가로 막았고 자유권을 박탈하여 민중을 노예로 대우했다.

더욱이 신교(信敎)와 기업의 자유마저도 구속하고 법규 적용의 암독(暗毒)과 경찰 행정의 잔학으로써 인민의 재능이 자연적으로 발양하는 것을 억압하고 일거수일투족(一擧止一動靜)에 이르기까지 구속하고 우리 민족의 재래의 미풍양속을 허물어뜨렸다. 뿐만 아니라 일본은 교통의 발전을 빙자하여 인민의 사유 토지를 무상으로 강탈하고 민중을 무보수로 강제 사역했으며, 모든 조선 인민이 생계에 지대한 관계를 가지는 국유재산의 역둔토(驛屯土)를 저들의 척식회사(拓殖會社)에 교부함으로써 무제한한 일본 이민이 차지하게 만들었다.

그 밖의 주요 기관의 독점과 이익·권리(權衡)를 전횡(專橫)하고, 경제 정책의 운용을 비밀스럽게 처리하여 금융을 조종하고, 산업을 구속하고, 물질적 발전을 저지함으로써 우리 민족으로 하여금 실업과 파산의 비참 속에 빠지게 하여 궁벽한 동네(僻巷)의 구석(窮途)까지 모두 얼어 죽고 굶어 죽게(凍餓盡滅) 만들음에, 삶을 찾아 외지로 떠나는 자가 해마다 증가하여 이제 그 숫자가 몇 백만에 이르게 하니, 일개 정책이 반만년 이래의 주인인 우리들을 몰아내고 때려 죽여(驅除撲滅)

밖에서 들어 온 일본으로 대체하려는 인류적 양심도 없는 오랜 정책 (宿策)을 실행했다.

일본은 또한 우리 민족의 기회 향상을 시기하고 두려워하여, 우리들의 인류 공동 목적인 박애에 기인하여 체코 민족을 원조하려는 시베리아 원정군의 편성·출동을 음해하고 저지했다. 또 일본은 우리 민족의 독립 부흥 운동을 해묵은 원수(仇讐)로 보고 이를 음해(陰害)의 방법으로써 저지하고자 열국의 눈과 귀를 가렸으며, 세계의 물의를 방지하고자 저들의 주구(走狗) 5~6인으로 하여금 스스로 조선의 각 계급의 대표라고 가칭하고, "합병은 조선 인민의 소원에서 나온 것" 이라고 추인(追認)한 거짓 증서를 작성하여 날인했으며, 다시 이에 태상황의 비준·날인을 강제로 요구했으나 허락하지 않으매 일이 뜻대로 되지 않음을 겁내어 결국 독살을 감행했다.

더욱이 우리 민족이 독립선언을 발표하고 광명정대(光明正大)한 행동과 평화·선량한 언론을 일으키고 모아(興起會同) 행복을 설명하고 축하할 때 무력으로써 압박하고 총검으로 사격하여 사상(死傷)하고 구금된 자가 몇 만 명인지 모른다. 더욱이 애국의 열혈(熱血)에 흥분한 어린 자녀를 참살하고, 폭동의 진정을 구실 삼아 구금된 남녀에게 악독한 형틀로 육체를 훼손하고 생명을 빼앗고 사유 재산을 몰수했다.

또 일본인 노동자를 사역(使役)하여 조선 옷을 속여 입히고 폭행을 자행한 뒤에 그 화(禍)를 우리 민족에게 씌우고 야간에 거리의 통행인을 난타하여 통행을 두절시키니, 이를 분하게 여긴 우리 전국 상인이 참지 못하고 문을 닫으면 총검으로써 개시(開市)를 협박했으며 숨거나 도망친 상점은 문호를 부수어 열고 상점 안에 난입하여 사악하고 무도한 잔학(殘虐)을 속행했다. 이는 오로지 세계의 눈을 무시하고 우리 민족을 영구히 멸망시키려는 것이다.

본디 일본은 한국이 무력과 기타 물질적 실력으로 보아 독립이 불가능하다는 구실과 동양 평화의 유지를 이유로 미리 군대를 해산시켜 무력을 없애고 온갖 방법으로 간섭하여 실력의 발전을 방해·저지하는 등 전후의 모순된 사실은 그 야심의 일관함을 숨길 수 없었다. 또 "한국의 군주와 백성이 스스로 합병을 원했다"고 거짓으로 말하고 옥새를 강탈하여 조칙(詔勅)을 압제적으로 내렸으며, 몇몇의 역적과 더불어 임의로 작성한 합방 조약은 그 조약의 요소가 뒤바뀌었다.

더욱이 보호조약 때와 사법권을 빼앗겼을 때와 군대 해산 합병 때 대소 관료는 극렬히 반항하여 비참한 최후를 마친 자가 많았다. 다수의 인민은 적수공권으로 포악한 일본 군대와 몇 년에 걸친 혈전을 치르니 온갖 독립 부흥 운동은 끊임없이 내외에 팽배했다. 일본의 양심 없는 거짓은 무슨 말로 합의의 합병이라고 할 수 있는가? 이와 같은 일대 사기 강박의 일시적 성공은 이로써 대국(大局)을 숨길(彌縫) 수 있는 것이 아니다.

또한 정의와 인도의 승리로써 세계 군국주의의 근저를 타파하여 영원한 평화를 확보하려는 국제연맹(國際聯盟)이 실현되는 오늘임에랴. 우리 민족과 일본인 사이에 이해 상반되고 어름과 석탄이 서로 용납할 수 없는 관계는 언제까지나 서로 받아들이지 못할 민족적 대참화를 반드시 초래할 것이다. 우리 민족은 천부의 생존권을 확보하고자 독립과 자유를 절실하게 주장한다. 정의와 평화로써 세계를 개조할 이때를 만나, 이의 부자연·불합리한 전도(顚倒) 상태를 개선·광정(匡正)함으로써 동양 평화를 교란시키는 화근(禍源)을 근본적으로 제거할 것을 세계에 요구하는 것은 실로 정당한 권리이며 적법한 행위인 것이다.

세계의 열국은 이에 찬동의 사람이 있다고 믿는다. 더욱이 그들은 세계적 장애물인 저들의 군국주의 야심을 근절시키고 영원한 평화를 확보할 의무가 있다. 4천여 년의 덕의문화(德義文化)에 오랫동안 자라온 우리들은 자주의 실권(實權)을 회복한 뒤에는 반드시 세계 평화에 적지 않게 공헌할 수 있도록 우리 민족 대표 몇 명이 이미 강화회의에 파송되었다. 모든 조선 민족의 대소 단결과 각 지방 구역 대표의 통일·종합으로써 성립한 본단은 다시 우리 민족의 전후 사정을 여기에 개진(開陳)하는 바이다. 대의의 공의로운 결정(公決)으로써 정의에 기인(基因)하는 우리 조선의 독립을 공인해 줄 것을 정중히 요구(敬要)하는 바이다.

조선 건국 4252년 4월 일
조선민족대동단 대표자

황족 총대(總代), 진신단(縉紳團)총대, 유림단총대, 종교단총대,
교육단총대, 청년단총대, 군인단총대, 상공단총대, 노동단총대,
부인단총대, 지방구역총대[6]

■ 윌슨 대통령에게 보낸 진정서

조선민족대동단은 정의와 인도를 기본으로 하는 대 미국 대통령 윌슨(W. Wilson) 각하에게 글을 바쳐 진정한다.

(중간 부분은 만국강화회의에 보낸 것과 동일함)

바라건대 각하는 이를 강화회의에 부의(附議)·공결(公決)하시와 정의에 기인하는 우리 조선 독립을 공인해주실 것을 간절히 소망(務望)한다.

조선 건국 4252년 4월 일[7]

■ 일본 국민에게 경고함

슬프다(嗚呼), 동양 5억만의 민생은 같은 뿌리의 문화와 도덕의 우의를 서로 지킴을 행복으로 여기겠는가, 아니면 의심과 두려움(疑懼)의 원한의 악연에 서로 고민함을 명예로 삼겠는가? 이는 실로 일본

---

6) 독립운동사연구소 소장 자료 자1153, 필름번호3690; 金正明(編), 『明治百年史叢書 : 朝鮮獨立運動』(2)(東京 : 原書房, 1967), 25~27쪽; 朝鮮憲兵隊司令部(編), 『朝鮮3·1獨立騷擾事件 : 槪況·思想及運動』(東京 : 岩南堂書店, 1969), 251~257쪽.

7) 독립운동사연구소 소장 자료 자1153, 필름번호3690; 金正明(編), 『明治百年史叢書 : 朝鮮獨立運動』(2), 27쪽; 朝鮮憲兵隊司令部(編), 『朝鮮3·1獨立騷擾事件』, 257쪽.

국민의 일대 각성을 요구하는 점이다. 무릇 몇 천만의 생령을 죄악된 일에 희생시킨 금번의 (1차 세계) 대전은 우리 인류로 하여금 진정한 인도적 문명의 영원한 건설을 절실히 요구하게 했다. 이로 말미암아 민족의 생활은 개조되고 국민 도덕은 혁명될 것이다. 대평등·대자유의 진리는 이제 바야흐로 우리의 눈앞에 전개되어 강권(强權)이 발호(扈跋)하는 공포 세계는 그 잔영(殘影)을 잃고 정의·인도의 대동 세계는 그 서광을 비추었도다.

오랫동안 양심의 가책에 쫓겨 이제 새로운 조류의 끓어오름(推盪)에 이른 우리 조선 민족은 반만년 문화사의 권위에 의지(杖)하여 인류 대동의 새로운 요구에 따라 세계 평화의 대원칙을 준수하고, 정의와 인도의 영원한 기초를 확립시키고, 동양 정립(鼎立)의 복지를 완전케 하고자 우리 조선의 독립을 선포했다. 이는 실로 공존 동영(同榮)의 지성에서 나온 것이지 추호도 역사적 감정에 의한 것이거나 일본을 배척하려는 것도 아니며, 근린(近隣)을 끊고 원교(遠交)를 부르려는 것도 아니다.

3백 년 이래의 숙원, 특히 10년간 골수에 사무친 분하고 원통한 마음은 어제 밤의 꿈이요, 한 조각 흘러가는 뜬구름에 지나지 않으니 새로운 시대의 순조로운 조류에 따르고 있는 우리 민족은 이제 새삼 이를 논하지 않는다. 다만 어떻게 하면 두 민족 사이의 어렵고도 뽑을 수 없는 악연을 일소하고 동양의 영원한 낙원에 5억만 인의 단란(團欒)함을 즐길 수 있을까 하는 순수(純一)한 단충(丹衷)이 있을 뿐이다. 일본인에게는 세계적 도량이 없음을 우리는 고심한다.

슬프다. 일본 국민이여 맹성하라. 시대에 뒤진 군국주의에 희생되어 남을 해하고 자기를 멸망케 하는 어리석음을 저지르지 말지어다. 생각건대 일본은 최근 30년간 빠르게 무력으로써 동양 정복의 계책을 세워 속이고 강박함으로써, 영세의 우위를 맺어야 할 우리 조선을 점탈하고 또 지나(支那)를 잠식하여 세계와 다툰 결과는 오늘에 무슨 소득이 있었는가! 끝내는 헛된 강국의 허영만을 자랑할 뿐, 실상안으로는 민생의 고혈을 빨고, 생계의 피폐를 극(極)하고, 민생을 악화시키고, 밖으로는 우리 2천만의 원한을 사고 지나 4억의 분노를 사고, 열국의 미움과 거리낌을 초래함으로써 세계 인정을 적으로 맞는 데에 이르지 않았는가!

일본이 금일에 이토록 고립된 것은 무엇 때문이며 인종 문제의 부결은 무엇 때문인가? 그 이유는 일본이 오랜 정책인 침략주의의 선천적 악습을 개선하지 않는 데에 있다. 남을 허물하지 말고 자신을 반성하라. 작은 이익을 버리는 데에 인색하지 말라. 작은 이익은 참된 이익이 아니며 스스로를 멸망시키는 화근이다. 영원한 행복을 계획할 명견(明見) 없는 세운(世運)은 반드시 대세력에 순응할지니, 멀리 미래를 뚫어 살피고 죄악의 공으로써 점유한 조선을 조속히 독립시키고 지나에 대한 비리적(非理的) 행위를 개신(改新)하여 지성 일념으로 공존 동영(同榮)의 실적을 올려 5억 민족의 후원을 얻어 당당하게 세계적으로나 인류적으로 정의·인도의 대실행을 열강에 엄명할 큰 도량은 없는가?

어찌 구구하고 지엽적인 식민지 정책에 국력을 희생시키는가? 우리는 다만 우리 3대 민족이 상호 화협하지 않은 것을 진실로 근심할 따름이다. 과연 우리들이 일심 동지로써 그 이해를 같이하고 진퇴를 함께한다면, 일본의 인구가 비록 1억을 초월한다 할지라도 어찌 그 생활의 터전이 없음을 근심할 것인가! 일본의 정치가가 목전의 작은 이익에 눈이 어두워 세계적 경륜과 새 시대의 포부에 접촉하지 못한 것을 우리 동양의 장래를 근심하는 이들이 한탄하는 바이다.

슬프다. 위기가 박두하였도다. 동양 안녕의 큰 위기가 박두하였도다. 일본이 만약 재래의 방침을 모두 고치지 않고 착오·무모한 엷은 소견에 집착하여 인도와 자연 발양의 권능을 무시하고 우리 조선의 독립을 인정하지 않고 오히려 서살(書殺)의 계속을 능사로 한다면 2천만 민중의 신성한 최후의 결심은 어쩔 수 없이 최후의 행동으로 나아가 세계 모든 인류의 의용(義勇)을 움직여 10년간의 치욕스러운 때(滅)와 먼지를 일소하고 정의·인도의 최후 승리를 쟁취하리라. 그러나 힘들여 건설되어 가는 세계 평화를 파괴하는 자도 일본이고 5

억의 생령(生靈)을 전쟁으로 말미암은 피의 참화에 빠뜨린 것도 일본이다. 만억(萬億)을 멸망시키는 것도 일본이며 일본을 멸망함도 또 일본 자신이다. 반드시 서제지통(噬臍之痛)의 후회[8]를 맛보지 않겠는가!

통각(痛覺)하라. 무모하기 짝이 없는 미봉(彌縫)의 어리석은 정책을 버리고 근본적인 방침을 세워 세계 대세를 뒤엎을 위대한 탁견을 단행하라. 하루라도 빨리 우리 조선 독립의 승인을 선포하라. 결과는 필연코 다대한 행복의 응보(應報)가 있으리라. 슬프다. 인생의 동지인 일본 국민이여! 적어도 인류적 양심이 있고 신국민의 지능이 있다면, 마땅히 반성하라, 지난날의 잘못을! 확립하라 신견(新見)을! 그리고 눈앞에 박두한 동양의 참화를 어떻게 하려는가!

몽매간에 멸망을 초래하는 일본의 화근의 기운을 어떻게 할 것인가! 바라건대 무모한 정부의 죄악적 정책에 맹종하지 말고 국민 자각의 탁견을 신령(神靈)되게 하라! 마땅히 냉정한 양찰(諒察)과 원대한 기도로써 인류 대동의 귀추에 뒤떨어지지 말며, 특히 우리 두 민족 사이의 지난날의 악연을 전화(轉化)하여 영원한 이웃의 정리를 확보토록 꾸짖는 바이다.

조선 건국 4252년 5월 일
조선민족대동단[9]

이들이 인쇄·배포한 지하 문서로서는, 「선언서」 2,000매, 「일본 국민에게 경고함」 800매, 「경고문」 1,200매 정도였다.[10] 이 무렵의 문서는 주로 점 조직에 의해 배포되었다. 이 무렵 문서 배포의 주도자들을 살펴보

---

8) 서제지통(噬臍之痛)의 후회 : 후회하여도 소용없음. 사냥꾼에게 쫓기던 노루는 이 모든 고통이 자신의 배꼽에 들어 있는 사향 때문이라고 생각하고 그 배꼽을 물어뜯었다는 고사에서 유래함.

9) 金正明(編), 『明治百年史叢書 : 朝鮮獨立運動』(2), 23~25쪽; 朝鮮憲兵隊司令部(編), 『朝鮮3·1獨立騷擾事件』, 249~251쪽. 한문 투를 우리말로 고침. (필자)

10) 「최익환에 대한 검찰 조서」(2), 『대동단사건』(I), 288쪽.

면 주로 상해에서 돌아온 이을규(李乙奎 : ?~1972)를 중심으로 이뤄졌다. 인천상업학교를 우수한 성적으로 졸업한 이을규는 한때 만주 안동현 안동은행(安東銀行)에 행원으로 근무하다가 1919년 2월에 사직하고 상해와 안동을 왕래하며 독립운동을 하고 있던 인물이었다.[11]

배포 활동가 가운데 권태용(權泰容)은 강태동(姜泰東)·이을규와 함께 9월 18일 경에 상해에서 돌아온 인물이었다. 황종화(黃鍾和)는 10월 10일 경에 상경하여 17일경에 권태용·강태동·이을규 등을 만나 상해임시정부가 강태동에게 보낸 지하 문서인 「적의 관리(官吏)인 동포에게」라는 제목의 봉투 1,500매, 「포고 제1호 남녀 학생에게」 약 1,000매, 「포고 제2호 상업에 종사하는 동포에게」 약 1,000매를 배포할 방법을 모의한 끝에, 강태동은 황종화에게 함경남도·강원도·충청남북도를 제외한 각지에 임시정부로부터 들어온 지하 문서를 배포하도록 지시했다.

황종화는 다시 업무를 분장하여, 유구현(庚九顯)으로 하여금 「적의 관리인 동포에게」 200매와 「포고 제1호 남녀 학생에게」 200매를 경기도에 배포하도록 하고, 이광선(李光善)으로 하여금 「적의 관리인 동포에게」 약 200매와 「포고 제1호 남녀 학생에게」 약 30매를 평안남북도에 배포하도록 하고, 이운형(李運衡)으로 하여금 「적의 관리인 동포에게」 30매와 「포고 제1호 남녀 학생에게」 50매를 경기도에, 「포고 제2호 상업에 종사하는 동포에게」 50매를 경상북도에 배포하도록 하고, 김제안(金濟安)으로 하여금 「적의 관리인 동포에게」 60매와 「포고 제1호 남녀 학생에게」 50매를 경기도에, 「포고 제2호 상업에 종사하는 동포에게」 60매를 전라북도에 배포하도록 하고, 10월 22일부터 28일까지 각지에 우송했으나 이광선(李光宣)은 10월 29일에 종로경찰서에 탐지되어 뜻을 이루지 못하고 몸을 피했으며, 황종화는 경성부 내에 배포하고자 했던 200매를 송세호와 이을규에게 되돌려 주었다.[12]

---

11) 「대동단에 대한 경성지방법원검사국 의견서」, 『대동단사건』(I), 223쪽.

지하 문서를 제작하면서 가장 어려운 문제는 장소를 은닉하는 것이었다. 최익환은 처음에는 주교정(舟橋町)에서 권태석과 함께 인쇄를 시작했으나 신변의 위협을 느낀 나머지 5월 10일부터 20일까지 종로 5정목(丁目)의 양제은(楊濟殷) 집과 최익환의 집에서 인쇄를 하다가 다음에는 을지로 5정목 이건호(李建浩)의 집에서 장판 밑에 인쇄기를 설치하여 인쇄했으며, 그곳마저 위험을 느껴 수은동(授恩洞) 159번지 조종윤(趙鍾胤)의 집, 초음정(初音町) 이재호의 앞집, 공평동 3번지 등으로 옮겨 다니면서 2~3개월씩 빌린 집에서 인쇄를 계속했다.[13] 양제은은 종로 4정목에서 염료제조업을 하고 있는 사람이었다.[14] 이들은 문서를 인쇄할 때면 단원 중의 젊은이가 집밖에서 망을 보고 있다가 경찰이 오면 "어이" 하고 소리를 지르는 것으로 신호를 삼아 발각을 피했다.[15]

2. 1차 피검(一次被檢)

5월 중순에 접어들면서부터 만세 시위의 불길도 사그라지기 시작했다. 이 만세 시위가 궁극적으로 독립을 성취시켜 줄 수는 없다고 하더라도 독립을 향한 민족의 의지를 지속시켜 주는 데 차지하는 역할이 지대하다는 것을 지도부는 잘 알고 있었다. 예컨대 경찰 신문에서 최익환의 다음과 같은 진술은 의미하는 바가 있다.

---

12) 「불온 문서 발행자 체포의 건」(大正 8년 12월 22일자, 高警 제35978호), 『독립운동사자료집(9) : 임시정부사자료집』(서울 : 독립운동사편찬위원회, 1975), 464~467쪽.
13) 「증인 조종윤에 대한 경찰 조서」(1), 『대동단사건』(I), 145쪽.
14) 「최익환에 대한 경찰 조서」(제2회), 『대동단사건』(I), 40쪽.
15) 「동창율에 대한 경찰 조서」(1), 『대동단사건』(I), 120쪽.

문 : 유인물을 배포하는 방법으로 독립의 목적을 달성하리라고 생
　　각하고 있는가?

답 : 독립은 안 되더라도 적어도 국제연맹 밑에 일본의 위임 통치
　　가 되면 국가적 독립은 아니더라도 민족적 독립이며 자유스
　　러운 생활이 될 것이라고 생각했다.

문 : 이와 같은 운동은 종래에도 행해졌지만 목적을 달성할 희망
　　이 없다는 것은 오늘날까지 피고가 알고 있던 바가 아닌가?

답 : 아직 절망적이라고는 생각하지 않았다.[16)

　그 가운데에서도 학생들의 애국심에 호소하는 것은 무엇보다도 효과가 큰 것이었다. 생각이 여기에 미친 대동단은 시국에 대하여 냉담한 반응을 보이는 무리들을 각성시키고 학생들로 하여금 동맹 휴학을 통하여 일제에 저항토록 촉구할 필요가 있다고 생각했다. 최익환은 붓을 들어 다음과 같은 격문을 작성했다.

　■ 시국을 관망(觀望)하는 공론자에게 경고함

　독립 중흥의 사업은 우리 조선 혼의 정화(精華)로서 천지의 기운(氣運)을 만난 것이다. 따라서 자각과 정신력에 의해 우리 고유의 본령(本領)을 발휘할 따름이지 어찌 타방·타인의 원조를 바랄 것인가? 우리 2천만의 애국정신은 천지의 진리에 따라 어두워지거나 밝아지고 시세의 변화에 따라 서로 늘거나 주는 것이 아니다. 다만 그 행동에서 시기를 살피지 않을 수 없으므로 혹은 10년이란 장구한 세월에 걸쳐 인내하고 굴욕을 감수했은즉, 한번 이를 발휘하면 삼천리의 대지가 일시에 우레 치듯 놀라는 것은 곧 5천 년 이래 엎드려 있던 우리 조선의 혼이 발휘된 정화 때문이라. 어찌 이를 구시대의 작은 그림자와 신사조의 여파라 하겠는가? 요컨대 천하의 기운에 적응하여

---

16) 「최익환에 대한 경찰 조서」(3), 『대동단사건』(I), 49쪽.

세계 인류가 함께 돌아가는 데에 있을 따름이다.

어떤 사람은 말하기를 민력(民力)은 어둡고 어리석으며 열강의 후원은 빈약하다 하며, 일본은 강경한 체도(體度)를 쥐고 있으며 대국(大局)의 기세는 혼돈스럽다 한다. 더구나 강화 회의는 공평하지 않고 산동(山東) 문제 또한 불행으로 끝났으며 어느 것이나 우리 국가를 위해 불리하지 않은 것이 없다고 한다. 그러나 그 소위 민력이란 과연 무엇인가? 대포·군함의 폭력은 본래 우리 민족이 오히려 쓰지 않는 바일 뿐만 아니라 오늘 이후의 세계 평화에도 필요하지 않을 것이다. 우리가 존귀하게 여기는 바는 우리 민족 고유의 보국 정신을 발휘하는 데에 있을 뿐이다. 몇 치의 흉중(胸中)이 능히 천지의 대기(大機)를 돌이킬 수 있으므로 2천만의 붉은 정성을 한 덩어리로 만들어 삼천리 대지의 중흥을 기획하는 데에 무엇인가 없을쏘냐!

선황제께서 일사보국(一死報國)하심으로써 천하의 정치가 모두 활발해졌다. 우리 대표자는 한 마디 호령에 신뢰할 수 있는 인물들임이 증명되고도 남는다. 특히 열국은 3월 이래 우리 민족의 독립을 찬조하여 공의(公議)를 결정한 뒤 이를 강화 회의에 제안하여 이미 통과를 보았다. 그렇다면 각국의 원조는 더욱 더 그 기회를 촉진하는 것인가, 아니면 우리를 위해 일본을 정복·토벌해서 쌓인 원한을 푼 뒤에 진정한 원조를 허용하려는 것인가? 아니다. 오늘은 그 시기가 아니다.

우리 민족은 모름지기 자작(自作)·자성(自成)의 본(本)을 길러 그 성숙된 과실(果實)을 기다릴 뿐이다. 또한 마땅히 이수(理數)의 회전에 맡겨 형세의 필지(必至)를 기해 모든 민족을 구제함과 동시에 우리 조선 독립의 날을 구가해야 한다. 어찌 구구하게 바깥 원조의 유무를 관계할 것인가. 일본은 천운을 명찰(明察)하고 기운을 회전하는 도를 깨닫지 못하고 오로지 이익만을 다투어 그 포악을 극함은 천리를 스스로 손상하여 헛되이 그 죄악을 증진할 따름이다.

강화 회의에서는 때로 공도가 아닌 것의 결정이 없지 않다 할지라도 후일 스스로 정의로 돌아와 선으로 옮기는 날이 있을 것이다. 무룻 연맹의 도의의 정신은 원래 불멸하는 것이다. 진정한 공도(公道)가 아니면 진정한 평화는 없다. 그리고 세계에는 반드시 인류를 보전할 대동 평화의 날이 있을 것이다. 민족 자결의 형세는 쉼이 없다. 대국이 소국을 보호하는 것은 소국을 위해서가 아니고 소국의 안녕에 힘입어 그 자국의 평화를 바라는 것이다. 그러므로 열국은 공도를 버리고 일본의 포악을 보조할 리가 없다.

산동(山東)에 관한 불행은 아직 확정된 것이 아니다. 따라서 일본의 세력을 증진하는 것도 아니다. 끝내 지나 당사자가 주저한 과실에 불과한 것이다. 그러므로 산동 사건의 극복은 뒷날 그들 4억 민(民)의 활동에 따라서 결정될 것이며, 나아가서는 우리 독립운동의 권위에 조금도 관련되는 바가 없음을 알 것이다. 그러나 일본의 쇠미(衰微)를 기다려 우리의 독립을 꾀하려 하면 천백 년을 지난다 해도 결코 독립의 날이 오지는 않을 것이다. 그 간난(艱難)을 피해 앉아 멸망을 기다림과 같은 일은 국민으로서 생각할 수도 없는 사실이다.

어떤 사람은 말하기를, 독립을 선언한 뒤 이제 겨우 2개월이 지났으며 강화 회의는 이미 종국을 고했으나 독립의 실권은 막막해서 잡을 수 없으니 이는 소기(所期)의 대사(大事)가 잘못된 계산으로 끝나는 것이 아니냐고 말한다. 지난 10년 동안에 쌓인 원한으로 말미암아 기대하는 정으로 보아서는 깊이 이를 탓할 바 되지 않는다 할지라도, 세상의 이치에는 그 순서가 있는 법이니 우리들이 기대하는 공과(功果)는 원래 천지의 공리와 함께 자연히 실현되는 것이다. 이미 세계 공도의 성원을 얻은 이상 오직 그 시기가 찾아오기를 기다릴 뿐이니, 저 유대인이 하늘의 도움을 기대하고 벨지움이 회복을 봄과 같이 이 역시 필연의 이치이다. 그렇다. 의당 용기를 격려해서 하늘의 이치의 돌아감을 관측할지어다. 어찌 2개월의 짧은 시일로써 우리의 영구한 홍업(鴻業)을 성취할 수 있겠는가?

어떤 사람은 말하기를, 오늘의 형세로 독립을 기대하는 것은 헛되이 생민(生民)의 참화를 부를 뿐이니 모름지기 시세의 추이를 기다려 대국의 안정을 도모해야 한다고 하나, 슬프다! 이 또한 잘못된 것이다. 지금 이때는 어느 때인가? 우리 민족의 존망이 판정되는 시기이다. 분발하면 능히 자유의 경지에 살며 무궁한 낙을 누릴 것이나, 주저하면 반드시 억만 길(仞)의 사라지지 않을 왜화(倭火)에로 추락할 뿐이다. 이번에는 촌시·촌보의 방심을 허락하지 않으며 사태 형세의 대국을 모두 우리의 결심에 따라 정해지는 바이므로, 내 스스로 내 일을 하지 않으면 하늘이 어찌 나를 도울 것이며 남이 어찌 또한 나를 도울 것인가?

바야흐로 지금은 국민 외교의 시대이므로 이를 사실에서 구하고 이를 여론에 비추어 공의(公議)를 결정해야 한다. 각국은 대표가 앞장선 뒤에야 반드시 온 국민의 분기(奮起)가 있는 것이 보통이므로 각국의 쟁권(爭權)의 우열은 그 국민의 자조(自助) 여하에 따라 결정되는 바가 많다. 이와 같은 사실은 비록 어리석은 백성이라 할지라도 이미 알고 있는 실증이 있는데 무릇 우리 중류 사회의 여러분은 어리석게도 아무런 감각도 없음을 어찌하랴.

돌이켜 보건대 우리가 독립을 선언한 이래 우리 국민의 활동은 어떠한가? 과연 능히 공도를 지키며(主持) 정의를 선양할 수 있으며 눈앞에 세계를 바라보면서 겨드랑이에 대국(大局)을 끼고 열강의 국민과 대치(對峙)하여 만용(蠻勇)한 일본의 커다란 분노를 분쇄할 수 있겠는가? 우리 2천만 인의 동포가 모름지기 조선 혼의 훌륭한 재능을 불러일으키고 천기의 작은 움직임에 응험(應驗)해서 생사의 이해(利鈍)를 돌아보지 아니하고 왜병 앞에 용감히 맞서기를 무인지경 가듯 한다면 누가 그 장렬함을 존경하며 바라보지 않겠는가?

이와 같은 행동은 참으로 우리 단군의 유족임에 부끄러움이 없는 일이다. 아깝게도 모든 국민의 단결을 형성해서 세계 각국의 외교 무대에 들이치지 못함은 그 죄가 과연 누구에게 돌아갈 것인가? 지식 계급 가운데 유력한 제씨들이 바라만 보면서 헛된 얘기를 농(弄)해 국민 사무에 주의하지 않으니 이는 죄가 아닐 수 없다. 혹은 선배가 혹은 동배(同輩)가 국가를 위하여 신명을 던져 구사에 일생을 기하면서 해외로 분주(奔走)하는 것을 바라보면서도 대수롭지 않은 다반

사로 치고 앉아 성공의 여하를 논하는 따위는 그 양심에 부끄럽지 아니한가?

공분(共憤)에 궐기하고 도의에 용진(勇進)한 현자양손(賢子良孫)을 가리켜 불량 행위라 하고 이들을 왜노(倭奴)의 학교에서 공부를 시키는 것은 도대체 어떠한 부조(父祖)의 마음인가? 각지의 동포는 가산을 왜노의 불에 태워 버리고 부형을 왜노의 독 묻은 칼에 쓰러지게 하고, 혼자 다시 독립을 절규하여 드디어 왜노의 옥에 투옥되는 우리 동족의 참상을 목격하면서도 추호도 구제의 도(道)를 다하지 않고 도리어 경거망동으로써 이를 책망하는 것은 실로 왜노의 심술 이하에 속하는 인비인(人非人)이다.

이 천운을 극복하려는 민족 공분의 날에 홀로 부호(富豪)를 자랑하고, 안일을 마음대로 하며, 국가의 복리를 해치고, 민족의 화(民禍)를 불러 이르러서는 그 죄가 10년 전의 매국노에 못하지 않은 것이다. 500년 이래 국조(國朝)의 큰 은혜에 힘입은 몸으로서 초야에 사는 농부의 충용에 부끄러움이 없는가? 무릇 가슴속에 한 점의 광명이라도 있는 자라면 감히 이를 모방하지 못할지니라. 4천 년 예의의 종족(宗族)으로서 이 강토를 타인의 실가(室家)라 하지 말라.

원컨대 여러분은 이를 맹성(猛省)하여 천재일우의 행운을 잃지 말고 협력 일치의 주저함을 조금도 용납지 말라. 일각이 늦으면 일각의 해(害)가 있고, 한 가지 의심이 생기면 백마(百魔)가 나타날 것이니, 오직 성심(誠心)의 일관을 기(期)할 뿐이다. 의리에 안(安)하면 능히 대용(大勇)이 될 수 있고 공도에 분발하면 능히 하늘을 움직일 수 있으니, 만약 능히 하늘을 움직일 수 있을진대 어찌 왜노의 만용을 두려워할 것인가?

슬프다, 제씨여! 저들은 의리도 없고 신의도 없으며, 욕심이 많고 속임이 많아 이미 대국민(大國民)의 도량이 없고 침략을 능사로 하여 지난날에 계발(啓發)을 받은 옛 은혜를 생각하지 않고 히데요시(秀吉) 이후 3백 년 이래 우리의 국토를 훔치는 등, 그 분한(憤恨)에는 상하가 있을 수 없다. 더욱이 최근 10년간에 학정의 자취는 우리 민족을 박멸하지 않고서는 그치지 않을 것이니, 이는 생각건대 반드시 제씨의 가슴에 명기되어 있을 것이다. 우리 2천만 동포는 정의·인도의 의병을 일으켜 우리의 분노를 나타냄과 동시에 우리의 권위를 발양하고 차라리 오랑캐의 칼 아래 옥쇄함을 광영(光榮)으로 할 따름이라.

건국 4252년 5월 20일

조선민족대동단 민권위원회[17]

이어서 권태석은 다음과 같은 문서를 작성했다.

■ 등교 학생 제군에게

"아버님, 나는 동족과 조국을 위하여 나의 몸을 희생에 바치고자 합니다. 어머님, 나는 천만 과거의 우리 조상의 기업(基業)과 억만 장래의 우리 자손의 행복과 안녕을 위해 내 몸을 희생하기를 원하기 때문에 조금도 이를 고통으로 생각하지 않습니다."라고 형대(刑臺) 장하(杖下)에 울음을 삼키고 피를 토하고 신음하면서도 "슬프다! 밖에 있는 우리 동포의 후원 운동은 어떠한가? 아! 통탄스럽도다" 하니, 슬프다, 저들 우리 혈족의 고통이 과연 어떠한가? 우리들은 과연 저들을 위하여 어떤 후원의 운동을 할 것인가?

아! 학생 제군아!

오늘 우리 반도의 상태는 제군으로 하여금 선도자라는 소임을 허락하고 있지 않은가! 제군이여! 학생인 자는 완전한 사회의 일인인 자격을 구비했으므로, 정치나 대세와 같은 것은 우리의 책임이 아니며 또 우리 이외에도 쓸모 있는 사람이 많다고 하여 무사함을 희망하는 뜻으로, 과거의 진정한 행동을 가리켜 경거망동이라 하고 소위 회오(悔悟) 서약 하에 목을 늘어뜨리고 수치를 당하며 정신적으로 부자유·불평등한 교육을 받으려 하는가! 생각해 보라. 제군의 행동은 과연 부당한가? 인류적 양심에 기인(基因)하는 것이 아닌가?

---

17) 朝鮮憲兵隊司令部(編), 『朝鮮3·1獨立騷擾事件』, 265~269쪽.

슬프다! 흰 칼(白刃)과 포연(砲烟) 속에 분투노력하는 저 형제의 고통과 희생은 누구를 위한 것인가? 우리들은 동포의 의무로 보나 동창의 정의로 보나 큰 목적의 행동을 취해야 할 것이 아닌가? 나는 부질없이 제군의 등교를 협박·저지하려는 것이 아니다. 제군은 무지(無智)한 부모의 명령이나 성의 없는 선생의 지도에 따를 것이 아니라 응당 자각하는 바가 있어야 할 것이다.

숙고하라. 금일 제군의 등교가 가령 정당하다 할지라도 제군은 당초 결의하고 동맹적인 행동으로 나왔으면서도 번연(飜然)히 전일의 동맹을 무시하고 사리적 행동을 취하려 한다. 이는 사복을 채우고자 타인을 구렁텅이에 떨어뜨리려 하는 것이다. 어찌 국민 도덕상, 민족적 정신상 인류적 윤리계(倫理界)를 위해 크게 비분강개의 정을 금할 수 있겠는가? 이제 우리 민족의 독립은 미국 대통령이나 프랑스 수상에 있지 않도. 우리 민족은 바야흐로 스스로 결정하고 스스로 도와 최대의 성의로써 분투·노력하면 어찌 도덕·공론이 없겠는가? 슬프다! 학생 제군은 천만 번 생각함으로써 천고의 큰 업적을 수립할지어다.

4252년 4월 일

유학생 차세운(車世運)[18]

「등교 학생 제군에게」는 60매를, 「선언서」는 2,000매를, 「시국을 관망하는 공론자에게 경고함」은 1,000매를, 그리고 「일본 국민에게 경고함」은 400매를 인쇄했다.[19] 유인물은 비밀 당원들을 통하여 민가에 투입되거나 특정 인물에게 전달되었다. 낮이면 부랑자로 가장한 단원들이 지하 문서들을 배포했고, 밤이면 배추장수나 상주로 가장한 단원들이 활약했다. 이

---

18) 金正明(編), 『明治百年史叢書 : 朝鮮獨立運動』(2), 28~29쪽; 朝鮮憲兵隊司令部(編), 『朝鮮3·1獨立騷擾事件』, 259~260쪽; 「권태석에 대한 검찰 조서」(2), 『대동단사건』(I), 290쪽.
19) 「공판시말서」(1), 『대동단사건』(II), 327쪽.

제 경찰에서도 대동단의 암약에 눈독을 들이기 시작했다. 시간이 흐를수록 일경의 수사망이 자신들에게로 압축되어 오고, 수사망이 좁혀짐에 따라서 최익환에게 점차로 위험이 다가오고 있다는 사실을 감지할 수 있었다. 전협을 비롯한 대동단의 수뇌들은 인쇄 책임자인 최익환과 이능우 그리고 권태석을 도피시키는 일이 시급하다는 사실을 깨달았다.

최익환과 이능우 그리고 권태석에게는 전협으로부터 잠적하라는 명령이 떨어졌다. 최익환은 이번 기회에 자신이 애당초 기도했던 대로 상해로 건너가서 임시정부의 노선에 합류하리라고 결심했다.[20] 그러나 그들에게는 이번에도 여비를 마련할 길이 없었다. 이때 동지 가운데 이익호(李翼鎬)가 자금을 마련할 수 있는 길을 귀띔해 주었다. 이익호의 말에 따르면 그 무렵 양주의 토지 갑부인 홍순형(洪淳馨)이 연기군(燕岐郡)의 토지를 경작할 사음(舍音, 대리 경작인)을 구하는데, 이를 소개해 줄 수만 있다면 상당한 액수의 알선료를 받을 수 있다는 것이었다.

마침 이 무렵 손영택(孫永澤)이라는 인물이 김승기(金升基)라는 대리인을 앞세워 대리 경작할 땅을 구하고 있다는 말을 들었다. 최익환과 이능우는 홍순형과는 일면식도 없으면서 자기들은 그의 아들 홍봉표(洪鳳杓)와 잘 아는 터이니 사음이 될 수 있도록 해 주겠노라고 말하고 거간료 600원을 김승기에게 요구했다. 내막을 자세히 알 턱이 없는 김승기는 이익호의 방에서 최익환과 이능우에게 300원을 건네주었다.[21]

그러나 처음부터 사기에 지나지 않았던 흥정이니 만큼 손영택은 홍순형의 사음이 되기는커녕 돈만 편취당하고 말았다. 이리하여 손영택은 최익환의 무리를 경찰에 고소하게 되었고, 최익환과 이능우 그리고 권태석

<hr>

20) 「최익환에 대한 경찰 조서」(2), 『대동단사건』(I), 42쪽.
21) 「이능우에 대한 검찰 신문 조서」(2), 『대동단사건』(I), 292쪽;「이능우에 대한 예심 조서」(1), 『대동단사건』(II), 29~30쪽;「증인 김승기에 대한 예심 조서」(1), 『대동단사건』(II), 105~106쪽.

은 1919년 5월 23일에 엉뚱하게도 사기죄로 체포되었다. 경찰의 입장에서 본다면 그동안 혈안이 되어 찾던 출판법과 보안법 위반 범인이 금전사취 죄로 잡혔으니 이보다 더 큰 수확이 없었다. 경찰에서는 원죄인 사기죄는 덮어두고 출판법과 보안법, 그리고 형법에 대한 부분을 집중적으로 추궁하기 시작했다. 무서운 고문이 밤낮 없이 계속되었다.

그러나 최익환과 이능우 그리고 권태석은 이것이 자신들에 의하여 이루어진 것일 뿐 배후가 있다는 사실을 완강히 부인했다. 결국 경찰에서도 이들의 말을 믿게 되었고, 이로써 그들의 배후 세력은 가까스로 위기를 면할 수가 있었다. 이러는 중에 최익환·이능우·권태석의 1차 검거에 이어 권헌복(權憲復)·박형남(朴馨南)·이건호(李建浩)·김용의(金溶儀)·황란(黃鸞) 등이 장현식(張鉉軾)의 집에 은신해 있다가 1919년 10월 7일에 여섯 사람 모두가 체포되었다.[22]

이 무렵에 비록 개인적인 활약이기는 했지만 대동단원에 의해서 재만주 독립군의 위원을 모집했다고 하는 사실은 매우 주목할 만한 일이다. 이 일은 유경근(劉景根 : 1877~1956)에 의해서 이루어졌다. 그는 본디 감리교 신자로 경기도 강화(江華)에서 광업에 종사하다가 3·1운동에 참여한 뒤로 러시아로 넘어가 이동휘(李東輝)로부터 군자금 모집의 명령을 받고 귀국하여 연통제 활동을 하고 있던 중이었다. 그와 같은 인연으로 민족 투쟁이 끝내는 무장 투쟁일 수밖에 없다고 그는 생각하고 있었다. 그러나 그 무렵 대동단의 행동 지침은 이를 허락할 수 없는 처지가 되자 유경근은 독자적으로 군사 요원의 모집에 착수했다. 그는 1919년 5월경에 서울의 종각 앞에서 김진상(金鎭相, 가명 金恩九)을 만남으로써 이 일에 착수하기 시작했다.

김진상은 조선 독립을 목적으로 하는 상해임시정부의 분파인 이동휘(李東輝)가 러시아의 블라디보스토크 신한촌(新韓村) 부근에서 군인을 양성 중

22) 「이건호에 대한 예심 조서(1), 『대동단사건』(II), 101쪽.

조종환(趙鍾桓)

인데 그 군사는 임시정부의 친병(親兵)으로서 조선 독립을 위하여 내외로 기세를 자랑할 뿐만 아니라 독립의 목적을 달성한 후에는 임시정부를 옹호할 조직이니 조선 안에서 군인 지망자를 열심히 모집하여 신의주(新義州) 영정(榮町)에서 십조선운조부(十朝鮮運漕部)라는 객주무역상과 숙박업을 운영하고 있는 김성일(金成鎰)이나 만주 장춘(長春)에 있는 고려여관(高麗旅館)의 김두섭(金斗燮)을 거쳐 러시아로 파견하여 달라고 유경근에게 부탁했다.[23]

이와 같은 부탁을 받은 유경근은 즉시 이를 승낙하고 동지인 윤종석(尹鍾奭)과 조종환(趙鍾桓 : 1888~1937)에게 이 계획을 알리고 군인 희망자의 모집을 의뢰했다. 조종환은 경성에서 전덕기(全德基)가 경영하는 상동(尙洞)청년학원을 졸업하고, 1912년부터 상동 흥국(興國)학교, 강화도의 문일(聞一)학교, 함안(咸安)의 안신(安新)학교, 전주의 신흥(新興)학교 교사로 봉직하다가 1919년 8월에 사직하고 독립운동에 뜻을 두고 있던 차에[24] 6월경에 영광(靈光) 출신의 노준(魯駿)·위계후(魏啓厚)·고경진(高景鎭) 등에게 유경근의 모병 계획을 알렸다. 위계후와 고경진은 다시 조규상(曺圭象) 외 4명에게 이 계획을 전하는 동시에 군대 가입을 권유하고 이를 위하여 러시아에 망명할 것을 승낙 받았다.

노준은 조종환·위계후·고경진·조규상 외 네 사람과 함께 서울 관철동(貫鐵洞)에 있는 조선여관(朝鮮旅館)에서 유경근을 만났다. 이들은 노준이

---

23) 「유경근에 대한 예심 조서」(1), 『대동단사건』(II), 37~38쪽; 「김성일에 대한 예심 조서」, 같은 책, 48~50쪽; 「김두섭에 대한 예심 조서」, 같은 책, 52~53쪽.
24) 「유경근에 대한 예심 조서」(1), 『대동단사건』(II), 31~32쪽.

가지고 있던 약간의 돈과 영광 사람 조희충(曺喜忠)이 제공한 800원으로 여비를 삼았다.[25] 유경근은 노준·조규상·현완준(玄完俊) 외 4명의 군인 지망생에게 신의주의 김성일 앞으로 암호로 된 소개장을 써 주어 7월 4~5일경에 이들이 서울 남대문역에서 신의주로 출발할 수 있도록 주선하여 주었다. 암호의 방법은 첫 자음을 아라비아 숫자로, 첫 모음을 한문 숫자로 하여, 예컨대, "7五"는 "소"로 표기하도록 했다. 유경근 자신은 2명의 동지와 함께 곧 뒤따라 신의주로 향발·도착하여 김성일을 만나 도강을 부탁했으나 여행증명이 없는 데다가 경계가 엄중하여 도강하지 못하고 실패했다.[26] 그들은 고향에 돌아오자마자 곧 체포되었다. 함께 갔던 조규상이 일행으로 위장한 밀정이었기 때문이었다.[27]

3. 조직의 재정비

대동단원의 1차 피검은 그들에게 커다란 상처를 안겨 주었다. 최익환을 비롯한 인쇄 실무자를 잃은 타격도 크려니와 일체의 시설을 압수 당한 손실을 메우는 일이 더욱 시급했다. 전협은 먼저 정남용으로 하여금 최익환의 활동을 대역하도록 하는[28] 한편 이건호로 하여금 자금주를 물색하도록 했다. 때마침 이건호에게는 장현식(張鉉軾: 1896~?)이라는 친구가 있

---

25) 「위계후에 대한 예심 조서」, 『대동단사건』(II), 291쪽.
26) 「大同團豫審決定書」(4), 『동아일보』 1920년 7월 3일자; 「李堈公殿下擁立事件」(7), 『每日申報』 1920년 11월 26일자; 「大同團京城地法判決書」, 巖瀨健三郎(編), 『朝鮮併合十年史』, 470쪽; 「유경근에 대한 예심 조서」(1), 『대동단사건』(II), 37~39쪽; 「위계후에 대한 예심 조서」, 같은 책, 288~291쪽.
27) 「노준에 대한 예심 조서」(1), 『대동단사건』(II), 45~46쪽; 「위계후에 대한 예심 조서」, 같은 책, 291쪽.
28) 「大同團京城地法判決書」, 巖瀨健三郎(編), 『朝鮮併合十年史』, 435~436쪽.

었다. 호를 송재(松齋) 또는 일송(一松)이라 부르는 장현식은 부여(扶餘) 출신으로서 전라도 금구(金溝)에 시가 17만 원에 이르는 광활한 전답을 가지고 있는 인물이었다.[29] 1910년에 종조부인 장태수(張泰秀) 전 참판이 낙향하여 27일 동안 단식한 끝에 스스로 목숨을 끊자 장현식은 울분을 견디지 못하여 서울로 올라와 독립운동의 길을 모색했다. 그는 1919년의 3·1운동에 참여한 뒤 동지를 찾던 가운데 이건호를 만났다.[30] 이건호는 전국에 사금을 찾아다니던 중에 장현식을 알게 된 사이였다.[31]

장현식(張鉉軾)

그러한 장현식에게 하나의 난감한 일이 벌어졌는데 그것은 다름이 아니라 그가 지주임을 이용하여 당국에서 그를 자성회(自省會)의 발기인으로 뽑아놓은 것이었다. 자성회라 함은 3·1운동 직후에 더 이상의 만세운동이 발생하지 않도록 만든 향토 조직이었다. 문중의 종손인 장현식은 가문을 유지하려면 당국의 협조 요청을 거절할 수 없었고, 민족의 양심으로는 자성회를 맡을 수가 없었다. 이러한 어려운 입장에 빠진 그는 현장을 피해야겠다는 계산으로 고향을 등지고 서울로 올라와 이건호를 만났다.[32] 6월 7일에 이건호의 소개로 전협을 만난 장현식은 대동단에 가입할 수는 없지만 자금은 기꺼이 제공하겠노라고 응낙했다. 전협과 약속한 장현식은 6월 초에 고향으로 내려가 일금 3,000원을 마련했으나 소포로 부칠 수가 없어

---

29) 「李堈公殿下擁立事件」(3), 『每日申報』 1920년 11월 22일자.
30) 장두원, 「애국지사 장현식(張鉉植)님의 발자취를 더듬어보며」, 임시정부기념사업회, 『독립정신』(2012년 10월 23일자)
31) 「장현식에 대한 예심 조서」, 『대동단사건』(II), 108쪽.
32) 「이건호에 대한 예심 조서」(1), 『대동단사건』(II), 98~99쪽.

이건호를 내려오게 하여 주었고, 이건호는 이를 전협에게 전달했다.[33]

정남용은 이 돈으로 인쇄기를 비롯한 비품을 구입하여 황금정(黃金町) 6정목 42번지 2호에 있는 이건호의 집에 영동활판소(永同活版所)라는 비밀 인쇄소를 차리었다. 이 인쇄소를 통하여 정남용이 최초로 발행한 지하 문서는 『대동신보』(大同申報)였다.[34] 『대동신보』는 대동단의 기관지로서 고종(高宗)의 탄생일인 음력 7월 15일을 기하여 그 창간호 7천~8천 매를 발행했다.[35] 초고는 정남용이 쓰고 김가진과 전협이 문장을 다듬었다.

『대동신보』는 양정이 이끄는 보부상과 기생들을 통하여 전국적으로 배포되었다. 그러나 이는 창간호만 발행했을 뿐 그 이후의 발행은 이루어지지 않았다. 그 뒤 정남용은 모름지기 독립을 달성한다는 뜻으로 정필성(鄭必成)이란 가명을 쓰면서[36] 『혁신공보』(革新公報)·『자유신종』(自由晨鐘) 등의 지하 문서와 격문(檄文)을 인쇄·밀송(密送)했으며, 인쇄 작업은 권헌복·이근고(李根高)·박형남·김용의(金溶儀)·권영석(權永錫)·황란(黃鸞, 일명 黃義正)·이건호 등이 참여했다.[37]

---

33) 「大同團豫審決定書」(2), 『동아일보』1920년 6월 30일자; 「大同團京城地法判決書」, 巖瀨健三郎(編), 『朝鮮併合十年史』, 436, 454쪽; 「이건호에 대한 예심 조서」(1), 『대동단사건』(II), 99~100쪽. 장현식은 그 뒤에 조선어학회 사건에 자금 3,400원을 제공한 혐의로 홍원경찰서에서 1년 동안 옥고를 치르고 김성수(金性洙)가 중앙학교를 인수할 때 함께 출연한 인연으로 『동아일보』 감사로 17년간 일했다. 해방 후에는 잠시 군정청 전북지사를 맡았다가 사퇴한 뒤 한국전쟁 무렵에 납북되었다. 장두원, 「애국지사 장현식(張鉉植)님의 발자취를 더듬어보며」 참조.

34) 「大同團豫審決定書」(2), 『동아일보』1920년 6월3 30일자; 「大同團京城地法判決書」, 岩瀨健三郎(編), 『朝鮮併合十年史』, 437쪽.

35) 「전협에 대한 경찰 조서」(1), 『대동단사건(I)』, 149~150쪽.

36) 「정남용에 대한 경찰 조서」(3), 『대동단사건』(I), 156쪽.

37) 「정남용에 대한 경찰 조서」(3), 『대동단사건』(I), 157쪽; 「대동단사건 대한 경성지방법원검사국 의견서」, 같은 책, 219~220쪽; 朴馨南의 證言; 『每日申報』1919년 11월 30일자.

『대동신보』를 배포하는 방법은 권영석 등의 행동 대원들이 인쇄물을 가지고 시내로 나가 학생들에게 몇 장씩 나누어주어 그들로 하여금 배포하도록 하기도 했고, 여관에 머무는 시골 사람들에게 나눠주어 그들이 고향으로 돌아가 배포하도록 부탁했으며, 학생의 문패가 달린 집에 투입하거나 기차역에서 귀향하는 사람들에게 광고물이니 고향에 가서 나눠주도록 부탁하는 방법을 썼다.[38]

이 무렵에 박형남은 정남용의 지시를 받고 1919년 9월 13일경에 부산으로 내려가 대동단원 구상서(具尙瑞)에게 「대동단 규칙」을 전하는 등의 역할을 했다.[39] 뿐만 아니라 박형남은 충남 영동 출신의 황란을 포섭하여 이건호와 권헌복에게 소개하고 대동단에 가입시켰다. 이때 박형남은 황란을 설득하면서, "이번에 대동단이라는 것이 조직되었는데, 그 취지는 조선 민족이 이대로 망국의 백성이 되어서는 수치이니 독립을 기획하지 않으면 안 된다. 그리하여 독립을 하게 되면 사회주의를 추구해야 한다."고 말했다. 황란은 권헌복을 도와 이건호의 집에서 『대동신보』 등의 유인물을 인쇄하는 작업을 맡았다.[40]

1차 피검의 상처가 아물어지자 전협은 조직을 재정비할 필요가 있다고 생각하고 지난날 제정했던 「기관」을 발전시켜 새로운 규칙을 제정하기로 했다. 이 작업은 주로 정남용의 손에 의하여 이루어졌다. 초안이 작성되자 전협과 김가진의 교열을 거쳐 다음과 같은 「독립대동단 임시규칙」 및 「대동단 임시규칙 세칙」을 마련했다.[41]

38) 「정남용에 대한 경찰 조서」(3), 『대동단사건』(I), 157쪽.
39) 「박형남에 대한 경찰 조서」, 『대동단사건』(I), 80~81쪽; 「박형남에 대한 예심 조서」, 『대동단사건』(II), 116쪽 : 「정남용에 대한 예심 조서」, 같은 책, 128쪽.
40) 「황란에 대한 경찰 조서」, 『대동단사건』(I), 81~82쪽; 「정남용에 대한 경찰 조서」(3), 같은 책, 157쪽.
41) 「정남용에 대한 예심 조서」(3), 『대동단사건』(II), 132쪽; 「공판시말서」(1),

■ 독립대동단 임시규칙

제1장

제1조 본단은 전국 조선 민족으로써 이를 조직하고 명칭을 독립
　　　 대동단이라 칭함.

제2조 본단의 주권은 단원 전체에 속함.

제2장 취지의 강령

제3조 본단은 조선의 영원한 독립을 공고케 한다.

제4조 본단은 세계의 영원한 평화를 확보한다.

제5조 본단은 사회주의를 철저적으로 실행한다.

제3장 단원

제6조 단원은 일률 평등하며 계급의 구별이 없다.

제7조 단원은 천연의 제반 자유권을 철저히 보유한다.

제8조 단원은 언론 저작 출판 및 집합 결사의 자유를 가진다.

제9조 단원은 선거 및 피선거권을 가진다.

제10조 단원은 의사회를 청원할 권리를 가진다.

제11조 단원은 비법(非法)의 정부에 대해 탄핵 또는 개조할 권리를
　　　 가진다.

제12조 단원은 대세와 민도(民度)에 합(合)한 정체를 협찬할 의무를
　　　 가진다.

제13조 단원은 헌장에 의해 복병(服兵) 또는 납세의 의무를 진다.

제14조 단원은 국회 소집에 응할 의무가 있다.

제4장 의사회

제15조 제반 입규(立規)는 의사회에서 행한다.

제16조 의사회는 제17조에 소정된 각 지방에서 선파(選派)한 의사
　　　 원으로써 이를 조직한다.

같은 책, 336쪽.

제17조 의사원은 도의사회에서 5인을 선파한다. 그 선파 방법은 각 지방 의사회에서 이를 정해 의사원 회의 때에 각 의사원이 1표결권을 갖는다.

제18조 의사회의 직권은 아래와 같다.

　(1) 제반 규칙안을 의결한다.

　(2) 단원 내에 예산 및 결산을 의결한다.

　(3) 각 부의 자순(諮詢) 사항을 답복(答復)한다.

　(4) 민원의 청원을 수리한다.

　(5) 규칙 및 기타 사건에 관한 의견을 통재부(統宰部)에 건의할 수 있다.

　(6) 질문서를 단무원에 제출하고 그 출석 답복을 요구할 수 있다.

　(7) 각부에 자청(諮請)하고 단무원의 비법사건을 사변(査辨)한다.

　(8) 의사회는 총재에 대해서 비법 행위가 있다고 인정될 때는 총원 5분의 4 이상의 출석과 출석원 4분의 3 이상의 가결로써 탄핵할 수 있다.

　(9) 의사회는 단무원으로서 실직 혹은 위법이라고 인정할 때는 총원 4분의 3 이상의 출석과 출석원 3분의 2 이상의 가결로써 이를 탄핵할 수 있다.

제19조 의사회는 집회 및 개회할 것을 수의(隨意)로 한다.

제20조 의사회의 회의는 잠깐 이를 공개한다. 다만 단무원의 요구와 출석 의사원 과반수의 가결이 있을 때는 이를 비밀로 할 수 있다.

제21조 의사회에서 의결한 사건은 통재부를 경유하여 이를 공포 시행한다.

제22조 통재부에서 의사회 의결 사건에 대해서 부인할 때는 보고 뒤 10일 이내에 그 이유를 성명하고 의사회의 재의를 요구할 수 있다. 의사회 재의 사건에 대해서는 출석 의사원

3분의 2 이상의 동의로써 전의(前議)를 고집하고 제21조에
의해 이를 변리(辨理)한다.

제23조 의사회 회장은 의사원 중에서 기명투표로써 이를 호선하
고 투표 총수의 반수를 얻은 자를 당선으로 한다.

제24조 의사 회칙은 의사회에서 이를 정한다.

제5장 총재

제25조 총재와 부총재는 의사회에서 이를 선거하고 총원 4분의 3
이상의 출석과 투표 총수 3분의 2 이상의 득표자를 당선으
로 한다.

제26조 총재는 전국을 대표하고 단무를 총람하고 제반의 규칙을
공포한다.

제27조 총재는 규칙에 따라 위임 사항을 집행하기 위해 명령을 발
포할 수 있다.

제28조 총재는 각부의 사무집행 제도를 비준할 수 있다.

제29조 총재는 규칙안을 의사회에 제출할 수 있다.

제30조 총재는 영장(榮章)과 기타의 포장을 영급(領給)할 수 있다.
다만 영장은 의사회의 동의를 얻어야 한다.

제31조 총재는 단원의 묵섭(黙涉)과 상벌을 선고할 수 있다. 다만
묵섭은 의사회의 동의를 얻어야 한다.

제32조 총재는 의사회의 탄핵을 받으면 의사원 5인을 선출하여
특별위원을 조직하고 이를 심사한다.

제33조 부총재는 총재를 보좌하고 총재가 사고로 인해 시무(視務)
할 수 없을 때는 그 직권을 대리한다.

제6장 단무원(團務員)

제34조 각부 부장과 중외기관(中外機關)에 소속한 직원을 총칭하여
단무원(團務員)이라 한다.

제35조 단무원은 의사회로써 이를 선거한다. 다만 총원 3분의 2의
출석에 의해 선거한다. 다만 지단 소속 직원은 해 지단으

로서 편의에 따라 이를 선보(選報)하고 총재의 승인을 얻어
야 한다.

제36조 각 부장과 지단장은 총재를 보익(輔翼)하고 그의 책임을 진
다.

제37조 각 부장은 총재가 규칙안을 제출하고 규칙을 공포하며 명
령을 발포할 때는 부서(副署)할 수 있다.

제38조 각 부장은 의사회에 출석하여 발언할 수 있다.

제39조 단무원이 의사회의 탄핵을 받으면 총재는 그를 면직한다.
다만 의사회에 제의하고 재의를 요구할 수 있다.

제7장 기관

제40조 단무 집행기관은 아래와 같고 중앙과 지방에 둔다.

중앙기관 : (1) 통재부(統宰部) (2) 추밀부(樞密部) (3) 상무부(常
務部) (4) 외무부(外務部) (5) 상공부(商工部) (6) 재
정부(財政部) (7) 무정부(武政部)

지방기관 : (1) 총관사(總管司) (2) 서무사(庶務司) (3) 상공사(商
工司) (4) 의용사(義勇司) (5) 재무사(財務司) (6) 교
통사(交通司)

제41조 중앙 각부와 지방기관장 그리고 기타 직원을 두고 그 사무
를 장리(掌理)시킴.

제42조 각 부의 사무집행 제도는 각 장이 이를 규정하고 총재의
비준을 거쳐 시행한다.

제8장 부칙

제43조 본 규칙은 반포일로부터 이를 시행한다.

제44조 본 규칙은 의사원 3분의 2 이상 혹은 총계의 재의에 의해
서 의사원 5분의 4 이상의 출석과 출석원 4분의 3 이상의
가결을 거쳐 이를 증책(增册)할 수 있다.

제45조 본 규칙에 관한 세칙은 별도로 정한다.

건국 4252년 9월 17일[42]

■ 대동단 임시규칙 세칙

제1조 원칙 제44조에 의해 중앙 직원을 아래와 같이 조직한다.
(1) 통재부 : 총재 1인, 부총재 1인 및, 비서 1인, 부원 약간 명
(2) 추밀부 : 부장 1인, 총무 1인, 이사 1인, 비서 2인, 회계 2인, 부원 약간 명
(3) 상무부 : 부장 1인, 총무 1인, 이사 1인, 비서 2인, 회계 2인, 부원 약간 명
(4) 외무부 : 부장 1인, 총무 1인, 이사 10인, 비서 2인, 회계 2인, 부원 약간 명
(5) 상공부 : 부장 1인, 총무 1인, 이사 15인, 비서 2인, 회계 2인, 부원 약간 명
(6) 재정부 : 부장 1인, 총무 1인, 이사 10인. 비서 2인, 회계 2인, 부원 약간 명
(7) 무정부 : 부장 1연, 총무 4인, 이사 2인, 비서 2인, 회계 2인, 부원 약간 명

제2조 추밀부장은 총무를 보익하며 부를 지도하고 운주(運籌) 입책(立策)에 해당한다.

제3조 추밀부 총무는 부장을 보익하고 부내 일체의 사무를 총람한다.

제4조 추밀부 이사는 부장과 총무의 감독 아래 제반 사무를 처리한다.

제5조 추밀부 비서는 부내 제반 비밀에 관한 사무를 장리한다.

제6조 추밀부 회계는 부내 일반 회계 사무를 장리한다.

제7조 추밀부원은 부내 제반 사무를 협찬한다.

제8조 상무부장은 총재를 보익하고 부내 제반 사무를 지휘·감독한다.

42) 金正明(編), 『明治百年史叢書 : 朝鮮獨立運動』(2), 77~79쪽.

제9조 상무부 총무는 부장을 보익하고 부내 일체의 사무를 총람
한다.

제10조 상무부 이사는 부장과 총무의 감독 아래 제반 사무를 처리
한다.

제11조 상무부 비서는 부내 제반 비밀에 관한 사무를 장리한다.

제12조 상무부 회계는 부내 회계 사무를 장리한다.

제13조 상무부원은 부내 제반 사무를 협찬한다.

제15조 외무부장은 총재를 보익하고 일체 외교 사무를 지휘 · 감
독한다.

제15조 외무부 총무는 부장을 보익하고 일체 외교 사무를 총람한
다.

제16조 외무부 이사는 부장과 총무의 감독 아래 제반 사무를 처리
한다.

제17조 외무부 비서는 제반 비밀에 관한 사무를 장리한다.

제18조 외무부 회계는 부내 일체 회계 사무를 장리한다.

제19조 외무부원은 제반 외교 사무를 협찬한다.

제20조 상공부장은 총재를 보익하고 부내 제반 사무를 지휘 · 감
독한다.

제21조 상공부 총무는 부장을 보익하고 부내 일체 사무를 총람한다.

제22조 상공부 이사는 부장과 총무의 감독하에 제반 사무를 처리
한다.

제23조 상공부 비서는 부내 제반 비밀에 관한 사무를 장리한다.

제24조 상공부 회계는 부내 일체 회계 사무를 장리한다.

제25조 상공부원은 부내 제반 사무를 협찬한다.

제26조 재무부장은 총재를 보익하고 부내 제반 사무를 지휘 · 감
독한다.

제27조 재무부 총무는 부장을 보익하고 부내 일체 사무를 총람한다.

제28조 재무부 이사는 부장과 총무의 감독 아래 제반 사무를 처리
한다.

제29조 재무부 비서는 부내 제반 비밀에 관한 사무를 장리한다.

제30조 재무부 회계는 부내 일체 사무를 장리한다.

제31조 재무부원은 부내 제반 사무를 협찬한다.

제32조 무정부장은 총재를 보익하고 부내 제반 사무를 지휘·감독한다.

제33조 무정부 총무는 부장을 보익하고 부내 일체 사무를 총람한다.

제34조 무정부 이사는 부장과 총무의 감독 아래 제반 사무를 처리한다.

제35조 무정부 비서는 부내 제반 비밀에 관한 사무를 장리한다.

제36조 무정부 회계는 부내 일체 회계 사무를 장리한다.

제37조 무정부원은 부내 제반 사무를 협찬한다.

제38조 원칙 제44조에 의해 지방 직원은 아래와 같이 조직한다.

    (1) 총관사 : 사장(司長) 1인, 부단장 1인, 총무 5인, 간사 5인, 서기 1인, 사원(司員) 약간인

    (2) 서무사 : 사장 1인, 간사 2인, 서기 1인, 사원 약간인

    (3) 상공사 : 사장 1인, 간사 2연, 서기 1인, 사원 약간인

    (4) 의용사 : 사장 1인, 간사 2인. 서기 1인, 사원 약간인

    (5) 재무사 : 사장 1인, 간사 2인, 서기 1인, 사원 약간인

    (6) 교통사 : 사장 1인, 간사 2인, 서기 1인, 사원 약간인

제39조 지단장은 단원내의 일체 사무를 총활(總轄)하고 일반 직원을 지휘·감독한다.

제40조 총무는 단장을 보익하고 각기의 단내 일체 사무를 총람한다.

제41조 각 사장은 단장을 보익하고 각 사내 일체 사무를 지휘·감독한다.

제42조 간사는 사장의 감독하에 일체 사무를 장리한다.

제43조 서기는 각 사장의 감독하에 일반 서무에 종사한다.

제44조 각 사원은 사장의 지휘 감독 아래 일체 사무를 협조한다.

건국 4252년 9월 17일[43]

이의 중앙 조직과 지방 조직을 도식으로 나타내면 다음과 같다.

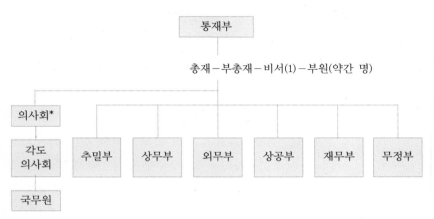

〈표 1〉 중앙 조직

* 의사회는 각 도에서 5인씩 파견된 국무원으로 구성된다.
** 통재부(統宰部)를 제외한 각 부에서는 부장(1) → 총무(1) → 이사 → 비서(2) → 회계
(2) → 부원(약간 명)을 둔다. 단 이사는 그 숫자를 달리하여 추밀부에는 1명, 상무
부·외무부·재무부·무정부에는 각 10명, 그리고 상공부에 한해서는 15인으로 한다.

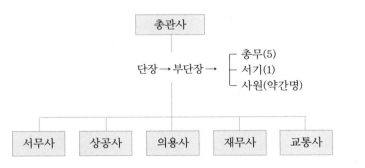

〈표 2〉 지방 조직

* 총관사(總管司)를 제외한 각 사에는 사장 1인, 간사 2인, 서기 1인, 그리고 사원 약
간 명을 둔다.

43) 같은 책, 79~81쪽.

임시규칙과 세칙의 배포는 주로 권헌복과 동창율에 의하여 이루어졌으며, 부분적으로는 김사국·이능우(李能雨)·김영철(金永喆)·허정묵(許丁黙) 등이 도왔다.[44] 동창율은 주로 함경남도 일대를 배회하면서 이들을 배포했다. 그는 단천(端川)에서 그곳 주민 김병권(金秉權)을 만나 이원(利原)의 김형극(金瀅極)에게 『대동신보』70매를 전달해 줄 것을 부탁했고, 동경훈(董敬勳) 등에게 독립 사상을 고취했다.[45] 이 임시규칙은 적어도 다음과 같은 세 가지 점에서 그 의미를 찾을 수가 있다.

첫째로, 전협을 비롯한 대동단원들은 자신들이 국내의 임시정부의 직분을 감당하려고 했다는 사실이 그들의 규칙과 세칙 속에 잘 나타나고 있다. 이와 같은 사실은 그들이 「임시규칙」 가운데 주권(主權)과 자유권, 선거권, 병역과 납세의 의무, 의회(議事會)의 구성, 부(Ministry)의 구성 등을 규정함으로써 이것이 단순히 한 단체의 조직률이 아니라 비록 유치하기는 하지만 오늘날 헌법적인 성격을 갖는 법규의 양상을 보이고 있다는 점으로도 알 수가 있다.

둘째로, 대동단 조직의 실제 규모나 체계로 볼 때 「임시규칙」은 대동단의 현실과는 유리된 것이었다. 특히 「임시규칙」에 의한 중앙 조직의 부서 역원 가운데 총재인 김가진(金嘉鎭)만이 분명할 뿐 그 밖의 부서의 역원은 어느 것도 뚜렷하지 않다. 이런 점에서 볼 때 「임시규칙」은 한 전단에 불과한 것임을 알 수 있지만 다른 한편으로 생각하면 앞으로 확대될 조직을 예상하고 만들었거나 또는 조직 확대를 위한 선전용으로 작성되었을 가능성도 있다.[46]

---

44) 「최익환에 대한 경찰 조서(2), 『대동단사건』(I), 40쪽.
45) 「大同團豫審決定書」(2), 『동아일보』1920년 6월 30일;「大同團京城地法判決書」, 岩瀬健三郎(편), 『朝鮮合併十年史』, 437쪽;「김병권에 대한 검찰 조서」(1), 『대동단사건』(I), 364쪽;「김병권에 대한 검찰 조서」(2), 같은 책, 365쪽.
46) 張錫興, 「조선민족대동단 연구」, 『한국독립운동사 연구』(3)(천안 : 독립기

셋째로, 이 임시규칙은 그들의 지도 노선이 무엇인가를 가르쳐 주는 데 도움이 된다. 대동단의 성격은 「임시규칙」 제2장, 즉 「본단은 조선의 영원한 독립을 공고히 한다」는 제3조와, 「본단은 세계의 영원한 평화를 확보한다」는 제4조, 그리고 「본단은 사회주의를 철저적으로 실행한다」는 제5조에 잘 나타나고 있다. 그런데 여기에서 문제가 되는 것은 「사회주의를 철저적으로 실행한다」는 제5조를 어떻게 해석할 것인가 하는 점에 있다.

우리나라에 사회주의가 유입된 경로를 살펴보면 두 가지를 들 수가 있는데, 첫째는 블라디보스토크와 북만주에서 독립운동을 전개하는 동안 러시아 혁명의 전개 과정을 목격했거나 전문(傳聞)한 무리들을 들 수가 있고, 다른 하나는 일본 유학생을 통한 유입을 들 수가 있다. 그러나 그 어느 쪽이었든 간에 적어도 「대동단 임시규칙」을 만든 1919년까지는 한반도에 사회주의가 정확하게 유입되었다고는 볼 수가 없다.

그럼에도 불구하고 1919년에 이미 대동단이 사회주의를 표방했다고는 하지만 그들이 사회주의의 진정한 의미를 완전히 이해했다고 보기는 어렵다. 대동단 집행부의 언행 가운데, 이를테면, 전협이 장현식의 가입을 설득할 때 "세계는 장차 공산주의로 가게 될 것이며, 그렇게 되면 토지와 같은 재산의 소유가 무의미하게 될 것이니 재산을 출연(出捐)하라"[47]고 말한 것은 세계 대세에 대한 정확한 인식에 기초를 두었다기보다는 설득용에 지나지 않는 것으로 보아야 할 것이다.

대동단이 5월 20일자로 발표한 「선언서」 가운데 「3대 강령」을 보면, 첫째는 조선의 영원한 독립의 완성이요, 둘째는 세계의 영원한 평화의 확보요, 셋째는 사회의 자유 발전을 널리 할 것이라고 주장했다가,[48] 9월의

념관 한국독립운동사연구소, 1989), 264쪽.
47) 「이건호에 대한 예심 조서」(1), 『대동단사건』(II), 103쪽; 「장현식에 대한 예심 조서」, 『대동단사건』(II), 108쪽.

임시규칙에서는 첫째 항목이 제3조와 같고 둘째 항목이 제4조와 같으나 셋째 항목인 「사회의 자유로운 발전」이 「사회주의」로 변질되었으며, 꼭 같은 법정 진술에서 최익환은 강령의 셋째 항목을 「사회의 자유 발전」이라고 대답한 반면에 전협과 정남용은 「사회주의의 실행」이라고 답변한 점[49]을 보더라 사회주의에 대한 개념적인 이해가 철저했다고 보기는 어렵다.[50] 다만 대동단이 조직으로서는 최초로 사회주의를 자칭했다는 전사적(前史的) 의미를 고려한다면 한국 사회주의 운동사의 여명기로 간주할 가치가 있는 대목이라고 보아야 할 것이다.[51]

---

48) 「최익환에 대한 검찰 조서」(2), 『대동단사건』(I), 287쪽; 「최익환에 대한 예심 조서」(2), 『대동단사건』(II), 5쪽 참조.

49) 「정남용에 대한 검찰 조서」(2), 『대동단사건』(I), 333쪽; 「공판시말서」(2), 『대동단사건』(II), 332쪽.

50) 金俊燁과 金昌順은 韓國에의 사회주의 운동이 의식적으로 부문별 활동을 모색하게 된 것은 1922년 1월 19일에 창설된 「무산자동맹회」가 그 起源이라고 주장하면서, 그 이전인 1919년에 전협이나 최익환 등이 社會主義를 철저히 실행한다고 주장한 것은 「우스꽝스러운 일」이라고 말하고 있다. 金俊燁·金昌順, 『韓國共産主義運動史』(2)(서울 : 高大 亞細亞問題研究所, 1972), 35쪽.

51) 張錫興은 대동단의 역사적 의의를 다음과 같이 지적하고 있다. (1) 시기적으로 볼 때 국내 독립 운동 단체 중에서 가장 앞선 조직이었다. (2) 황족·진신(縉紳)·유림·종교·상공·노동·청년·군인·부인·지방 출신 등 범국민적 조직을 구상했다. (3) 현실과는 유리된 것이기는 하지만 그 조직은 정부적 차원에 버금가는 것이었다. (4) 전국적 조직을 구상했다고는 하지만 지방 조직은 전라북도와 충청남도만이 확실히 존재했다. (5) 구한말의 관리 출신과 전 일진회(一進會) 회원들의 참회(懺悔)의 단체였다. (6) 연령별로 볼 때 20~70대로 다양했고, 신분으로도 하층에서 상층까지 다양했다. 張錫興, 「조선민족대동단 연구」, 『한국독립운동사 연구』(3)(천안 : 한국독립운동사연구소, 1989), 278~279쪽.

제4장

탈 출

1. 동농(東農) 김가진(金嘉鎭)

대동단의 지하 활동이 활발해짐에 따라 일경의 수사망도 목을 조이듯이 다가왔다. 대동단 총재 김가진은 그들의 안전을 위해 어떤 조처를 취하지 않을 수 없다고 생각했다. 제일감으로 떠오르는 것은 대동단의 본부를 상해로 옮기고 자신도 상해로 망명하여 임시정부에 가담하는 일이라고 생각했다. 그는 밀사를 상해임시정부의 안창호(安昌浩)에게 보내어 자신의 뜻을 피력했다.

동농 김가진, 이 사람은 누구인가? 김가진의 부친은 증종일품 숭정대부 의정부참정겸 홍문관대학사행 자헌대부 예조판서(贈從一品 崇政大夫 議政府參政兼 弘文館大學士行 資憲大夫 禮曹判書) 김응균(金應均)이었다. 김응균은 안동부사(安東府使)로 있을 적에 두 아들을 낳았는데, 안동이 본디 영가(永嘉)라는 지명으로 불린 바에 따라 큰 아들을 영진(永鎭)이라 짓고 작은 아들을 가진(嘉鎭)이라 지었다. 어릴 때부터 두뇌가 명민했던 김가진은 5세에 취학하여 16세에는 경사백가(經史百家)에 통달(通達)함으로써 사람들을

놀라게 했다.[1]

김가진(金嘉鎭)

비록 어린 나이라고는 하나 야망이 컸던 김가진은 1877년 11월에 아버지의 슬하인 안동을 떠나 상경하여 문과에 급제했다. 그의 벼슬길은 비교적 수월하게 전개되었다. 급제와 더불어 그는 규장각 참서관(奎章閣 參書官)이 되었으며, 1880년에는 통정대부 사헌부 감찰(通政大夫 司憲府 監察)이 되고, 1881년에는 장례원 주부(掌禮院 主簿)가 되었으나 1882년에 모친상을 당하여 향리인 안동으로 돌아가 장례를 마쳤다.

그 무렵의 정국은 내외로 다난하여 더 이상 고향에 머무를 수 없다고 생각한 김가진은 1882년 7월에 다시 상경하여 인천항 통상사무아문 주사(通商事務衙門 主事)가 되었으며, 지위가 거듭 올라가더니 마침내 도쿄 주차 변리공사(東京駐箚辨理公使)로 임명되었다. 무릇 한국의 공사 주차(公使駐箚)는 이때로부터 비롯된 것이니, 때는 1887년 7월이었다. 그 뒤 김가진은 소명에 따라 1890년 1월에 귀국했다가 이듬해인 1891년 7월에 다시 주일공사가 되었으며 같은 해 9월에 귀국했으니 전후 그가 일본에 머무른 것은 모두 4년이 되는 셈이다. 그동안에 그는 일본의 정치·법률·군제(軍制)·농업·공업 등의 근대화된 모습을 익힐 수 있었다. 이 무렵 그의 정치 노선은 러시아를 가까이 함으로써 청나라의 횡포를 막아내려는 생각(親露抗

---

1) 김가진의 생애에 대해서는, 김위현, 『동농긴가진전』(서울 : 학민사, 2009); 연세대학교 국학연구원(편), 『동농 김가진전집』(2)(서울 : 선인, 2014)이 있으며, 青柳南冥, 『朝鮮獨立騷擾史論』(서울 : 朝鮮硏究會, 1920), 180~181쪽에 일부 수록되어 있다.

淸)이었던 것으로 보인다.2)

1891년 12월에 김가진이 안동대도호부 부사(安東大都護府 府使)로 임명되자 향리 사람들로 그의 금의환향을 칭송하지 않는 자가 없었다. 재임 4년에 그의 치적은 중앙에까지 상달되었다. 갑오경장(甲午更張)과 더불어 1895년 4월에 박정양(朴定陽) 내각이 들어섰을 때 그는 농상공부(農商工部) 대신이 되었으며, 1896년 2월에는 중추원 일등 의관(中樞院 一等議官)으로 자리를 옮겼고, 1897년 5월에는 황해도 관찰사에 임명되었다. 1900년에는 중추원 의장이 되었으며, 1902년에는 궁내부 특진관(宮內府 特進官)에 임명되었다. 그 후 그는 1906년의 충청관찰사(忠淸觀察使)를 거쳐 1907년 11월에 규장각 제학(提學)이 되었으며, 1910년 경술국치의 해에는 대한협회(大韓協會)의 회장의 자격으로 이에 반대했다.3)

그러나 김가진의 일생에는 천려일실(千慮一失)의 실수가 있었다. 그것은 다름이 아니라 망국과 더불어 조선총독부로부터 종오위(從五位) 남작(男爵)의 칭호를 받았다고 하는 사실이었다. 이 사실은 그의 지난날의 모든 공업(功業)을 욕되게 하였다. 그

김가진의 글씨

2) 정정화, 『장강일기』(서울 : 학민사, 1998), 27쪽.
3) 김위현, 『동농김가진전』, *passim*, 靑柳南冥, 『朝鮮獨立騷擾史論』, 181~182쪽.

가 합병의 마지막 순간까지 합병을 반대했었다는 지조마저도 모두 사그라지고 말았다. 이제 그에게 남은 것은 친일파라는 오명뿐이었다. 백운동(白雲洞) 자택에 폐거(閉居)하고 망국의 비운을 달래려고도 해 보았지만, 그것이 그의 울분을 위로해 주지는 못했다.

이 무렵에 남긴 김가진의 글씨는 그 무렵 그의 심중을 잘 나타내 주고 있다. 글씨의 내용은 다음과 같다.

> 백마지기 좋은 땅에 감은 수없이 늘어지고
> 뽕나무와 삼대 우거진 곳에 닭과 돼지가 노는구나
> 가버린 부귀는 끝내 다시 오지 않지만
> 바라건대 훌륭한 스승을 얻어 자식들이나 잘 가르쳤으면……
> (百畝良田千柿園 桑麻深處散鷄豚 從去衣食不終來 願得賢師敎子孫)

1916년이 되자 김가진의 삶은 더욱 비참해 갔다. 백운동 저택이 빚으로 남의 손에 넘어가자 체부동(體府洞)의 작은 집으로 이사를 했다. 한말의 마지막 명필로서 원교체(圓嶠體)를 잘 쓰는 그의 붓끝만이 겨우 그의 생계를 이어줄 뿐 이 비운의 주인공에게 그 어느 누구도 동정과 용서의 눈결을 보내지 않았다.

폐가처럼 되어 버린 체부동에서 이렇게 노경을 보내고 있을 무렵 그에게 속죄의 길이 밝아오고 있었다. 그것은 1919년 4월에 이르러 전협(全協)이 그를 방문하여 대동단 총재로 추대함으로써 이루어졌다. 사실 그 무렵에 김가진은 상해로 갈 수 있는 기회를 찾고 있었다. 이와 관련해서는 대한독립의군부 계열의 임시의정원 의원이었던 정원택(鄭元澤)이 다음과 같은 기록을 남겼다.

척숙(戚叔) 학환(學渙)이 내방하여, "동농 김가진 씨가 상해로 가고자 하는데 앞길을 상의하려고 군을 만나 보고자 하니 한번 가서 뵈오라" 하나 내가 항상 신변을 주의하는 탓으로 출입의 번잡을 꺼려 응하지 않으니 김유동이 계속하여 말하기를, "동농의 아들 김의한(金毅漢)이 정두화(鄭斗和)의 매부이라, 의한이 인도하면 정(두화)을 심방하기 용이하다." 하나 나는 불응하고 정의 주소만 확인하도록 했다.4)

(1919년) 4월 18일, 정원택은 김의한의 안내로 다옥동 여관 후면 밀실에서 정두화를 만나 인사한 뒤 서함(書啣)을 전하고 예관(睨觀) 신규식(申圭植)의 근황이며 상해의 정세를 설명하면서 기대하던바 숙약(宿約)인 김가진의 상해 망명을 권고하니 정두화가 이렇게 대답했다.

"시기가 도래하니 만큼 숙약을 실천할 터이지만 지금 나의 처지가 저들 일본인의 주목하는 대상으로 되어 있어… 현금 인출이 어려우니 시일이 지체되리라."

이어서 정두화는 의친왕(義親王)을 모시고 군주제로 정부를 수립하는 것이 각 방면으로 보아 적합하고 민주공화제는 시기상조이므로 아직 적합하지 않다는 뜻을 피력했다.5) 정두화를 통한 망명 교섭에 뜻을 이루지 못한 전협과 정남용은 1919년 6~7월경에 김가진을 직접 찾아가 상해 망명의 의중을 타진하였을 때 그는 상해로 가겠다고는 의사를 분명히 했다6) 이에 대동단 측에서 김가진이 상해임시정부에 망명의 뜻을 전하자, 내무총장 안창호는 연통제 요원 이종욱을 서울로 밀파했다. 이 일을 위해 이종욱이 입국한 것은 1919년 10월이었다.7)

---

4) 「志山(鄭元澤)外遊日誌」, 『독립운동사자료집(8) : 임시정부사자료집』(서울 : 독립운동사편찬위원회, 1975), 444쪽(1919년 4월 17일자).
5) 「志山(鄭元澤)外遊日誌」, 444쪽(1919년 4월 17일~19일자).
6) 「정남용에 대한 경성지법예심조서」(1회, 대정 9년 3월 18일), 『한민족독립운동사자료집 · (6) : 대동단사건(II)』(과천 : 국사편찬위원회, 1988), 120~121쪽.

이종욱은 상해임시정부로부터 지령을 받고 들어 올 때 김가진 이외에도 이강(李堈) 공, 부마 박영효(朴泳孝), 전 홍문관 대제학 김윤식(金允植), 전 학부대신 이용직(李容稙), 학자이자 불교진흥회 이사 이능화(李能和), 전 학부대신 이용태(李容泰), 대한협회장 정운복(鄭雲復), 전 대한자강회장 윤치호(尹致昊), 황성기독교청년회 총무 이상재(李商在) 등을 탈출시키라는 지시를 받았다.[8]

이와 같은 작업을 위해 이종욱은 자기와 같은 승려인 도리사(桃李寺)의 송세호(宋世浩)를 만났다. 그 무렵 대동단의 요원이었던 나창헌(羅昌憲)이 이종욱을 전협에게 소개했고,[9] 둘이 가까워지는 데에는 같은 승려 출신인 송세호와 정남용(鄭南用)이 거들었다. 이종욱은 전협에게 김가진의 상해 탈출을 위한 준비를 부탁했다. 이종욱은 김가진의 탈출 명분을 이렇게 설명했다.

"조선의 독립이라는 것은 상하의 구별이 없이 모두가 희망하고 있으나 왕족·귀족 및 유산 계급은 독립운동을 피하며 매우 냉정하게 처신하고 있는데 그들을 그대로 놓아두면 조선의 독립을 위해 좋지 않으므로 그들을 상해로 데려 간다면 조선인은 상하의 구별이 없이 조선의 독립을 바라고 있다는 것이 나타나기 때문에 왕족·귀족을 상해로 데려 가는 것입니다."[10]

이에 기꺼이 응낙한 전협은 먼저 그의 탈출을 위한 자금을 마련하는

---

7) 靑柳南冥,『朝鮮獨立騷擾史論』, 193~194쪽;「李堈公 사건에 관한 보고의 件」(大正 8년 11월 24일, 高警務33431號), 金正明(편),『明治百年史叢書 : 朝鮮獨立運動』(1/分冊)(東京 : 原書房, 1967), 196쪽; 宋相燾,『騎驢隨筆』(서울 : 국사편찬위원회, 1971), 268쪽.
8)「전협에 대한 경찰 조서」(3),『한민족독립운동사자료집(5) : 대동단사건(I)』(과천 : 국사편찬위원회, 1988), 194쪽. 이하『대동단사건』(I)로 略記함.
9)「송세호에 대한 예심 조서」(2),『한민족독립운동사자료집(6) : 대동단사건(II)』(과천 : 국사편찬위원회, 1988), 90쪽. 이하『대동단사건』(II)로 略記함.
10) 이종욱,『대동단 활동의 동기』, 2쪽;「정남용에 대한 예심 조서」(3),『대동단사건』(II), 133쪽.

한편 그 세부 계획을 이종욱과 더불어 모의했다. 이 자리에서는 먼저 김가진을 먼저 탈출시키고 그 후에 다시 전협이 주동이 되어 이강 공을 탈출시키도록 합의했다.[11] 이러는 가운데 최익환(崔益煥)·이능우(李能雨)·권태석(權泰錫)의 1차 검거에 이어 권헌복(權憲復)·박형남(朴馨南)·이건호(李建浩)·김용의(金溶儀)·황란(黃㹭) 등이 장현식(張鉉軾)의 집에 은신해 있다가 1919년 10월 7일에 여섯 사람 모두가 체포되었다.[12] 이로써 김가진의 탈출 작업을 더욱 서두르지 않을 수 없었다.

김의한(金毅漢)

　본시 승려인 이종욱은 자신의 신분을 숨기기에 용이했으나, 지명(知名)이 높은 김가진을 탈출시키는 데에는 모험과 지모가 필요했다. 전협은 먼저 관수동(貫水洞) 26번지의 김병흥(金炳興)의 집에서 의치(義齒)를 모두 빼고 상복(喪服)을 입은 허름한 촌부로 변장했다. 그런데 이종욱의 기억에 따르면, 체부동(體府洞)에 머물던 김가진을 관수동 111번지에 임시로 이주케 하고 의복을 변착하여 형용을 변장하고 장죽과 장장(長杖)을 집게 하여 도중에 의생(醫生)으로 가장하고자 『동의보감』(東醫寶鑑) 한 질을 매입하여 인력거로 부자(父子)분을 싣고 가 일산역(一山驛) 기차 안에서 만나기로 약속했다고 한다.[13]

11) 「전협에 대한 경찰 조서」(1), 『대동단사건』(I), 150쪽; 「정남용에 대한 검찰
　　조서」(2), 같은 책, 333~334쪽.
12) 「이건호에 대한 예심 조서(1), 『대동단사건』(II), 101쪽.
13) 이종욱, 『대동단 활동의 동기』, 2쪽.

길 안내는 이종욱이 맡았고, 그의 장남인 김의한과 동행했다. 탈출의
날짜는 1919년 10월 10일로 정했다.[14] 그날이 되어 김가진을 비롯한 아들
김의한, 그리고 길을 안내하기로 되어 있는 이재호(李在浩)는 일산역을 출
발하여 경의선(京義線)을 타고 신의주를 거쳐 안동역으로 탈출했고 이종욱
은 남의 눈을 피하려고 남대문역에서 승차하여 탈출했다.[15] 이곳에서 그
들 일행은 안동에서 다시 열차편으로 상해임시정부에 합류하는 데에 성
공했다.[16]

이러는 과정에서 전협은 정두화로부터 받은 자금 가운데에서 탈출할
때의 비용 100원을 제공했다.[17] 김가진은 이 돈과 함께 이종욱이 마련해
온 700원,[18] 그리고 민영휘(閔泳徽)의 아들 민대식(閔大植)이 마련해 준 300
원[19]으로 여비와 중국에서의 생활비로 삼았다. 중국에 도착한 그는 다음
과 같은 두 편의 시를 남겼다.

나라는 깨지고 임금은 망하고 사직은 기울었어도

14) 조소앙은 김가진이 서울을 떠난 날짜를 10월 25일로 기억하고 있다. 조소앙,
「대동단개황」, 『한국독립운동사자료집 : 조소앙편(3)(성남 : 한국정신문화
연구원, 1997), 34~35쪽.
15) 「이재호에 대한 경찰 조서」, 『대동단사건』(I), 114~115쪽;「전협에 대한 경
찰 조서」(4), 같은 책, 203쪽.
16) 靑柳綱次郎, 『總督政治論』(下)(서울 : 京城新聞社, 1928), 42~43쪽; 국사편찬
위원회(編), 『日帝侵略下 韓國 36년사』(4)(서울 : 探求堂, 1972), 626~627쪽
: 1919년 11월 18일자; 金正明(編), 『明治百年史叢書 : 朝鮮獨立運動』(1/分
册), 196쪽. 일제의 기록에는 이 무렵에 김가진이 소실 금화(錦花)와 동행한
것으로 되어 있으나(靑柳南冥, 『朝鮮獨立騷擾史論』, 182~183쪽) 이는 사실
이 아니라고 그의 자부(鄭靖和)는 말하고 있다. 鄭靖和, 『長江日記』(서울
: 학민사, 1998), 41쪽.
17) 「전협에 대한 경찰 조서」(2), 『대동단사건』(I), 188쪽.
18) 「전협에 대한 경찰 조서」(2), 『대동단사건』(I), 189쪽.
19) 「전협에 대한 경찰 조서」(3), 『대동단사건』(I), 192쪽.

부끄러움을 안고 죽음을 참으며 이제껏 살았구나.
늙은 몸은 아직도 하늘을 꿰뚫을 뜻을 품고 있나니
단숨에 솟아올라 만리 길을 날아간다.

(國破君亡社稷傾 包羞忍死至今生 老身尙有沖霄志 一擧雄飛萬里行)

나라의 존망이 달려 있으니 어찌 내 몸을 돌보리
천라지망을 귀신처럼 빠져 나왔도다
삼등 차에 앉은 그를 누가 알았으랴
찢긴 갓에 누더기 입은 지난날의 대신일 줄을.

(民國存亡敢顧身 天羅地網脫如神 誰知三等車中客 破笠襤衣舊大臣)[20]

박은식(朴殷植)은 이 시를 듣고 이렇게 뒷글을 달아 공(公)을 축하했다.

 "여든의 높은 나이에 이런 웅비한 뜻을 지녔으니, 뛰어나고 굳센
하(夏)나라 신하 미(靡)와 진(秦)나라 건숙(蹇叔)의 위대한 업적과 다름
이 있겠는가! 그윽이 공을 위해 송축하나이다."(入耄邵齡 有此雄飛之志
何等奇壯 夏臣靡·秦蹇叔之偉業 竊爲公祝之)

김가진이 안동에 도착하자 이미 이종욱과 약속한 바 있는 임시정부에

---

20) 『上海獨立新聞』, 1919년 11월 4일자. 미(靡)는 하(夏)나라의 신하로서, 『十
八史略』에 이르기를, "상(相)의 비(妃)는 유잉국(有仍國) 왕의 딸로서, 그때
임신하고 있었다. 상이 쫓겨나 몸이 위태롭게 되었으므로 그는 유잉국으로
몸을 피했다. 그리하여, 거기서 아들 소강(少康)을 낳았다. 소강이 자라서
10리 사방의 땅과 군사 500명밖에 못 가졌지만, 하(夏)의 옛 신하 미(靡)를
장수로 삼고 군사를 일으켜 마침내 한착을 멸망시키고 제위를 도로 찾아서,
우(禹)의 사업을 이었다"라고 하였음. 건숙(蹇叔)은 진(秦)나라의 재상으로
서, 진시황(秦始皇)이 중국을 통일하기에 앞서 목공(穆公)이 건숙(蹇叔)과
백리해(百里奚) 같은 명재상을 기용해 진나라를 나라를 강대국으로 성장시
켰음.

서는 이륭양행에 의뢰하여 태고(太古)선박회사 소속의 계림(桂林)이라는 기선을 안동 포구에 정박시켰다. 김가진의 일행은 이를 타고 10월 31일에 상해에 도착했다.[21]

김가진의 탈출은 총독부 경무국을 경악시키기에 충분한 것이었다. 그가 비록 한때 친일파라는 오명을 쓰기는 했지만 전직 대신의 몸으로서 상해임시정부에 그가 가담했다고 하는 사실은 임시정부의 대외적인 인지도를 높이는 데에 크게 기여했다. 이에 당황한 경무국에서는 김가진을 회유하기 위하여 그의 아들인 김의한의 아내 정정화(鄭靖和)가 시아버지 동농을 부양하고자 상해로 가는 기회를 이용하여 처삼종형(妻三從兄)인 정필화(鄭弼和)를 그와 함께 동행하도록 만들었다.

정정화의 친정아버지 정주영(鄭周永)은 지난날 수원유수를 지낸 인물로서 자신의 조카인 정필화가 "믿을 수 없는 사람"임을 잘 알고 있었으면서도 딸을 상해로 무사히 탈출시키고자 그와 동행시킬 수밖에 없었다. 그러나 그들이 상해에 도착했을 때 그와 같은 정황을 인지한 김구(金九)의 지시에 따라 임시정부 요원들에게 피납된 정필화는 사실의 전모를 자백한 다음 처형되었다.[22] 그 뒤로 정정화는 이륭양행의 도움을 받아 군자금 모금에 헌신했다.[23]

일자는 확인되지 않으나 김가진이 상해에 도착한 직후로 보이는 어느 날 그는 상해 민단(民團)에 초청된 바 있었는데 그는 그 자리에서 독립을 위한 당대의 과업으로 다음과 같은 세 가지 방략을 제시했다.

첫째, 정부가 지금 해외에 망명 중인지라 내외의 영향이 늘 장애

---

21) 조소앙, 「대동단개황」, 34~35쪽.
22) 金九, 『白凡逸志』(서울 : 國士院, 1947), 274~275쪽; 金正明(編), 『明治百年史 叢書 : 朝鮮獨立運動』(1/分冊), 196쪽.
23) 정정화, 『장강일기』(서울 : 학민사, 1998), 47~48, 58~60쪽.

를 받고 있으니, 정부는 성심으로 노력하여 인민을 지도 융화하고 인민은 성심으로 정부에 복종하고 받들어 상하와 원근이 지성으로 일체가 되어야 하며,

둘째, 인민이 상애상친(相愛相親)하고 무편무당(無偏無黨)하여 남과 내가 없이 전국 동포가 한 몸 한 마음으로 국가에 진충(盡忠)하고,

셋째, 큰 집을 지으려면 동량미재(棟樑美材)를 많이 양성해야 할 것이요, 국가를 세우려면 학술 인재를 많이 양성해야 할지니 지금으로서의 급무는 총준 자제를 많이 외국에 유학시키고 국내에서 수학하게 하여 국가의 수용(需用)을 영원히 계속하게 할 것이니 가까이는 일본의 개명속성(開明速成)한 것과 멀리는 구미 열강의 부강천양(富强闡揚)한 원인을 배워야 할 것이다.[24]

김가진이 상해에 도착했을 해에는 야망도 있었고 경륜도 있었으나 이미 75세에 이른 그의 노구는 뜻과 같이 움직이지 않았다. 그는 자기보다 더 젊고 또 다른 의미를 갖는 인물이 임시정부에 가담하는 것이 바람직하다고 생각했다. 생각이 여기에까지 이른 그의 머리에는 이미 망명할 무렵에 논의한 바 있던 의친왕 이강 공의 모습이 스쳐갔다. 대한제국의 구(舊)대신이라는 공적인 관계뿐만 아니라 의친왕의 아들과 자신의 막내딸이 혼약(婚約) 중이라는 점[25]에서 보더라도 두 사람의 관계는 남다른 데가 있었다. 그가 임시정부에 활력소를 불어넣어 주려고 의친왕을 생각했다고 해서 복벽(復辟)을 도모한 것은 아니었다. 그는 국내 민족주의자들이 복벽 노선을 걷는 것과는 달리 공화주의를 신봉하고 있었다.[26]

24) 『동농 김가진 전집』(2)(서울 : 선인, 2014), 238~241쪽.
25) 「전협에 대한 경찰 조서」(1), 『대동단사건』(I), 150쪽; 靑柳南冥, 『朝鮮獨立騷擾史論』, 194쪽.
26) 「이달하에 대한 경찰 조서」(3), 『대동단사건』(I), 181쪽.

2. 의친왕(義親王) 이강 공(李堈公)

한 왕조의 낙조는 많은 페이도스를 남긴다. 어느 왕조의 멸망인들 그 기구한 사연이 없으랴마는, 조선 왕조의 몰락은 신라 경순왕(敬順王)의 그 것과 같은 것이었다. 신라의 멸망에 마의태자(麻衣太子)의 슬픈 사연이 있었다면, 조선 왕조의 멸망에는 의친왕 이강 공의 애달픈 사연이 있다.

1877년(고종 14년)에 고종의 다섯째 아들로 귀인(貴人) 장씨(張氏)의 몸에서 태어난 이강 공의 초명(初名)은 평길(平吉)이요 호는 만오(晩悟)라 했다. 이강 공이 태어나자 민비(閔妃)는 몹시 분노했다. 칼을 들고 장 상궁의 처소를 찾아가 창에 칼을 들이대고 칼을 받으라고 소리치니 힘이 센 장 상궁은 한 손으로 칼자루를 잡고, 한 손으로 창을 밀치고 나가 엎드려 살려달라고 애걸했다. 머리는 흩어져 얼굴을 가렸다. 그것을 불쌍히 여겼던지 민비는 칼자루를 던지며 웃으며 말하기를, "상감의 사랑을 독차지하는 자네를 이제 죽일 수는 없지만 궁중에서 거처할 수는 없네."하며, 힘센 사람을 불러 결박을 짓고 음부(陰部) 양쪽의 살점을 도려내고 대궐 밖으로 내쳤다. 장 씨는 형제들에게 의탁하여 10년 남짓 살다가 그 상처로 죽었다. 세자(순종)는 이미 양도(陽道)를 펴지 못하고 불치의 병이 되었기 때문에 민비는 세자가 대를 이을 수 없음을 한탄하여 이강 공의 아들을 기다려 대를 이으려는 생각을 가지고 있었기 때문에 그를 박대하지 않았지만, 어린 마음에는 늘 아픔이 있었다.[27]

태어날 때부터 얼굴이 준수하고 두뇌가 명민했지만 적모(嫡母) 민비와, 민비가 죽은 후에는 계비 엄비(嚴妃)의 투기(妬忌)와 차별은 일찍부터 어린 가슴을 멍들게 했다.[28] 금지옥엽의 몸으로 태어난 그는 14세 되던 1891년에 의화군(義和君)으로 책봉되었고, 1894년에 김사준(金思濬)의 딸과 혼례를

---

27) 黃玹, 『梅泉野錄』(서울 : 대양서적, 1982), 128쪽.
28) 「이강 공에 대한 경찰 조서」(1), 『대동단사건』(I), 176쪽.

의친왕(義親王) 이강 공(李堈公)

치렀다. 17살이 되던 1894년에는 보빙사(報聘使)로 일본에 건너가 청일전쟁의 전승을 축하하는 마음 내키지 않는 행동을 해야 했다. 이듬해인 1895년에는 영국·프랑스·독일·러시아·이탈리아·오스트리아 등지의 유럽을 여행하며 서구 지식에 대한 견문을 넓혔다.[29]

1896년에는 이강 공은 처음으로 미국을 방문할 수가 있었다. 이 무렵에 그는 언더우드(Horace G. Underwood)와 함께 떠나기로 되어 있었으나 무슨 영문인지 혼자서 떠났다.[30] 그해 10월에 그가 귀국했을 때 갑오경장 이후의 조선조는 걷잡을 수 없는 회오리바람에 휘말리고 있었다. 그는 넓게는 기울어 가는 국운과 좁게는 왕조의 낙조에 울분과 비탄의 나날을 보냈다. 이때부터 그에게는 유랑벽과 음주가 시작되었다. 그는 구중궁궐의 깊은 곳보다는 속인(俗人)의 자유가 차라리 그리웠다. 차라리 왕실의 모든 영작(榮爵)을 버리고 평민으로 살고 싶었지만 그것이 바란다고 해서 되는 일도 아니었다.[31] 그는 부왕을 졸라 미국 유학을 주선하기에 이르렀다.

이강 공에게 미국 유학의 꿈이 이루어진 것은 1900년이었다. 24살의 몸으로 미국에 건너간 그는 그곳에서 의친왕(義親王)으로 책봉되었다. 이때 그는 오하이오주의 웨슬리언대학(Wesleyan University)에 잠시 다니다가 중

---

29) 김해경, 『나의 아버지 의친왕』(서울 : 도서출판 眞, 1997), 52~59쪽.

30) L. H. Underwood, *Fifteen Years among the Top-knots*(Boston : American Track Society, 1904), pp.201-202; L. H. 언더우드(지음)·신복룡(역주), 상투의 나라(서울 : 집문당, 1999), 239-240쪽.

31) 「이강 공에 대한 경찰 조서」(1), 『대동단사건』(I), 174쪽.

국인으로 오해를 받아 구타당한 뒤 곧 버지니아주의 로노크대학(Roanoke College)으로 전학했다. 이때 그는 김규식(金奎植)을 만나 가깝게 지냈다.[32]

비록 조국의 운명은 기울어져갈 망정 이강 공의 미국 생활은 유족한 것이었다. 왕실에서 보내주는 연 4천 달러의 학비로써 그는 대한제국의 왕자로서 부족함이 없었다. 이곳의 생활은 공부보다는 여자와 유람이 그에게 큰 즐거움이었다. 5년 동안 미국에 머물면서 그는 네 여자를 사랑했고, 조끼 달린 정장만 87벌을 갖춘 채 호화로운 생활을 했다. 때로는 부도 수표를 발행하여 법정으로 비화되는 일도 있었다.[33] 이러한 그의 생활의 이면에는 조국에 대한 우수와 모성애에 대한 그리움이 깔려 있었다.

1905년에 5년의 미국 유학 생활을 마치고 그가 귀국했을 때 이미 을사조약(乙巳條約)이 체결된 뒤의 대한제국은 망국의 징후만이 눈앞에 어른거리고 있었다. 그에게는 육군 부장(副將)과 대한적십자사 총재라는 직함이 부여되었지만 그런 것들이 그의 울적한 심사를 위로해 줄 수는 없었다. 부왕 고종으로부터 한때는 왕위계승권자로 지목된 바도 있었지만,[34] 이제는 모두 부질없는 일이었다. 그는 여자와 술로써 망국의 슬픔을 달랬다. 육혈포를 허리에 차고 장안을 누비며 울분을 토로했다.

1910년 8월에 이르러 대한제국은 한일합병(韓日合倂)과 더불어 그 최후의 숨을 거두었다. 의친왕은 이제 공(公)으로 강등되었다. 그의 망국의 한은 장소를 가리지 않고 노출되었다. 합방이 되던 해에 그는 거창군 위천(渭川)에 살고 있는 전(前) 승지 정태균(鄭泰均)을 찾아가 1개월을 머물면서 의병 거병을 준비하다가 발각되어 서울로 압송되었다.[35] 이제 총독부에서는 그를 "불령선인"(不逞鮮人)으로 지목하고 감시를 게을리 하지 않았다.

---

32) 김해경, 『나의 아버지 의친왕』, 52~59쪽.
33) 「義親王의 外遊 逸話」, 『韓國日報』 1964년 2월 23일자.
34) 「朝鮮保安法違反事件/件」(高警發 제1358호, 대정 4년 9월 27일), 金正柱 (編), 『朝鮮統治史料』(5)(東京 : 宗高書房, 1970), 646쪽.
35) 『居昌郡史』(거창 : 거창군사편찬위원회, 1997), 744쪽.

그의 주변에는 총독부 경무국 소속 미와(三輪) 경부(警部)가 그림자처럼 따라다니고 있었다.[36] 비록 그가 광인으로 자학하면서 취생몽사(醉生夢死)한다고 하더라도 일본 당국에서는 퇴위한 순종황제보다 의친왕이 더욱 위험스러운 인물이라고 생각했다. 이것은 단순히 미와 경부의 의견이 아니라 총독부의 견해이기도 했다.

이강 공은 이제 내외로 더 이상 의지할 곳을 잃게 되었다. 테라우치 마사다케(寺内正毅) 총독에게 육혈포를 겨누며 협박도 해 보았다. 명월관(明月館)을 비롯한 각처의 요정으로부터 오는 계산서는 이왕직(李王職) 사무관인 구로자키(黑崎)의 책상에 수없이 쌓이고 있었다. 일본 당국으로서는 이강 공이 술로만 그칠 수 있다면 차라리 그 길이 더 편하다고 생각했다. 그리하여 이왕직에서도 이강 공의 그와 같은 방탕함을 막으려 하지 않았다.[37]

그러나 시간이 흐름에 따라서 멸망한 제국의 왕자로서 이강 공은 자신의 처사에 대해 어떤 한계 상황과 같은 것을 느끼기 시작했다. 그는 자신의 삶에 대해 다른 돌파구를 찾아야 한다고 생각했다. 여러 가지로 궁리한 끝에 자신의 삶을 더 이상 욕되게 하지 않고 선왕에 부끄럽지 않게 처신하려면 먼저 국외로 나가는 길이 상책이라고 생각했다.

이 무렵 이강 공의 방탕한 생활 중에서도 유일하게 말벗이 되고 위로를 받을 수 있는 인물은 공비(公妃)인 수인당(修仁堂) 김흥인(金興仁)의 아우인 김춘기(金春基)뿐이었다. 일찍이 왕가에 출가(出嫁)한 누님 수인당의 덕분에 영국의 폴리테크닉대학(Polytechnic University)를 마치고 미국으로 건너가 네브라스카주 오마하(Omaha)의 철도 회사에서 근무한 바 있고, 그 뒤에는 캘리훠니아주립대학 상학과에서 1년 동안 공부하고 돌아온 김춘기는 평북 구성(龜城)의 금광에도 손을 대보았지만 뜻대로 되지 않아 낙백(落魄)하여 살고 있었다.[38] 그러나 지금은 그렇게 몰락했다고는 하지만 한때 영화를 누

---

36) 李蘭香, 「남기고 싶은 이야기들 : 明月館」(5), 『中央日報』 1970년 12월 30일자.
37) 李曾馥, 「大同團總裁 義親王의 秘話」, 『三千里』 1957년 6월호, 112~122쪽.

렸던 그는 누구보다도 매형인 이강 공의 심중을 깊이 헤아리고 있었다. 그 역시 이러한 계제에 이강 공과 더불어 해외에 나갈 수만 있다면 더 이상 바랄 것이 없다고 생각하고 있었다.

그러나 그들이 출국하는 데에는 여러 가지의 어려움이 많았다. 이미 나라가 멸망한 지경에 이르러 일개 여염(閭閻)의 필부가 해외로 나가기도 어려운 형편인데, 하물며 왕족의 몸으로서 출국한다는 것은 그리 쉬운 일이 아니었다. 먼저 문제가 되는 것은 자금이었다. 그동안의 생활은 이왕직 사무관으로부터 받아썼을 뿐만 아니라 일본인 카시이 겐타로(香椎源太郎)에게 임차(賃借)한 통영 어장(統營 漁場) 등 남해안에 널려 있는 어장에서 나오는 수입으로 부족함이 없었으나,[39] 그것은 어디까지나 생활비와 유흥비로 쓸 때에만 가능했지 그것을 망명 자금으로 쓰는 데에는 일본 경무국이 이를 허락하지 않으리라는 것이 너무도 자명한 일이었다.

뿐만 아니라 이강 공이 해외로 나가려면 신분을 숨기는 공작이 필요했다. 그런 작업이 자신만의 힘으로써는 불가능한 일이요 탈출을 도와줄 수 있는 동지가 필요했다. 이처럼 자금의 면에서나 탈출의 방법에서 자신의 힘으로써는 불가능하다는 사실이 김춘기와 그의 동료이자 상해임시정부의 내무차장인 강태동(姜泰東 : 錫龍)의 루트를 통하여 상해에 있는 김가진에게 전달되었다.[40]

김가진은 애당초 상해로 탈출할 때부터 의친왕을 데리고 갈 생각을 하고 있었던 터였다. 그리하여 그는 상해로 출발하면서 자기의 아들 김의한(金毅漢)을 시켜 「소인은 이제 상해로 떠나오나 장차 전하도 함께 모시기를 도모하나이다」(小人今往上海 計殿下從枉賀)라는 쪽지를 전한 바도 있었다. 이와 같은 계책을 가지고 있던 김가진은 이강 공이 해외로 탈출할 뜻이

---

38) 「김춘기에 대한 경찰 조서」,『대동단사건』(I), 102쪽.
39) 「증인 송락중에 대한 예심 조서」,『대동단사건』(II), 252쪽.
40) 金正明(編),『明治百年史叢書 : 朝鮮獨立運動』(1/分冊), 195~196쪽.

김춘기(金春基)

있다는 사실을 탐지하자마자 임시
정부 요원인 이종욱을 서울로 파견
하여 강태동과 접선케 했다.[41]

서울에 도착한 이종욱은 강태동
의 소개로 김춘기를 만났다. 강태동
의 동생인 강석린(姜錫麟)이 김춘기와
지면이 있었기 때문에 그를 통해 김
춘기와의 접촉이 이뤄졌다. 김춘기
는 이강 공이 상해로 탈출하려면 20
만 원 정도의 자금이 필요하다고 말
했다. 20만 원이 불가능하다면 먼저
10만 원만 있어도 출국이 가능하다

는 의친왕의 뜻을 전했다. 그러나 이종욱으로서는 그만한 자금을 마련할
길이 없었다. 그렇다고 해서 이종욱으로서는 이 막중한 일을 중도에 포기
할 수가 없었다. 그러나 그에게는 마지막 카드가 아직 남아 있었다. 그것
은 대동단의 힘을 빌리는 것이었다.

이종욱은 대동단 단장 전협을 방문했다. 이종욱은 의친왕의 상해 탈출
을 위한 계획과 그간의 경위를 전협에게 설명해 주고 도움을 청했다. 전
협은 이강 공이 상해로 탈출하여 상해임시정부와 합류할 수 있다면 이는
국내외적으로 커다란 효과를 불러일으킬 수 있으리라고 생각하고 이종욱
의 복안을 기꺼이 응낙했다. 그가 결심한 이상 이제 남은 문제는 이강 공
을 직접 만나보는 일과 자금을 염출하는 문제였다.

---

41) 위의 책, 195~196쪽; 靑柳南冥, 『朝鮮獨立騷擾史論』, 194쪽; 「전협에 대한
경찰 조서」(1), 『대동단사건』(I), 150쪽.

3. 밀계(密計)

전협은 먼저 이강 공과 접촉할 수 있는 기회를 갖는 것이 급선무라고 생각했다. 그리하여 이강 공의 주변을 돌아본 결과 그에게는 정운복(鄭雲復)이라는 심복이 있다는 사실을 알았다. 정운복의 생애는 매우 복잡하고 혼란스럽다. 오사카(大阪)상업학교에서 수학한 뒤 흥선대원군의 손자 이준용(李埈鎔)의 영국 유학에 통역으로 수행하여 유럽을 시찰한 바 있고, 1901~1904년까지 지도(智島)에 유배되어 있던 김윤식(金允植)을 찾아가[42] 가르침을 받기도 했다. 한때는 대한제국의 관리로 일했던 그는 일본 러일전쟁 중에는 일본국을 위해 활동한 것으로 보인다.

애국계몽운동기에 접어들면 정운복은 황해도 평산 출신이라는 인연으로 서우학회(西友學會)와 서북학회(西北學會)의 창립 멤버로 활약했으며 대한협회(大韓協會) 회장, 제국신문사 사장, 대한자강회 평의원, 대동문우회(大東文友會) 회원 등을 역임하였다. 그는 그 무렵의 대한협회의 고문이던 김가진과는 친숙한 터였다. 경술 합병(庚戌合倂)이 이루어진 뒤에는『매일신보』(每日申報) 주필까지 지낸 바 있는 정운복은 한때 대신의 물망에까지 올랐으나, 이제는 일개 경무국 촉탁의 말직으로서 생계를 유지하고 있었다.[43]

이강 공과 접선하려면 정운복을 이번 일에 끌어들이는 것아 유리하다는 사실을 안 전협은 다시 그의 주면 인물을 찾아보았다. 마침 대동단원 가운데 이재호(李在浩)가 정운복과는 각별히 친하게 지내는 사이였다. 이재호는 본디 궁내부(宮內部)의 시종 출신으로서 관직에 몸을 담고 있는 동안에 정운복과 친면이 있는 사이였으며, 이강 공이 대사의 자격으로 일본에 파견되었을 때는 그를 수행한 적도 있었다.[44] 전협의 밀령을 받은 이

---

42)『續陰晴史』(6)「河陽行遣日記」(高宗 28년 신묘 12월).

43) 柳光烈,「나의 이력서」(11),『한국일보』1974년 3월 15일자.

재호는 그 무렵 삼각정(三角町) 91번지
에 살고 있던 정운복을 찾아가 의친왕
을 만날 수 있는 기회를 주선해 달라
고 부탁했다.

이재호로서는 먼저 정운복에게 의
친왕을 만나야 할 이유를 설명하지 않
을 수 없었다. 궁내부 주사 출신이었
던 탓으로 이재호는 의친왕과 친면이
있는 사이였다. 이재호가 의친왕을 만
나고자 하는 피상적인 구실은 그 무렵
의친왕이 통영에 가지고 있던 어기권
(漁基權)을 다른 사람에게 주선해주겠다

이재호(李在浩)

는 것이었다. 의친왕은 통영에 72개소의 어장을 가지고 있었으나 그동안
에 몇 개를 처분하고 그 무렵에는 67개의 어장을 가지고 있었다. 이것은
모두가 일본인 카시이 겐타로에게 임차(賃借)되었는데, 5~6년 뒤에는 계약
을 갱신할 입장이었다. 이재호는 이 어기권을 갱신하면서 자신이 다른 전
주(錢主)를 알선하겠다고 제안했다.[45] 그리고 그 말 가운데 정운복에 대한
알선료를 넌지시 비쳤다.

이에 대하여 정운복은 먼저 전동(磚洞)에 있는 이강 공의 별채 침방에서
그를 만나 사실을 보고했던바, 의친왕은 아직 계약 기간이 많이 남아 있
어 현실적으로 어려움이 많다고 대답했다.[46] 정운복은 이 말을 다시 이재

---

44) 靑柳南冥,『朝鮮獨立騷擾史論』, 195쪽;「정운복에 대한 예심 증인 조서」,
   『대동단사건』(II), 183쪽.
45)「정운복에 대한 경찰 조서」,『대동단사건』(I), 96~97쪽.
46) 이 무렵 義親王은 정운복을 일본 망명정객 "李埈鎔의 하인 같은 사람"이라
   하여 크게 신뢰하지 않았다고 한다. 오영섭,「대종교 창시 이전 나인영의 민족
   운동」,『한국민족운동사연구』(39)(서울 : 한국민족운동사학회, 2004), 206쪽.

호에게 전했고, 이재호는 다시 전협에게 전말을 보고했다. 계약 기간이 아직 많이 남아 있다면 어기권을 대차하는 것은 어려운 일이지만, 처음부터 전협으로서는 어기권에 뜻이 있는 것이 아니오, 이강 공을 면담하는 데 있었으므로 이재호나 정운복의 말을 듣고서도 담판을 쉽게 포기하지 않았다.[47]

전협은 먼저 정운복을 만나서 계제를 보아 가며 달리 방법을 강구해보기로 하고 이재호로 하여금 정운복을 만날 수 있는 자리를 마련토록 했다. 이재호가 양쪽을 오고 간 결과, 1919년 10월 20일 무렵에 종로에 있는 중국 요정인 신세계(新世界)에서 전협은 이재호와 윤용주(尹龍周)를 대동하고 정운복을 만날 수가 있었다. 이 자리에서 전협은 신분을 숨기고 자신은 통영의 갑부인 한 참판(韓參判)이라고 소개하였으며 윤용주는 자기와 동업자인 이민하(李敏河)라고 속였다. 이민하는 그럴듯하게 생긴 명함까지 가지고 있었다.[48] 첫날의 자리에서는 서로의 의사를 전달하고 상대의 의중을 탐색하는 정도로서 헤어졌다.

전협은 일이 수월치 않으리라는 것을 직감할 수 있었다. 그렇다고 해서 정운복을 통하지 않고서 달리 이강 공에게 접근할 수도 없는 전협으로서는 정운복을 금전적으로 유혹하기로 작정했다. 그리하여 11월 초순에 명치정(明治町)에 있는 요정인 백합루(百合樓)에서 그들이 두 번째 만났을 때, 전협은 이번 어기권의 대차를 주선해 준다면 계약이 만료되지 않았음에도 계약금조로 3만 원을 선불할 것이며 정운복에게는 그에 대한 알선 사례금조로 1만 5천 원을 곧 지불하겠다고 제안했다.[49]

---

47) 「大同團豫審決定書」, 『東亞日報』 1920년 7월 2일자; 「大同團京城地法判決書」, 岩瀬健三郎(編), 『朝鮮併合十年史 : 附朝鮮獨立問題의 眞相』(서울 : 大同出版社, 1924), 439쪽; 金正明(編), 『明治百年史叢書 : 朝鮮獨立運動』(1/分册), 196쪽; 靑柳南冥, 『朝鮮獨立騷擾史論』, 195쪽.

48) 「대동단 공판시말서」(2), 『대동단사건』(II), 355쪽.

49) 「정운복에 대한 경찰 조서」, 『대동단사건』(I), 97쪽; 「전협에 대한 경찰

처음부터 되지 않을 일처럼 보였지만 현금 1만 5천 원은 정운복을 움직이기에 충분한 미끼였다. 비록 지난날에는 천하를 호령했지만, 이제 낙백한 경무국 촉탁인 그에게 1만 5천 원은 큰돈이었다. 그는 부지런히 이강 공의 처소인 의화궁을 드나들며 이강 공과 전협의 면담을 주선하기 시작했다. 정운복이 이강 공을 찾아가 사정을 설명했더니, 이강 공은 계약이 만료되기 이전의 갱신은 총독부 이왕직 사무관의 날인을 받아야 하는데 그럴 뜻이 없다고 말했다. 이에 정운복은 계약이 만료된 뒤의 일만 약조해 준다면 계약금을 선불하겠다는 조건을 제시하자 이강 공도 끝내 마음을 움직이게 되었다.[50]

전협은 이강 공에게는 3만 원을 선불하고 정운복에게는 1만 5천 원을 지불하겠다고 호언장담했지만 그에게 그만한 돈이 있었던 것은 아니었다. 그의 주요 목적은 먼저 이강 공을 만나는 일이었고, 그를 만날 기회만 있다면 그를 설득할 수 있다는 확신을 그는 가지고 있었다. 이와 같은 전협의 계획은 주효했다. 현금에 유혹된 정운복이 동분서주한 결과 이강 공과 전협의 만남이 드디어 이루어지게 되었다. 이들이 만나기로 한 날짜는 1919년 11월 9일, 장소는 임시로 빌린 공평동(公平洞) 3번지의 월세 40원에 두 달 동안 빌린 집이었다.

약속한 날짜가 되자 전협은 참판의 신분답게 경주 옥석으로 만든 안경을 쓰고 통영갓에 비단옷을 입고 약속된 장소에서 기다렸다. 이민하라는

조서」(1), 같은 책, 151쪽; 「大同團豫審決定書」(3), 『東亞日報』 1920년 7월 2일자; 「大同團京城地法判決書」, 岩瀨健三郎(編), 『朝鮮併合十年史 : 附 朝鮮 獨立 問題의 眞相』, 439쪽; 金正明(編), 『明治百年史叢書 : 朝鮮獨立運動』 (1/分冊), 197쪽; 靑柳南冥, 『朝鮮獨立騷擾史論』, 196쪽. 이강 공은 그 후 법정 진술에서 "계약금은 2만 원으로 제시되었다"고 말하고 있다. 「이강 공에 대한 검찰 조서」, 『대동단사건』(I), 339쪽. 전협이 말한 계약금 3만 원과 정운복이 말한 계약금 2만 원 사이에 왜 1만 원의 차이가 나는 것일까? 아마도 정운복이 중간에서 속였을 수 있다.
50) 「이재호에 대한 경찰 조서」(2), 『대동단사건』(I), 109쪽.

갑부로 위장한 윤용주도 함께 동석했다. 집주인 노파를 하녀로 꾸미고 일본에서 유학하고 돌아온 대동단원 김선(金善)은 그의 딸로 꾸며 손님을 접대하도록 했다. 돈은 없었지만 빚을 내어 왕자를 대접하기에 손색이 없을 만큼 주찬(酒饌)도 마련했고, 은 재떨이까지 장만했다.[51]

나창헌(羅昌憲)

남은 문제는 약속한 돈을 마련하는 것이었다. 그러나 그들이 지참하고 있는 현찰의 전액은 400원에 지나지 않았다. 그렇다고 해서 그들 앞에 돈이 없는 내색을 할 수도 없었다. 전협은 이재호를 시켜 마분지를 돈의 크기대로 재단하여 뭉치를 만들게 한 다음 앞 뒷장만 현찰을 붙여 자루 속에 넣어 두도록 했다. 궁내부 시종을 물러 나와 한때 위조 지폐를 만든 죄로 3년형의 징역살이까지 한 적이 있는 이재호는 가짜 돈 뭉치 만드는 작업을 능숙하게 해냈다.[52]

전협은 만약 정운복에게 이번 일의 본의가 어기권의 교섭에 있는 것이 아니라 이강 공의 해외 망명에 있다는 것을 털어놓았다가 그의 완강한 저항을 받을 경우에는 그를 죽이기로 작정하고, 나창헌(羅昌憲)과 한기동(韓基東) 그리고 정남용(鄭南用)으로 하여금 그를 암매장할 구덩이를 파놓도록 하고 그날 흙 여덟 인력거분까지 준비해 두었다.[53]

약속한 11월 9일 오후 8시가 되자 정운복이 먼저 나타났다. 전협과 이재호는 이강 공을 기다리는 동안 세상 돌아가는 얘기로 말문을 열었다.

51) 韓基東(충남 서산군 서산읍 수석리 96)의 證言.
52) 「李堈公殿下擁立事件 : 大同團事件公判記」(4), 『每日申報』 1920년 11월 23일자.
53) 韓基東의 證言.

먼저 전협이 독립운동의 추세를 물었더니 정운복이 이렇게 대답했다.

"우리 조선은 재정과 지식의 면에서 아직 즉시 독립은 곤란하나 재력을 잘 양성하고 지식의 발달을 도모하면 5년 내지 10년 후에는 독립을 달성할 수도 있습니다."[54]

얘기가 계속되면서도 전협은 이강 공이 도착하기를 초조하게 기다리고 있었다. 그러나 정작 이번 거사의 장본인인 이강 공이 나타나지 않았다. 의화궁(義和宮)으로 은밀히 사람을 보내 보았으나 그는 처소에 없었다. 그날 밤 그는 비밀리에 저택을 벗어나 공평동으로 가고자 했으나 중도에서 일본인 형사를 만났던 일이 마음에 걸려 곧바로 공평동으로 가지 못하고 이문동에 있는 소실 김정완(金貞完)의 집에 머물고 있었다. 밤이 이슥해지자 이강 공은 공평동 3번지에서 기다리고 있는 전협에게 사람을 보내어 이문동에서 금전을 수수하겠노라는 뜻을 전했다.

당황한 전협은 급히 정운복을 이문동으로 보내어 공을 모셔오도록 했다. 이미 꾸며 놓은 일이 있는 전협으로서는 약속 장소를 바꿀 수가 없었다. 그러나 이강 공은 쉽사리 움직이지 않았다. 어떤 불길한 위기감을 느낀 이강 공은 마부 김삼복(金三福)을 통하여 거듭 확인했다. 몸이 달은 정운복이 공평동과 이문동을 세 번 왕복한 끝에 이강 공은 정운복으로부터 아무 일이 없다는 통보를 받고서야 이문동 소실 집의 뒷문을 빠져 나와 마부 김삼복이 이끄는 마차를 타고 공평동에 나타났으니, 그때의 시간은 이미 11시가 넘었다.[55]

이강 공이 도착하자 한 참판으로 가장한 전협과 영남 갑부 이민하로 가장한 윤용주, 그리고 궁중의 법도에 밝은 이재호가 공을 접대했으며, 하인으로 변장한 나창헌·한기동·정남용이 시중을 들었다. 서로의 인사가

---

54) 「전협에 대한 경찰 조서」, 『대동단사건』(I), 151쪽.
55) 「김삼복에 대한 경찰 조서」, 『대동단사건』(I), 111쪽; 靑柳南冥, 『朝鮮獨立騷擾史論』, 197쪽; 金正明(編), 『明治百年史叢書 : 朝鮮獨立運動』(1/分冊), 197쪽.

끝나고 술이 몇 순 배 돌자 어기권에 관한 얘기가 나오기 시작했다. 그제 서야 전협은 정색을 하고 이번에 이강 공을 모신 것은 어기권을 계약하기 위한 것이 아니라 공을 상해로 탈출시켜 상해임시정부에 합세하게 함으로써 고종 황제(高宗皇帝)의 독살과 일본의 조선 병탄(倂呑)이 부당함을 세계만방에 알리려는 데 있다는 뜻을 밝혔다.

너무도 의외의 상황에 놀란 이강 공은 망연자실하여 아무 말도 하지 못하고 있었고, 정운복만이 어조를 높여 조선의 독립이 불가능함을 역설했다. 사태가 심상치 않음을 깨닫게 되자, 하인들로 변장을 하고 있던 나창헌과 동창율(董昌律) 그리고 김중옥(金仲玉 : 1892~1934) 등이 정운복을 이끌고 옆방으로 들어갔다. 그들은 정운복을 방바닥에 메어꽂은 다음 김중옥이 육혈포를 빼어 들었다. 권총은 전협이 마련해 준 것이었다.

그 무렵 26세이던 김중옥의 본명은 김용원(金庸源, 일명 金基中)이었고 훗날 호를 강산(剛山)이라 지었다. 그는 젊은 날에 공주 마곡사에 들어가 승려학교에서 교편을 잡고 있다가 망국과 함께 일본으로 건너가 천황을 죽이려 했으나 뜻을 이루지 못하고 귀국하여 금산 태고사(太古寺)에서 승려생활을 하고 있었다. 3·1운동이 일어나자 김중옥은 서울로 올라와 공평동에서 이면호(李冕鎬)로부터 그의 친척 이건호를 소개 받아 대동단에 가입, 전협을 만난 사람이었다.[56]

김중옥은 본디 얼굴이 검고 험상궂은 데에다가 신체 또한 우람하여 정운복은 사색이 된 채 더 할말을 잊었다. 얼마의 침묵이 흘렀다. 이제는 독립의 여부라든가 알선 사례금이 문제가 아니라 자신의 목숨이 경각에 달려 있다는 사실을 알았다. 그제야 정운복은 순순히 대동단의 뜻에 따르겠노라고 대답했다. 단원들은 정운복을 이끌고 다시 이강 공이 있는 방으로 들어왔다. 정운복은 이강 공을 향하여 입을 열었다.

56) 김상기(편저), 『애국지사 剛山 金庸源 : 항일의 삶과 기록』(서울 : 경인문화사, 2004), 4, 14쪽.

"전하! 결심하소서."

그는 그 말만 할 뿐 두려움에 질려 더 이상 말을 잇지 못했다. 두려움에 떠는 것은 이강 공도 마찬가지였다. 그는 전협의 무리도 두려웠고, 경찰이 자기를 미행하고 있을는지도 모른다는 사실에 대해서도 두려움을 느끼고 있었다. 김중옥은 그와 같이 공포에 사로잡혀 있는 이강 공을 향해 다짐했다.

"형사가 따라오는 것에 대하여는 걱정하지 마십시오. 저는 죽을 때까지 전하를 따라 갈 것입니다."[57]

김중옥(金仲玉)

전협은 김중옥으로 하여금 육혈포를 거두게 하고 이강 공을 설득하기 시작했다. 전협이 말을 이었다.

"우리 독립 정부에서 전하를 기다린 지 이미 오래입니다. 오늘 그 시기가 와 모시러 왔습니다. 전하께서 결심하시는 대로 곧 출발하겠습니다."

그제서야 영문을 알아차린 이강 공은 입을 열었다.

"이런 일이란 협박으로 될 일이 아니오."

그렇게 말하고 권총 든 사나이를 물리칠 것을 요구하자 전협은 김중옥 일행을 꾸짖어 물리쳤다. 이어서 전협은 먼저 가짜 돈 뭉치가 들어있는 가죽 가방을 열어 보이며 "여기에 들어 있는 4만 5천 원은 어기권을 계약하려는 돈이 아니라 전하를 상해로 모시고 갈 자금"이라는 사실을 알려주었다.[58] 어느 정도의 시간이 지나 마음이 진정된 이강 공은 전협을 향하

---

57) 「정남용에 대한 예심 조서」(1), 『대동단사건』(II), 122쪽; 「정남용에 대한 예심 조서」(3), 같은 책, 136쪽.

여 강태동(姜泰東)이란 인물을 잘 아느냐고 물었다. 전협은 자신과 김가진과의 관계를 설명하고 강태동은 김가진이 보낸 밀사로서 이미 자기들과 연루되어 있다는 사실을 고백했다. 그제야 이강 공은 상해로 망명할 뜻을 밝혔다.

전협은 애당초부터 이강 공이 상해에 망명하여 능동적이고도 적극적인 활동을 하리라고는 생각하지 않았다. 그것은 어디까지나 정치적인 선전 효과를 얻는 것으로서 충분하다고 생각했다. 생각이 여기에 이른 전협은 이강 공의 이름으로 다음과 같은 글을 발표하도록 했다.

■ 유고(諭告)

통곡하며 우리 2천만 민중에게 고(告)하노라. 슬프다. 이번의 만주행은 무슨 이유인가? 하늘과 땅 끝까지 이르는 깊은 원수를 갚으려함이요, 뼈가 부서지고 창자가 찢어지는 큰 수치를 씻으려 할 따름이라. 지난날 선제(先帝) 폐하의 밀지를 받들어 바로 일어나려 했으나 가시밭에 굴리는(荊延棘壁) 고통(掣刺)을 생각하며 이를 숨기고 아직 수행하지 못했더니 희세(稀世)의 대흉한은 선제를 그 독수로 시해(弑害)하였도다. 슬프다. 생명을 보전한들 무슨 일이 있으리오. 오직 스스로가 죽지 못함이 한(恨)이었도다. 이때를 당하매 개세융운(闓世隆運)의 사(私)가 없으며 우리 2천만 민족의 생사가 중대한 시기를 맞이하여, 앞의 함정과 뒤의 채찍도 돌보지 아니하고 궐연(蹶然)히 나는 궐기했노라. 오로지 민중은 한 뜻으로 나와 함께 궐기하고 분발 전진하여 3천리의 응기(鷹基)를 극복함으로써 2천만의 치욕을

---

58) 「大同團豫審決定書」, 『東亞日報』 1920년 7월 20일자; 「大同團京城地法判決書」, 岩瀨健三郎(編), 『朝鮮併合十年史 : 附 朝鮮 獨立 問題의 眞相』, 440쪽; 金正明(編), 『明治百年史叢書 : 朝鮮獨立運動』(1/分冊), 196~197쪽; 靑柳南冥, 『朝鮮獨立騷擾史論』, 197~198쪽; 「전협에 대한 검찰 조서」, 『대동단사건』(I), 330쪽.

씻고 공통적 세운(世運)의 도래를 맞이함에 후퇴하지 말라.

　오호(嗚呼) 만세

건국 4252년 11월 9일

의친왕 이강[59]

글을 읽어 본 뒤 이강 공이 먼저 자리에서 일어났다. 결심하기까지가 어려운 일이었지 일단 결심한 이상 더 거칠 것이 없었다.

4. 안동역(安東驛)에서

　의친왕의 결심이 내려진 이상 더 지체할 필요가 없었다. 전협은 미리 준비해 두었던 헌 옷가지들을 펴내어 변복을 하기 시작했다. 일세를 풍미하던 왕자의 모습은 간 곳 없고 초라한 여행자로 꾸민 이강 공은 자신의 모습을 자조적으로 돌아보았다. 헙수룩한 양복에 중절모를 눌러쓰고 노란 수염까지 단 이강 공의 모습에서 왕자의 흔적을 찾아볼 수 없었다. 일행이 변복을 하는 동안 한기동은 정운복을 매장하려고 파 두었던 구덩이에 증거가 될 만한 것들을 묻는 작업을 했다. 뒤처리가 끝나자 일행은 대문을 나섰다.[60]

　인력거는 두 대가 준비되어 있었다. 앞 차에는 이강 공과 전협이 타고 공의 차부인 김삼복이 끌었으며, 정남용이 김삼복의 곁을 바짝 따라붙어 그가 엉뚱한 짓을 하지 못하도록 했다. 뒤차에는 정운복이 자갈을 문 채 타고 있었고, 그 옆에는 김중옥이 육혈포를 겨누며 앉아 있었으며, 나창

---

59) 金正明(編), 『明治百年史叢書 : 朝鮮獨立運動』(1/分冊), 199쪽. 이강 공은 법정 진술에서 이 『유고』는 자신이 쓴 것이 아니라고 증언했다. 「이강 공에 대한 경찰 조서」(2), 『대동단사건』(I), 182쪽.

60) 韓基東의 證言.

헌과 한기동 그리고 송세호가 번갈
아 가며 인력거를 끌었다. 인력거
는 소리 없이 적선동(積善洞)을 지나
자하문(紫霞門)을 빠져나갔다. 북문
부터는 걸어서 새벽 3시가 되어 일
행은 세검정(洗劍亭)에 이르러 잠시
숨을 돌리었다.

새벽이 밝아올 무렵 일행은 고양
군 은평면 구기리(高陽郡 恩平面 舊基
里) 자두 밭 가운데에 있는 최성호
(崔成鎬)의 집에 이르렀다. 최성호는

이을규(李乙奎)

대동단원 양정(楊楨)의 소실의 형부로서, 전협은 이번 거사의 중간 거점으
로 이 집을 정두화(鄭斗和)로부터 350원에 매입해 두었으며,[61] 그 소실의
어머니가 전협의 집에서 세탁부로 일하고 있었기 때문에 믿을 만한 사이
였다.[62]

구기리를 떠난 지 얼마 되지 않아서부터는 길이 험하여 인력거를 탈 수
없어 홍제원(弘濟院)부터는 걸어서 수색역에 도착했다. 이곳에는 이미 정
남용과 안동행 열차 표를 책임지고 있는 이을규(李乙奎)가 기다리고 있었
다. 안동에서 은행원 생활을 한 바 있고, 지금은 미곡상을 하고 있는 이을
규는 이곳 지리에 밝은 탓으로 일행 3명의 여행증명과 차표를 마련해 두

---

61) 「양정에 대한 경찰 조서」(1), 『대동단사건』(I), 163쪽; 金正明(編), 『明治百年
   史叢書 : 朝鮮獨立運動』(1/分冊), 197쪽; 「大同團豫審決定書」, 『東亞日報』
   1970년 7월 2일자; 「大同團京城地法判決書」(3), 岩瀨健三郞(編), 『朝鮮併合
   十年史 : 附 朝鮮 獨立 問題의 眞相』, 440쪽; 靑柳南冥, 『朝鮮獨立騷憂史論』,
   199쪽; 「양정에 대한 예심 조서」(1), 『대동단사건』(II), 161~162쪽; 「정두화
   에 대한 예심 조서」, 같은 책, 179쪽.
62) 「증인 朴姓女에 대한 경찰 조서」(2), 『대동단사건』(I), 191쪽.

고 있었다. 그는 이번 거사를 위하여 여행증명을 세 번이나 갱신하면서도 용케 일을 성공리에 추진했다.[63]

최성호의 집에 머무는 동안 그들 사이에는 무거운 침묵만이 흘렀다. 그러나 그 침묵도 잠시뿐이었다. 이강 공이 침묵을 깨고 입을 열었다.

"우리 집안은 남달리 조선 500년 동안의 주인으로 서 온 집안으로서 그이외의 조선인은 하인 또는 손발과 같은 관계인데, 그 하인과 손발인 2천만 사람들이 주인을 생각하여 조선 독립을 위해 만세를 부르고 있음에 그 주인이 모르는 체 하고 있을 수는 없오. 그러므로 함께 활동하지 않으면 안 됩니다. 또 이태왕(李太王)의 붕어(崩御)는 그들 때문에 독살되신 것으로, 그들은 아버지의 원수이므로 어떻게 하든 그 원수를 갚지 않으면 안 됩니다. 국가에서도 나는 주인 집의 일원으로서 보통 사람의 10배, 20배 일하지 않으면 안 되겠으나 내가 여기에서 일한다는 것은 불가능하므로 조선 이외의 곳으로 가지 않으면 안 됩니다. 그러므로 나는 지금부터 외국으로 나가 외교 방면에 후원하지 않으면 안 됩니다. 그것을 위하여는 돈이 필요한데 그 돈이 없었기 때문에 갈 수 없었으나 그 돈도 마련되었고 길 안내를 할 사람도 있으니 진실로 고마운 일이오."[64]

그 말에 이어 정남용이 이렇게 말했다.

"이번에 전하께서 조선 민족을 위해 해외로 나가신다는 것은 참으로 기쁜 일입니다. 전하와 같은 분이 해외로 나가서 강화 회의나 국제연맹(國際聯盟)에 출석하여 조선인이 치열하게 독립운동을 하고 있는 상황을 알리고 일본의 무단 정치를 뒤집어엎지 않으면 안 되겠다는 것은 제가 전부터 생각해 온 바입니다."[65]

---

63) 李丁奎(서울시 동대문구 이문동 163-82) 證言. 「공판시말서」(2), 『대동단사건』(II), 362쪽.
64) 「정남용에 대한 예심 조서」(3), 『대동단사건』(II), 135~136쪽; 「정남용에 대한 예심 조서」(6), 같은 책, 212쪽.
65) 「정남용에 대한 예심 조서」(3), 『대동단사건』(II), 136쪽.

그는 이미 상해를 가기로 결심한 데에는 변함이 없지만 구체적으로 어떻게 탈출할 수 있는가를 물었다. 이에 대해 전협은, 먼저 인천(仁川)으로 가서 거기에서 작지만 기선을 타고 갈 것이며 송세호가 수행할 것이라고 대답했다. 이 말을 들은 송세호는 최근에 인천 수상(水上)경찰서의 감시가 심하여 기차로 안동(安東)을 거쳐 가도록 예정이 변경되었다고 설명했다. 이러는 과정에도 옆방에서는 "왕십리에 맡겨둔 돈 1,400원을 찾아 정(운복) 선생 댁으로 전해 드려라."는 등의 소리가 들려 왔다.[66]

그런데 출발에 앞서 예상치 않은 돌발 사태가 발생했다. 곧 이강 공은 자신의 소실인 수인당 김흥인(金興仁)과 간호원인 최효신(崔孝信)을 데려오지 않으면 갈 수 없다고 요구하는 것이었다. 전협을 비롯한 일행은 망연자실하여 할 말을 잃었다. 잠시의 시간이 지난 뒤 전협은 이번 거사에 여정(女情)을 개입시키는 것이 옳지 못함을 간곡히 아뢰었다. 그러나 이강 공의 그와 같은 요구가 전혀 근거 없는 일은 아니었다.

이강 공의 말에 따르면 그는 선왕으로부터 프랑스 채권증서 120만 원어치와 기타 중요 국가 문서를 받은 것이 있는데, 그것이 지금 수인당 김씨에게 맡겨 있다는 것이다.[67] 그 무렵에 고종 황제가 상해 독일은행(德華銀行)에 25만 달러의 비밀 구좌를 가지고 있었던 것은 사실이며,[68] 테라우치 마사다케(寺內正毅) 총독에게 그 돈과 관련된 서류들을 되돌려 달라고 청원한 적도 있었다.[69] 고종이 붕어한 뒤에 의친왕이 외국 은행의 구좌를 가지고 있었던 은행 이름이 같은 독일은행인 점으로 미뤄 볼 때, 지금 이강 공이 가져가겠다는 돈은 고종이 그에게 물려 준 그 돈일 가능성이 있

66) 「정운복에 대한 경찰 조서」, 『대동단사건』(I), 98~99쪽.
67) 「정남용에 대한 경찰 조서」(1), 『대동단사건』(I), 136쪽.
68) Clarence N. Weems(ed), *Hulbert's History of Korea*(New York : Hillary House Publishers Ltd., 1962), Vol.1, p.ED56; 「이강 공에 대한 검찰 조서」, 『대동단사건』(I), 342쪽.
69) 「이강 공에 대한 경찰 조서」(1), 『대동단사건』(I), 172~173쪽.

다. 다른 나라로 망명을 떠나는 지금의 처지로서 그 정도의 돈은 필요할 뿐만 아니라, 자기가 떠난 이후에는 그 채권이 어차피 소용없이 될 것이니 수인당으로 하여금 그 채권을 가져오도록 하는 것이 득책이라고 설명했다.

이강 공의 주장은 강경하고도 간곡했다. 이번 일에 여자를 동행시킬 수는 없다고 확신하면서도 전협은 일단 수인당으로 하여금 채권 증서와 국가 서류를 가져오는 것은 유익하다고 생각했다. 그리하여 전협은 급히 이재호를 시켜 수인당을 모셔 오도록 했다. 그리고 수인당 앞으로 "상의할 일이 있으니 겁내지 말고 이 하인을 따라서 오되 가방 두 개를 가지고 오라"는 한글 편지를 써 주었다. 황급히 서울로 돌아온 이재호는 전동 김춘기의 하인으로 변장하여 수인당에 잠입해서 이강 공의 뜻을 전하는 데 성공했다. 수인당은 채권 증서와 문서를 챙겨 최효신을 대동하고 이재호의 뒤를 따라 이강 공이 기다리고 있는 구기리 최성호의 집으로 향했다.[70]

이 무렵 전협으로서는 미처 생각하지 못했던 의외의 사건이 다시 발생했다. 그것은 김춘기와 강태동의 반발이었다. 애당초 이강 공의 해외 탈출의 이니시어티브를 쥐고 있던 강태동과 김춘기는 자기들도 모르는 사이에 이강 공이 전협의 무리와 함께 잠적한 사실을 몹시도 언짢게 생각했다. 이들은 11월 8일 밤부터 이강 공을 찾아 헤매다가 수창동(需昌洞) 중국집 앞에서 송세호를 만나 공이 세검정 밖에 있다는 사실을 확인하고 구기리로 향했다. 거기에서 김춘기와 강태동은 전협의 일행을 만났다. 김춘기는 이미 사세가 불리함을 깨닫고 일찌감치 서울로 돌아왔다.

혼자 남은 강태동은 정남용, 김중옥, 나창헌 그리고 이을규를 상대로 열화같이 노하면서 대들었다. 그는 먼저 이번 일이 자신에 의해 오랫동안

---

70) 「증인 김홍인에 대한 경찰 조서」(1), 『대동단사건』(I), 126쪽; 「전협에 대한 경찰 조서」(1), 같은 책, 153쪽; 金正明(編), 『明治百年史叢書 : 朝鮮獨立運動』(1/分冊), 197~198쪽; 靑柳南冥, 『朝鮮獨立騷擾史論』, 198~199쪽.

계획된 사실임에도 자신만이 소외된 데 대한 분노를 토로하면서, 지금으로서는 강우규(姜宇奎) 사건 이후 경계가 삼엄하니 이듬해 봄으로 거사를 미루고 이강 공은 하룻밤을 기방(妓房)에서 지낸 것으로 당국을 속이는 수밖에 없다고 주장했다.[71]

뿐만 아니라 강태동은 자신이 이강 공을 탈출시킨 뒤에는 고종 황제를 마지막에 모셨던 전 내부대신 민영달(閔泳達), 전 중추원 의장 민영휘(閔泳徽), 어의(御醫) 안상호(安商浩) 그리고 간호부를 미국으로 탈출시켜 고종의 독살을 세계에 알리고자 민영달과 교섭하고 있으며 그밖에도 이강 공이 탈출할 때 한규설(韓圭卨)과 박영효(朴泳孝)도 함께 탈출하도록 그의 친족 박춘서(朴春緒)를 시켜 설득하고 있다는 계획도 털어놓았다.[72] 그러나 천신만고 끝에 여기까지 오게 된 전협은 천재일우의 이번 기회를 뒤로 미룰 수 없다고 강태동의 제안을 단호히 거절했다. 그때 이강 공이 이렇게 말했다.

"나는 가기로 결심하고 나왔는데 연기하면 다시 나오기가 어렵다."

그 말로써 논쟁은 더 이상 지속되지 않았다.[73] 강태동은 자신의 주장이 관철될 수 없음을 알고 서울로 돌아갔다.[74]

이런 일이 있은 직후인 9일 아침 10시가 되어 이재호와 함께 수인당 김씨와 최효신이 두 개의 가방을 가지고 도착했다. 그 가방 안에는 안동경찰서가 최순남(崔順男)과 한동호(韓東浩) 명의로 발행한 두 장의 여행증명서가 마련되어 있었다.[75] 이제 나이 25살이 된 수인당은 이강 공의 초췌한

71) 「김춘기에 대한 경찰 조서」, 『대동단사건』(I), 104쪽.
72) 「이재호에 대한 경찰 조서」(3), 『대동단사건』(I), 116쪽; 「이강 공에 대한 경찰 조서」(1), 같은 책, 173쪽; 「전협에 대한 경찰 조서」(3), 같은 책, 194쪽; 「이재호에 대한 예심 조서」(1), 『대동단사건』(II), 148쪽.
73) 「송세호에 대한 예심 조서」(2), 『대동단사건』(II), 92쪽.
74) 「전협에 대한 경찰 조서」, 『대동단사건』(I), 154쪽; 金正明(編), 『明治百年史叢書: 朝鮮獨立運動』(1/分冊), 198쪽; 靑柳南冥, 『朝鮮獨立騷擾史論』, 200쪽.

모습을 바라보며 어떤 음모가 진행되고 있다는 사실을 눈치 챘다. 수인당의 애처로운 모습을 바라보는 순간 이강 공은 그를 데리고 상해로 가겠다는 결심을 더욱 굳히게 되었다. 전협으로서는 난감하기 이를 데 없었다. 먼저 이러한 거사에 여자를 개입시킨다는 것이 거추장스러웠을 뿐만 아니라, 이을규가 장만한 여행증명이 석 장밖에 없었기 때문에 이들을 동행시킨다는 것이 현실적으로도 불가능한 일이었다.

이강 공을 설득시키는 데에는 상당한 노력과 시간이 필요했다. 전협은 타협안으로서 일단 이번에는 이강 공만이 탈출하고 가까운 시일 안에 송세호로 하여금 수인당과 최효신을 상해로 데려 가겠노라고 굳게 약속함으로써 이강 공은 자신의 고집을 양보했다. 전협은 130원을 수인당에게 주고 송세호로 하여금 그를 서울로 데려다 주도록 했으며, 이을규에게 안동까지 가는 여비로 100원을 주었다.[76] 이러는 동안에 11시가 지나 9일 11시발 안동행 열차를 놓치고 말았다. 전협은 쫓기는 몸으로서 초조하기 이를 데 없으나 다시 하루를 더 기다리는 수밖에 없었다.

이 무렵에 강태동이 다시 찾아왔다. 전협은 그가 기밀을 누설했을는지도 모른다는 의혹과 더불어 그가 다시 방해할 것만 같은 두려움에 사로잡혔다. 전협은 일행으로 하여금 강태동을 결박하도록 했다. 그리고는 "동지끼리 차마 못할 일이지만 대사를 위한 일이니 양해하라"고 말했다. 결박당한 강태동은 인력거꾼인 김삼복, 그리고 정운복과 함께 골방에 갇힌 신세가 되고 말았다.[77] 정운복으로 말미암아 시간이 지체되고 따라서 일경에게 발각될 위험이 높아지자 김중옥은 서둘러 당일로 출발할 것을 요구했으나 준비가 미비하여 이뤄지지 않았다.[78]

---

75) 「정남용에 대한 경찰 조서」(2), 『대동단사건』(I), 142쪽.
76) 「이강 공에 대한 경찰 조서」(1), 『대동단사건』(I), 175쪽.
77) 「全協 50년의 一생」(7), 『東亞日報』 1927년 7월 18일자.
78) 「공판시말서」(1), 『대동단사건』(II), 339쪽.

길고도 초조한 9일의 하루가 지나가고 10일 아침이 되었다. 전협 일행은 이강 공과 함께 떠나기에 앞서 정운복과 김삼복을 어떻게 처리할 것인가를 생각하지 않을 수가 없었다. 이강 공은 정운복과 동행하고 싶다는 뜻을 피력했으나 그를 위해 아무런 준비가 되어 있지 않은 전협으로서는 그러한 요구를 받아들일 수 없었다. 정남용을 비롯한 동지들은 정운복과 김삼복을 죽임으로써 거사의 탄로를 막아야 한다고 주장했다.

그러나 유독 전협만은 "평생 악을 선으로 갚아야 한다."고 말하고 그들의 살해를 만류했다. 결국 단원들은 정운복과 김삼복의 입을 솜으로 틀어막고 포승으로 묶은 다음 구기리를 떠났다. 당초의 출발지는 남대문역(南大門驛)이거나 용산역(龍山驛)으로 논의가 있었으나 이목이 빈번한 도심지보다는 일산역(一山驛)이나 수색역(水色驛)이 좋으리라는 판단에 따라 승차역이 변경되었고, 마침 양정의 집이 수색에 있었기 때문에 수색역으로 결정되었다.[79]

구기리를 떠나며 이강 공은 다음과 같은 시 한 수를 남기었다.

> 늦은 가을 밝은 바람 단풍 소리
> 네 소리 처량하고 네 빛 어여쁘다.
> 네 소리 그치지 말라 우리 ○○○○○성
> 네 빛 변치 말라 우리 형제 ○○ 붉은 빛
> 나는 네 소리 빛 따라 이로부터 죽을 때까지[80]

일행은 이강 공, 전협, 한기동, 송세호, 정남용, 이을규 등 모두 여섯 명이었다. 떠나면서 이강 공은 이재호와 옷을 서로 바꿔 입었다. 수색역에 이르러 전협만은 서울로 되돌아가기로 되어 있기 때문에 차에 오르지 않

---

79) 「정남용에 대한 경찰 조서」(1), 『대동단사건』(I), 135쪽.
80) 「全協 50년의 일생」(5), 『東亞日報』 1927년 7월 16일자. 번역문 중의 ○○○○ 부분은 일제시대의 검열로 삭제된 것임.

앉고 나머지 다섯 명만이 차에 올랐
다. 그러나 이들 다섯 명이 모두 안
동까지 탈출하는 것은 아니었다.

그들의 탈출 계획을 살펴보면, 일
행 가운데 한기동은 개성(開城)까지만
갔다가 서울로 돌아와 상황을 보고
하도록 되어 있으며, 송세호는 남대
문에서 승차하여 평양(平壤)까지만 수
행했다가 서울로 돌아오도록 되어
있었고, 안동의 지리에 밝은 정남용
은 안동에서 하차하여 귀경하도록
되어 있었고, 이을규가 상해까지 수
행하도록 되어 있었다.[81] 전협이 직

쇼우
(George Lewis Shaw)

접 이강 공을 수행하지 않은 것은 동지를 확충하고 자금을 모으려면 국내
에 체류하는 것이 바람직하다고 판단했기 때문이었다.[82] 헤어지면서 그들
은, 누가 먼저 체포되더라도 24시간 안에는 결코 자백하지 않음으로써 남
은 동지들의 무사히 탈출하도록 할 것, 그리고 남은 동지들은 긴밀히 연락
하되 서울 문안에서는 위험하니 청량리 밖 등의 변두리에서 만날 것을 약
조했다.[83]

안동까지만 무사히 도착하면 거기에서는 아일랜드인 쇼우(George Lewis
Shaw : 1880~1943)가 경영하는 이륭양행(怡隆洋行)에 잠시 은신했다가 그가
운행하는 선편으로 상해로 갈 수가 있었다. 쇼우는 본디 아일랜드 출신의

---

81) 靑柳南冥,『朝鮮獨立騷擾史論』, 200~201쪽;「大同團豫審決定書」(3),『東亞
　　日報』1920년 7월 2일자;「大同團京城地法判決書」, 440~441쪽.
82)「전협에 대한 경찰 조서」(2),『대동단사건』(I), 190쪽.
83)「정운복에 대한 경찰 조서」,『대동단사건』(I), 101쪽.

영국인과 중국인의 혼혈이었다. 그는 복주(福州)에서 출생하여 일찍이 조선의 금광에서 회계로 일한 적이 있는 인물로서 1907년에 만주 안동에 정착하여 이륭양행을 설립하여 무역과 해운에 종사하고 있었다. 그는 식민지 아일랜드 출신이라는 운명적 아픔을 안고 있는 인물이었기 때문에 그의 아내(齋藤)와 며느리가 일본인이었음에도 일본에 대한 강한 혐오감을 가지고 조선의 독립을 적극적으로 지지하고 있었다.

그 무렵에 안동에 정착한 쇼우는 중국의 태고선박회사(太古船舶公司) 대리점을 경영하면서 무역업에 종사하고 있었다. 1919년 5월, 대한민국임시정부에서는 국내와의 연락을 목적으로 하는 연통제(聯通制)를 설립할 것을 결정하고 국내와의 연락을 위한 가장 중요한 지점인 안동에 「임시교통부 안동지부」를 설치하기로 했는바, 가장 안전한 장소를 물색하다가 쇼우가 경영하는 이륭양행을 본부로 정한 바 있었다. 쇼우는 자기가 경영하는 회사 2층에 교통지부를 설치할 것을 기꺼이 승낙하고 통신·연락과 군자금의 전달에 적극 협력했다. 영국인이라는 신분과 일본 영사관의 경찰권이 미치지 못하는 구시가에 위치하고 있다는 이점을 이용하여 그러한 편의를 제공하고 있었다.

1919년이 되자 쇼우는 자기 회사의 창고 일부를 한국인에게 내주어 쓰게 하면서 김구(金九), 백정기(白貞基), 이강훈(李康勳), 선우혁(鮮于爀), 홍성익(洪成益), 양준명(梁濬明), 장덕로(張德櫓) 등에게 편의를 제공했다. 이륭양행에 상근하며 연락 업무를 맡은 사람은 우계(于界) 김진원(金鎭源)이었다. 그는 만철회사의 사원 복장을 입고 이륭양행과 봉천을 왕래하며 임시정부의 비밀 서류를 비밀히 전달해 주었다.[84]

쇼우는 자기의 선박을 이용하여 조선의 독립운동가의 무기와 탄약과 문서 등의 운반에 편의를 제공했으며, 기선 계림호(桂林號)를 이용하여 임시정부 비서국장 고일청(高一淸) 등을 운송했다. 1919년 8월에는 임정 재무

---

84) 이종욱, 『爲國先烈招魂』(1962.7.15 : 手稿, 불교신문사 소장), 9~10쪽.

요원 주현칙(朱賢則)이 국내 군자금을 모금하여 상해로 가는 것을 도와주었으며, 자신의 거래처인 상해 회풍(匯豊)은행을 이용했다. 1920년 7월에는 조선인을 숨겨주었다는 죄목으로 가택 수색을 한 결과 폭탄, 권총, 실탄, 약품, 현금이 발견되어 압수되었다.[85]

전협이 애당초 계획했던 것은 바로 이 이륭양행을 이용하는 것이었다. 이와 같은 계획에 따라서 이강 공을 비롯한 일행 5명은 수색역에서 출발하는 10일 오전 11시발 안동행 열차에 몸을 실었다. 전협은 그 길로 곧장 귀경했다. 기차에 오르니 서울의 정황을 탐지하고자 미리 서울역에서부터 승차하여 올라온 송세호가 차 안에서 기다리고 있었다. 이들은 주위의 이목을 속이려고 이강 공에게는 3등 칸을 마련해 주고. 나머지 무리들은 각기 2등 칸에 자리를 잡았다.

약속한 대로 한기동은 개성에서 하차하여 서울로 향했고, 송세호는 평양역에 잠시 내렸다가 경계 상황을 살펴보고 신의주까지 갔다가 그곳에서 하차했으며, 이강 공과 정남용 그리고 이을규만이 각기 여행증명서를 휴대한 채 열차의 자리를 잡았다.[86] 경찰의 검문이 있을 때면 이을규가 대답을 했고, 이강 공에 대해서는 백부(伯父)를 모시고 중국으로 가는 길이라고 대답했다. 안동현에 도착하면 그곳 경찰서장인 마쓰모토(松元)가 이

---

85) 쇼의 행적에 관해서는, 「英國人 ショウ(Shaw)事件ノ詳細」, 金正柱(編), 『朝鮮統治史料』(7)(東京 : 宗高書房, 1970), 267~276쪽에 자세히 기록되어 있으며, 『大韓民國獨立運動功勳史』(서울 : 한국민족운동연구소, 1971), 1077쪽; 홍선표, 「한국독립운동을 도운 외국인 조지 쇼」, 『문화재사랑』, 2013년 8월호(Vol.105), 34~337쪽; 한철호, 「한국 독립운동을 도운 쇼의 체포와 석방」, 『독립기념관』 2103년 5월호(Vol.305), 18~19쪽; 한철호, 「일본인 모친·처·며느리를 둔 죠지 L. 쇼(George Long Shaw)의 한국 독립운동」, 『독립기념관』 2013년 4월호(Vol.304), 18~19쪽; 한철호, 「쇼(G. L. Shaw), 일제의 탄압·축출 공작에 당당하게 맞서다」, 『독립기념관』, 2013년 6월호(Vol.306), 20~21쪽에 소개되어 있다.

86) 「송세호에 대한 예심 조서」, 『대동단사건』(II), 86쪽.

강 공을 잘 알고 있었기 때문에 각별히 신경을 썼다.[87] 이강 공의 품속에는 임시정부에 그의 이름으로 보내려고 전협이 작성해 준 다음과 같은 내용의 친서가 준비되어 있었다.

> 내(余)가 상해에 가려 함은 아래와 같은 4항의 목적을 위함이라.
> (1) 일본은 몇몇 간적(奸賊)을 부동(符同)하여 나의 모후(母后)와 부황(父皇)을 시해했나니 이 원정(寃情)을 열국에 호소할 일,
> (2) 3월 1일 이래 국민이 적수공권으로 독립을 외치는데 일본은 처음부터 끝까지 정의와 인도를 무시하고 학살을 자행하나 인민은 백절불굴의 기세로 독립을 요구하는 세혈(勢血)이 갈수록 비등하니 우리 국민의 정신은 결코 일본에 동화되지 아니 할 것을 선포할 일.
> (3) 일본이 우리나라에 대하여 10년 전후에 여러 조약으로 국토를 병합함은 간적을 이용하여 협박 체결한 것이고 결코 부황의 긍종(肯從)하심이 아닌 것을 나는 확실히 아는지라 이것을 세계에 공포할 일.
> (4) 나 역시 한국민의 하나이라, 나는 독립되는 우리나라의 평민이 될지언정 합병한 일본의 귀족 되기를 원치 않는지라. 우리 임시정부가 성립된 당지(當地)에 나아가서 정부 의원(議員)으로 손을 잡고 생사를 함께하여 우리나라의 완전 독립에 노력하여 동포의 고심을 만분의 일이라도 돕고자 하노니 나의 이러한 결심은 하나는 복수를 위함이요, 다른 하나는 조국의 독립과 세계의 평화를 위함이로다.[88]

안동행 열차가 순조로이 북상하고 있을 즈음에 서울에서는 이미 이강

87) 「이강 공에 대한 경찰 조서」(1), 『대동단사건』(I), 171쪽.
88) 秋憲樹(編), 『資料韓國獨立運動』(2)(서울 : 延世大學被出版部, 1972), 31쪽; 朴殷植, 『韓國獨立運動之血史』(서울 : 서울신문사, 1946), 174~175쪽.

김태석(金泰錫)

공의 잠적으로 말미암아 경무국에 비상이 걸려 있었다. 애당초 이강 공이 의화궁을 빠져나간 11월 9일 밤까지만 해도 미와(三輪) 경부는 그의 발자취를 놓치지 않고 이문동의 김정완의 집에까지 미행하는 데 성공했다. 그러나 이때 미와는 이강 공이 단순히 오늘 하룻밤 이곳에서 머무르리라는 안일한 생각에서 감시를 소홀히 했다. 이때를 틈타 이강 공은 공평동 3번지에 있는 전협의 숙소로 향했다.

10일 아침이 되자 이왕직 사무관 구로자키(黑崎)가 출근하자 이강 공이 집에 머무르지 않고 있음을 알았다. 그는 곧 이 사실을 경무국에 보고했다. 미와 경부의 보고에 따라 이문동을 찾아가 보았으나 그곳에서 이강 공은 이미 떠나간 뒤였다. 그제서야 경무국은 비상이 걸리고 그 무렵 한인 형사로서 가장 수완이 빠른 김태석(金泰錫)을 이 사건에 투입시켰다. 김태석이란 인물은 어떠한 사람인가?

일찍이 1909년에 한성사범학교(漢城師範學校)를 졸업한 김태석은 니혼(日本)대학 법과 3년을 수료하고 평양(平壤)공립학교의 훈도(訓導)로 있다가 그의 탁월한 일본어 실력으로 조선총독부 경무국 통역으로 발탁되었다. 그 뒤 김태석은 함경북도의 웅기(雄基)경찰서와 평안남도 광양경찰서, 그리고 평양경찰서에서 근무하다가 1918년 경무국 총감부 고등 경찰에 배속되었으며, 1919년 9월에는 강우규(姜宇奎)를 체포함으로써 일본인으로부터 인정받는 제일의 민완 형사가 되었다. 수많은 한국인 독립 지사들이 그의 손에 체포되어 수형했다. 그가 얼마나 악명 높은 인간이었던가 하는 점은 해방 이후 그가 반민특위(反民特委)에 회부되었을 때에 증인으로 출두한 김태경(金泰敬)이 "김태석이라면 그 무렵 삼척동자도 떨었다."라고 말한 사실이라든가, 그가 반민특위에서 사형 구형을 받은 두 사람 가운데 하나라는 사실로써도 잘 알 수가 있다.[89]

그러한 김태석이 이번 사건 해결의 책임을 맡았으니 문제는 심각했다. 이강 공의 주변 사정을 잘 알고 있는 김태석은 먼저 공의 처남인 전동의 김춘기를 찾아가 최근 그가 강태동과 자주 만났다는 사실을 확인했다. 이미 경찰의 수사 선상에 올라 주목을 받고 있던 강태동의 거처를 알아내는 일이란 그리 어렵지 않았다. 그는 시내의 어느 여관에 투숙 중인 것이 확인되었다. 김태석은 곧 그 여관을 찾아 갔다.

10일 이른 아침 김태석이 그 여관에 들어서니 강태동은 세수를 하고 있는데 신발이 물에 젖어 있었다. 여기에서 민완 형사 김태석의 머릿속에는 직업적인 육감(肉感)이 스쳐갔다. 신발에 물기가 저토록 묻어 있다면 강태동은 이 새벽길에 서울 교외(郊外)의 어느 산길을 다녀온 것이 틀림없다고 생각했다. 그렇다면 이강 공은 이미 열차를 탔을 것이다. 탈출하는 방면이 상해라고 생각할 때 교외선(郊外線)을 타려면 수색역 밖에 없다. 김태석은 강태동의 속마음을 떠 볼 요량으로 말을 걸었다.

"오늘 아침에 동대문 밖에서 돌아왔다니 무슨 일이 있었오? …… 아니 참 누구의 말을 들으니 북문 밖에서 온다던데……."

이렇게 말하고는 강태동의 얼굴을 읽어보았다. 그의 얼굴에서 급격히 돌아가는 근육을 바라보고 김태석은 머리를 끄덕이며 여관을 나섰다. 김태석은 그가 수색 쪽을 다녀왔다는 자신의 육감을 확인했다.[90]

본서에 돌아온 김태석은 곧 서울 근교 특히 수색 방면의 수색을 명령하

89) 吳翊煥, 「반민특위의 활동과 와해」, 『해방전후사의 認識』(서울 : 한길사, 1980), 155~156쪽.
90) 「全協 50년의 一生」(7), 『東亞日報』 1927년 7월 18일자. 이종욱은 이때 강태동이 동지들을 배신하고 사실의 전모를 김태석에게 알려주었다고 기록했다. 이종욱, 『대동단 활동의 동기』, 4쪽.

는 한편 신의주(新義州) 경찰서에 타전(打電)하여 이강 공의 탈출로를 막도록 명령했다. 신의주 경찰서에서 이 타전을 받은 사람은 일본인 요네야마(米山) 경부였다. 요네야마는 급히 차를 몰아 가까스로 서울발 안동행 열차에 올라탈 수가 있었다. 차가 신의주에 잠시 정차한 동안 정남용은 차(茶)를 사서 이강 공에게 드렸다. 그때는 이미 많은 경찰들이 서울로부터 연락을 받고 차에 오르고 있었다. 요네야마는 차안을 돌아다니며 수색에 착수했다. 워낙 차 안이 만원이어서 열차가 안동역에 이를 때까지도 임검(臨檢)이 끝나지 않았다. 이강 공과 정남용은 검문 경찰에게 여행증명을 보여 주었다.

기차가 안동역에 도착하자 이을규는 정남용에게 이강 공을 모시고 먼저 하차하라고 말하고 자신도 재빨리 차에서 내렸다. 승강장에는 이미 수많은 경찰들이 깔려 있었다. 이강 공과 정남용은 다시 떨어지기로 했다. 이때 이미 요네야마는 급히 개찰구로 나아가 목을 지키고 있었다. 드디어 허름한 복색을 차린 이강 공이 나타났다. 이강 공도 이곳에 이미 수사망이 펼쳐 있는 것을 알았다. 이강 공은 역구내의 찻집으로 일단 몸을 숨겼다. 그러나 그것도 잠시뿐, 요네야마 경부가 다가왔다.

"전하! 어디로 가십니까?"

이강 공은 몹시 당황했다. 그러나 짐짓 태연히 말했다.

"전하라뇨? 사람을 잘못 보셨습니다."

그러나 요네야마는 속지 않았다. 그는 종로경찰서에 근무하면서 창덕궁을 드나든 적이 있어 이강 공의 얼굴을 너무도 정확히 알고 있었다. 그는 곧 경찰을 불러 이강 공을 둘러싸 체포했다.[91] 그러는 사이에 역구내

---

91) 「大同團豫審決定書」(3), 『東亞日報』 1920년 7월 2 일자; 「大同團京城地法判決書」, 岩瀨健三郎(編), 『朝鮮倂合十年史 : 附 朝鮮 獨立 問題의 眞相』, 440~441쪽; 金正明(編), 『明治百年史叢書; 朝鮮獨立運動』(1/分冊), 198쪽; 靑柳南冥, 『朝鮮獨立騷擾史論』, 201쪽.

체포된 직후의 전협

에서는 다시 여행증명의 조사가 시작되고 정남용은 최순명(崔順明)이라는 이름으로 위기를 면할 수 있었다. 그는 안동현에서 장사를 하는 사람이라고 자신을 설명했다.

그런데 문제는 가방의 수색이었다. 이을규는 이미 역을 벗어나 안동 시내로 도주했으므로 문제의 서류들은 발각되지 않았으나 정남용의 가방에서 "공 전하"(公 殿下) 운운하는 쪽지가 나왔다. 경찰은 이 전하가 누구냐고 물었고, 이미 사태가 잘못된 것을 안 정남용은 이강 공을 의미한다고 대답했다. 그리고 그는 즉시 체포되어 신의주 철도호텔로 압송되었다.[92]

한편 서울에서 소식을 기다리던 전협은 안동으로부터 전보가 없자 일이 실패한 줄로 알고 정운복·김삼복·강태동 등을 풀어 준 다음 관수동(貫水洞)에 잠복했다. 정운복과 김삼복의 무리가 11월 12일에 구기리에서 풀려나자 그들의 입을 통하여 수사는 급진전되었다. 경찰은 이제까지 비밀에 싸였던 대동단의 정체를 알게 되었고, 전협이 그 주모자임을 밝혀냈다. 경찰은 즉시 관수동을 급습하여 전협·한기동 등 이강 공 탈출 사건의 주모자들을 체포했으며, 평양까지 수행하기로 되어 있던 송세호는 못미더운 마음에 신의주까지 수행한 다음 안동행 여행증명서가 없었으므로 그곳에서 하차하여 송세헌(宋世憲)이라는 이름으로 광성(光城)여관에 투숙했다가 서울로부터 연락을 받고 나온 경찰에 의해 체포되었다.[93]

92) 「정남용에 대한 예심 조서」(4), 『대동단사건』(II), 138~139쪽.

한기동은 약속대로 개성에서 내려 구기동 최성호의 집으로 가서 뒷처리를 하던 중에 경찰에 의해 체포되었다.[94] 양정 등의 무리는 11월 19일을 전후하여 모두 체포되었다.[95] 동창율은 구기리 최성호의 집에 남아 뒤처리를 하다가 몰려온 경찰에 체포되었다. 나창헌은 상복으로 입고 있었기 때문에 경찰의 수사망을 피하여 상해로 망명하는 데 성공했다. 이을규는 안동역에서 빠져 나온 뒤 이륭양행에서 겨울을 지낸 뒤 상해의 밀서를 받고 이듬해인 1920년 1월에 입경했다가 또한 체포되고 말았다.[96]

그런데 여기에 하나의 미스터리가 남아 있다. 그것은 다름이 아니라, 이강 공이 가지고 탈출하려 했던 채권과 은행 통장, 그리고 각종 권리증은 어찌 되었는가 하는 점이다. 탈출할 무렵에 이을규가 이 서류를 휴대하고 있었다. 그는 법정에서 그 "모든 문서를 이륭양행에 숨겨 두었다."고 진술했다.[97] 그렇다면 고종이 이강 공에게 물려준 상해 독일은행의 25만 불의 예금 증서도 이때 함께 이륭양행에 넘어갔을 것이다. 그리고 그 이후의 행방은 알 수가 없다.

전협의 무리가 체포되었다는 소식을 들은 백암 박은식(白巖 朴殷植)은 그들의 행적을 다음과 같이 역사에 기록했다.

> 아! 전협·최익환 등은 일진회(一進會)의 회원이 아니었던가? 일진
> 회는 또한 매국노 이용구(李容九)의 무리들이 아니었던가? 그러나 이

93) 「송세호에 대한 경찰 조서」(1), 『대동단사건』(I), 139쪽; 「송세호에 대한 경찰 조서」(20, 같은 책, 187쪽; 「송세호에 대한 예심 조서」(1), 『대동단사건』(II), 87쪽.
94) 출옥한 한기동은 1923~24년 경기도 부천군 북도면 시도에서 신앙생활을 하다가 충남 서산에 정착하려 서령여자기술학원 원장을 봉사하며 대동단원 가운데 최후의 생존자로 일생을 마쳤다.
95) 「양정에 대한 경찰 조서」(1), 『대동단사건』(I), 164쪽.
96) 李丁奎의 證言.
97) 「공판시말서」(2), 『대동단사건』(II), 363쪽.

와 같은 사람들이 은인자중(隱忍自重)하면서 뜻을 세워 기회를 엿보고 있었다. 변(變)을 관찰하여 오늘날에 와서 이와 같은 비상한 활동을 보였으니, 그 용기와 담력은 저들로 하여금 다만 경탄을 금치 못하게 했다. 이 거사는 다만 개인이 당장에 성불(成佛)하려 함이 아니라 우리 민족 전체의 심리가 일치하여 근본에 돌아갔으므로 더욱 뚜렷해진 것이다. 저들이 길러 핀 일진회가 오늘날 독립당이 될 줄이야 어찌 알았으랴. 동화(同化)를 몽상(夢想)하는 자들은 더욱 망령된 꿈에서 깨어나야 한다.[98]

---

98) 朴殷植, 『韓國獨立運動之血史』, 173쪽.

제5장
여 한餘恨

1. 개천절의 제2만세사건

단장 전협(全協)을 비롯한 수뇌부가 이강 공 탈출 사건을 모의하고 있을 무렵 대동단은 또 다른 타격을 입었다. 단원인 강매(姜邁)와 민강(閔橿) 그리고 윤석태(尹錫泰) 등이 체포된 것이다. 강매와 민강은 일본 다이쇼(大正) 천황의 생일인 10월 31일의 천장절(天長節)을 맞이하여 연통단(連通團)·중앙단(中央團)·중앙청년단(中央靑年團)·독립청년단(獨立靑年團)·애국청년단(愛國靑年圈)·불교중앙학교(佛敎中央學校) 등과 손을 잡고 동대문 밖에 모여 선동적인 전단(傳單)을 살포하다가 체포되었다.[1]

민강의 무리가 체포될 무렵에 같은 대동단원이면서도 민강·강매와는 또 다른 무리들이 만세 시위를 준비하고 있었다. 이러한 움직임 속에서

---

1) 「獨立運動者 검거에 관한 件」(大正 8년 11월 1일, 高警 제31100호), 『독립운동사자료집(9) : 임시정부사자료집』(서울 : 독립운동사편찬위원회, 1975), 382쪽; 金正明(編), 『明治百年史叢書 : 朝鮮獨立運動』(1/分冊)(東京 : 原書房, 1967), 163~164쪽; 『독립운동사자료집(10) : 독립군전투사자료집』(서울 : 독립운동사편찬위원회, 1976), 549쪽.

강매(姜邁)

박정선(朴貞善)

이신애(李信愛)는 10월 초순 종교(宗橋)예배당에서 한기동(韓基東)으로부터
전협의 독립운동에 관한 경과를 듣고 전협을 만나 조선의 독립운동에는
여성의 활동을 더욱 필요로 하므로 진력하여 달라는 권유를 받았다. 이를
응낙한 이신애는 전협·나창헌·정남용(鄭南用)과 연락하여 11월 초순까지
김상열(金商說)·김익하(金益夏)·이종춘(李種春)·이겸용(李謙容)·박정선(朴貞
善)·김종진(金鍾振)·한일호(韓逸浩) 등을 권유하여 동지로 참가하게 했다.
이종춘은 이신애처럼 저토록 젊은 여자도 조국을 위해 투쟁한다면 우리
도 독립할 수 있으리라는 확신을 얻어 만세에 참여했다. 박정선은 본디
북감리파의 전도사로서 남편과 자식들을 만주로 망명시키고 자신만이 한
국에 남아 독립운동에 정신(挺身)하고 있었다.[2] 그는 기독교 계통을 통하
여 2년 전부터 이신애와 잘 알고 지내는 사이였다. 김상열은 이신애가 살
고 있는 집의 주인이었는데 이신애의 권유로 대동단원이 된 사람이었
다.[3]

---

2) 柳光烈, 「나의 이력서」(11), 『한국일보』 1974년 3월 15일자.

정희종(鄭喜鍾)   이신애(李信愛)

개천절 만세운동이 본격적으로 추진된 것은 전협의 무리가 이강 공을
탈출시키려고 고양군 은평면 구기리에 모여 잠시 숨을 돌리던 11월 10일
전후였다. 그들은 나창헌(羅昌憲)을 중심으로 하여 또 다른 투쟁을 모의하
기 시작했다. 시위의 목적은 이강 공의 탈출을 세상에 알림으로써 사그라
져 가는 만세운동에 다시 불길을 돋우려는 것이었다. 선언서는 정남용이
쓰기로 되어 있었으나 이강 공 탈출 사건의 발각과 함께 일이 중도에서
실패하는 듯이 보였다.

전협을 비롯한 간부 단원들이 체포된 이후의 대동단에는 비통과 적막
만이 감돌았다. 분노와 회한(悔恨)이 엇갈리는 가운데 남은 단원들은 자신
들의 투쟁 과업이 중단될 수 없다는 데에 의견을 함께했다. 시위의 날짜

---

3) 「경성 시내의 불온 상황 追報」(大正 8년 12월 9일자, 高警 제34939호), 『독립
   운동사자료집(9) : 임시정부사자료집』, 445~448쪽; 「이신애에 대한 경찰 조
   서」(1), 『한민족독립운동사자료집(5) : 대동단사건(I)』(과천 : 국사편찬위원
   회, 1988), 248쪽; 「박정선에 대한 경찰 조서」, 같은 책, 251쪽; 「이종춘에
   대한 경찰 조서」, 같은 책, 254쪽. 이하 『대동단사건』(I)로 略記함.

는 11월 25일로 결정했다. 이날은 음력으로 10월 3일이어서 우리에게는 단군성조(檀君聖祖)의 개국기념일로서의 의미를 가지고 있었다.[4] 이런 때에 맞추어 독립운동을 전개한다면 효과도 클 뿐만 아니라 또 다른 의미도 찾을 수 있으리라고 그들은 생각했다.

탈출에 성공한 나창헌과 이신애 · 정규식(鄭奎植) · 박원식(朴源植, 가명 朴順和) · 안교일(安敎一) · 정희종(鄭喜鍾) · 이

박원식(朴源植)

정찬(李貞燦) 등이 주동을 이뤄 만세운동을 모의했다. 고양(高陽) 출신으로서 경신(儆新)학교를 졸업한 뒤에 서강(西江)여학교의 교사를 하다가 지금은 곡물상을 경영하고 있는 정규식은 전부터 알고 지내던 나창헌의 권유로 대동단에 입단했다.[5] 충남 홍성의 양반 출신으로서 그곳에서 덕명(德明)학교를 마친 뒤 서울로 올라와 휘문(徽文)학교를 3년 동안 다닌 박원식은 이신애의 포섭으로 대동단 활동에 가입했다.[6]

이정찬은 배화(培花)학당의 교사로서 한춘교(韓春敎)의 소개로 김종진을 알게 되어 만세운동에 참여했으며,[7] 서울 태생의 정희종은 같은 교원 출신인 안교일의 포섭으로 입단하게 된 인물이었다. 안교일은 광무(光武)일어학교와 배재(培材)학당을 졸업하고 그 무렵에는 이화(梨花)학당 용두리(龍頭里)여학교 교사로 봉직하고 있었다.[8]

---

4) 이 무렵 우리 민족은 개천절을 음력으로 거행하고 있었다.
5) 「신현구에 대한 경찰 조서」(1), 『대동단사건』(I), 259쪽.
6) 「박원식에 대한 경찰 조서」, 『대동단사건』(I), 277~278쪽; 「박원식에 대한 검찰 조서」, 같은 책, 355쪽.
7) 「안교일에 대한 경찰 조서」(3), 『대동단사건』(I), 261쪽; 「이정찬에 대한 경찰 조서」(1), 같은 책, 265~266쪽.

이들은 먼저 정희종이 봉직하고 있는 흥인학교(興仁學校)의 등사기를 빌려 창신동(昌信洞) 93번지에 있는 그의 방에서 안교일의 주도 아래 「선언서」와 『독립신문』 호외를 8절지에 인쇄하고 약속한 날이 오기만을 기다렸다.9) 태극기는 정희종이 낸 돈으로 박원식이 사온 비단과 잉크로 김종진의 집에서 이신애와 함께 만들었다.10) 제2 독립선언의 의미를 담으려고 서명자의 숫자는 상징적으로 33인으로 구성했다. 안교일은 또한 상해임시정부에서 밀파되었다고 자칭하는 김일(金一)이라는 인물로부터 박은식(朴殷植) 등 29인이 작성한 「선언서」도 함께 정희종으로 하여금 배포하도록 부탁했으며, 두 사람 사이의 연락은 강정희(姜正熙)가 맡았다.11)

그러나 막상 11월 25일이 되었으나 행동 대원 몇 사람만이 참여의 뜻을 밝혔을 뿐 군중을 동원하는 일이 어렵게 되었다. 그리하여 이 문제를 해결하고자 일단 거사를 이틀간 미루어 11월 27일로 날짜를 바꾸었다.12) 그런 가운데 정희종은 먼저 11월 26일에 그의 제자로서 종로청년회 노동학회 졸업생인 전대진(全大振, 1895~1963)에게 1만 매의 선언서를 주어 각지에 배포토록 했으며, 그의 지시에 따라서 전대진은 종로 5정목으로부터 동대

---

8) 「안교일에 대한 검찰 조서」, 『대동단사건』(I), 346쪽.
9) 「정희종에 대한 경찰 조서」(1), 『대동단사건』(I), 227~229쪽; 「정희종에 대한 경찰 조서」(2), 같은 책, 234~235쪽; 「정규식에 대한 검찰 조서」, 같은 책, 360쪽.
10) 「이신애에 대한 경찰 조서」(1), 『대동단사건』(I), 248쪽; 「정규식에 대한 예심 조서」(2), 『한민족독립운동사자료집(6) : 대동단사건(II)』(과천 : 국사편찬위원회, 1988), 273쪽.
11) 「안교일에 대한 경찰 조서」(1), 『대동단사건』(I), 230~231쪽; 「안교일에 대한 경찰 조서」(2), 같은 책, 236~237쪽; 「대동단사건에 대한 경성지방법원 검사국 의견서」, 같은 책, 240쪽; 「증인 강정희에 대한 예심 조서」, 『대동단사건』(II), 257쪽; 「정희종에 대한 예심 조서」(2), 같은 책, 259쪽.
12) 「대동단경성지법판결서」, 岩瀨健三郎(編), 『朝鮮併合十年史 : 附 朝鮮 獨立問題의 眞相』(서울 : 大同出版協會, 1924), 442쪽; 「대동단경성공소원판결서」, 『독립운동사자료집(10) : 독립군전투자료집』, 872쪽.

문에 이르는 일대에 선언서를 뿌렸고, 보성(普成)학교를 3년간 다니고서도 시세에 불만을 품고 지금은 자신과 함께 구두수선공으로 일하고 있는 박용주(朴龍周)에게 300매를 주어 주교동(舟橋洞) 일대에 뿌리도록 했으며, 박용주는 이 문서들을 종로 5정목의 민가에 투입하다가 순사 안교성(安敎性)에게 체포되었고 그의 자백에 따라 전대진도 곧 체포되었다.[13]

그러나 이틀간의 준비에도 불구하고 점 조직 이외의 대중 동원 체제를 갖추지 못한 이들로서는 지난날 3·1운동과 같은 대규모의 시위가 불가능하다는 사실을 알게 되었다. 그리하여 이들은 선동적인 방법으로 시위를 전개하기로 했다. 그들이 구상한 방법에 따르면, 11월 27일에 자동차 세 대를 구하여 오후 5시에 맞춰 시위를 전개했다.

◎ 제1대에는 정규식이 타고 남대문의 조선은행 앞에서 출발하여 하세가와정(長谷川町)과 광화문을 향하여 달리면서 전단을 뿌리도록 하고,
◎ 제2대는 이신애와 박정선이 타고 동대문의 한일은행 지점 앞을 출발하여 종로경찰서로 향하면서 선언서를 뿌리도록 하며,
◎ 제3대는 이정(李政)이 정동(貞洞) 배재학당(培材學堂) 앞을 출발하여 종로경찰서를 향하여 달리면서 전단을 뿌리도록 했다.

이와 때를 같이하여 노인단(老人團)에 소속되어 있는 김상열·김익하·이종춘 등은 이미 연로하여 시위에 참여할 수 없으므로 종로 2정목에 있는 중국 요리점인 장춘관(長春館)에 모여 있다가 시내에서 시위가 전개되면 손병희(孫秉熙)의 무리가 그러했던 것처럼 그곳에서 만세를 부른 다음 종로경찰서에 스스로 연락하기로 되어 있었다.[14]

---

13) 「전대진에 대한 경찰 조서」(1), 『대동단사건』(I), 225쪽; 「박용주에 대한 경찰 조서」(1), 같은 책, 226쪽; 「박용주에 대한 검찰 조서」, 같은 책, 345쪽; 「증인 (순사) 안교성에 대한 예심 조서」 같은 책, 268~269쪽.

그러나 27일 오후 5시가 되었으나 그들이 준비한 대로 거사가 진행되지 못했다. 먼저 이정은 약속한 대로 정동(貞洞)의 배재학당에 나갔으나 선언서를 가지고 오기로 한 사람이 나타나지 않았다. 정규식도 약속한 장소인 남대문의 조선은행 앞에 가보았으나 오기로 약속한 사람이 나타나지 않았다. 이신애도 동대문의 한일은행 지점으로 나갔으나 아예 자동차조차 나타나지 않았다. 이들은 머리 위로 손을 흔드는 사람이 동지라는 신호로 본다고 약속이 되어있었지만 그런 동지는 나타나지 않았다.15)

이들은 할 일 없이 약속 장소를 떠나 원동(苑洞) 162번지에 있는 김종진의 집으로 가보았더니, 그곳에는 나창헌과 박원식(朴源植), 전협의 아내인 변화와 이강 공 탈출 사건 때 공평동(公平洞)에 함께 있었던 일본 유학생 김선(金善)과 박원식 등이 있었다. 이들은 이 날의 실패를 분개하며 어차피 단체 시위가 불가피할 바에야 각자의 양심과 용기에 따라 다음 날인 28일에 시위를 전개하기로 약정하고 헤어졌다.

경성여자고등보통학교 본과 2학년 학생이었던 김종진은 천장절에 등교하여 학교 측이 학생들에게 나눠 준 과자가 민족의 자존심을 상하는 일이라 하여 하수구에 버리도록 했다.16) 장춘관에서 모여 하회를 기다리던 김상열·이종춘·김익하·조형구(趙炯九)·정설교(鄭卨敎)·김횡진(金弘鎭) 등의 노인단 대표들도 아무런 소식이 없게 되자 오후 10시경이 되어 별일 없이 헤어졌다.17)

---

14) 「대동단예심결정서」(3), 『東亞日報』 1920년 7월 2일자; 「대동단경성지법판결서」, 岩瀨健三郎(編), 『朝鮮併合十年史 : 附 朝鮮 獨立 問題의 眞相』, 442~443쪽; 「안교일에 대한 경찰 조서」(3), 『대동단사건』(I), 260~261쪽; 「이신애에 대한 경찰 조서」(2), 같은 책, 263쪽.

15) 「이신애에 대한 경찰 조서」(1), 『대동단사건』(I), 248쪽.

16) 「경성 시내의 불온 상황 追報」(大正 8년 12월 9일자, 高警 제34939호), 『독립운동사자료집(9) : 임시정부사자료집』, 445~448쪽.

17) 「경성 시내 검거자의 취재 상황 보고의 건」(大正 8년 12월 9일, 高警 제34939호), 金正明(編), 『明治百年史叢書 : 朝鮮獨立運動』(1/分冊), 231쪽; 「李元榮에

11월 28일 오후 5시가 되자 정규식과 박원식이 대형 태극기를 감춰 들고 안국동 경찰관주재소 앞 광장에 나타났으며, 곧 이어 이신애와 박정선이 선언서를 감춰 들고 나타났다. 박정선은 아예 투옥될 각오를 하고 있던 참이다. 그는 각 신문사에 시위 사실을 통고해 두었을 뿐만 아니라 흰 솜두루마기에 남바위를 쓰고 있었다.[18] 약속된 오후 5시가 되자 정규식이 먼저 태극기와 「대한 독립 만세」라고 쓴 백기를 펼쳐 들고 만세를 선창하자 이신애와 박정선 등도 선언서를 뿌리며 만세를 부르기 시작했다. 행인들이 모여들기에 앞서 안국동(安國洞)주재소의 경찰관들이 솔개처럼 일행을 잡아채어 갔다.[19] 거리에는 그들이 뿌린 선언서만이 찬바람에 분분히 날리고 있었다. 선언서의 내용은 다음과 같다.

■ 선언서

반만년 역사의 권위와 2천만 민중의 성충(誠衷)에 의지(仗)하여 국가의 독립됨과 우리 민족의 자유민 됨을 천하만국에 선언하며 또한 증언하노라. 근역 청구(槿域靑丘)는 남의 식민지가 아니며, 단군과 고구려의 자손(檀孫麗族)은 남의 노예의 종자가 아니다. 나라는 동방 군자요, 민족은 선진(先進)의 선인(善人)이라. 움직이면 비틀거리고, 다스림이 오래니 어지러움이 일어났다. 밖으로는 고래가 삼키는 듯한 강한 이웃이 있고, 안으로는 병든 나라의 간교한 역적이 있다.

5천 년의 신성한 역사와 2천만 예의의 민족과 5백 년 황황종족(皇皇宗族)이 하루아침에 인멸(湮滅)하니, 조정에는 순국의 신하가 있고 재야에는 절개를 지켜 죽은 백성이 있으나 황천이 불쌍히 여기지 아니하고 국민이 복이 없어 황제 성명에 황급히 폐천(廢遷)의 욕을 당하

대한 경찰 조서」, 『대동단사건』(I), 268쪽.

18) 柳光烈, 「나의 이력서」(11), 『한국일보』 1974년 3월 15일자.

19) 「대동단경성공소원판결서」, 岩瀨健三郎(編), 『朝鮮併合十年史 : 附 朝鮮 獨立 問題의 眞相』, 872~873쪽; 金正明(編), 『明治百年史叢書 : 朝鮮獨立運 動』(1/分冊), 231~232쪽.

여 사민(士民)이 거의(擧義)에 곧바로 민족이 섬멸되는 화를 받았으며, 남발하는 세금과 가혹한 법과 노예처럼 학대하여 부림으로써 민족이 안심하고 살 수 없는지라. 불평하여 외치면 강도로 다스려 찢어 죽이니 범부(凡夫)의 충의의 혼이 잔인한 칼 아래 쓰러진 자가 몇 천 몇 만인가. 원한과 고통을 삼키고 마시며 와신상담한 지 십개 성상(星霜)을 지난지라.

어둠이 다하면 밝음이 돌아오고 막힘이 가면 태평함이 오게 되는 것은 천리의 호운(好運)이며 죽음에 처하여 삶을 얻고 오래 굽혀 일어남을 생각함은 도의 지극한 정리일세. 세계 개조의 민족자결의 이론은 천하에 드높고 우리나라의 독립국과 우리나라의 자유의 소리는 나라 안에 울려 펴진다. 이제 3월 1일에 선언 독립하고 4월 10일에 정부를 건설했으나 간악한 저 일본이 시세(時勢)의 추이(推移)를 살피지 아니하고 오로지 표범과 이리의 만성(蠻性)을 부려 무자비한 압억에 맨손의 도중(徒衆)을 총으로 죽이고 성읍 촌락을 불태우니 이것이 인류 양심에 차마 할 바인가?

우리 민족의 단충열혈(丹忠熱血)은 결코 이러한 비정리적(非情理的) 압박에 움츠러들 바가 아니오, 날이 갈수록 정의 인도로써 용왕(勇往) 매진할 뿐이로다. 만일 일본이 끝내 뉘우침이 없으면 우리 민족은 부득이 3월 1일의 공약에 따라 최후 1인까지 최대의 성의와 최대의 노력으로 혈전을 불사(不辭)코자 이에 선언하노라.

대한민국 원년 11 월 일

이강(李堈) 김가진(金嘉鎭) 전협(全協) 양정(楊楨) 이정(李政)
김상열(金商說) 전상무(田相武) 백초월(白初月) 최전구(崔銓九)
조형구(趙炯九) 김익하(金益夏) 정설교(鄭卨教) 이종춘(李種春)
김세익(金世益) 정의남(鄭義男) 나창헌(羅昌憲) 한기동(韓基東)
신도안(申道安) 이신애(李信愛) 한일호(韓逸浩) 박정선(朴貞善)
노홍제(魯弘濟) 이직현(李直鉉) 이내수(李來修) 김병기(金炳起)
이겸용(李謙容) 이소후(李宵吼) 신태연(申泰鍊) 신형철(申瑩澈)
오세덕(吳世德) 정규식(鄭奎植) 김횡진(金弘鎭) 염광록(廉光錄)[20]

위의 선언서에 포함된 서명자의 성격을 추적해 보는 것은 매우 흥미 있는 일이다. 이 선언서는 본디 중국으로 탈출한 김가진이 작성하여 나창헌 편에 국내로 전달되었던 것이다.[21] 이 서명자 문제는 이 문서의 작성 무렵부터 논란이 있었다. 처음에 이종욱과 나창헌이 이 문서를 가지고 입국했을 때 정남용을 비롯한 국내 민족지도자들은 서명자들이 모두 해외 망명자들이라는 사실에 불만을 토로하자 처음의 서명자를 무시하고 범국민적으로 다시 작성했다.[22] "여기에 서명한 사람들로부터 모두 연명에 대한 동의를 받았다"는 말을 나창헌으로부터 들은 적이 있다고 정규식(鄭奎植)이 법정에서 진술했지만[23] 그대로 믿기는 어렵다. 여기에 서명한 사람들이 이 서명에 동의한 것은 아니며 서명 자체를 모르고 있었을 수도 있고, 또 대부분이 대동단원이 아니었다는 점도 주목해야 한다.

먼저 백초월(1878~1944)은 경남 고성 출신으로서 본명은 백의수(白義洙)였다. 1891년 지리산 영원사로 출가한 그는, 1919년 봄 만세운동이 발생한

---

20) 「檀君敎의 建國記念日에 際한 京城 시내 경계의 件」(大正 8년 11월 20일자, 高警第33844號), 金正明(編), 『明治百年史叢書 : 朝鮮獨立運動』(1/分冊), 201~202쪽; 『獨立新聞』(上海) 1919년 1월 1일자. 金正明의 책에는 조형구(趙炯九)가 장형구(張炯九)로, 정설교(鄭卨敎)가 정석교(鄭奭敎)로, 이직현(李直鉉)이 이진현(李眞鉉)으로 되어 있으며, 김병기(金炳起)·이겸용(李謙容)·이소후(李宵吼)·신태연(申泰鍊)·신형철(申瑩徹)·오세덕(吳世德) 등이 누락되어 있다. 「이종춘에 대한 경찰 조서」, 『대동단사건』(I), 255쪽에는 김횡진(金宏鎭)이 김횡식(金宏植)으로 되어 있다. 이종춘의 증언에 따르면 이겸용은 양평 사람으로 그 무렵의 나이가 69세 정도였다고 한다. 「공판시말서」(3), 『대동단사건』(II), 383쪽에는 趙炯九가 趙炯光으로 되어 있다. 위의 명단은 동농 김가진 후손의 소장 원본(현재 연세대학교 학술정보원 소장)에 따라 고친 것이다. 『동농 김가진전집』(2)(서울 : 선인, 2014), 636쪽 및 본서 175쪽의 원본 사진 참조.
21) 「정규식에 대한 검찰 조서」(2), 『대동단사건』(I), 360쪽.
22) 「전필순에 대한 예심 조서」, 『대동단사건』(II), 76쪽; 「송세호에 대한 예심 조서」, 같은 책, 86, 95쪽; 「공판시말서」, 같은 책, 338쪽.
23) 경성지방법원 「大同團京城地法一審判決文」, 117쪽.

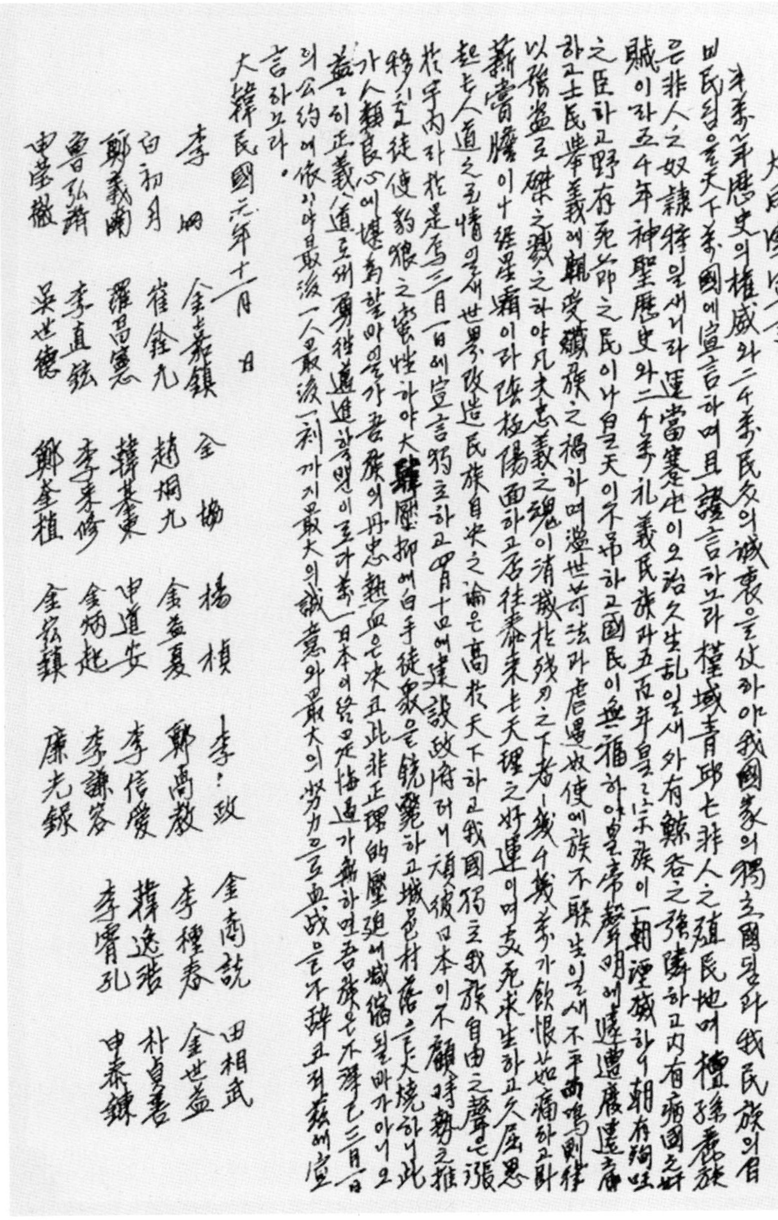

大同團宣言

半萬年歷史의權威와二千萬民衆의誠衷을仗하야我國家의獨立國임과我民族의自由民임을天下萬國에宣言하며且證言하노라 槿域靑邱는非人之殖民地며檀孫麗族은非人之奴隸種일새니라 運當塞屯이오治久生亂일새外有鯨呑之强隣하고內有病國之奸賊이라 五千年神聖歷史와二千萬禮義民族과五百年皇宗族이一朝湮滅하니朝有殉社之臣하고野有死節之民이나皇天이不弔하고國民이無福하야皇帝聲明에遽遭震遷之痛하고士民擧義에輒受殲族之禍하며濫世苛法과虐遇政使에族不聊生일새不平而鳴則律以强盜로磔之戮之하야凡夫忠義之魂이消滅於殘刃之下者ㅣ幾千幾萬가飮恨茹痛하고臥薪嘗膽이十經星霜이라 陰極陽回하고否往泰來는天理之好運이며夭死求生하고久屈思起는人道之至情일새世界改造民族自決之論은高於天下하고我國獨立我族自由之聲은張於宇內라 於是焉三月一日에宣言獨立하고四月十日에建設政府러니頑彼日本이不顧時勢之推移하고徒使豺狼之蠻性하야大肆壓抑에白手徒衆을銃斃하고城邑村落을火燒하니此가人類良心에堪爲할바인가 吾族의丹忠熱血은決코此非正理的壓迫에挫縮될바가아니오益益히正義人道로써勇往邁進할뿐이로다 日本이終是悔過가無하면吾族은不得已三月一日의公約에依하야最後一人最後一刻까지最大의誠意와最大의努力으로血戰을不辭코저玆에宣言하노라

大韓民國元年十一月 日

李堈 金嘉鎭 金協 楊楨 李政 金商說 田相武
白初月 崔銓九 趙炯九 金益夏 鄭尙敎 李鍾春 金世益
鄭義南 羅昌憲 韓基東 申道安 李信愛 韓逸浩 朴貞善
魯弘濟 李直鉉 李來修 金炳起 李謙容 李垣九 申泰鍊
申瑩澈 吳世悳 鄭奎植 金弘鎭 廉光祿

제2차 독립선언서

이래 해외 동포는 조국의 부흥을 위해 러시아나 중국 영토에서 독립군을 일으키고 상해임시정부를 조직하는 등 독립운동에 활약하고 있으며, 조선 안에서도 예수교 및 천도교도들이 이에 매우 협조하고 있으나 다만 불교도만이 이에 무관심함을 유감으로 생각했다. 1919년 4월 경성에 들어온 그는 각처에 은신하면서 먼저 지하 문서를 간행하여 독립 정신을 고취할 목적으로 한국민단부 본부를 경성 중앙학림(中央

백초월(白初月)

學林) 안에 설치하여 스스로 부장이 되어 자금을 모집했다.[24]

백초월은 7월 이후 스스로 사장이라는 명목으로 자금을 투자하여 김재운(金在雲)·박윤(朴允) 등과 함께 『혁신공보』라는 비밀 출판물을 간행·배포했다. 뿐만 아니라 그는 조선에 있는 청년들로 하여금 독립군과 임시정부에 가입토록 하려는 계획 아래 그 자금을 얻고자 8월에는 전라남도 천은사(泉隱寺) 주지 하용하(河龍河)에게 200원을 출연케 하고, 또 10월 7일에는 이도흔(李道昕)을 시켜 하용하로부터 300원을, 그리고 화엄사(華嚴寺) 총무 이인월(李印月)로부터 500원을 받았다.

백초월은 다시 독립 자금을 모을 목적으로 민단 부원 정병헌(鄭秉憲)·신상완(申尙琓)·백성욱(白性郁)으로 하여금 인천·부산·원산의 관세를 담보로 하여 미국 정부에게 15억 달러의 차관을 신청했으나 미국 정부는 구미 제국 중의 어느 한 나라가 보증을 한다면 이에 응하겠다고 응답했다.

---

24) 『독립유공자공훈록』, 조은경, 「이달의 독립운동가 백초월」, 『독립기념관』, Vol.316(2014년 6월호), 27~29쪽; 「이달의 독립운동가 백초월」, 『광복회보』, Vol.368(2014.5.29), 6쪽.

최전구(崔銓九)   이내수(李來修)

이와 같은 사실로 말미암아 백초월과 이도흔은 1919년 12월 2일에 검사국
에 송치되어 수사를 받고 있던 중이었다.[25] 이런 맥락에서 본다면 백초월
은 2차 독립 선언 무렵에 도쿄에 있었으며 그가 서명에 동의했는지는 확
인되지 않는다.[26]

　최전구(崔銓九 : 1850~1938)는 전북 고창 출신으로서 1905년에는 면암(勉
庵) 최익현(崔益鉉)의 시종으로 의병에 가담한 바 있으며 면암이 대마도(對

25) 「독립운동 자금 모집자 검거의 건」(大正 8년 12월 5일자 高警 제34511호),
　　『독립운동사자료집(9) : 임시정부사자료집』, 430~433쪽.
26) 그 뒤로 백초월은 다시 동경으로 건너가 활동하다가 1920년에 상해에서
　　체포되어 한국으로 이송되어 주로 진관사를 중심으로 일심교 운동(一心萬
　　能 群敎統一, 世界平和를 추구하는 불교계의 비밀결사)을 전개하다가,
　　1930년 동학사 강주를 지냈다. 1938년 진관사 벽보 사건으로 재차 투옥,
　　1943년 출옥, 독립운동자금 모금으로 다시 투옥, 청주형무소에서 고문 후유
　　증으로 순국했다. 『독립유공자공훈록』, 「이달의 독립운동가」, 『독립기념
　　관』, Vol.316(2014년 6월호), 27~29쪽; 「이달의 독립운동가」, 『광복회보』,
　　Vol.368(2014.5.29), 6쪽.

馬島)로 떠날 때 가마 앞에서 그를 뵙고 작별 인사를 하는 과정에서 왜병이 칼을 휘두르며 쫓아내자 충돌하여 욕지도(欲智島)에 유배당한 적이 있을 만큼 열혈한 사람이었다. 유배에서 풀려난 뒤 그는 1914년부터 독립의군부의 특파내외순찰사로 활약하고 있었다.[27]

논산 출신인 이내수(李來修)는 경술국치(庚戌國恥) 무렵에 순국한 이학순(李學純)의 아들로서 1906년의 이용규(李容珪) 의병에 가담하려 했으나 사전에 발각되어 기자도(箕子島)에 유배된 적이 있으며,[28] 1913년에는 민적법(民籍法)에 항거하여 민적을 불사르고 구금된 바 있었다. 그는 또한 1919년 4월에 서울에서 개최된 임시정부 수립을 위한 13도 대표 가운데 한 사람으로 파리장서에 서명한 유림 139명 중의 하나였다.[29] 이직현(李直鉉)은 아마도 전협이 법정에서 이내수와 함께 대동단원이라고 시인한 이기현(李基鉉)[30]과 동일 인물로서 오기(誤記)이거나 오전(誤傳)일 것이다.

오세덕(吳世德 : 1897~1986)과 신형철(申瑩澈)은 대한독립애국단 소속이었다. 경기도 고양 출신인 오세덕은 애국단 강원도단의 외교원으로서 1919년 10월 10일에 철원의 만세 시위를 주도한 뒤 상해로 망명했다.[31] 신형

---

27) 「면암 선생 창의 전말」(병오 윤4월 27일자), 『독립운동사자료집(2) : 의병
   항쟁사자료집』(서울 : 독립운동사편찬위원회, 1971), 94쪽. 姜德相, 『現代史
   資料』(25)(東京 : みすず書房, 1976), 32쪽.
28) 「의사 李容珪傳」(2), 『독립운동사자료집(2) : 의병항쟁사자료집』, 351쪽.
29) 한국정신문화연구원, 『한국인물대사전』(서울 : 중앙일보, 1999), 「이내수」
   조항. 이내수는 대동단사건 이후에도 1921년 5월경부터 12월 28일까지
   논산군 두마면 향한리 송종빈(宋鍾斌)의 집 거실을 근거지로 하여 윤상욱
   (尹相旭) · 정인옥(鄭寅玉) · 임형산(林刑山) · 서봉산(徐鳳山) · 이기중(李
   起重) · 하우위(河禹衛) 등과 함께 조선 독립을 모의 획책하고 각지 부호로
   부터 자금을 모금하는 일을 공모하다가 체포된 적이 있었다. 「大正 12년
   刑控 제2542호」(경성복심법원 1923.10.15), 『독립운동사자료집(9) : 임시정
   부사자료집』, 1119~1120쪽; 『독립운동사자료집(10) : 독립군전투사자료집』,
   699~670쪽.
30) 「공판시말서」(1), 『대동단사건』(II), 333쪽.

오세덕(吳世德)

신현구(申鉉九)

철은 신현구(申鉉九)의 종질(從姪)로서 임시정부의 논산군(論山郡) 조사원이 었다. 신도안(申道安)은 신현구와 동일인인 것 같다. 신현구는 신통완(申通宛)이라는 가명을 썼는데 그 발음이 신도안과 비슷하기 때문이다.[32] 신현구는 논산 출신으로서 공주(公州)의 영명(永明)학교와 원명(元明)학교를 졸업하고 고향에서 서점을 경영하다가 상경하여 이화(梨花)학당 부속 아현(阿峴)여학교(孔德里여학교)의 교사로 봉직했으며, 1919년 4월에 이를 사직했다.

신현구는 5월경에 경성부 화천정(和泉町)의 숙소에서 권인채(權仁采)의 설명을 듣고 조선의 독립을 목적으로 애국단의 취지에 찬동하고 있던 차에 안창호(安昌浩)로부터 두 번에 걸쳐 독립 사상을 고취하는 편지를 받은 뒤

---

31) 「金相德 등에 대한 예심결정서」(1920.9.30), 『독립운동사자료집(9) : 임시정부사자료집』, 993~997쪽. 오세덕은 그 뒤 1922년 러시아로 건너가 문창범(文昌範)과 대한국민회의 조직에 참여하였으며, 1923년에 체포되어 본국에 송환 1년형을 받음. 『독립유공자공훈록』
32) 張錫興, 「조선민족대동단 연구」, 『한국독립운동사 연구』(3)(천안 : 독립기념관 한국독립운동사연구소, 1989), 269쪽.

경성에 애국단 본부를 설치하여 각도 · 각군에는 도단 · 군단 등을 설치하여 즉각 상해임시정부와 호응하여 조선의 독립을 위해 힘쓸 것을 계획하고 스스로 단장이 된 인물이었다.[33]

이리하여 개천절 만세사건은 소기의 목적을 이루지 못한 채 끝났다. 이제 중앙의 간부들은 모두 유수(幽囚)의 몸이 되고 남은 무리들만이 제3의 독립운동을 꿈꾸며 칩거(蟄居)하고 있었다.

2. 남은 무리들

대동단의 국내 세력이 지하 문서 활동을 벌이고 있을 무렵, 간도에 근거지를 두고 있는 대동단 중부회(中部會)가 만주의 화룡현(和龍縣) 화룡사(和龍寺) 용암촌(龍岩村)에 있는 명동야소학교(明東耶蘇學校) 내에 본부를 설치했다. 이들은 독립운동에 관한 제반 사무를 처리하다가 1919년 6월에 경찰에 적발되어 명동학교는 폐쇄되고 간부들이 체포되었다. 이에 남은 단원들은 지단(支團)을 연길현 상의사 솔만자(延吉縣 尙義社 甩灣子)에 있는 이태열(李泰烈)의 집으로 옮기고 이병규(李炳奎)를 회장으로 추대했다.

이들은 독립 정신을 일깨우는 전단(傳單)을 발행 · 배포함으로써 인심을 선동하고 독립운동 자금의 모금에 노력하다가, 다시 지단을 연길현 상의사 구송하 어구촌(尙義社 九松河 於□村)에 있는 김승국(金承國)의 집으로 옮겼으나 김승국이 국자가(局子街) 분관(分館)에서 체포되자 간부들은 한때 지하로 잠복하고 행동을 중지했다. 1919년 10월에 이르러서 만주의 대동단원들은 연길현 수신사 사도구 황직리(守信社 四道溝 黃直里)와 화룡현 동량상리사(東良上

---

33) 「김상덕 등에 대한 경성지방법원 판결문」(1920.12.23), 『독립운동사자료집
    (9) : 임시정부사자료집』, 1001~1005쪽; 「신현구에 대한 경찰 조서」, 『대동
    단사건』(I), 258쪽; 「신현구에 대한 예심 조서」, 『대동단사건』(II), 81~82쪽.

里社) 일대를 유세하면서 독립운동 자금을 모금하고 그 수령증(受領證)을 교부하다가 모두 체포됨으로써 간도 지방의 대동단도 일망타진되었다.[34]

1919년의 해도 저물어갈 무렵인 12월 19일에는 전라북도 이리(裡里)에서 임응철(林應喆 : 井邑郡 山内面 宗聖里 1번지)을 중심으로 하는 대동단 지단의 활약이 발각되었다. 임응철은 전 낙안(樂安) 군수요 의병장이었던 임병찬(林炳瓚 : 號 樂安)[35]의 맏아들로서, 머리가 총명하여 소년에 등과(登科)한 뒤 구한국의 주서(注書)가 되었으며 여러 관직을 거쳐 홍문관 학생 정삼품 승정원 비서승(弘文館 學生 正三品 承政院 秘書承) 등을 역임한 바 있었다.

임응철은 아버지의 뜻을 받들어 일본의 조선 통치에 반대하여 1913년에 아버지와 함께 독립의군부를 조직하는 데 참여했으며, 항상 동지들과 교유하면서 때가 오기만을 기다리고 있었다. 그러던 차에 고종(高宗)의 죽음을 계기로 3·1운동이 일어나자 곧 서울로 올라가 여러 곳을 왕래하며 동지를 규합하던 중, 9월경에 이르러 서울의 황금정(黃金町) 2정목(丁目)에 거주하고 있는 이규문(李圭文)의 집에서 대동단원 강경진(姜景鎭)·이일영(李一榮)·윤용주(尹龍周)를 만났다.

임응철은 그들의 권유에 따라 전협을 소개받고 대동단에 가입했다. 전협은 그의 부친 임병찬의 명성을 잘 알고 있었던 터라 임응철을 각별히 신뢰했다. 그 뒤 임응철은 대동단 경상남도 특파원인 진주(晉州) 출신 김재구(金在九) 및 강경진과 더불어 200~300원의 독립 자금을 전협에게 제공했

---

34) 「間島에서의 獨立 運動 機關 대동단에 관한 件」(大正 8년 11월 20일자, 高警 제32897호), 金正明(編), 『明治百年史叢書 : 朝鮮獨立運動』(1/分册), 185~186쪽. 이 부분과 관련하여 장석흥은 이 단체가 대동단이라는 이름을 쓰고 있지만 실제로 이 글의 주제가 되고 있는 대동단과는 무관한, 동일 명칭일 뿐이라고 지적한 바 있다. 장석흥, 「조선민족대동단 연구」, 『한국독립운동사 연구』(3)(천안 : 한국독립운동사연구소, 1989), 263쪽 참조.
35) 1906년에 전개된 林炳瓚과 林炳大의 의병 투쟁에 관한 기록은, 『독립운동사 자료집(2) : 의병항쟁사자료집』, 85쪽 : 「면암 선생 창의 전말」, 병오 윤4월 16일자 참조.

으며,36) 전라북도 특파원이 되어 10월 3일에 김재구와 더불어 「대동단규칙」과 국민을 선동하는 전단을 휴대하고 성묘(省墓)를 핑계 삼아 귀향하여 넷째 아들인 임수명(林守明)과 숙부인 임병대(林炳大)를 대동단 가입시키고 단원과 자금 조달에 분주했다. 임수명은 할아버지 임병찬이 대마도에서 순국한 1916년까지 2년 동안 그를 모신 뒤에 귀국하여 아버지와 함께 군자금 모집 활동을 하고 있었다.37)

임수명(林守明)

이 무렵 전주(全州)에는 전직 연산(連山) 군수였던 이중익(李重翼)의 손자로서 이병우(李炳祐)라는 인물이 살고 있었다. 그런데 이중익은 본디 임병찬과는 친한 사이었으므로 임응철과 이병우도 자연히 가까이 지내면서 의기가 투합하여 항일 투쟁에 몸을 바치기로 약조했다. 이병우는 이미 1918년 3월에 서울의 전용규(田鎔圭)로부터 임응철의 손을 거쳐 자신의 동생인 이병석(李炳錫)에게 전달된 독립운동의 신임장을 받고 비밀리에 기회를 엿보고 있던 중에 임응철의 설득을 받고 대동단에 가입했다.

그 신임장은 1척 3치쯤의 비단에 칙명이라고 제목하여 「특승 종삼위 통훈대부 이병석을 독립의군 정위로 삼아 전라북도 전주의 책임을 맡긴다(李炳錫特陞從三位通勳大夫爲獨立義軍正尉任全羅北道全州郡守者) 개국(開國) 527년 (1918) 2월 덕수궁(德壽宮)㊞」이라는 것으로서 사령서 모양을 한 것이었다.

---

36) 「윤용주에 대한 예심 조서」(2), 『대동단사건』(II), 248쪽; 「전협에 대한 예심 조서」(9), 같은 책, 274~275쪽.
37) 「참고인 임응철에 대한 예심 조서」, 『대동단사건』(II), 193~196쪽; 「윤용주에 대한 예심 조서」(2), 같은 책, 245쪽.

이를 계기로 이병우는 1919년 10월 13일에 자금으로 100원을 제공했다.[38] 뿐만 아니라 임응철의 아들인 임수명은 아버지의 뜻에 따라 「대동단 규칙」과 독립운동 전단을 휴대하고 매약(賣藥) 행상을 하면서 동지의 규합에 몰두했다.

임응철과 임수명은 여러 차례에 걸쳐 서울에 올라가 대동단 본부와 연락을 유지하면서 임응철은 전라북도의 총관사(總管司 : 支團長)가 되고, 이병우는 부단장이 되었으며, 임수명은 전라북도 서무사(庶務司 : 理事)가 되었다. 임수명은 김순

이일영(李一榮)

흥(金順興)을 권유하여 이를 단원으로 가입시키는 한편 그에게 신임장을 부여하고 독립운동 자금 60원을 받고 그중 50원은 아버지인 임응철을 통하여 서울의 단원인 이일영(李一榮)에게 전달했다.

이일영과 윤용주는 황금정 2정목의 이규문의 집에서 노형규(盧衡奎)를 만나 대동단의 가입을 권유하여 전북 특파원에 임명하고 10월에는 경남 특파원 진주 출신의 김재구와 함께 「대동단규칙」 및 민족 해방에 관한 문서를 휴대하고 이리에서 단원 모집과 자금 조달에 진력했다.[39] 이들은 전협이 체포될 무렵 독립운동의 혐의를 받고 경찰에 연행되어 조사를 받은 적이 있으나 증거 불충분으로 방면되어 다시 활동할 수가 있었다.

그러나 이들이 한창 활약을 하던 중 익산군(益山郡) 팔봉면(八峰面)에 살

---

38) 「독립대동단원 검거에 관한 건」(大正 8년 12월 29일자, 高警 제36894호),
『독립운동사자료집(9) : 임시정부사자료집』, 477~478쪽.
39) 대동단원 盧衡奎 판결문(독립운동사연구소 소장, 자료번호 3860-052), 대정 8년 12월 29일자 고경 제36894호, 「독립대동단원검거에 관한 건」.

고 있는 한 주민이 「구한국 시대의 의병장인 임낙안(林樂安)의 자식인 임모(林某)라는 인물이 이리(裡里)의 부호로부터 상해임시정부의 군자금을 모금하고자 이리 시장 부근에 있는 최춘식(崔春植)의 집에서 밀모(密謀)를 한 적이 있다」는 밀고 투서를 이리 경찰서장 앞으로 보냄으로써 이들 일행은 모두 체포되고 전라도의 조직도 깨어지고 말았다.[40)]

대동단에 관련된 온갖 검거 기록이나 재판 문서에 따르면 대동단의 연루자(그가 단원이든 단원이 아니든 간에)로서 적수(敵手)에 체포되지 않은 사람은 오직 세 사람밖에 없으니 이종욱(李鍾郁), 나창헌(羅昌憲), 그리고 김중옥(金仲玉)이었다. 이종욱은 승려의 신분으로서 본디 대동단원이 아니오 연통제(聯通制)의 요원으로서 상해임시정부와 국내 조직 특히 대동단과의 연락을 책임지고 있던 인물이었는데 이강 공의 탈출 사건이 일어나기 직전에 상해로 탈출하는 데 성공했다.[41)]

김중옥은 이강 공 탈출 사건이 발각되자 즉시 몸을 피한 뒤 자택에 숨어 있다가 다시 서울로 올라와 입정정에서 채근병(蔡謹秉)을 만나 권총과 실탄을 맡겨 숨기게 한 다음 이듬해 논산 일대에서 군자금의 모금 활동을 전개했다. 그는 1920년 3월 27일 신의주를 거쳐 안동으로 망명하여 나창헌을 만나 1921년 상해임시의정원 충청도 대의원으로 피선되었다가 1922년 2월에 사임하였다. 1924년에 그는 늑막염으로 귀국하였다가 동대문경찰서 형사에게 체포되어,[42)] 불온문서 유포 및 군자금 모집 죄로 징

---

40) 「獨立大同團員 검거에 관한 건」(大正 8년 12월 19일자, 高警 제36894호), 金正明(編), 『明治百年史叢書 : 朝鮮獨立運動』(1/分冊), 250~252쪽.
41) 이종욱은 그 뒤 월정사(月精寺)의 주지가 되었는데 이 무렵부터 그는 친일의 노선을 걸었다는 주장이 있다. 임혜봉, 「이종욱 : 항일 투사에서 불교 친일화의 기수로」, 민족문제 연구소(엮음), 『친일파 99인』(3)(서울 : 돌베개, 1993), 214~224쪽 참조. 불교 측에서는 그가 1937년 이후로 31본산 주지 대표를 맡으면서 친일의 길을 걷게 된 것은 그 무렵 월정사의 부채 30만 원을 갚는 과정에서 일제에 옭혀 들어간 때문인 것으로 설명하고 있다. 姜昔珠, 「남기고 싶은 이야기들 : 불교 근세 백년」, 『중앙일보』 1979년 8월 23일자.

역 2년형을 받고 상고하지 않은 채 11월 병으로 보석되었다.[43] 김중옥은 1927년 2월 강도교사죄로 다시 체포되어 2년 6개월 형을 받고, 이듬해 3월에 병보석으로 출옥하였다가 10월에 다시 수감, 1934년 2월에 병보석으로 출옥하여 7월에 사망했다.[44]

지도부가 체포된 후의 전라남도의 조직은 신덕영(申德永 : 1890~1968)에 의해 운영되었다. 본디 충북 음성 출신인 신덕영은 유인석(柳麟錫)의 학통을 이어 받은 인물로서 1910년 중국으로

신덕영(申德永)

망명하여 유하현의 신흥강습소에서 수학한 바 있었다. 3·1운동이 일어나자 귀국한 신덕영은 만주에서 이동녕(李東寧)과 박은식(朴殷植)의 밑에서 활약하다가 군자금 모금의 임무를 띠고 귀국했다. 신덕영은 전부터 조선 독립의 희망을 품고 있던 인물로서 3·1운동이 발발하자 그에 크게 찬동하던 중, 1919년 7월 무렵 김가진을 만났다. 신덕영은 문경에서 김가진의 문족인 김진규(金晉圭) 및 정인옥(鄭仁玉)을 만나 독립선언서와 『독립신문』 그리고 권총과 탄환을 전달하고 독립자금을 받아 상해로 전달했다.[45]

정인옥은 문경 출신으로 의병에 참여한 바 있고, 제천의 권명상(權命相), 괴산의 홍승욱(洪承旭), 영월의 홍순창(洪淳昌)을 대동단에 가입시킨 인물이

42) 『동아일보』 1924년 9월 18일자, 19일자.
43) 『동아일보』, 1924년 11월 5일자.
44) 이 시기의 김중옥의 활동에 대해서는, 김상기(편저), 『애국지사 剛山 金庸源 : 항일의 삶과 기록』(서울 : 경인문화사, 2004), 19~31쪽 참조.
45) 조규태, 「대한독립공명단의 조직과 활동」, 『한국민족운동사연구』(33)(천안 : 독립운동사연구소, 2002), 89~91쪽.

었다.46) 1920년 7월 18일에 그는 서울에서 대동단 총재 김가진의 명의로
된 포고문을 받았는데, 그 내용은, "우리 임시정부의 혈전 준비는 방금 급
속하게 진행되고 있으며, 본단 의병 부원의 어느 일파가 가까운 시일에
모종의 활동을 개시하려 하는 즉, 제군은 각기 애국의 정성을 다할 것이
다."라는 것이었다.

그리고 신덕영은 대동단 총지부장의 명의로, 「우리 동포 재산가 제씨
에게 경고한다」라는 제호로 독립 자금을 요구하면서 "만약 출연(出捐)할
의사가 없는 자 또는 이 사실을 경찰에 밀고하여 왜경의 보호에 의뢰하려
는 자는 동포라 인정하지 않고 단호히 용서하지 않아 타일의 후회를 남기
지 말라"는 취지의 문서를 전라남도 광주군 본촌면 일곡리(本村面 日谷里)
노종승(盧鍾升), 오치면 방축리(梧峙面 防築里) 이계익(李啓翼), 화순군 능주면
(綾州面) 읍내 양재국(梁在國), 화순면 향청리(鄕廳里) 박현경(朴賢景), 담양군
담양면 주리(舟里) 국채웅(鞠埰雄)에게 우송으로 발송하여 독립운동 자금의
출연을 요구하다가 체포되었다.47)

3. 해외로 간 무리들48)

이강 공 탈출 사건의 실패와 개천절 만세사건으로 대부분의 대원들이

46) 위의 책, 89~91쪽.
47) 『독립운동사자료집(9) : 임시정부사자료집』, 1055~1056쪽 : 大正 10년 형공
　　제472 · 572호 신덕영(외 4명) 판결문」.
48) 대동단의 해외 활동에 관한 선행 연구로서는 반병률, 「해외에서의 대동단
　　조직과 활동」, 『조선민족대동단의 역사적 재조명』: 조선민족대동단기의
　　84주년 기념학술회의논문집(서대문독립관, 2003.11.25, 53~73쪽)이 있다.
　　이 절(節)을 보완하면서 그의 글을 통하여 자료의 소재를 확인하는 데 많은
　　도움을 받았다.

체포된 뒤로 살아남은 생존자 가운데 지도급 인물이었던 나창헌은 곧 만주를 거쳐 상해로 건너가 김가진을 만나 임시정부에서 활약했다. 그는 상해에 도착하자 언론과의 접촉을 통해 자신의 망명 사실을 알리는 한편, "현재 국내에서는 13개 도(道)의 각계 대표들이 활약하고 있으며, 대동단의 단원 수는 300만 명으로서 매우 조직적이고 공고하다"[49]고 공언한 것으로 보아 그 기개가 높음을 알 수 있으나 그 숫자의 신뢰성에는 의문이 생긴다.

상해에 도착한 대동단의 무리와 김구 계열은 화목하지 않았다. 김구는 김가진을 처음 만났을 적부터 그리 호의적이지 않았다. 그가 작위를 받았다는 사실뿐만 아니라 신분적 차이로 두 사람은 가까워질 수 없는 한계를 안고 있었다. 더구나 김가진의 처소에 임정의 눈에는 밀정으로 여겨지는 정병조(鄭丙朝)와 선우전(鮮于銓)이 왕래한다는 사실도 김구는 탐탁하게 여기지 않았다.[50] 이런 점에서 귀족들을 상해로 옹립하여 단결을 표시하려던 안창호의 구상은 뜻대로 이뤄지지 않았다.

상해에서 나창헌의 활동 방법은 매우 투쟁적이었다. 그는 강우규(姜宇奎)라는 이름을 썼는데[51] 이는 아마도 강우규 의사에 대한 흠모의 표현이었을 것이다. 대동단의 국내 조직이 거의 체포되자 나창헌은 상해의 김가진을 찾아가 더 이상 대동단을 국내에 존치(存置)시킬 필요가 없음을 역설했고, 그의 의사가 합당함을 잘 알고 있던 김가진도 나창헌의 의사에 따라 대동단을 상해로 옮기기로 작정했다. 그리하여 1920년 3월에 이르러 김가진은 다음과 같은 통고문을 발표했다.

---

49) 『독립신문』(상해 : 1920년 2월 3일자)
50) 『島山安昌浩全集』(4)(서울 : 안창호선생기념사업회, 2000) : 「島山日記」
    (1920년 1월 29일자), 103쪽.
51) 조범래, 「6월의 독립운동가 : 병인의병대장 나창헌」, 『독립기념관』(2001년 6월호), 10~11쪽.

■ 통고문

　　본단은 총무부의 결의에 의하여 외지의 연락, 기타 필요에 따라 본단의 총무를 당분간 상해에 이치(移置)할 것을 이(玆)에 통고함.

대한민국 2년 3월 6일
대동단 총부 ㊞[52]

　　이로써 대동단 본부가 상해로 이치된 것은 사실이지만 그들의 국내 활동이 끊어진 것은 아니었다. 그들은 국내외에 잠복해 있는 점조직의 비밀 당원들을 감동시킴으로써 혈전을 지속시킬 필요가 있다고 생각했다. 그리하여 김가진은 남은 단원들에게 다음과 같은 포고문을 발표했다.

■ 포고문(佈告文)

　　단원 제군이여, 분기(奮起)하라! 일거(一擧)를 기(期)하여 분기하라! 자유·독립과 정의·인도의 소리가 그 파동을 넓히니 적의 횡포는 일층 우심(尤甚)하도다. 야수의 유전(遺傳)을 아직도 탈피하지 못하고 약육강식을 지존(至尊)으로 여기는 섬나라 민족(島族)의 완고하고 어두움(頑冥)은 글(筆)이나 말(舌)만으로는 이를 회오(悔悟)시키기 어렵도다. 몇 년 동안 우리 민족이 취했던 평화적 수단은 오히려 저들에게 문약(文弱)하고 무혈(無血)하다는 환각을 주었을 뿐이다.

　　적의 횡포에 고읍(苦泣)하는 단원 제군이여! 재차의 기대(企待)를 싫어하는 노부모와 어린 형제의 골육에로 오랑캐의 칼이 기탄없이 들어오는 것을 보면서 우리 단원 제군은 어찌 참고만 있겠는가? 분기하라. 일거를 기해 분기하라! 수화(水火) 가운데에 있는 우리 민족을

---

52)「上海에서 대동단이 배포한 선전 문서 보고의 건」(大正 9년 4월 1일자, 高警 제9233호), 金正明(編),『明治百年史叢書：朝鮮獨立運動』(1/分冊), 413쪽.

구하고, 우리 민족의 공존의 필요를 각오했으면 분기하여 일명(一命)을 나라에 바치라.

단원 제군이여, 혈전의 시기가 눈앞에 박두했음을 각오하라. 야만족 자신이 이를 요구하고 세계 조류가 이에 향응(響應)할 것이다. 수화(水火) 가운데에 있는 2천만 우리 민족을 구함은 우리 3백만 단우(團友)의 결사 일전에 있다고 결심 맹약한 단원 제군이 최후의 일법(一法)을 취할 수 있는 기회가 여기에 있을 것이다. 제군이여 분기하라! 다만 궐기할 때 부분적인 것은 피하라. 그윽이 전해들은 바로는 근자에 본단 의병 부원 가운데 한 무리가 모종의 활동을 개시했다고 한다. 이 또한 애국 정성의 소사(所使)이니 찬미하지 않을 수 없도다.

그러나 제군이여, 일에 임하여 다시 하나의 계책을 가(加)하노라. 유사 이래 우리 민족에게 수치를 준 자나 고통을 준 자는 모두 부분적 행동이며, 폭도·불녕(不逞) 등의 언사를 적으로 하여금 감히 토하게 했을 뿐이며, 신성한 우리 민족에게서 약간의 부패한 돈을 갹출(醵出)한 것도 부분적 행동의 소이(所以)이다. 본단의 출현은 실로 이를 막으려는 데에 있도다. 제군도 또한 이를 목적으로 하지 않는가!

가일층 단결을 굳혀 준비를 완성하고 애국의 열성을 부분적으로 사용치 말라. 우리의 임시정부에서는 혈전의 준비를 이제 급속히 진행 중에 있으며, 본 총부에서는 최후의 행동에 대한 획책을 머지않아 발현할 것이니 한 번 태어나 한 번 죽는 일을 우리 민족의 사명에 맡긴 제군은 더욱 일도·일진·일퇴(一度—進—退)를 모두 총부의 명령에 따르도록 이에 포고하는 바이다.

대한민국 2년 3월 6일

대동단 총재 김가진[53]

---

53) 「上海에서 대동단이 배포한 선전 문서 보고의 건」(大正 9년 4월 1일자, 高警 제9233호), 金正明(編), 『明治百年史叢書: 朝鮮獨立運動』(1/分冊), 413쪽. 姜德相, 『現代史資料』(27): 朝鮮(3) 獨立運動(1)(東京: みすず書房,

그러나 망명 정부의 한 지파인 대동단이 안고 있는 가장 큰 어려움은 독립운동의 자금을 염출하는 것이었다. 그런데 독립운동 자금이란 민족주의 세력의 자체 부담이 현실적으로 불가능하다. 그들은 먼저 민족운동의 대오에 참여했다고 하는 사실만으로도 생계의 위협을 받는 실정이었다. 더구나 1930년대 초엽에 윤봉길(尹奉吉)·이봉창(李奉昌)의 의거가 있기까지는 중국도 대일 관계의 악화를 염려하여 한국의 민족진영에 선뜻 자금을 제공하지 않았다.[54] 따라서 임정이나 또는 대동단과 같은 단체들은 자체 단원의 능력으로밖에는 자금을 조달할 수가 없었다. 이러한 상황에 놓여 있는 대동단으로서는 다음과 같은 호소문을 전국에 띄우지 않을 수 없었다.

■ 각금권고문(醵金勸告文)

동포 제위여, 분발하라!

왜적의 속박(箝制)을 탈피하고 반도 강산에 태극기를 휘날리는 날이 목전에 이르렀도다. 방금 왜적은 안으로 국난의 궁곤(窮困)을 당하고 밖으로 열강의 핍박을 받아 그 위험함이 알을 쌓아놓은 세(勢)에 있도다. 이는 실로 전 세계의 기운(氣運)이 왜적을 징벌함이로다. 천백세 조령(祖靈)은 우리 민족을 음우(陰佑)하는도다.

이제(於是乎) 본단은 제반의 활동을 전개하여 북으로는 모지(某地)에 연락을 취하고 남으로는 모방(某方)의 후원을 얻어 방금 혈전을 개시할 것을 결정했다. 과거의 국치를 씻으려 함도 이 일거에 있으며 장래의 자유를 얻음도 이 일거에 있도다. 제위여, 민족을 생각하고 강토를 사랑하면 각기의 성력(誠力)을 다 할지어다. 1원의 보조력을 가진 동포는 1원의 군자금을, 1만 원의 보조력을 가진 동포는

1977), 16~17쪽에는 「大同團激告文」이라는 이름으로 같은 글이 실려 있다.
54) 金九, 『白凡逸志』(서울 : 國士院, 1948), 177쪽.

1만 원의 군자금을 의무적으로 책임적으로 갹출해 줄 것을 간절히 바라는 바이다.

대한민국 2년 3월 10일
대동단 총부
총재 김가진
무정부장(武政部長) 박용만(朴容萬)
상무부장(尙務部長) 나창헌
외교부장 손영직(孫永稷)
재무부장 고광원(高光元)[55]

국내 조직이 거의 무너지다시피 된 시점에서 위와 같은 권고문은 아무런 반향을 얻지 못했다. 이제 남은 일이란 단 간부들이 직접 모금 운동에 종사하는 것이었다. 단 간부라고 해 보았자 실제로 일선에서 활약할 수 있는 인물이라고는 나창헌 밖에 없었다. 신변에 위험을 느낀 나창헌은 조선의 내지까지 깊숙이 들어가지 못하고 주로 평안북도 일대를 무대로 하여 모금에 착수했다. 그가 제일 먼저 만난 인물은 신의주에 거주하는 장찬식(張贊植)이었다.

나창헌의 권유로 대동단에 가입한 장찬식은 1920년 1월에 신의주 – 안동 교통소장과 군자금 모집원이 된 이래 1920년 3월까지 상해의 대동단 본부로부터 중국 안동현 흥륭가(興隆街)의 중국인 서점인 성인당(成仁堂)을 거쳐 송부해 온 「통고문」(通告文) 1,600매를 받았다. 그는 이를 신의주에 있는 자택으로 운반하여 그 가운데 200매는 자신이 신의주에 배포하고 나머지 1,400매는 신의주의 팔박운송점(八博運送店)에서 출하하여 서울의 평운송점(平運送店)을 거쳐 대동단의 교통 연락 관계자인 김덕률(金德律 : 서

---

55) 「上海에서 대동단이 배포한 선전 문서 보고의 건」(大正 9년 4월 1일자, 高警 제9233호), 金正明(編), 『明治百年史叢書 : 朝鮮獨立運動』(1/分冊), 413~414쪽.

울 樂園洞) 집에 있는 이호(李豪)에게 밀송(密送)하여 서울 시내에 배포케 함으로써 한국인들의 독립 사상을 고취했다.

이 무렵에 나창헌은 장찬식에게 다음과 같은 2통의 편지를 보냈다.

오형(吾兄)은 대사를 빨리 이루기 위해 황(黃) 선생에게 자전거를 15일 동안 빌려 줄 것을 앙망합니다. 또 내지(內地)로부터 오는 사람이 계속 있으니 재산과 기타의 일을 잘 주선해 주시기 바랍니다.

장일소(張一笑) 형,
계배(啓拜)

혜서(惠書)는 잘 받았습니다. 15호로부터 온 편지는 일일이 추승(推承)했으니 안심하시고 또 15호 내용에서 부탁한 등기를 송부하오니 귀소(貴所)에서 배포하시고 기타는 경성에 보내고 싶은데 그 방법을 어떻게 하는 것이 좋겠습니까? 운송부에 부탁하면 어떨까요? 잘 연구하셔서 실패 없이 송부할 수 있도록 앙망합니다. 어려우시겠지만 발송비는 귀형께서 부담해 주시고 경성의 다천(茶泉) 씨에게서 받으시기 바랍니다.

특파원 황(黃) 선생을 보내겠습니다. 어떻게 하든 여관에 머물지 않고 각별히 가정집에 머물도록 해 주십시오. 잠시 내지에 들어갔다가 약 20일이 지나 돌아올 것이니 노동자용 한복 한 벌을 꼭 빌려주십시오. 이 사람은 중대한 사명을 띠고 조선에 들어가는 사람이니 어떻게든 특별히 주선해 주시고 우리 단체 요원에게도 일체 그 분이 들어가는 일을 비밀에 부쳐 주십시오. 당사자 이외에는 어떤 일도 말하지 마십시오. 이것이 교통소장(交通所長)의 제일의 책임입니다. 귀하에 대한 신임장과 교도자(敎徒姉) 임응초(任應楚)56) 씨의 신임장을 보내드리겠습니다. 아무튼 절대 비밀에 부치고 각기 책임 맡은 일에

---

56) 이 사람은 뒤에 나오는 김응초(金應楚)와 같은 인물로서 그 어느 쪽이 틀린 것 같다.

노력해 주십시오.

오형(吾兄), 군자금 모집에 더욱 진력해 주십시오. 영수증에는 호수(號數)가 있으며 이곳에 대조 번호가 있으니 사용하지 않은 것도 보관해 두십시오. 차후에 대조의 증빙으로 삼고자 합니다. 차후라도 영수증이 부족하면 보내드릴 수 있습니다. 용천군 서면 덕암동(龍川郡 西面 德岩洞)에 사는 김상주(金尙柱) · 김성주(金成柱) 형제는 부자일 뿐만 아니라 사상도 훌륭하니 군자금을 요청해 보시기 바랍니다. 어떻든 지금보다 더 분발 활동하시기 바랍니다.

또한 3월 1일 이후의 소식을 어떻게든 사방으로 수집해서 들리는 대로 알려 주십시오. 황 선생이 조선에 들어가는 방법을 어떻게 하는 것이 편리하겠습니까? 잘 연구하여 주선해 주시기 바랍니다. 신의주의 수신자의 거처도 또한 별처(別處)에 정하면 어떻겠습니까? 연구해 주시기 바랍니다.

1920년 3월 5일

제(弟) 왕진백(王陳白) 드림[57]

이러한 지시에 따라서 장찬식은 대동단원인 나창헌 · 황학선(黃學善) · 김홍식(金弘植)[58] 등 몇 명이 상해와 한국의 내지를 왕래할 때 그들을 자기 집에 머물게 하여 그 활동을 원조한 외에 대동단 관계의 통신 연락은 물론 단원과 국내 조직 사이에 왕복하는 통신의 중계 연락에 종사했다. 아울러 장찬식의 아내인 이경도(李敬道)도 나창헌의 권유에 따라 부인대동단(婦人大同團) 신의주지단 단장이 되어 남편의 독립운동을 지원했다.[59]

---

57) 「平安北道에 있는 대동단원 검거의 건」(大正 9년 5월 7일자, 高警 제13622호), 金正明(編), 『明治百年史叢書 : 朝鮮獨立運動』(1/分冊), 405~406쪽. 왕진백(王陳白)은 나창헌의 가명임.
58) 김홍식(金弘植)은 김횡진(金宏鎭)과 동일 인물인 듯이 보인다.
59) 「平安北道에 있는 대동단원 검거의 건」(大正 9년 5월 7일자, 高警 제13622호), 金正明(編), 『明治百年史叢書 : 朝鮮獨立運動』(1/分冊), 404~406쪽.

또한 중국 안동현에서 여인숙을 경영하는 김영률(金永律)의 고용인인 김응초(金應楚)는 김영률의 집에서 나창헌의 권유에 따라 신의주-안동교통소의 이사가 되어 1920년 1월부터 2월 하순까지 상해 본단과 재한(在韓) 단원 사이의 문서 송달을 돕는 한편 상해와 한국 내지를 왕복하는 단원들의 행동을 원조하고 이들이 관헌에게 발각되지 않도록 여러 가지 편의를 제공했다. 이토록 상해와 내지의 연락 책임을 맡고 있던 장찬식의 무리들은 5개월 동안 활약하다가 1920년 5월 7일에 평안북도 경찰국에 의하여 일제히 피검되었다.[60] 이 밖에도 하동 지단장인 박제웅(朴齊雄)과 그 동지인 이재연(李在淵)과 박상진(朴尙鎭) 등이 5월 7일에 체포되었다.[61]

이 무렵에 상해의 대동단에 독립 자금을 제공한 인물로서는 황창오(黃昌五, 25세)와 신현필(申鉉弼, 36세)이 있다. 황창오는 한일합병에 사무치는 원한을 품고 지내며 항상 국권 회복에 대하여 기회만 있으면 한 번 활동하고자 하던 차에 마침내 1919년에 일어난 만세 소리에 더욱 자극을 받아 해주 3·1운동에 참여한 뒤, 자신도 한가지로 독립운동에 참가하여 활동하여 보겠다는 생각으로 상해임시정부를 위해 군자금 모집에 힘쓰다가 상해로 건너가 보려 하였으나 가난한 형편으로 말미암아 뜻을 이루지 못하고 있었다.

그러던 중에 황창오는 양인환(梁仁煥)과 남적희(南積熙)를 찾아가 자기의 뜻한 바를 말한 뒤 1920년 9년 5월 23일 무렵에 해주군 화양면 서덕리(花陽面 西德里)의 안인택(安仁澤)의 집을 찾아가 현금 560원을 받아 그 가운데 180원을 상해임시정부로 보내어 그곳 대동단 총재 김가진으로부터 대동단의 가입증서와 특파원이라는 발령장을 받았다.

황창오는 1921년 10년 1월 중순에 신현필을 찾아가 자기는 상해임시정

---

60) 「平安北道에 있는 대동단원 검거의 건」(大正 9년 5월 7일자, 高警 제13622호), 金正明(編), 『明治百年史叢書 : 朝鮮獨立運動』(1/分冊), 404~406쪽.
61) 『東亞日報』 1920년 6월 20일자.

황창오(黃昌五)

부로부터 군자금 모집 특파원 발령장을 받은 사실과 대동단이라는 단체의 내용을 자세히 말하고 한 가지로 그 단체에 가입하여 독립운동을 하자고 권고하였다. 이들은 1921년 4월 20일에 연백군 용도면 청계리(龍道面 淸溪里)의 이덕흥(李德興)과 아들 이경한을 찾아가 자금을 요구했으나 실패하고 다시 문정갑(文政甲)과 공모하여 용흥면 갈암리 이문하(李文夏)를 협박하여 현금 23원을 빼앗아 도주하던 중에 체포되어 황창오는 징역 15년, 신현필은 징역 5년을 받았는데,[62] 황창오는 상고하여 12년형을 받고 복역했다.[63]

그 무렵에 나창헌은 철혈단(鐵血團)을 조직했는데, 여러 가지 정황으로 보아 이는 비스마르크(Otto von Bismarck)의 철혈정책에서 암시를 받았던 것으로 보인다. 나창헌이 1920년 6월 하순 무렵에 작성한 두 건의 성명서가 발표되었는데, 그 내용이 이를 뒷받침해 주고 있다.

■ 철혈단 선언서(1호)

우리의 독립이 우리의 사활이 걸린 문제라는 점에 대하여는 두 말할 나위도 없다. 우리의 독립은 총과 칼과 피가 아니면 성공할 수 없다. 그러므로 우리는 앞으로 단 한 사람이 남을 때까지 최후의 일각까지 철(鐵)과 피(血)로써 저 간악하고 악독한 왜의 원수를 무찔러

---

62) 『조선일보』 1921년 7월 3일자.
63) 황무길의 증언(황창오의 손자 : 수원시 장안구 파장동 589-4 충신교회, 2000. 4.7).

야 한다. 그러나 우리 독립운동가 가운데에는 부패한 무리가 적지 않고 독립운동이라는 미명 아래 자신의 명예를 얻으려는 야심을 품은 자가 있으며, 독립운동을 수단으로 공적인 것을 빙자하여 자기의 이익을 채우려는 야비한 무리도 있다. 독립운동을 수단으로 지방의 힘과 사당(私黨)을 심어 세력을 다투고 서로 암투를 하며 왜적을 무찌르는 것보다 동족을 적으로 모는 일에 열중하는 무리도 있다.

슬프다. 이와 같은 무리들은 우리의 독립을 방해하는 악마들이다. 저들이 어쩔 수 없이 악마의 짓을 하는 이상 우리는 이들을 박멸하고, 신성한 독립운동가는 여기에 보조를 맞춰나가야 한다. 이에 우리는 앞서 말한 악마를 제거하여 우리 영역의 신선하지 못한 공기를 소독하고 이로써 우리 전 민족의 정신을 건전하게 하며, 밖으로는 총과 피로써 왜적을 무찔러 우리의 독립을 달성하고자 하노라.

기원 4253년 6월 일

철혈단[64]

■ 철혈단 선언서(2호)

이미 우리 철혈단이 포고한 주의에 따라 철과 피로써 왜적을 무찌름과 동시에 내부에 있는 악마를 박멸하려면 개인이나 단체나 정부의 임원을 가리지 않고 일반 사회의 불량스러운 자를 추호의 용서도 없이 없애버려야 한다. 작년 3월 1일까지의 10년 동안과 3월 이후 오늘에 이르기까지 이른바 구식 인물 아무개(某某)와 어느 단체의 암투가 원인이 되어 독립운동을 진척시킬 수가 없었다. 그러나 그런 암투에 관하여 그 내막에 대한 발표를 기대하지 못하는 이유가 있다. 다름이 아니라 처음에는 이가(李哥)라 하더니 이제는 김가(金哥)라 하더니 또 자기의 당이라 했다가 다른 당을 지칭하는 이런 자들 모두가 우리의 독립과 우리 민족의 행복을 도모하면서 그 궤(軌)를 함께하지 않는 것이다.

---

64) 姜德相,『現代史資料』(27)(東京 : ミスズ書房, 1977), 23~24쪽 : 大正 9년 6월 29일자 高警 제19698호.

언제인가는 서로 이해하고 통일을 기할 수 있는 기회가 올 것이라고 우리는 생각했으나 이해와 통일이 되지 않을 뿐만 아니라 오히려 분쟁의 격렬함이 날로 심하여 오늘에 와서는 우리들이 어찌 할 수 없이 그 내용을 깨트려 문제를 근본적으로 해결해야 할 지경에 이르렀다. 마침 정부 내무국은 증거가 충분한 왜적의 밀정을 발견하였으나 그에 상응하는 처분을 내리지 않았다.

그들은 사사로운 정리와 왜적의 힘을 의식하여 어떤 조치도 취하지 않고 오히려 헌법에 의거하여 정부의 부정을 공격하는 의원에 대하여 내란범으로 의심하고 의정원이 개회하고 있는 동안에 의회의 승낙 없이 그를 체포하였으며, 또한 독립운동 자금에 도움을 주려는 목적으로, 공금을 낭비한 자의 소지금을 징발한 청년을 강도로 몰아 곤봉으로 난타하고 단총으로 위협하였는데 이를 어찌 임시정부라 믿을 수 있으리요?

우리들은 오늘날 우리 민족의 처지와 입장을 되돌아보고 여러 차례 내무총장에게 대국(大局)을 위해 제대로 된 선후책(善後策)을 실시하라고 권고했음에도 전혀 응답이 없어 다시 내무부에 질문한 바 있으나 그 태도에는 여전히 구한국 시대의 대신이 가지고 있던 습관이 남아 있다. 혈기왕성한 청년들은 분개함에도 불구하고 임시정부는 이에 대하여 겉만 보기 좋게 꾸미는 것을 일삼고 있다.

그들은 오히려 우리를 정부를 전복하려는 어느 당파라고 하는 구실을 허위로 만들어 경무국 국원과 군무부 사관학교 생도 및 그 밖의 많은 인원을 모아 죄를 묻게 하여 어느 인사의 자택을 습격하고 포승으로 손발을 묶어 3일 동안 밤낮에 걸쳐 난타한 결과 십여 명 가운데 두 명은 근육이 찢어지고 뼈가 부러졌으며, 가슴에 부상을 입기에 이르러 입원가료 중이기는 하나 생명이 위독한 상태이다. 참으로 왜적이 우리 민족에게 저지른 만행보다 심한 무리가 있는 것이다.

슬프다, 이를 어찌 참을 수 있겠는가? 결코 참을 수 없는 일이로다.

기원 4253년 6월 일

철혈단[65]

나창헌이 작성한 것으로 되어 있는 위의 글에는 분노와 치열함이 보이며, 그 핵심은 밖의 적 왜국보다 임시정부 안에 있는 적의 해독이 더 크다는 사실을 지적하고 있다. 글이 격정적인 점을 감안하더라도 나창헌이 없었던 일을 거론한 것 같지는 않으며, 이를 통하여 임시정부 안에서의 노선 갈등과 나창헌 또는 김가진을 포함한 대동단의 입지가 어떠했던가를 잘 알 수 있다. 그는 의열 투쟁을 선호했던 것으로 보인다.

이런 과정에서 불행하게도 이른바 황학선(黃學善) 사건이 벌어졌다. 해주 사람 황학선은 독립운동 이전에 상해에 도착한 청년으로 독립운동에 열정을 가지고 있었다. 그런데 그는 각 방면에서 상해로 모여든 지사들이 자신의 집에 숙식하는 것을 기화로 "임시정부는 세워진 지 며칠 되지도 않는 정부"라고 악평하였다. 이 때문에 새로 도착한 청년 가운데 김가진과 서울에서 열렬히 운동하던 나창헌 등은 황학선의 계략에 걸려 정부에 대해 나쁜 감정을 품게 되었다. 이로 말미암아 마침내 김기제(金基濟)와 김가진의 아들인 김의한 등 몇 명이 임시정부 내무부를 습격한 사건이 발생했다.[66]

곧 1920년 5월에 이르러 평소에 임시정부의 온건 노선과 분열에 대하여 안창호에게 불평하던 나창헌[67]과 이에 맞서 그 무렵 정부를 옹호하던 청년들이 흥분하여 극도로 분격하여 다투다가 육박전이 시작되어 나창헌과 김기제 두 사람이 중상을 입었다. 내무총장 이동녕의 명령에 따라 포박된 청년 10여 명은 타일러 풀어주고 중상을 당한 나창헌과 김기제 두 사람은 입원 치료하게 하였다. 경무국에서 그 분란의 원인을 조사한 결과 그 사건의 배후는 황학선이었다.

---

65) 같은 책, 24쪽.
66) 外務省亞細亞局(編), (秘) 參考資料(24) : 「朝鮮獨立運動問題」, 金正柱(編), 『朝鮮統治史料』(7)(東京 : 宗高書房, 1970), 410쪽.
67) 『島山安昌浩全集』(4) : 「島山日記」(1920년 1월 29일자), 103쪽.

조사 과정에서 밝혀진 바에 따르면, 황학선은 일본 영사관으로부터 자금과 계획을 제공 받은 밀정이었다. 임정에서 그를 붙잡아 심문한 결과 그가 나창헌 등의 애국 열정을 이용하여 정부의 각 총장과 경무국장 김구까지 전부 암살할 계획을 꾸미고 있다는 사실을 알게 되었다. 황학선은 외딴 양옥을 세내어 대문에 민생의원이란 큰 간판을 붙이고 나창헌이 의과생인 점을 이용하여 정부 요인들을 유인하여 암살할 계획이었다. 이 사건으로 경무국에서는 황학선을 처형하고 그에게 속아 임정을 공격한 무리들의 처사를 사면했다.[68]

이런 일이 있은 뒤에 나창헌은 1922년 11월에 이르러 철혈단을 발전적으로 해체하고 조동우(趙東祐)・최석순・이유필(李裕弼)・조상성・김구(金九) 등 20여 명과 함께 중국 상해 프랑스조계 하비로 보강리 24호 조상성의 집에서 모여 향후 10개년 동안에 1만 명 이상의 노병(勞兵)을 양성하고 100만 원 이상의 군자금을 만들어 조선의 독립을 도모할 목적으로 한국노병회(韓國勞兵會)를 조직했다.[69]

이와 같은 투쟁 과정에서 나창헌은 1925년 3월 11일에 있었던 이승만(李承晚) 탄핵 심판 무렵 그 위원장을 역임하여 탄핵안을 가결시킴으로써 임정과 이승만의 악연의 단초가 되었다.[70] 그 내막을 살펴보면, 이승만은 미국에서 외교우선주의에 따라 활동하던 시기에 지난날의 은사이자 그 무렵 미국의 대통령이 된 윌슨(W. Wilson)에게 "국제연맹이 한국을 위임 통치해줄 것"을 요청한 사실이 있었다.[71] 이는 그를 파견한 재미한인대표자회의와는 사전 연락이 없이 이승만 단독으로 취한 행동으로서, 국제연맹에 의한 위임 통치가 일본 지배를 벗어날 수 있는 길이라고 그는 판단했

---

68) 도진순(주해), 『백범일지』(서울 : 돌베개, 1997), 305~306쪽.
69) 「昭和 5년 형공 제206호」, 『독립운동사자료집(12) : 문화투쟁사자료집』(서울 : 독립운동사편찬위원회, 1977), 1215~1218쪽.
70) 「朝鮮民族運動年鑑」, 金正明(編), 『明治百年史叢書 : 朝鮮獨立運動』(2), 313쪽.
71) 국사편찬위원회, 『일제 치하 한국 36년사』(4)(서울 : 탐구당, 1969), 322쪽.

던 것이다. 그러나 이것이 "미국에 위임 통치를 요구했다"고 와전되어 이 승만을 탄핵하여 해임시켰다.(1925)

이와 같은 위임 통치 요구설은 알 만한 위치에 있는 사람들에게도 잘못 전달되어 상당한 분노를 일으키고 있었는데 이를테면 김창숙(金昌淑)·신숙(申肅)·신채호72)와 같은 사람들도 그런 오해를 하고 있었고 심지어는 미국에 있는 사람들도 미국에 위임 통치를 청원한 것으로 알고 강경문(姜卿文) 외 53명이 「성토문」73)을 발표하는 정도였으니까 임시정부 요인들도 그렇게 오해했을 가능성이 많았다. 나창헌이 탄핵위원장의 역할을 맡은 것은 그가 그 무렵 임시정부 내무부의 경무국장이었을 뿐만 아니라 의정원의 평안도 대표를 겸임하고 있었던 사실74)과 무관하지 않았을 것이다. 나창헌의 의열 투쟁은 1925년에 조직된 병인의용대(丙寅義勇隊)에서 더욱 격렬해졌다. 그들은 상해 일본 총영사관의 폭파를 시도하는 등75) 의열 투쟁을 전개했다.

임정과의 갈등을 겪은 뒤로 나창헌은 1927년 사천성 만현(萬縣)으로 들어가 세웅의원(世雄醫院)을 개업했다.76) 『만주일보』1939년 4월 24일자에 만현의원(萬縣醫院)의 광고가 보이고 『만현시위생지』(萬縣市衛生志) 1990년 8월호에는 그 원장이 왕중수(王仲壽)로 되어 있는데, 이 사람이 나창헌과 같

---

72) 心山사상연구회, 『金昌淑文存』(서울 : 성균관대학교출판부, 1994), 42쪽; 金昌淑, 「독립 운동 비화: 이승만 대통령 파면 결의 무렵의 丹齋」, 『경향신문』 3월 2일자; 申肅, 『나의 일생』(서울 : 일신사, 1963), 63쪽; 신채호, 「성토문」, 『단재신채호전집: 별집』(서울 : 단재신채호선생기념사업회, 1979), 89쪽.

73) 「성토문」(高警文書 제28132호, 1921.10.12), 『한국민족운동사료: 3·1운동 편(1)』, 628~629쪽.

74) 『도산안창호자료집』(I)(서울 : 국회도서관, 1997), 122~124쪽.

75) 「昭和 11년 형공 제119호」, 『독립운동사자료집(11) : 독립군전투사자료집』 (서울 : 독립운동사편찬위원회, 1976), 822~827쪽.

76) 장석흥, 「나창헌의 독립운동 노선과 성격」, 2001년 6월의 독립운동가 나창헌 선생 공훈선양학술강연회(서대문독립공원, 2001.6.28), 6쪽.

은 인물이 아닌가 여겨진다. 나창헌은 중국에서 활동할 때는 왕(王)씨 성을 썼기 때문이다.[77] 나창헌은 1933년 상해로 돌아와 흥사단에 합류하여 원동반 제5반 단원으로 활약하였으나 1936년에 사천성 만현에서 사망했다.[78]

해외로 망명한 무리 가운데에는 신덕영(申德永)의 활동이 눈에 띈다. 그는 1919년의 제2만세사건으로 체포되어 제령 제7호 위반으로 대구복심법원에서 8년형을 받고 병보석 중에 중국으로 망명하여[79] 1920년 9월에 대한독립공명단(大韓獨立共鳴團)에 가입하여 활동했다.[80] 공명단은 군사부, 재정부, 정치부의 셋으로 나뉘어 있었다. 회원은 65명 정도이다.[81] 김정연(金正連)은 법정 진술에서 "장개석(蔣介石)과 일본 공산당 지도자인 가타야마 센(片山潛) 등의 지원을 받아 5개 사단 75,000명의 군대를 양성하여 한국에 진공하려 했다."[82]고 말했지만 그 실현 가능성은 희박했을 것이다.

이 비밀결사의 단장은 안혁명(安革命)인데 본부는 상해 프랑스조계 삼마로(三馬路) 13번지에 있었다. 중요 회원은 김정연과 이선구(李善九)가 있었다.[83] 회원 가운데 비행사 안창남(安昌男)이 눈에 띠는 것이 신기한데, 최양옥(崔養玉)의 진술에 따르면 그가 공명단과 관련을 맺은 것은 사실이지만 당원은 아니었다고 한다.[84]

---

77) 나창헌의 아들 나중화(羅重華)가 작성한 家乘에 따름
78) 「이달의 독립운동가 : 나창헌 선생」, 『광복회보』, 2001년 6월 20일(Vol.213)
79) 『한민족독립운동사자료집(41) : 독립군자금모집(10)』, 「共鳴團군자금모집사건 의견서」(경기도경찰부, 1929년 5월 10일); 같은 책, 「신덕영의 처 오씨의 신문조서」(5)(경기도경찰부, 1929년 5월 6일)
80) 대한독립공명단에 관한 주요 선행 연구로서는 조규태, 「대한독립공명단의 조직과 활동」, 『한국민족운동사연구』(33집), 87~117쪽이 있다.
81) 『한민족독립운동사자료집(41) : 독립군자금모집(10)』, 「김정연신문조서」(2)(경성지방법원검사국, 1929년 5월 1일)
82) 같은 책, 「김정연신문조서」(2)(경성지방법원검사국, 1929년 5월 1일).
83) 같은 책, 「崔養玉 신문조서」(2)(경성지방법원검사국, 1929년 5월 16일).

최양옥(崔養玉)

최양옥은 1919년 아버지 최재건(崔在建)의 친구인 신병선(申炳善)의 집(서울 입정정)에서 머문 적이 있었는데, 그때 그의 아들인 신덕영을 만났다. 그때 신덕영은 만주 방면에서 독립운동을 하다가 돌아와 있었다.[85] 최양옥은 대동단원으로 활동하다가 1920년에 담양경찰서에서 체포되어 대구복심법원에서 징역 7년형을 받고 1926년에 출감하여 서울 팔판동으로 신덕영을 찾아갔으나 그는 호북지방으로 떠난 뒤였다.[86] 그 무렵에 신덕영은 흑룡강성의 친족 신두선(申斗善)의 집에 살고 있다.[87]

최양옥은 1921년 4월 4일에 김정연과 함께 평안북도 용천군 양광면(楊光面) 풍덕리(風德理) 김인옥(金仁玉)의 집에 쳐들어가 150~160원을 강탈했다. 1921년 4월 20일에 최양옥, 김정연, 이선구는 다시 양주군 사도면 마석고개에서 우편수송차를 습격하였으나 현금 탈취에 실패했다.[88] 이 사건으로 최양옥은 경성지방법원에서 징역 10년, 김정연은 징역 8년, 이선구는 징역 5년의 선고를 각각 받고, 서대문형무소에서 복역하던 가운데 이선구는 옥사하였으나,[89] 이영(李英), 신덕영, 이화(李華) 등은 잡히지 않았다.[90]

84) 같은 책, 「최양옥의 신문조서」(2)(경기도경찰부, 1929년 5월 2일).
85) 같은 책, 「최양옥의 신문조서」(2)(경기도경찰부, 1929년 5월 2일).
86) 같은 책, 「최양옥의 신문조서」(2)(경기도경찰부, 1929년 5월 2일).
87) 같은 책, 「김정연신문조서」(5)(경기도경찰부, 1929년 5월 6일).
88) 같은 책, 「崔養玉 신문조서」(2)(경성지방법원검사국, 1929년 5월 16일).
89) 국가보훈처 독립유공자공훈록.
90) 앞의 「共鳴團군자금모집사건 의견서」(경기도경찰부, 1929년 5월 10일).

4. 옥바라지

태풍이 지나간 후의 바다에는 적막만이 감돌았다. 이제 대동단은 상해 임시정부에 합류한 김가진과 나창헌만이 그 명맥을 유지하고 있을 뿐 그들의 조직은 거의 일망타진된 것이나 다름이 없었다. 이강 공은 일단 총독 관저(官邸)에 유폐되었다가 의화궁(義和宮)으로 돌아왔지만 그에게는 10여 명의 순사들이 그림자처럼 따라 다니고 있었다. 실의에 빠진 그는 삭발하고 술과 담배마저 끊은 채 궁내에서 칩거의 세월을 보냈다. 이제 그에게 말벗이 될 수 있는 사람이라고는 구로자키(黑崎) 사무관밖에는 없었다.[91]

종로경찰서에 수감된 단원들은 고등계 형사 김원보(金源甫)의 취조를 받았다. 1920년 2월 2일부터 6월 28일까지 지루한 예심이 진행되었다. 예심은 주로 경성지방법원의 나가시마 유조(永島雄藏) 판사의 손으로 이루어졌다. 이러는 가운데 해가 바뀌고 1920년 3월 1일이 되었다. 이 무렵 유관순(柳寬順)과 같은 동(棟)에 수감되어 있던 이신애와 박정선 등은 독립 만세 1주년을 옥중에서 맞이하여 만세를 부르다가 미와(三輪) 경부로부터 더욱 심한 악형(惡刑)을 받았다.[92] 이 무렵 이신애는 임신 중이었음에도 불구하고 모진 악형을 당했다.[93]

검찰에서는 수많은 고문이 자행되었다. 고문을 통하여 요구하는 것은 만주 독립 단체와의 연계나 어느 특정인과의 밀모를 자백하는 것이었다.[94] 고문에도 불구하고 단원들은 출옥하면 다시 독립운동을 계속하겠

91) 『동아일보』 1920년 4월 13일자; 5월 4일자.
92) 李信愛, 「光復運動史蹟」, *mimeo*(이현희 교수 소장), 10쪽.
93) 「한기동에 대한 예심 조서」(2), 『대동단사건』(II), 219쪽; 「이신애에 대한 예심 조서」(3), 같은 책, 233~234, 236쪽; 「한기동에 대한 예심 조서」, 같은 책, 264쪽.
94) 「이건호에 대한 검찰 조서」(2), 『대동단사건』(I), 304쪽; 「정규식에 대한

노라고 당당하게 응대했다.[95] 정규식의 다음과 같은 법정 진술은 후대인의 심금을 울려 준다.

문 : 그대는 끝까지 조선 독립운동을 할 작정인가?
답 : 나는 조선 독립을 위해서는 한 목숨도 아끼지 않겠다는 것만을 말하겠다. 그러면 그 나머지는 말하지 않아도 알 것이라고 생각한다.
문 : 그러면 「선언서」에 실린 것과 같이 마침내는 혈전(血戰) 또한 마다하지 않고 목적 달성을 위해서는 폭동이라도 일으킬 생각인가?
답 : 그렇다. 선언서에 기재된 바와 같이 조선 민족 최후의 한 사람까지 힘이 있는 한 조선 독립을 위해 노력하여 죽음 또한 마다하지 않을 작정이다.
문 : 그러면 선언서를 발표한 것은 아무튼 그대들의 사상을 사회에 발표하여 조선인들의 독립 사상을 환기시킬 목적 때문이었는가?
답 : 그렇다.[96]

1920년 6월 28일에 예심이 종결되었으나 재판은 조속히 개정되지 않았다. 9월 15일이 되어서야 김정목(金正穆), 최진(崔鎭), 이조원(李祖遠), 김우영(金雨英), 김중혁(金重赫), 김태영(金泰榮), 키오 토라노스케(木尾虎之助), 마쓰모

검찰 조서」, 같은 책, 360쪽; 「최익환에 대한 예심 조서」(3), 『대동단사건』(II), 15~16쪽; 「권태석에 대한 예심 조서」, 같은 책, 22쪽; 「조종환에 대한 예심 조서」(1), 같은 책, 33쪽; 「강매에 대한 예심 조서」, 같은 책, 65~66쪽; 「전필순에 대한 예심 조서」, 같은 책, 75쪽; 「박형남에 대한 예심 조서」, 같은 책, 116쪽.
95) 「권태석에 대한 검찰 조서」(2), 『대동단사건』(I), 291쪽; 「이능우에 대한 검찰 조서」(2), 같은 책, 292쪽.
96) 「정규식에 대한 검찰 조서」(2), 같은 책, 361쪽.

토 마사히로(松本正寬), 아사쿠라 가모테츠(朝倉外茂鐵) 등의 변호사가 선임되었다. 그해 11월 20일부터 26일까지 이토 준키치(伊東淳吉) 재판장의 심리로 일심 공판이 개정되었고, 27일부터 논고와 아울러 구형이 내렸다. 변호사들의 변론을 거쳐 일심 판결을 받은 것은 12월 7일이었다. 이들의 구형과 언도의 내용은 다음과 같다.(괄호 안은 구형량)

전협(경성부 황김정 4정목 40, 무직, 45세) 징역 8년(10년)

최익환(충남 홍성군 홍주면 옥암리, 농업, 30세) 징역 6년(8년)

정남용(강원도 고성군 현내면 철암리, 승려, 25세) 징역 5년(6년)

이재호(경성부 관수동 29, 직유업, 43세) 징역 4년(4년)

이건호(충남 부여군 규암면 외리 156, 무직), 징역 3년(4년)

윤용주(충남 아산군 양정면 동산리 539, 농업) 징역 3년(4년)

동창율(경성부 입정정 7, 무직, 53세) 징역 3년(4년)

송세호(경북 경주군 해평면 桃李寺, 승려, 21세) 징역 3년(4년)

한기동(원산부 상리 34, 무역상, 23세) 징역 3년(4년)

이신애(원산부 남촌동 94, 남감리파 예수교 전도사, 30세) 징역 3년(4년)

윤종석(경기도 강화군 양도면 하일리, 세브란스연합의학전문학교 3학년생, 25세) 징역 3년(4년)

유경근(경기도 강화군 부내면 월화리 303, 광업, 44세) 징역 3년(4년)

양정(경성부 예지동 65, 무직, 56세) 징역 2년(2년)

권헌복(충북 보은군, 무직, 32세) 징역 2년(2년)

박형남(경북 문경군 신북면 평천리, 무직, 34세) 징역 2년(2년)

이을규(충남 논산군 두마면 입암리 27) 징역 2년(2년)

정규식(경기도 고양군 용강면 동막하리 740, 곡물상, 29세) 징역 2년(1년)

권태석(경북 김천군 김천면 남산정 74–1호, 무직, 26세) 징역 1년 6개월(2년)

민강(경성부 화천정 5, 약종상, 37세) 징역 1년 6개월(2년)

안교일(경성부 창신동 31, 이화학당 부속 용두리여학교 교사, 33세) 징역 1년 6개월(1년 6개월)

정희종(경성부 종노 6정목 84, 사립흥인배재학교 교사, 49세) 징역 1년 6
개월(1년 6개월)

박원식(경성부 안국동 78, 포목상, 30세) 징역 1년 6개월(1년 6개월)

장현식(전북 김제군 김구면 상신리 90, 농업, 25세) 징역 1년(1년)

이정(경기도 양주군 구리면 신내리 622, 서당 교사, 46세) 징역 1년(1년)

박정선(경성부 동서헌정, 무직, 47세) 징역 1년(1년)

김상열(경성부 장사동 22, 무직, 69세) 징역 1년(1년)

전필순(경기도 용인군 외서면 석천리 550, 장로파 야소교 조사, 27세)징역
1년(1년)

조종환(경기도 강화군 길상면 길상리 1413, 무직, 44세) 징역 1년(1년)

김익하(경성부 익선동 135, 무직, 72세) 징역 8개월 집행유예 2년(1년)

이종춘(경성부 소격동 8, 무직, 64세) 징역 8개월 집행유예 8년(1년)

전대진(경성부 효제동 202, 구두 직공, 26세) 징역 8개월(8개월)

이능우(경성부 장사동 37, 무직, 36세) 징역 8개월(8개월)

박용주(경성부, 구두 직공, 31세) 징역 6개월(6개월)

김영철(경북 영일군 흥해면 학성동 199, 경성의학전문학교 2학년생) 징역 6
개월 집행유예 2년(8개월)

김종진(평북 강계군 강계면 서부동 367, 숙명여학교 본과 3학년생, 18세) 징
역 6개월 집행유예 2년(6개월)

노준(전남 영광군 영광면 도동리 33, 농업, 27세) 무죄(6개월)[97]

　　전협이나 최익환을 비롯한 대동단의 주모자들은 스스로 공소(控訴)를
포기했지만, 이을규[98]를 비롯한 8명은 경성복심법원에 즉시 공소했다.
이들은 1921년 3월 23일에 이르러 이을규·이건호·유경근은 공소가 기

97)「大同團京城地法判決書」, 岩瀬健三郎(編),『朝鮮併合十年史 : 附 朝鮮 獨立
　　問題의 眞相』, 430~431쪽;『每日申報』1920년 11월 26일자;「대동단경성공
　　소원판결서」, 871쪽;「공판시말서」(4),『대동단사건』(II), 396쪽.
98) 이을규는 출옥한 뒤에 만주로 건너가 무정부 운동에 투신했다.

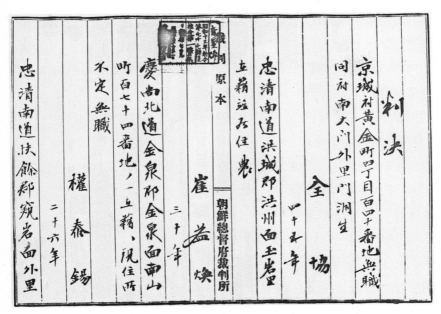

대동단사건 1심판결문

각되고, 박원식은 징역 1년, 장현식·김상열은 징역 1년(집행유예 2년), 윤종석·민강은 징역 1년 6개월로 감형 판결을 받았고,[99] 송세호는 1심인 대구지방법원에서 3년형을 받았으나,[100] 공소심에서 기각되었다.[101] 남원 일대의 대동단을 이끌던 김재구(金在九)는 징역 1년 6개월에 집행유예

---

99) 「大正 10년 형공 제35~40호」(경성복심법원)」, 『독립운동사자료집(10) : 독립군전투사자료집』, 870~871쪽 : 『東亞日報』 1920년 3월 24일자.

100) 「송세호 피고 판결서」(大正 9년 6월 29일, 대구지방법원), 金正柱(編), 『朝鮮統治史料』(5)(東京 : 宗高書房, 1970), 757~759쪽.

101) 「대한민국청년외교단·대한민국애국부인회 사건 판결서」(大正 9년 12월 27일, 대구복심법원), 金正柱(編), 『朝鮮統治史料』(4), 642~646쪽. 형기를 마친 송세호는 1936년에 다시 상해로 건너가 연초공장을 경영하면서 군자금을 제공하였으며, 해방이 된 뒤에도 귀국하지 못하고 1970년에 중국에서 별세했다. 국가보훈처 소장 『독립유공자공훈록』.

3년을, 이범수(李範壽) · 형갑수(邢甲洙) · 김진명(金振明)은 징역 1년에 집행유예 3년형을 받았다.[102] 광주(光州) · 화순(和順) 일대의 대동단을 지휘했던 신덕영(申德永)은 가택 침입죄, 총포 화약류 단속법, 공갈죄 등이 병과되어 대구복심법원에서 징역 8년형을 받았다.[103]

이들 가운데 유경근 · 윤종석은 4월 29일에 고등법원에 상고했으나 5월 7일자로 와타나베(渡邊) 재판장에 의해서 모두 기각 판결을 받았다.[104] 강경진(姜景鎭)과 한태현(韓泰鉉)은 대구복심법원에서 징역 1년의 원심을 확정받고 공소가 기각되었다.[105] 이범수(李範壽)는 광주(光州)지방법원 전주지청에서 징역 1년에 집행유예 3년형을 받았다.[106]

이리하여 1년 반에 걸친 모질고도 지루한 재판은 그 막을 내쳤다. 유죄 판결을 받은 대동단원들은 주로 서대문형무소에서 복역했다. 전협이나 최익환과 같은 식자들은 형무소 안의 인쇄소에서 문선(文選)과 교정(校正)으로 복역했며,[107] 박정선이나 이신애와 같은 여성 기독교 신자들은 기도 생활과 완구 제조에 종사하면서 형기를 보냈다.[108] 수형 생활은 고난의 연속이었다. 메주에 가까운 콩밥은 이미 각오한 바이요 또한 견딜 수 있는 것이라고 할지라도, 20평 남짓한 감방에 90명씩 수용된 시설은 견디기 어려웠다. 더구나 별도의 화장실이 마련되어 있지 않고 감방 내에 6~7개의 변기를 설치해 두어 방안의 악취로 코피를 쏟는 사람까지 있었다.[109]

102) 「김재구 · 이범수 · 형갑수 · 김진명 · 권창순(權昌順)에 대한 판결문」, 大正 11년 刑控 36호.
103) 『독립운동사자료집(9) : 임시정부사자료집』, 1055~1056쪽 : 大正 10년 형공 제472 · 572호.
104) 『東亞日報』 1920년 4월 29일자.
105) 『독립운동사자료집(9) : 임시정부사자료집』, 981~982쪽 : 大正 9년 형공 제185호.
106) 국가보훈처 소장, 이범수의 공적 조서.
107) 『東亞日報』 1920년 7월 11일자.
108) 『東亞日報』 1921년 5월 22일자.

대동단사건 공판정의 전협(全協, 左)·최익환(崔益煥)과 단원들

　수형 생활을 하는 사람에게 못지않게 옥바라지를 하는 가족들도 괴로
움을 많이 겪었다. 부실한 식사 때문에 고생한다는 말을 듣고 가족들이
사식(私食)을 마련해 주었지만, 그것도 하루 이틀의 일이 아니요 몇 년을
계속할 수는 없었다. 먼저 경제적으로도 뜻과 같지 않았을 뿐만 아니라,
설령 사식이 마련된다고 하더라도 옥리(獄吏)들이 이를 허락하지 않았다.
가족 중에서도 전협의 소실인 변화의 정성은 가장 지루하고도 고통스러

109) 『東亞日報』 1921년 5월 27일자.

운 것이었다. 비록 정실(正室)은 아니었다고 하더라도 변화는 전협을 위해 일신을 모두 바쳤다. 세월이 흐를수록 사식의 차입이 어렵게 되자 변화는 끝내 전옥(典獄)에게 몸을 허락하고 그 대가로 지아비를 뒷바라지할 수가 있었다.[110]

그들의 고통을 해결해 주는 것은 세월밖에 없었다. 시간이 흐름에 따라 단기 수형자들부터 하나둘씩 출옥하기 시작했다. 박정선이 출옥했고 (1921.5.21),[111] 그 뒤를 이어 전필순과 이정(1921.5.26),[112] 권태석(1921.6.12),[113] 민강(1922.1.28),[114] 윤종석(1922.2.21),[115] 권헌복·박형남·양정·정규식(1922. 3.23),[116] 한기동·동창율(1922.8.15)[117] 등이 출옥했다. 보석 중이던 유경근은 해삼위로 탈출하여 그곳에서 신한촌을 건설해서 독립운동을 계속하다가 체포되어 다시 수감되었다.[118] 체포를 면하고 중국으로 망명한 이종욱과 나창헌은 궐석 재판에서 각기 징역 1년형을 받았다.[119]

---

110) 韓基東의 증언.
111) 『東亞日報』 1921년 5월 22일자.
112) 『東亞日報』 1921년 5월 27일자.
113) 『東亞日報』 1921년 6월 13일자.
114) 『東亞日報』 1922년 1월 29일자. 민강은 출옥한 뒤 상해로 건너가 1924년 1월 교민단의사회(僑民團議事會)의 학무위원(學務委員) 등을 역임하여 활동했는데 1924년 3월 일경에 다시 피체되어 옥고를 치르던 가운데 순국했다. 국가보훈처 소장 『독립유공자공훈록』.
115) 『東亞日報』 1922년 2월 22일자.
116) 『東亞日報』 1922년 3월 28일자.
117) 『東亞日報』 1922년 9월 18일자. 동창율은 출옥한 뒤로 강원도 양구에서 칩거했다. 董玉女(동창율의 딸)의 증언.
118) 『東亞日報』 1922년 3월 5일자.
119) 「대한민국청년외교단 및 대한민국애국부인회 사건판결서」(大正 9년 6월 29일, 대구지방법원), 金正柱(編), 『朝鮮統治史料』(5), 739쪽.

5. 만가(輓歌)

　세월은 모든 것을 묻어 버리는 것인가 보다. 대동단이 천하를 놀라게한 지도 몇 년이 지났다. 그들 가운데 일부는 이미 만기 출옥을 했고, 어떤 사람은 아직도 영어(囹圄)의 몸이 되었으며, 또 어떤 사람은 이 세상 사람이 아니었다. 대동단원으로서 최초로 순국한 인물은 정남용이었다. 일찍이 서울에서 태어나 중등학교를 마치고 세속이 싫어 강원도 고성(高城)의 건봉사(乾鳳寺)에 들어가 승려가 된 그는 최익환이 체포된 뒤로 대동단의 제일의 논객으로서 필설을 떨쳤으며, 그의 고결한 인품은 많은 사람들의 심금을 울려 주었다.

　그러던 정남용이 1921년 4월 18일 서대문감옥에서 지병인 폐결핵으로세상을 떠난 것이다. 본디부터 좋지 않았던 그의 건강은 수형 생활을 통하여 더욱 악화되어 가다가 그토록 열망하던 조국의 독립을 보지도 못한채 음침한 감옥 속에서 타계하니, 그때 그의 나이 27살이었다. 승려의 몸이니 유족이 있을 리도 없었다. 전옥은 그가 수도하던 건봉사에 이를 통지했던바, 그의 스승인 정인목(鄭仁牧) 스님이 뒤늦게 소식을 받고 그의 사형(舍兄)되는 정빈용(鄭彬用)에게 연락하여 함께 달려왔다.

　그들이 서울에 도착한 것은 5월 17일이었다. 정인목이 이토록 늦게 서울에 온 것은 그도 독립운동에 관계되어 조치원(鳥致院)에서 구인(拘引)되었다가 이제야 풀려났기 때문이었다. 정인목과 정빈용은 한 달이 지난 시신을 거두어 5월 17일에 경기도 고양군 연희면(延禧面) 소재 봉원사(奉元寺)에서 다비식을 거행했다. 식장에는 서울 불교청년회원들이 참석하여 고인의 마지막 가는 길을 위로했다.[120]

　해가 바뀌어 1922년이 되었다. 그해 7월 4일이 되어서는 대동단 총재인

---

120) 『東亞日報』 1921년 5월 18일자.

김가진의 장례 행렬

동농(東農) 김가진이 향년 77세로 세상을 떠났다. 당대의 재사요 벼슬은 농상공부대신에 올랐으며 한때는 일본으로부터 작위(爵位)를 받아 친일파(親日派)의 오명(汚名)을 썼으나, 자신의 지난날을 뉘우치고 상해에 망명하여 임시정부에 가담한 지 2년 반 만에 하루 한 끼를 먹지 못하는 기한(飢寒) 속에서 타계한 것이다.

김가진의 망명 생활은 간고(艱苦)한 것이었다. 상해 프랑스 조계(租界)의 패륵로(貝勒路)에 있는 셋방에서 고혈압으로 고생하던 그는 아들 의한(毅漢)의 시탕(侍湯)과 동지들의 염원도 아랑곳없이 불귀(不歸)의 몸이 되었다. 서울의 적선동(積善洞)에서 삭월셋집에 살고 있던 젊은 아내 이필수(李泌秀)와 이제 열 살이 된 막내딸은 김가진이 타계했다는 소식을 듣고 망연자실할 뿐 어찌할 바를 몰랐다. 그동안 경찰서에서는 이 집에 왕래하는 사람들을 일일이 문초했기 때문에 방문객의 발길이 끊어진 지 오래였고, 생활비는 세간살이를 한두 가지씩 팔아서 열 한 식구가 겨우 연명하는 터였다.[121]

---

121) 『東亞日報』 1922년 7월 7일자, 7월 8일자.

부친의 사망 소식을 듣고 셋째 아들 용한(勇漢)이 운구(運柩)하려 상해로 가려 하나 여비가 마련되지 않았다. 이토록 상사(喪事)가 어렵게 되자 유림(儒林)에서는 적선동 셋집에 조그마한 궤연(几筵)을 마련하고 문상객을 받았으며, 여비를 마련하여 용한으로 하여금 상해로 건너가 친상(親喪)케 했다. 용한이 상해로 건너갔으나 김가진의 시신은 끝내 고국으로 운구(運柩)되지 못한 채 그곳 만국(萬國)공동묘지에 매장되었다. 7월 10일에 거행된 그의 장례식에는 망명 정부의 요인을 비롯한 독립운동가들이 그의 영면(永眠)을 위로했다. 서울에서는 유림이 주축이 되어 7월 23일에 각황사(覺皇寺)에서 추도회를 가졌다. 이 자리에서는 김영영(金英泳)의 추도사가 있었고, 친족 대표로 김병수(金秉洙)의 답사가 있었다. 이렇게 해서 일세를 풍미하던 풍운아 김가진도 한 줌의 흙으로 돌아가고 말았다.[122]

1925년 5월이 되어 최익환이 만기 출옥함으로써 이제는 전협만이 복역을 하고 있었다. 본디 건강이 절륜했던 전협도 오랜 수형 생활을 통해 점차로 몸이 쇠약해 갔다. 그가 가장 고통을 받는 것은 운동 부족과 좋지 못한 감방 시설로 인한 소화불량과 관절염이었다. 그의 몸은 극도로 쇠약해 갔다. 1927년 7월이 되어서는 형무소 당국에서도 그가 더 이상 연명할 수 없다는 사실을 알게 되었다. 7월 9일에 이르러 그에게는 만기 출옥 8개월을 앞두고 가출옥이 결정되었다. 그의 친구 이병묵(李丙黙)과 동아일보(東亞日報) 기자가 그 소식을 제일 먼저 듣고 서대문형무소로 달려갔을 때, 전협은 이미 감방에서 나와 구호소에 폐인처럼 누워 있었다.[123]

전협의 얼굴에는 이미 사신(死神)이 감돌고 있었다. 전옥은 그가 단순한 관절염으로 더 이상의 수형이 불가능하다고 말했지만 그는 이미 신장염과 심장쇠약증으로 사경을 헤매고 있었다. 육신은 피골이 상접(相接)해 있었지만 얼굴은 몹시 부어 있었다. 전협은 이병묵과 기자를 향해 동지들의

122) 『東亞日報』 1922년 7월 13일자, 7월 24일자.
123) 『東亞日報』 1927년 7월 11일자.

안부를 물은 다음, 6년 전에 이미 80 노모가 세상을 떠났으나 "독립운동을 하는 나의 자식에게 나의 죽음을 알리지 말라"는 어머니의 유언이 있어 모상(母喪)을 당하고도 모르고 있던 차에 3년 전에야 겨우 알 수 있었으며 자식의 도리를 다하지 못한 것이 한스럽다고 말했다.[124]

이병묵은 전협을 서소문정에 있는 김탁원(金鐸遠)병원[125]으로 먼저 퇴원시켜 응급 치료를 받게 했으나, 변화와 동지들의 간호의 보람도 없이 운명의 날이 다가오고 있었다. 변화는 그가 병원에서 객사(客死)할 수 없다고 생각하고 퇴원을 주선했으나 갈 곳이 없었다. 7월 10일이 되어서는 거의 혼수상태에 들어갔다. 변화와 그의 동지들은 전협을 먼저 창성동(昌成洞) 132번지에 있는 완산 전씨(完山全氏) 종약소(宗約所)에로 전협을 옮겼다. 그는 변화를 불러 "앞으로는 양돈이나 하면서 살아가라"고 말했다.[126]

이 무렵에 그의 지난날의 동지였던 동창율과 권헌복이 찾아왔다. 그들은 전협의 임종이 가까워 옴을 알고 두 아들이 어디에 있는가를 물었다. 동창율과 권헌복으로서는 이 동지의 임종과 장례에 두 아들을 찾아주는 것이 그에 대한 최후의 우정이라고 생각했다. 전협은 "20년 전에 충선(忠善)과 직선(直善)이라는 두 아들을 부평(富平)에서 이별한 뒤 그들의 생사조차 모른다."고 대답했다.[127]

---

124) 『東亞日報』1927년 7월 11일자.
125) 김탁원(金鐸遠)은 대구 출신으로서 경성의학전문학교 4학년 무렵인 1919년 2월에 학교 동창으로 잘 알고 지내던 나창헌(羅昌憲)·김사국(金思國)·민강(閔橿) 등과 함께 경성부 정동 소재 정동예배당 내의 이필주(李弼柱) 목사의 방에서 동경 유학생의 시위에 이어 제2의 독립 운동에 분발하여 학생을 규합하고 참가할 것을 협의한 사실이 있으며, 이 과정에서 서로 친숙해진 사이였다. 「경성 독립 운동 관련 학생의 예심 종결 결정서」:『독립운동사자료집(5) : 3·1운동재판기록』(서울 : 독립운동사편찬위원회, 1972), 58, 67~70쪽.
126) 『東亞日報』1927년 7월 12일자.
127) 全直善(1906년생, 전협의 次男 : 경기도 인천시 부평동 760-5/2)의 증언.

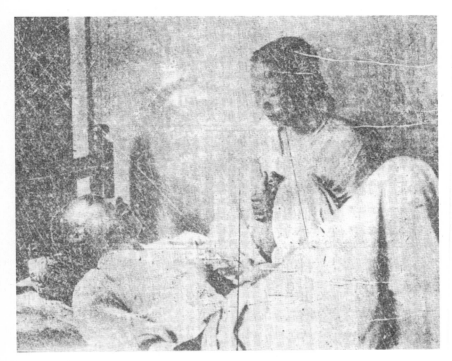

전협의 임종을 지켜보는 변화(卞和)(『동아일보』 1927년 7월 11일자)

7월 11일 새벽 1시 반이 되어서는 그의 임종이 다가왔음을 알았다. 전협은 허공을 향하여 이렇게 마지막 말을 남겼다.

"아, 좋다!"

그때 그의 나이 52세였다.[128] 장례는 완산 전씨 종약소에서 거행하기로 되어 있으나 먼저 당장 장례비를 마련할 길이 없었다. 전협은 감옥에서 7년 동안 일한 품삯 30원이 있었으나 김탁원병원의 치료비로 모두 없어지고 말았다. 돈이 없는 서러움은 오히려 견딜 수 있었지만 일본 경찰의 핍박은 상가를 더욱 슬프게 했다. 종로경찰서에서는 장례일에 혹시 무슨

128) 「전협 50년의 일생」(8), 『東亞日報』 1927년 7월 19일자.

사태가 일어날 것을 염려한 나머지, 장례식에서의 별다른 의식도 허락하지 않을 뿐만 아니라 빨리 장례를 치르지 않으면 경찰이 가매장을 하겠노라고 협박했다. 묘지를 마련할 형편도 되지 못하는 터이라 호상소에서는 이태원(梨泰院)의 공동묘지를 장지로 정하고, 7월 13일 오전 10시를 발인 시간으로 했으며 발인 장소는 종약소로 정했다.129)

7월 13일이 되자 하늘도 그의 죽음을 애도하듯 갑자기 폭우가 쏟아지기 시작하여 도무지 장례를 진행할 수가 없었다. 종약소 측에서는 할 수 없이 장례를 하루 미루는 수밖에 없었다. 14일이 되자 경찰의 제지로 영결식도 치르지 못한 채 만장(輓章)도 없는 발인이 시작되었다. 빈소에는 "안수만"(眼水滿)이란 익명의 부의금 3원 10전만이 쓸쓸히 놓여 있었다. 14일이 되어서도 폭우는 멈추지 않았지만 경찰서의 독촉이 열화와 같이 심하여 명정(銘旌) 하나만을 앞세운 운구가 시작되었다. 빗속의 장례 행렬은 미망인 변화와 서흥(瑞興)에서 상경한 조카 전인선(全仁善), 그리고 몇몇 동지들로 이어졌다. 전협의 시신은 변화와 동지들의 오열 속에 이태원 공동묘지에 묻힘으로써 50년의 기구한 생애를 마쳤다.130)

장례를 마친 변화의 마음은 참담하기 이를 데 없었다. 비록 정실 부인은 아니었다고는 하지만 짧았던 순간의 행복이 있었고, 7년에 걸친 간고(艱苦)한 옥바라지가 있었지만 이제는 살아서 겨우 3일을 지낸 뒤 영원한 이별을 한 것이다. 그러나 이러한 일들이란 모두가 흘러간 이야기요 지금 당장으로서는 돌아갈 집조차 없는 자신의 앞날이 암담하기만 했다.

장례를 마치고 돌아오던 변화와 조객 일행은 종로경찰서 앞을 지나게 되었다. 예정된 것은 아니었지만 변화는 솟구치는 분노와 슬픔을 억누를 길이 없어 경찰서 정문으로 뛰어 들면서 "대한 독립 만세"를 높이 불렀다. 곧 경찰이 일행을 덮쳤고 변화는 그 자리에서 실신하고 말았다. 순경들은

129) 『東亞日報』 1927년 7월 13일자.
130) 『東亞日報』 1927년 7월 14일자.

쓰러진 변화의 얼굴에 찬물을 끼었었다. 1시간이 지난 뒤 깨어난 변화는 동지들의 부축을 받으며 숭인동(崇仁洞) 61번지 33호로 돌아가 치료를 받았다.[131]

　장례를 마친 뒤 동창율과 권헌복은 고인에 대한 약속을 지키고자 전협이 20년 전에 헤어졌다는 두 아들을 찾아 경기도 부평으로 향했다. 그들은 수소문 끝에 남의 집에서 심부름을 하며 살아가는 작은 아들 직선만을 찾을 수가 있었다. 그의 말에 따르면 큰아들 충선은 이미 가출한 지 오래여서 소식은커녕 생사조차 알 수가 없다고 했다. 이제 21살의 성인이 된 직선은 동창율과 권헌복의 입을 통하여 자기 아버지의 행적과 죽음을 알 수 있었고, 뒤늦게나마 그들의 안내를 받아 선친의 묘소에 참배할 수 있었으니,[132] 20년의 간고함도 그러려니와 한 혈육의 정으로서도 그 아픔이 어떠했을까?

　이리하여 일세를 풍미하던 한 풍운아 전협의 생애도 마쳤고, 그의 죽음과 더불어 대동단도 그 막을 내렸다. 성현(聖賢)의 말씀에 이르기를 "어느 누구인들 한때의 과오가 없으랴만, 고치면 그보다 더 큰 덕이 없다"[133]고 했다. 이는 마치 전협의 생애를 두고 한 말인 것 같다. 그러나 자신의 생애를 개과천선(改過遷善)한 행적에 관하여 과연 전협은 얼마만큼이나 다행스럽게 생각하고 있는지는 지하에 있는 그 자신만이 아는 일이요, 후세의 사가(史家)들이 말할 수 있는 범위를 넘어서는 것이리라.

---

131) 『東亞日報』 1927년 7월 16일자.
132) 全直善의 증언.
133) 『春秋左傳』 宣公 2년 봄 : 「人誰無過 過而能改 善莫大焉」.

부

록

경성부 동대문 밖 이문동 출생
경성부 황금정 4정목 140번지 거주

　　무직, 전협(全協 : 45세, 8월 26일 생)

충남 홍성군 공주면 옥암리 재적
같은 곳 거주

　　농업, 최익환(崔益煥 : 30세)

경북 김천군 김천면 남산정 174-1 재적
주소 부정

　　무직, 권태석(權泰錫 : 26세, 8월 18일생)

충남 부여군 규암면 외리 156번지 재적
주소 부정

　　미곡상, 이건호(李建鎬 : 36세, 7월 20일생)

충북 보은군 출생
주소 부정

　　구두 직공, 권헌복(權憲復 : 32세, 10월생)

경북 문경군 신북면 평천리 출생
주소 부정

　　무직, 박형남(朴馨南 : 24세, 12월 21일생)

* 『동아일보』 1920년 6월 29일~7월 3일자; 『대한민국독립운동사자료집(6)
　: 대동단사건(II)』(과천 : 국사편찬위원회, 1988), 300~315쪽.

충남 아산군 탕정면 동산리 539번지 재적
  농업, 윤용주(尹龍周 : 37세, 1월 26일생)

경기 강화군 양도면 하일리 재적
경성부 화천정 242번지 오한영(吳漢泳) 방 거주
  세브란스연합의학전문학교 3년생, 윤종석(尹鍾奭 : 25세, 3월 19일생)

경성부 내자동 44번지 재적
경성부 수송동 132번지 거주
  사립배재고등보통학교 교사, 강매(姜邁 : 43세, 9월 27일생)

경성부 화천정 5번지 재적
주소 위와 같음
  약종상, 민강(閔橿 : 37세, 9월 23일생)

경기도 용인군 외사면 석천리 555번지 재적
경성부 연건동 202번지 거주
  장로파예수교 조사(助事), 전필순(全弼淳 : 27세)

충남 논산군 부적면 안천리 재적
경성부 옥천동 120번지 거주
  무직, 신현구(申鉉九 : 39세, 12월생)

경북 선산군 해평면 도리사(桃李寺) 재적
주소 부정
  승려, 송세호(宋世浩 : 21세, 8월 9일생)

강원도 고성군 현내면 철남리 재적
경성부 초음정 192번지 이재호 방 거주
  무직, 정남용(鄭南用 : 25세, 11월 21일생)

경기도 진위군 서면 본정리 39번지 재적
주소 위와 같음

　　　　농업, 이일영(李一榮 : 56세, 12월 11일생)

충남 논산군 두이면 입암리 27번지 재적
주소 위와 같음

　　　　곡물상, 이을규(李乙奎 : 27세, 2월 21일생)

경성부 관수동 29번지 재적
경성부 초음정 192번지 거주

　　　　직뉴업(織紐業), 이재호(李在浩 : 43세, 9월 7일생)

경성부 입정정 7번지 재적
경성부 초음정 192번지 거주

　　　　무직, 동창율(董昌律 : 53세, 10월 11일생)

평남 강서군 강서면 덕흥리 재적
경성부 예지동 65번지 거주

　　　　무직, 양정(楊楨 : 56세, 11월 26일생)

평양부 상수구리 83번지 재적
원산부 상리 34번지 거주

　　　　무역상, 한기동(韓基東 : 23세, 3월 13일생)

충남 공주군 신상면 유구리 416번지 재적
주소 위와 같음

　　　　농업, 이달하(李達河 : 26세, 11월 23일생)

충남 예산군 대술면 시산리 510번지 재적
주소 위와 같음

　　　　조선 귀족, 호서은행 취체역 정두화(鄭斗和 : 39세, 7월 24일생)

경성부 창신동 131번지 재적

주소 위와 같음

　　　이화학당부속 용두리여학교 교사, 안교일(安敎一 : 33세, 6월 10일생)

경성부 종로 6정목 84번지 재적

경성부 창신동 93번지 거주

　　　사립 흥인배재학교 교사, 정희종(鄭喜鍾 : 49세, 10월 22일생)

경성부 효제동 202번지

주소 위와 같음

　　　양말 직공, 전대진(全大振 : 26세, 6월 15일생)

경성부 임정 재적

경성부 종로 6정목 237번지 거주

　　　구두 직공, 박용주(朴龍柱 : 31세, 2월 27일생)

경기도 양주군 와부면 송촌리 306번지 재적

경기 고양군 용강면 동막하리 740번지 거주

　　　곡물상, 정규식(鄭奎植 : 29세, 1월 20일생)

원산부 남촌동 94번지 재적

경성부 인사동 7번지 김상열 방 거주

　　　예수교 전도사, 이신애(李信愛 : 30세, 1월 20일생)

충남 홍성군 결성면 성곡리 100번지 재적

주소 위와 같음

　　　포목상, 박원식(朴源植 : 30세, 8월 6일생)

평북 강계군 강계면 서부동 367번지 재적

경성부 원동 163번지 거주

　　　경성여자고등보통학교 본과 2년생, 김종진(金鍾振 : 18세, 10월 13일생)

경성부 동서헌정 재적

경성부 인사동 鄭仁浩 방 거주

　　　무직, 박정선(朴貞善 : 47세, 2월 2일생)

경성부 장사동 22번지 재적

경성부 인사동 7번지 거주

　　　무직, 김상열(金商說 : 69세, 9월 28일생)

경성부 무직 익선동 138번지 재적

주소 위와 같음

　　　김익하(金益夏 : 72세, 7월 13일생)

경성부 소격동 8번지 재적

경성부 소격동 144번지 거주

　　　무직, 이종춘(李種春 : 64세, 10월 22일생)

경기도 파주군 임진면 마정리 101번지 재적

경기도 양주군 구리면 신내리 622번지 거주

　　　서당 교사, 이정(李政 : 46세, 12월 15일생)

전북 김제군 금구면 상신리 90번지 재적

주소 위와 같음

　　　농업, 장현식(張鉉軾 : 25세, 9월 17일생)

경성부 장사동 137번지 재적

주소 부정

　　　무직, 이능우(李能雨 : 36세, 11월 16일생)

경북 영일군 흥해면 학성동 199번지 재적

경성부 인사동 5번지 이인로(李仁魯) 방 거주

　　　경성의학전문학교 2년생, 김영철(金永喆 : 23세, 10월 27일생)

경기도 강화군 길상면 길상리 1412번지 재적

주소 위와 같음

　　　무직, 조종환(趙鍾桓 : 33세)

경기도 강화군 부내면 월화리 303번지 재적

경성부 공평동 153번지 거주

　　　광업, 유경근(劉景根 : 44세)

전남 영광군 영광면 도동리 133번지 재적

주소 위와 같음

　　　농업, 노준(魯駿 : 27세, 3월 8일생)

경성부 수송동 재적

중국 장춘 신시가 동18구 16호 고려여관 거주

　　　여관 사무원, 김두섭(金斗燮 : 40세, 8월 2일생)

평북 용천군 양하면 시동동 재적

신의주부 영정 7정목 16번지 거주

　　　객주 무역상, 김성일(金成鎰 : 33세, 9월 1일생)

위 피고 등에 대한 정치범죄처벌령 위반, 출판법 위반, 보안법 위반 및 사기 등 피고 사건에 대하여 예심을 거쳐 결정함이 아래와 같음.

주문(主文)

피고 전협·최익환·권태석·이달하·권헌복·박형남·윤용주·윤종석·민강·전필순·신현구·송세호·정남용·이을규·이재호·동창율·양정·한기동·안교일·정희종·전대진·박용주·정규식·이신애·박원식·김종진·박정선·김상열·김익하·이종춘·이정·장현식·이능우·

김영철·조종환·유경근·노준에 대한 본건을 당 경성지방법원의 공판에 부침.

피고 강매·이일영·이달하·정두화·김두섭·김성일은 면소되고 또한 방면됨.

이유(理由)

■ 제1

피고 최익환은 메이지(明治) 42년(1909) 10월 27일 경성공소원(控訴院)에서 도보관재산죄(盜保官財産罪)를 짓고 징역 7년형을 받고 동년 12월 9일 판결이 확정되어 그 형의 집행 중에 다이쇼(大政) 3년(1914) 5월 은사(恩赦)에 의해 징역 5년 8월 20일로 감형되어 다이쇼 4년(1915) 8월 29일 만기 출옥했다. 전협은 메이지 45년(1912) 7월 20일 경성지방법원에서 사문서 위조 행사 사기취재죄를 짓고 징역 3년형을 받고 동월 21일 판결이 확정되어 그 형의 집행 중에 다이쇼 3년(1914) 5월 은사에 의해 징역 2년 4월 16일로 감형되어 동년 11월 7일 만기 출옥한 신분이다. 두 사람은 위 형(刑)의 복역 중에 서대문감옥에서 서로 알게 되어 출옥 후도 역시 각자 지나·만주·경성 간을 방랑하며 서로 교제하던바, 다이쇼 8년(1919) 3월 1일 손병희(孫秉熙) 등 수십 인이 「조선독립선언서」라는 것을 다수 인쇄 배포하고 조선인에게 독립을 목적으로 최후의 일인 최후의 일각까지 노력할 뜻을 선동하매 경성을 비롯하여 조선 내 각처에 소요의 빈발함을 보기에 이르렀더라.

이 형세를 관망한 최익환·전협은 이 기회를 타서 조선 독립을 목적하는 한 단체를 조직하여 다중을 규합하여 일대 활동을 하면 크게 자기의 명성을 전하기에 충분하리라 생각하고 동월 말경부터 경성부 봉익동(鳳翼

洞) 162번지 전협의 집에서 여러 차례 숙의한 뒤 조선 영토를 제국의 통치 하에서 벗어나게 하여 새롭게 독립국을 형성할 것과 사회주의(社會主義)를 실행할 바를 목적으로 그 이름을 「대동단」이라 칭하고 위의 목적을 달성 하고자 널리 단원 및 자금을 모집하여 비밀 출판물을 배포하고 기타의 운 동으로 널리 내외 조선인을 선동하여 정치의 변혁을 목적 삼고 안녕 질서 를 방해하고자 기획했다. 동년 4월 초경 전협은 동부(同府) 체부동(體府洞) 에서 남작 김가진(金嘉鎭)에게 위와 같은 사실을 자의(諮議)하여 그의 찬동 을 얻어 이에 총재(總裁)가 되게 하고 다시 동월 중, 김용환(金用煥) · 김봉양 (金鳳陽) 및 정남용의 무리를 권유 · 가입케 했다.

피고 최익환은 한편 동월 초 동부 종로 4정목 양제은(楊濟殷)의 집에서 권태석에게 대동단의 취지 · 목적을 말하여 가입을 권유하고 그 단체의 목적되는 출판을 위하여 자금을 제공하라는 뜻을 구하매, 권태석은 그 거 사에 기꺼이 찬동하여 함께 진력(盡力)하기를 맹세하고 동월 중에 인쇄 기 계 및 용지 등 구입 및 잡비에 충용(充用)하고자 같은 장소에서 몇 회에 600여 원을 최익환에게 교부하였다. 최익환은 위의 금액 중에서 300원을 전협에게 교부하고 전협은 인쇄용 활자, 활판 기계, 등사판 기구 재료류 를 매입하여 이를 최익환에게 교부하고 최익환과 권태석은 인쇄 용지를 구입하여 당해 관청에 허가를 받지 않고,

(1) 동년 4월 중 피고 최익환 · 전협은 김가진과 공모하고 동부(同府) 주 교정(舟橋町) 125번지의 최익환의 셋집에서 등사판을 사용하여 「선언서」라 는 제목으로 앞의 대동단의 취지와 목적을 내걸고 "손병희 등 33인의 조 선 독립선언을 본받아 기어코 조선의 독립을 이루고, 총독 정치의 철거를 구하며, 만약 일본 정부가 독립을 승인하지 않고 군사력 등으로 우리를 압박하면 우리 민족은 일본에 대하여 피어린 전쟁을 선언하겠다"는 뜻으 로 조헌(朝憲)을 문란케 하는 문자를 담은 것 약 50매, 「기관」(機關) · 「방략」 (方略)이라 제목으로 대동단의 활동 기관의 구성 및 그 활동 방법을 규정

해서 조선 독립의 목적을 수행코자 하는 문자를 기술한 것 약 40통,「진정서」라는 제목으로 한일 합병이 불법임을 여러 차례 통론(痛論)하고 조선 독립을 공인(公認)하라는 뜻을 기술하고 미국 및 파리강화회의에 발송할 뜻을 적은 것 약 20통,「포고」(佈告)라는 제목으로 모두(冒頭)에는 중화민국 대표 330인으로부터 조선 독립의 승인을 파리강화회의에 청원했으므로 조선 민족은 그 동정(同情)을 영구히 감사하며 더욱 분려(奮勵)할 뜻을 덧붙이고 본문에는 청원라라 칭하면서 한일 병합은 끝내 만몽(滿蒙)·지나·본국까지 위험을 일으킬 우려가 있으므로 조선의 독립을 승인하려는 뜻을 기술한 것 약 50통을 인쇄하였으며,

(2) 동년 5월 중 동부 종로 5정목 189번지 양제은(楊濟殷)의 집에서 최익환·권태석은 전협 및 김가진과 공모하고 모필판(毛筆版)을 사용하여 「등교 학생 제군」이라는 제목으로 조선인이 된 학생은 감연히 동맹하여 조국의 희생이 되어 독립운동을 위하여 노력하고 결단코 굴종치 말라는 뜻으로 선동한 문서 약 60통을 인쇄하고, 활판(活版)을 사용하여 「선언」(宣言)이라는 제목으로 전기 등사판(謄寫版) 인쇄 선언서와 동 취지의 문사(文詞)를 기술한 것 약 2,000매를 인쇄하고, 등사판기를 사용하여 「세상을 관망하며 청담을 나누는 여러분께 경고함」(警告于觀望淸談之諸氏)이라는 제목으로 일한 병합 전후의 제국의 대조선 정책을 무방(誣謗)하고 일반 조선인은 분기옥쇄(奮起玉碎)하라는 뜻의 선동적 문사(文詞)를 게재한 것 약 1,000매 및 「일본 국민에게 고한다」라는 제목으로 일본 국민은 속히 조선의 독립을 승인하지 않으면 안 된다는 뜻을 반복 상론한 것 약 400통을 각각 인쇄하여 적당한 시기를 보아 광범히 이를 조선 일반에게 배포하여 일층 대동단의 확장과 일반 조선인에게 대하여 조선 독립운동을 위해 분기할 뜻으로 선동하여 안녕 질서를 방해하고자 착착 그 계획을 실행하던 중, 동년 5월 23일 최익환·권태석은 일이 발각되어 먼저 체포되었다.

▪ 제2

　피고 전협은 최익환이 체포되기 전에 그의 소개로 동년 4월 하순 정남용과 상의하여 그를 김가진에게 소개하고 그들 및 앞의 김봉양(金鳳陽)·김용환(金用煥)·김응현(金應鉉)·신규식(申奎植, 당시 지나 上海 在住)·이기현(李基鉉)·곽종석(郭鍾錫)과 기맥을 통해 공모한 뒤 대동단의 활동에 대하여는 먼저 운동자금을 크게 모집하고 유력한 단원을 얻음을 급무라 판단하고, 이강 공 외 수명의 귀족·종교가를 상해 방면에 유출(誘出)하여 내외 조선인의 사상에 일대 자격(刺激)을 주고 그 기회를 타서 불온 인쇄물의 반포와 시위운동 등으로써 조선인의 인심을 교란할 것을 기획하였다. 정남용은 최익환이 체포된 뒤 그가 맡았던 출판 사무를 맡고 전협은 이강 공을 위시하여 귀족·종교가 기타 각 계급의 유력자에게 교섭한 뒤 황족·진신단(縉神團)·유림단·종교단·교육단·청년단·군인단·상공단·노동단·부인단·지방구역 등의 대표자를 선발·권유하여 산재한 조선 독립을 목적으로 하는 여러 단체를 통일 결합케 할 것을 협정했다.

　(1) 피고 전협은 동년 5월 중, 경성부 입정정(笠井町)의 자택에서 양정에게 위의 대동단의 계획을 설명하고 가입을 권유하여 찬동케 하였다. 양정은 상공단의 총대(總代)가 되고 지난날의 보부상을 규합하여 대동단을 위하여 인쇄물의 배포와 통신 연락의 임무를 맡기로 승낙했으며, 동년 7월(일자 미상), 정남용의 소개로 자택에서 나창헌을 만나 그에게 이상의 계획을 설명하고 가입을 권유하여 그로 하여금 대동단을 위하여 활동하기를 약속케 하고 또 그를 김가진에게 소개했으며, 동 6월(일자 미상) 동부 장사동(長沙洞) 모처에서 이건호에게 대동단 계획의 대요를 설명하고 가입을 권유하여 참가케 했으며, 동년 9월 상순 자택에서 윤용주에게 같은 방법으로 권유하여 그가 종교인 대표자가 됨을 승낙케 했으며, 동년 8월 동부 예지동(禮智洞) 양정의 집에서 이재호에게 같은 계획을 설명하여 가입을 권유하여 참가케 했으며, 그 밖의 여러 사람에게 극력 대동단에 가입하기

를 권유했다.

(2) 피고 정남용은 동년 7월 동부 남대문통 세브란스병원에 입원하고 있던 나창헌을 방문하여 대동단에 참가를 권유한 다음 그를 전협에게 소개했으며, 동년 6월 중 동부 종로 27정목 탑동(塔洞)공원에서, 위 두 사람에게 의식(衣食)을 지급할 터이니 조선 독립을 위하여 진력할 것을 권헌복 및 박형남에게 권유하고 이들로 하여금 피고의 지시대로 활동할 것을 약속한 뒤 이를 전협에게 소개했다.

(3) 피고 이건호는 동년 6월 중순경 장현식을 경성에 데리고 와서 박형남의 소개로 전기(前記)한 바와 같이 동부 장사동(長沙洞)의 모처에서 전협·정남용 등을 만나 조선 독립운동의 경과, 대동단의 취지·목적을 듣고 또 대동단에서는 운동비가 모자라 곤란하므로 유력한 출금자(出金者)를 소개하라는 의뢰를 받고 이를 쾌락하고 동소(同所)에 장현식을 전협에게 소개하였다. 전협은 장현식에게 조선 독립의 유망한 사실과 대동단의 취지 목적을 설명하고 목하 대동단에서는 조선 독립 사상 고취를 위해 출판물을 인쇄하고자 하나 자금이 결핍했으니 상당히 조력하라 하고, 이번에 출금(出金)한 자는 조선이 독립되는 때는 크게 우대 받게 되리라는 뜻으로 권유하였다. 장현식은 이를 쾌락하여 3,000원의 기부를 약속하고 귀향하여 동월 하순 위의 주소에서 3,000원을 이건호에게 교부하였다. 이건호는 동월 말경 및 동년 7월 상순 2회에 경성부 입정정(笠井町) 전협의 집에서 그에게 돈을 교부하고 전협은 다시 이를 김가진에게 교부했다.

(4) 피고 정남용은 전협 및 김가진 등과 협의한 뒤 『대동신보』(大同申報)라는 제목으로 앞의 최익환이 인쇄한 「선언서」·「기관」·「방략」이라는 제목으로 인쇄물에 게재한 사항을 원고로 작성하였다. 그 인쇄 기계, 원료, 용지 구입을 위해 전협은 장현식의 기부금 중 1,500원을 김가진으로부터 받아 이를 정남용에게 교부했다. 정남용은 그 돈으로써 활판 기계 용지류를 매입하여 동년 7월 하순 경성부 황금정(黃金町) 5정목 이건호의

집에서 활판으로 그 원고에 기초하여 약 1만 매를 인쇄한 뒤 동년 10월 말경까지 그간에 자기 또는 타인을 사용하여 경성부내 노상의 정거장 등에서 여러 사람에게 배포하고 또 지방에 보내어 타인으로 하여금 여러 사람에게 배포케 했다.

(5) 동년 7월 중 전협은 김가진과 협의한 뒤 공모자의 1인인 지나 상해의 신규식(申奎植)이 그곳에서 조선 독립운동을 선동할 목적으로 신문지를 발간케 하려는 계획을 원조하고자 장현식이 제공한 3,000원 가운데 1,500원을 경성부 체부동(體府洞) 김가진의 집에서 김용환(金用煥)에게 교부하매 김용환은 이를 상해로 가지고 가서 신규식 등의 기획에 관계된 독립이라는 제목의 출판물의 자금에 제공했다.

(6) 피고 윤용주는 동년 9월 중순경 전라남도 정읍군에 사는 임응철(林應喆)·김재구(金在九)·강경진(姜景鎭) 등에게 위의 대동단의 계획을 알리고 경성부 황금정 4정목 244번지 전복규(全福奎)의 집 및 동부 종로 5정목 이규문(李圭文)의 집에서 전협과 회견케 하고 전협·윤용주는 서로 조선 독립이 유망하다는 사실과 대동단의 취지·목적을 설명하고 단원 및 자금의 모집에 진력하기를 권유하여 대동단의 신임장이라는 것을 교부했다. 윤용주는 동년 10월 상순 대동단 독립운동 자금으로 이규문 집에서 김재구로부터 500여 원을 수취하여 전복규 집에서 이를 전협에게 교부하고 전협은 다시 이를 김가진에게 교부하여 대동단 독립운동 자금에 사용케 했다.

(7) 피고 동창율은 동년 8월 중 정남용으로부터 함경남도 방면으로 가서『대동신보』를 배포하고 대동단원의 모집 및 운동자금의 모금을 명령받고『대동신보』약 70부를 받아 경성을 출발하여 예전부터 친지인 함경남도 단천군 파도면 은호리(波道面 銀湖里) 김병권(金秉權)의 집에 이르러 그에게『대동신보』70부를 교부하고 단원 및 자금 모집을 의뢰한바 김병권은 이를 승낙하고 동면(同面) 내의 몇 사람에게『대동신보』를 배포하여 자

금 응모를 권유했다.

(8) 동년 8월 중 전협·정남용은 김가진 등과 협의한 뒤 경성부 체부동 김가진의 집에서 대동단의 목적을 내걸고 그 조직을 정한「대동단 규칙」이라는 것을 작성하여 이를 등사판으로 다수 인쇄하여 단원 모집 차로 타인에게 배포하였다. 박형남은 대동단에 가입한 뒤 동단을 위하여 잡역에 종사하다가 동월 중, 정남용의 지시에 따라 부산부(釜山府)에서 대동단원의 모집 및 자금을 모금하고자 동소(同所) 동주(同住) 구상서(具尙瑞)의 집에 「대동단 규칙」및『대동신보』를 송부하라는 의뢰를 받고 각 몇 부를 수취하여 이를 부산부(釜山府)에 가지고 내려가 동부 모 음식점에서 구상서와 회견한 뒤「대동단 규칙」및『대동신보』를 그에게 교부했다.

(9) 피고 권헌복은 대동단에 가입한 뒤 이건호의 집에 머물면서 대동단을 위하여 잡역에 종사하던바 동년 8월 초순경 정남용에게『대동신보』를 배포하라는 지시를 받고 이건호의 집에서 약 50매를 수취하여 동부 창덕궁 앞길로부터 관수교(觀水橋) 부근의 민가 문안에 투입하여 이를 배포했다.

(10) 피고 송세호는 동년 3월 하순 이종욱(李鍾郁)의 초청을 받고 경성에 와서 그의 지시에 따라 상해에서의 조선 독립운동의 상황을 살펴보고자 특파되었다가 동년 4월 하순 경성에 귀환하였다. 그는 동년 10월 상순 재차 경성에서 이종욱과 회견하고 그로부터 조선 독립운동과 관련하여 상해에 있는 가정부(假政府)와 조선 내에 있는 각종의 조선 독립을 목적으로 삼는 비밀 단체와 상호 기맥을 통하고 또 경성에 중앙부(中央部)를 두고 각 지방에 지부를 설치하여 서로 연락하여 상하의 의사를 소통하고 또 상해로부터 오는 불온 문서의 수수 및 배포의 임무를 맡기 위해 연통제(聯通制)라는 것을 시행하지 않을 수 없으므로 먼저 경성에 연통 본부를 설치할 필요가 있다는 권설(勸說)을 들었다. 이를 듣고 크게 찬동한 피고는 동월 중, 여러 차례 동부 연건동(蓮建洞) 이종욱의 집에서 그와 윤종석·전필

순·신현구·나창헌 등과 회합했다.

피고 송세호·윤종석·전필순·신현구도 역시 위 목적을 위해 활동할 것을 맹세하여 전필순은 회계 사무를 맡고, 윤종석은 조선 내 각도(各道) 교섭의 일을 맡기로 정하고 또 일면 경성부 내에서 조선 독립운동을 목적 삼는 각종 단체와 협동하여 동년 10월 31일에 천장절(天長節) 축일을 기하여 제2회 조선 독립선언 및 시위운동을 하기로 하고 이종욱의 허락을 받아 상해 방면에서 보내온 박은식(朴殷植) 외 29명 명의의 「선언서」라는 제목으로 조선 독립을 위해 일층 분려(奮勵)·노력하여 일본과 투쟁하라는 선동 문사(文詞)를 열기(列記)한 활판 인쇄물을 배포해서 인심을 선동함을 계획했다. 이종욱과 나창헌은 대동단 총재라 칭하는 김가진 및 동 총무라 칭하는 전협 등에게 찬동을 구한바 전협은 그 취지에 찬성했으나 선언서는 조선내 거주자의 명의가 아니면 그 효과가 적으므로 다시 인선하여 선언서를 다수 인쇄 배포함이 옳다 하여 나창헌이 그 인선의 임무를 맡아 대표 인물의 권유에 진력하여 정남용·양정·이정·김상열·김익하·이종춘·한기동·이신애·박정선·정규식 외 십수 명의 승낙을 얻었으나 충분한 준비가 조정치 못해 예정한 10월 31일에 이를 실행하기에 이르지 못하고 이를 연기했다.

(11) 피고 윤종석은 동년 10월 상순 이종욱으로부터 조선 독립운동에 대하여 상해 방면과의 통신 및 불온 문서의 접수를 행할 장소의 설치 및 동 방면에서 조선 독립운동의 사명을 받고 오는 자와의 절충 등에 관한 의뢰를 받고 경성부 화천정(和泉町) 5번지 민강의 집에 이르러 그에게 위 취지를 말하고 그의 집을 연락 장소로 정할 것을 의뢰했다. 민강은 이를 쾌락하고 윤종석의 독립운동을 원조하고자 불온 문서는 자기의 영업용 하물(荷物) 취급점인 동부 남대문통 5정목 7번지 공성운송점(共成運送店)이라는 남창우(南昌祐) 집의 박춘식(朴春植)에게 송부하도록 하고 상해 방면으로부터 내방하는 자는 암호를 써서 찾아오면 동모자(同謀者)라 인정하여

곧 이를 윤종석에게 통보할 것을 협정한바, 동월 30일 안동현(安東縣) 방면에서 온 박만식(朴萬植)이란 자가 지정한 암호를 써서 민강을 방문했으므로 민강은 이를 윤종석에게 통보하여 이튿날 아침 박만식과 면접하여 전에 거행할 예정이던 시위운동을 행하기로 협정했다.

(12) 피고 전협·정남용·이재호·양정 등은 김가진·나창헌·이종욱 등과 상의하고 이강 공을 지나 상해에 유출하여 전하를 수령으로 한 제2회 조선 독립선언서라는 것을 발표하고 시위운동을 행하면 인심을 선동하는 효과가 현저하여 조선 내의 독립운동 자금의 모집과 대동단원의 규합 등에 다대한 이익이 있으리라 하여 이의 계획을 진행하는 중, 먼저 대동단의 본부는 이를 지나 상해에 옮김이 안전하다 하여 이를 위해 동년 10월 상순경 그 총재인 김가진을 이종욱과 함께 변장하여 지나 상해에 도항케 하였다. 한편 전협 등은 동년 9월부터 10월에 걸쳐 이재호로 하여금 동부 삼각정(三角町) 92번지 정운복을 중간에 넣어 이강 공을 거짓말로 속여 제국(帝國) 밖에 이송할 목적으로 유인코자 기획하고 정운복에게 이강 공이 소유하고 있는 부산부(釜山府) 소재 카시이 겐타로(香椎源太郎)가 임대 중인 경상남도 통영 부근의 어장 수십 개소의 대차를 주선하라 의뢰했다.

피고 윤용주는 전협의 의뢰로 금주(金主) 한석동(韓錫東, 전협의 변명)의 대리인 이민하(李敏河)라 사칭하고 동부 황금정 4정목의 어느 지나요리점에서 정운복과 회견하여 그에게 같은 내용의 교섭을 의뢰했다. 정운복은 몇 차례 서면 또는 면담으로 이강 공에게 교섭한 결과 이강 공은 해당 어장 문제는 별도 관계로 하고 이번에 3만 원을 대여하면 카시이 겐타로의 임차 기간이 만료한 뒤에 반드시 어장을 임대할 뜻을 밝혔다. 정운복은 이재호를 중간에 넣어 이를 전협에게 통지한바 그는 위 조건하에 3만 원을 대여하고 또 정운복의 주선료로 1만 5천 원을 급여할 터이니 기어이 직접 이강 공과 일차 면담한 뒤에 그 확답을 얻겠다 사칭하였다. 정운복은 이를 깊이 믿고 동년 11월 8일 서면으로 이강 공에게 다음날 밤 모처에서

금주 한석동이란 자가 직접 면담한 뒤에 3만 원을 교부할 터인즉 왕림하시기 바란다 하자 이강 공도 이를 믿고 지정한 장소에 꼭 참석할 뜻을 회답했으므로 정운복은 이재호를 통하여 전협에게 그 뜻을 통지했다.

피고 전협은 이재호·정남용·한기동·양정·동창율·나창헌·김중옥(金仲玉) 등과 협의하고 서로 힘을 합쳐 예상한대로 이강 공과 정운복이 도착한 후에는 그들을 협박하여 지나 상해로 탈출할 뜻을 결심케 하여 위의 목적을 달성하고자 정운복에게 동월 9일 오전 8시 동부 공평동 3번지의 집에 이강 공을 데리고 오도록 하였다. 다음날 11월 9일 오후 8시경 정운복은 이강 공의 차부(車夫) 김삼복(金三福)을 데리고 공평동 3번지 집에 도착하여 다시 김삼복으로 하여금 이강 공을 영접하라 파견한바 이강 공은 진실로 3만 원을 대여 받을 줄로 오신(誤信)하고 비밀리에 자기 저택의 후문을 빠져 나와 도중 인사동(仁寺洞)의 별택(別宅)에 들어갔다가 다시 김삼복으로 하여금 위험의 유무를 탐지케 한 뒤 동야 오후 12시경 위의 가옥에 이르렀다.

피고 전협 등은 이강 공을 집안으로 맞이하여 유인할 목적으로 먼저 정운복을 별실에 불러 그에게 지금으로부터 이강 공과 함께 지나 상해로 가서 조선 독립의 가정부에 투신하라 권고하고 또 그대가 이강 공에게 극력 권유하라 말하며 김중옥·나창헌·한기동·동창율 등은 실내에 줄을 지어 서 있고 또 김중옥은 6연발 권총을 보이며 만약 정운복이 소리를 지르면 즉시 위해를 가하려는 기세를 보여 정운복을 협박하여 두려움을 느끼게 하고 다시 정운복을 데리고 이강 공의 거실에 들어가 위와 같은 권고를 하고 또 김중옥 등은 권총을 가지고 실내에 들어와 위세를 보이며 협박하므로 이강 공 및 정운복은 부득이 그 요구에 따르기로 승낙했다.

피고 전협은 이강 공과 함께 먼저 인력거로 출발하여 동부 북문(北門) 안에 이르러 인력거에서 내려 함께 도보로 북문 밖에 이르러 기다리게 하고 나창헌과 김중옥은 정운복의 두 손을 묶고 입을 막은 채 인력거에 태워 수행하고 정남용은 이강 공의 종자 김삼복을 감시하면서 도보로 수행하여 북문 내에 이르러 정운복을 내리게 한 뒤 북문 외에 끌고 가 기다리던 이강 공과 전협과 만났다. 그들은 함께 이튿날 10일 오전 3시경 미리 준비한 경기도 고양군 은평면 구기리(恩平面 舊基里) 73번지의 산중의 사람이 살지 않는 집에 옮겨 방에 가두어 서로 감시하고 거듭 이강 공에게 상해로 동행할 것을 요구했다.

이강 공은 이미 어느 사람으로부터 상해로 가서 조선 독립을 목적으로 하는 가정부에 투신하라는 권고를 받았음을 기화로 비밀리에 거액의 여비가 조달되면 해외로 탈출하여 방종불기(放縱不羈)의 생활을 하고자 생각하던 중이었으므로 등의 기획에 찬동하는 것처럼 꾸미고 일단 국경 밖으로 탈출하리라 결심했다. 동일 오후 5시경 정남용·한기동 및 예전에 정남용으로부터 위와 같은 계획에 따라 이강 공을 지나 안동현까지 인도하라는 의뢰를 받고 이를 승낙하고 참여했던 이을규는 이들과 함께 이강 공의 신변에 붙어 이를 감시하며 경의선(京義線) 수색역에 이르러 오후 11시경 동역에서 출발하여 봉천(奉天)으로 가는 열차를 탔다.

피고 송세호는 전협·정남용에게서 위의 계획을 듣고 남대문역의 경계 유무를 탐지한 뒤에 동역에서 승차하여 도중에서 이강 공에게 붙어 안동현(安東縣)에 이르러 계획대로 이강 공으로 하여금 안동현을 출발케 한 뒤 경성에 귀환하여 복명하라는 의뢰를 받고 동일 남대문역에서 앞의 열차에 탑승하고 수색역에 이르러 이강 공의 일행과 만났다. 한기동은 이강 공의 출발 상황을 복명하고자 개성역에서 하차하고 송세호는 평양에서 관헌의 경계를 탐지하고자 동역에 하차했다가 그 다음 차에 타기로 하고 동역에서부터는 정남용·이을규 두 사람이 이강 공을 감시해 가며 다음 날인 11일 오전 1시경 안동역에 도착하여 밖으로 나가려다가 이강 공은 경계 경찰관의 보호를 받는 동시에 정남용은 체포되고 이을규는 현장에서 도주했다.

(13) 피고 이신애(李信愛)는 동년 3월 10일경 조선 독립운동에 참가할 목적으로 경성에 왔다가 다시 평안북도 방면을 시찰하고 동년 8월 중 귀경하여 한기동과 나창헌으로부터 조선 독립운동의 경과와 대동단의 취지·목적 등을 듣고 그의 소개로 전협과 회견하고 동년 10월 상순에 이르러 동월 31일에 거행할 예정인 제2차 조선 독립선언의 부인 대표자가 될 뜻을 피력하고 그 뒤 경성부 수표교(水標橋) 옆 노상에서 박정선에게 제2회 독립선언의 계획을 알리고 그 대표자의 1인이 되어 달라고 권유하여 참가하게 했다.

그 뒤 이신애는 여러 차례 그 계획에 대하여 협의하고 동월 중, 동부종로(鍾路) 노상에서 한일호(韓逸浩)에게 제2회 선언의 계획을 알리고 부인대표로 참가하기를 권유하여 가입케 했으며, 동부 인사동 김상열(金商說)의 집에서 그에게 같은 계획을 알리고 대표자가 되기를 권유하여 가입케했으며, 동부 익선동(益善洞) 138번지 김익하(金益夏)의 집에서 그와 이종춘·이겸용(李謙容) 등에게 함께 같은 계획을 알리고 대표자가 되기를 권유하여 참가하게 했다. 박정선·김상열·이종춘·김익하는 선언서의 문안 등에 대하여는 이를 간부에게 일임했다.

피고 정규식은 동년 10월 상순 경성부 탑동(塔洞)공원에서 나창헌·한위건(韓偉健)·김의한(金義漢) 등과 회견하고 앞의 제2회 독립선언의 계획을 듣고 이에 크게 찬동하여 그 대표자의 1인이 되기를 서약했으며, 이정(李政)은 동년 11월 초 동부 초음정(初音町) 192번지 이재호의 집에서 전협으로부터 앞의 제2회 독립선언 계획을 듣고 그가 대표자의 1인이 되기를 권유하므로 이에 찬동하여 그 대표자가 되기를 서약했더라.

이와 같이 전협·정남용·양정·한기동·이신애 등은 나창헌 등 이외의 다수한 자와 함께 앞에서 본 바와 같이 동년 10월 31일을 기하여 제2차 독립선언과 시위운동을 하려고 했으나 당일까지 이를 결행할 수가 없었고 계속하여 그 준비를 하던 중, 정남용·전협·양정·한기동 등이 차례로 검거되었으므로 나창헌은 이신애·정규식 등과 협의를 하고 동년 11월 25일경 경성부 내에서 등사기를 사용하여 이강 공, 김가진과 전협·양정·이정·김상열·김익하·이종춘·정남용·한기동·이신애·박정선·정규식 외 20명의 명의로써 조선이 독립국임과 조선인이 자유민임을 천하만국에 선언하고 지난 3월 1일에 "조선 독립선언을 했음을 불구하고 일본 정부는 시랑(豺狼)의 만성(蠻性)을 가지고 압박하려 함은 우리 민족이 인내치 못할 바이다. 우리는 더욱 용왕매진(勇往邁進)하여 만일 일본 정부가 회과(悔過)치 아니하면 3월 1일의 공약에 따라 최후의 1인까지 최대 성의와 최대 노력으로써 혈전을 사양치 아니할 뜻으로 조헌(朝憲)을 문란(紊亂)하고 인심을 선동할 만한 문사(文詞)를 기술한 것 수천 매를 인쇄하여 동월 27일 오후 5시를 기하여 선언서를 일반에게 배포하고 경성부 내에서 일대 시위운동을 거행할 것을 계획했다.

이들은 그 실행 방법으로 자동차 3대로써 각기 동일 오후 5시를 기하여 1대는 남대문통 조선은행 앞, 1대는 동대문 내 한일은행 지점 앞, 1대는 정동(貞洞) 배재학당(培材學堂) 앞에 파견하고 정규식은 조선은행 앞에서 다른 공모자와 함께 해당 자동차를 타고 도중에서 독립선언서를 배포하면서 하세가와정(長谷川町)을 거쳐 광화문통에 나아가 광화문 비각 앞에서 선동적 연설을 하고 조선 독립 만세를 고창하고 종로경찰서 앞에 도착할 것과 이신애·박정선은 한일은행 앞에서 같은 모양의 자동차를 타고 도중에서 선언서를 배포하고 또 조선 독립 만세를 부르면서 종로경찰서 앞에 이를 것, 이정은 배재학당 앞에서 같은 모양의 자동차를 타고 동 선언서를 배포하고 독립 만세를 고창하면서 종로경찰서에 이를 것, 또 선언서에 대표자가 된 노인들은 시위운동에 참가할 수 없으므로 당일 오후 5시 경 성부 종로 2정목 장춘관(長春館) 요리점에 모여 축배를 들며 종용(從容)히 박승(縛繩)을 받은 뒤 관헌에게 의견을 개진할 것을 각기 맡았다.

나창헌은 앞의 독립선언서의 인쇄가 급하므로 몇 사람에게 의뢰할 필요가 있다 하여 동월 25일 원동(苑洞) 162번지 김종진의 집에서 그 원고의 하나를 등사판용 원지와 함께 박원식에게 교부하고 원지의 기입을 의뢰하였다. 박원식은 동월 27일의 시위운동에서 배포·사용할 것임을 알고 원고와 등사원지를 동부 창신동(昌信洞) 131번지 안교일(安敎一)의 집에 지참하여 그에게 인쇄하기를 의뢰했다. 안교일도 역시 이전에 나창헌 등에게서 전기 시위운동의 계획을 듣고 이에 찬의를 표했으므로 곧 이를 승낙했으나 자기는 등사기를 소지하지 않았으므로 원고와 등사원지를 창신동 93번지 정희종의 집에 지참하여 그에게 계획을 말하고 인쇄하기를 의뢰했다. 정희종은 역시 이를 승낙하여 자택에 있던 흥인학교(興仁學校) 소유 등사기를 사용하여 그 원지에 철필로써 원지 1매를 기입하여 이튿날 아침 이를 자택에서 안교일에게 교부하고 안교일은 다시 자택에서 이를 박원식에게 교부하고 박원식은 원동(苑洞) 162번지 김종진 숙소에서 이를 나창헌에게 교부했다.

같은 날 저녁에 안교일은 나창헌으로부터 이강 공 외 32인 명의 등사판쇄(謄寫版刷) 독립선언서 약 50매와 최은식(崔殷植) 외 29인 명의의 활판쇄(活版刷) 선언서 약 50매를 동월 26일 밤에 배포하라는 의뢰를 받고 이를 받아 강정희(姜正熙)로 하여금 이를 정희종의 집에 보내어 동부 종로 5·6정목의 민가에 배포하기를 의뢰하였다. 정희종은 다음날인 26일 아침에 선언서를 동부 효제동(孝悌洞) 202번지 전대진(全大振)의 집에 가지고 가서 27일 시위운동의 계획 개요를 말하고 그에게 교부하였으며, 전대진은 이를 승낙하고 받아 동일 밤 종로 5정목 노상에서 박용주(朴龍柱)에게 계획을 알리고 배포 분담을 의뢰하여 그 선언서 약 50매를 교부하고 두 사람은 각각 분담 구역을 정한 뒤에 종로 5정목과 6정목 각 민가의 대문 안에 선언서를 투입하여 배포했다.

기타 나창헌 등은 동일 밤 경성부내 각소(各所)에 다수인을 사용하여 같은 방법으로 그 선언서와 이튿날인 27일 오후 5시 시위운동을 거행할 터이므로 참가하라는 뜻의 문서를 첨부하여 배포케 하고, 다음날 27일 오후 이신애는 김상열·김익하·이종춘 등에게 전기의 계획을 알리고 장춘관에 모이라는 뜻을 알렸다. 그들은 다른 몇 명의 노인과 함께 장춘관에 모여 음식을 먹었으나 경찰 관헌에게 통고하지 아니하고 귀환했고 또 이정과 정규식은 각기 전기 지정 장소에 도착하여 본즉 자동차는 왔으나 상대자가 오지 않았으므로 정규식은 할일 없이 귀환하고 이정은 현장에서 체포되었다. 이신애와 박정선도 역시 지정 장소에 가기로 했으나 자동차가 오지 아니하므로 할일 없이 귀환했다.

동일 정규식·이신애는 전기 김종진의 집에 이르러 나창헌과 박원식 등과 당일의 실패를 분개하여 하며 철야 논의한 결과 다시 내일 28일 오후 5시를 기하여 부내(府內) 안국동(安國洞) 경찰관 주재소 앞 광장에서 조선 독립 만세를 고창하여 시위운동을 하기로 결속(結束)하고 김종진도 역시 동석했다가 그 협의를 듣고 이에 찬동할 것을 서약했다. 다음날 28일 아침 이신애는 박정선의 집에 이르러 그에게 시위운동 계획을 알리고 참가하기를 권유하자 그는 이를 쾌히 승낙했다. 동일 오후 정규식·박원식·이신애는 김종진의 집에서 일본면(日本綿)에 「대한 독립 만세」라고 쓴 대기(大旗) 한 폭과 태극장기(太極章旗) 한 폭을 제작하고 동일 오후 5시경 정규식·박원식은 그 깃발을 휴대하고 전기 안국동 광장에 이르렀다. 이신애는 박정선·김종진 등과 순차로 참집하여 다수한 통행인이 집합한 장소에서 깃발을 흔들며 이신애·박정선·정규식 등이 먼저 조선 독립 만세를 호창(呼唱)하기를 비롯할 때에 박원식을 제외한 모두가 현장에서 체포되었고 그러하여 모두 안녕 질서를 방해한 것이더라.

◥ 제3

피고 유경근(劉景根)은 동년 5월(일자 미상) 전부터 알고 지내던 김진상(金鎭相)과 경성부 종로 종각 앞에서 만나 김진상에게서 조선 독립을 목적으로 하는 상해 가정부의 분파인 이동휘(李東輝)가 노령(露領) 블라디보스토크(浦鹽斯德) 신한촌(新韓村) 부근에서 군인을 양성 중인데 그 군사는 가정부의 친병(親兵)으로 조선 독립을 위해 내외로 기세(氣勢)를 자랑하고 또 독립의 목적을 달성한 뒤에 가정부를 옹호할 것이니 조선 내에서 극력 위의 군인 지망자를 모집하여 신의주부 영정(榮町)의 김성일(金成鎰)과 만주 장춘에 있는 고려여관(高麗旅館) 방 김두섭(金斗爕)의 손을 거쳐 노령으로 파견해 달라는 의뢰를 받고 곧 이를 승낙했다.

그 뒤 유경근은 윤종석(尹鍾奭)·조종환(趙鍾桓) 등에게 계획을 알려 군인 희망자의 모집을 의뢰했으며, 조종환은 동년 6월 중, 노준·위계후(魏啓厚)·고경진(高景鎭) 등에게 유경근의 계획을 알려 권유하였다. 위계후와 고경진은 다시 조규상(曺圭象) 외 4명에게 계획을 전해 권유하고 해당 목적으로 노령에 가기를 승낙케 하고 조종환의 소개에 따라 노준은 위계후·고경진·조규상 외 4인과 함께 경성부 관철동(貫鐵洞) 조선여관에서 유경근과 회견했다. 위계후와 고경진은 약간의 여비를 지불하고 유경근은 노준·조규상 외 4인의 군인 희망자에게 신의주에 있는 김성일에게 암호로 기록한 소개장을 주고 동년 7월 4~5일 경에 그들을 경성부 남대문역에서 신의주로 향하여 출발하도록 주선하고 노준은 다른 2명과 함께 위 목적을 위해 신의주까지 가서 어떻게 하든지 안녕 질서를 방해하려 한 것이더라.

▪ 제4

피고 이능우는 다이쇼(大正) 8년(1919) 4월 중, 최익환 등과 협의하고 지나 상해에 도항하여 조선 독립을 목적하는 가정부에 투신하려고 그 여비를 조달하고자 타인을 속여 돈을 편취(騙取)하려 하여 일찍이 알고 지내던 경성부 옥인동(玉仁洞) 이익호(李翼鎬)에게서 손영택(孫永澤)이란 자가 경기도 양주군 와부면 덕소리(瓦阜面 德沼里)의 홍순형(洪淳馨)이 소유하고 있는 충청남도 연기군(燕岐郡) 소재 토지의 사음(舍音)이 되기를 희망한다는 것을 듣고 홍순형과 그 아들 홍봉표(洪鳳杓)와는 면식이 없음에도 불구하고 이익호의 집에서 자기는 홍순형·홍봉표와는 가까운 교분이 있으므로 자기의 주선이면 반드시 손영택을 그 토지의 사음이 되게 할 수 있다고 언급하고, 동월 25일경 이익호의 집에서 손영택의 대리인인 김승기(金升基)와 회견하고 그에게 이익호에게 한 것과 같은 거짓말을 하여 주선료 300원을 요구했다. 김승기는 그 말을 믿고 피고의 주선에 의해 목적을 성취할 수 있으리라고 믿고 동소(同所)에서 주선료라는 명목 아래 300원을 교부했으므로 이능우는 이를 받아 편취했다.

■ 제5

피고 김영철(金永喆)은 다이쇼(大正) 8년(1919) 3월 1일과 동월 5일 경성부 내 도로에서 다중(多衆)과 함께 조선 독립을 요망하는 시위운동으로 조선 독립 만세를 고창하면서 돌아다녀 치안을 방해했다.

이상의 사실을 인증할 만한 증빙이 충분하고 전협·정남용·최익환·권태석·이건호·윤용주·박형남·권헌복·장현식·동창율·정규식·이신애·양정·한기동·박정선·김상열·김익하·이종춘·이정·박원식·안교일·정희종·전대진·박용주 등의 출판법 위범(違犯)과 정치의 변혁을 목적하는 안녕 질서의 방해 행위는 누구든지 출판법 제11조 제1항 제1호 및 정치범죄처벌령(政治犯罪處罰令) 제1조를, 이재호·송세호·윤종석·전필순·신현구·민강·이을규·김종진·유경근·김종환·노준의 안녕 질서를 방해한 행위는 정치범죄처벌령 제1조를, 전협·정남용·이재호·양정·한기동·동창율 등의 유인협박감금(誘引脅迫監禁)의 행위는 형법 제226조, 제220조. 제223조 제1항을, 이을규·송세호의 피괴취자(被拐取者) 이송(移送)의 행위는 동법 제226조 제2항에 해당하는 동시에 각기 형법 제54

조와 제55조를 적용할 것이다.

피고 이능우의 사기 행위는 형법 제246조 제1항을, 김영철의 치안 방해 행위는 보안법 제7조와 정치범죄처벌령 제1조 및 형법 제6조를 적용할 것이다. 최익환·전협은 누범자이므로 동 제56조와 제57조를 적용 처벌할 만한 범죄이므로 형사소송법(刑事訴訟法) 제167조 제1항에 따라서 공판에 회부할 것이다. 김성일·김두섭이 유경근 등과 공모한 뒤에 조선 독립의 목적을 달성하고자 군인 희망자를 모집하여 이를 노령(露領)에 있는 양성소에 파견하려 한 뜻의 공소 사실과 강매가 윤종석 등과 공모하여 다이쇼(大正) 8년(1919) 10월 31일 천장절축일(天長節祝日)을 기해 조선독립에 관한 불온 문서를 배포하여 제2의 독립 시위운동을 전개하려 했다는 뜻의 공소 사실과, 이일영(李一榮)·정두화(鄭斗和)·이달하(李達河)가 전협 등과 공모하여 앞의 제2의 (12) 및 (13)의 범행에 가담했다는 뜻의 공소 사실은 어느 것이든지 범죄의 증빙이 불충분하므로 형사소송법 제166조 제1호에 따라서 면소 또 방면할 것이므로 주문과 같이 결정함.

다이쇼(大正) 9년(1920) 6월 28일

경성지방법원 예심괘(豫審掛)

조선총독부 판사 나가시마 유조(永島雄藏)

본적 : 경성부 황금정 4정목 140번지
출생 : 동부 동대문 밖 이문동 생
　　　무직, 전협(全協, 45)

본적 : 충청남도 홍성군 홍주면 옥암리
주소 : 동소
　　　농, 최익환(崔益煥, 30)

본적 : 경상북도 금천군 금천면 남산정 174번지의 1
주소 : 부정
　　　무직, 권태석(權泰錫, 26)

본적 : 충청남도 부여군 규암면 외리 156번지
주소 : 부정
　　　무직, 이건호(李建鎬, 36)

본적 : 충청북도 보은군 생
주소 : 부정
　　　무직, 권헌복(權憲復, 32)

본적 : 경상북도 문경군 신북면 평천리 생
주소 : 부정
　　　무직, 박형남(朴馨南, 34)

＊ 정부기록보존소 소장.

본적 : 충청남도 아산군 탕정면 동산리 539번지

주소 : 동소

　　윤용주(尹龍周, 37)

본적 : 경기도 강화군 양도면 하일리

주소 : 경성부 화천정 242번지 오한영(吳漢泳) 방

　　세브란스연합의학전문학교 3년생, 윤종석(尹鍾奭, 25)

본적 : 경성부 화천정 5번지

주소 : 동소

　　약종상, 민강(閔橿, 37)

본적 : 경기도 용인군 외서면 석천리 555번지

주소 : 경성부 연건동 202번지 이병호(李炳浩) 방

　　장로파예수교 조사(助事), 전필순(全弼淳, 27)

본적 : 경상북도 경산군 해평면 도이사(桃李寺)

주소 : 동소

　　승려, 송세호(宋世浩, 21)

본적 : 강원도 고성군 현내면 철암리

주소 : 경성부 초음정 192번지 이재호 방

　　무직, 정남용(鄭南用, 25)

본적 : 충청남도 논산군 두마면 입암리 27번지

주소 : 동소

출생 : 경성부 회동

　　곡물상, 이을규(李乙奎, 27)

본적 : 경성부 관수동 29번지

주소 : 경성부 초음정 192번지

　　　직뉴업, 이재호(李在浩, 43)

본적 : 경성부 입정정 7번지

주소 : 동부 초음정 192번지 이재호 방

　　　무직, 동창율(董昌律, 53)

본적 : 평안남도 강서군 강서면 덕흥리

주소 : 경성부 예지동 65번지

　　　무직, 양정(楊楨, 56)

본적 : 평양부 상수구리 83번지

주소 : 원산부 상리 34번지

　　　무역상, 한기동(韓基東, 23)

본적 : 경성부 창신동 131번지

주소 : 동소

출생 : 전라북도 자성

　　　이화학당부속 용두리여학교 교사, 안교일(安敎一, 33)

본적 : 경성부 종로 6정목 84번지

주소 : 동소 창신동 93번지 강정희 방

　　　사립흥인배재(興仁培材)학교 교사, 정희종(鄭喜鍾, 49)

본적 : 경성부 효제동 202번지

주소 : 동소

　　　구두 직공, 전대진(全大振, 26)

본적 : 경기도 양주군 와부면 송촌리 306번지
주소 : 경기도 고양군 용강면 동막하리 740번지
　　　곡물상, 정규식(鄭奎植, 29)

본적 : 원산부 남촌동 94번지
주소 : 경성부 인사동 7번지 김상열 방
출생 : 평안북도 구성군
　　　남감리파예수교 전도사, 이신애(李信愛, 30)

본적 : 충청남도 홍성군 결성면 성곡리 100번지
주소 : 경성부 안국동 78번지
　　　포목상, 박원식(朴源植, 30)

본적 : 불명
주소 : 경성부 종로 6정목 237번지
　　　구두 직공, 박용주(朴龍柱, 31)

본적 : 불명
주소 : 경성부 원동 162번지
　　　숙명여학교 생도, 김종진(金鍾振, 18)

본적 : 경성부 동서헌정
주소 : 동부 인사동 정인호 방
　　　무직, 박정선(朴貞善, 47)

본적 : 경성부 장사동 22번지
주소 : 동부 인사동 7번지 이을우 방
　　　무직, 김상열(金商說, 69)

본적 : 경성부 익선동 138번지
주소 : 동소
　　　무직, 김익하(金益夏, 72)

본적 : 경성부 소격동 8번지
주소 : 경성부 소격동 144번지
　　　무직, 이종춘(李種春, 64)

본적 : 경기도 파주군 임진면 마정리 101번지
주소 : 경기도 양주군 구리면 신내리 622번지
　　　서당 교사, 이정(李政, 46)

본적 : 전라북도 김제군 금구면 상신리 90번지
주소 : 경성부 계동 129번지
　　　농, 장현식(張鉉軾, 25)

본적 : 경성부 장사동 137번지
주소 : 부정
출생 : 동부 봉익동
　　　무직, 이능우(李能雨, 36)

본적 : 경상북도 영일군 흥해면 학성동 199번지
주소 : 경성부 인사동 5번지 이인로 방
　　　경성의학전문학교 2년생, 김영철(金永喆, 23)

본적 : 경기도 강화군 길상면 길상리 1412번지
주소 : 동소
　　　무직, 조종환(趙鍾桓, 33)

본적 : 경기도 강화군 부내면 월화리 303번지

주소 : 경성부 공평동 153번지

　　　광업 유경근(劉景根, 44)

본적 : 전라남도 영광군 영광면 도동리 133번지

주소 : 동소

　　　농업, 노준(魯駿, 27)

위 피고 등에 대한 정치범죄처벌령 위반, 출판법 위반, 보안법 위반 및 사기 등 피고 사건(다이쇼 9년 공형 제1003호 내지 제1013호) 및 민강에 대한 보안법 위반 피고 사건(다이쇼 8년 공형 제1154호)에 대하여 조선총독부 검사 사카이 초사브로(境長三郎) 관여 병합 심리를 마치고 송세호가 궐석한 상태에서 판결이 아래와 같음.

주문(主文)

피고 전협을 징역 8년, 동 최익환을 징역 6년, 동 정남용을 징역 5년, 동 이재호를 징역 4년, 동 이건호·윤용주·동창율·송세호·한기동·이신애·윤종석·유경근 등을 각 징역 3년, 동 양정·권헌복·박형남·이을규·정규식을 각 징역 2년, 동 권태석·민강·안교일·정희종·박원식을 각 징역 1년 6개월, 동 장현식·이정·박정선·김상열·전필순·조종환을 각 징역 1년, 동 김익하·이종춘·전대진·이능우를 각 징역 8개월, 동 박용주·김영철·김종진을 각 징역 6개월에 처함.

단, 미결 구류 일수 중, 최익환·권태석에 대하여는 각 360일, 조종환에 대하여는 300일, 전협·정남용·이재호·이건호·윤용주·동창율·송세호·한기동·이신애·윤종석·양정·권헌복·박형남·정규식·민강·안교일·정희종·박원식·이정·박정선·김상열·전필순·김익하·이종춘·전대진에 대하여는 각 200일, 유경근·이을규·박용주에 대하여는 각 150일, 이능우·김종진에 대하여는 각 100일을 본형(本刑)에 산입함.

피고 김익하·이종춘·김영철·김종진에 대하여 각 2년간 그 형의 집행을 유예함.

압수 물건 거운데 다이쇼 8년 증거 제690호의 21 내지 25·27·29·30의 각 불온 문서, 동호(同號)의 2 내지 6의 활자, 7-8의 잉크, 9의 케이스 대용 상자, 10의 조판 대용 상자, 11의 수압(手押) 인쇄기, 12의 핀세트, 13의 무력입물(金武力込物), 16-17의 등사판, 19의 줄(鑢), 20의 잉크, 26의 등사용 원지, 28의 반지(半紙), 31의 단물포정(斷物庖丁), 32의 나무 도장, 33의 단물판(斷物板), 34의 정목(掟木), 36-37의 양지(洋紙) 및 다이쇼 9년 증거 제23호 의 1, 다이쇼 8년 증거 제1210호의 2, 다이쇼 8년 증거 제1387호의 13의 각 불온 문서, 동호의 10-11의 기(旗) 각 1폭은 모두 몰수하고 기타는 각 소유자에게 환부함.

공소 재판 비용(증인 洪鳳杓에게 급여한 1원 30전, 孫永澤에게 급여한 4원 10전)은 모두 이능우의 부담으로 함.

피고 양정에 대한 공소 사실 중, 전협 등과 함께 이강 공을 유괴(誘拐)하고 또 이강 공 및 정운복 두 사람을 협박하여 북문(北門) 외의 독립 가옥에 감금했다는 점 및 노준은 무죄.

이유(理由)

■ 제1

다이쇼(大政) 8년 3월 1일 손병희 등 33명이 조선독립선언서를 발표하여 조선 민족은 일본제국의 기반(羈絆)을 벗어나기 위해 최후의 1인, 최후의 1각까지 노력한다는 뜻을 선동한 이래 이에 성원하는 시위운동이 여러

곳에서 발발하자 최익환·전협은 이 기회를 틈타 조선의 독립을 목적으로 하는 한 단체를 조직하고 다수의 군중을 규합하여 일대 활동을 실행할 것을 기도하고 동월 말일 무렵 경성부 봉익동 12번지 전협의 집에서,

(1) 조선을 제국의 통치로부터 벗어나게 하여 독립국을 형성케 할 것
(2) 세계 영원의 평화를 확보할 것
(3) 사회주의를 철저히 실행할 것

의 3대 강령을 제창하고 대동단이라 명칭하여 널리 단원 및 자금을 모집하고 비밀 출판물 등을 반포하여 그 사상을 고취하고, 조선에 있는 현정(現政)이 변혁을 일으켜 앞에서 제시한 목적을 달성코자 논의하고 동년 4월 중 남작 김가진에게 그 기획을 알려 찬동을 얻어 그를 대동단의 총재로 추대한 뒤 최익환은 권태석에게 그 취지 목적을 설시(說示)하여 자금의 제공을 청구했다. 권태석은 이에 찬동하여 인쇄 기계 및 용지 등 구입비와 기타 잡비로 전후 몇 차례에 걸쳐 600원을 지출하고 이로 인하여 다이쇼 8년 증거 제690호의 2 내지 13·16·17·19·20·26·28·31 내지 34 등의 활자, 인쇄기, 인쇄용 재료 등을 구입하고 당해 관청의 허가를 받지 아니하고,

1. 동년 4월 중, 최익환·전협이 공모하여 위의 인쇄물을 반포할 목적으로,

(가) 「선언서」라는 제목으로 앞의 대동단의 취지·목적을 게재하고 손병희 등 33인이 조선 독립선언을 지지하여 만족할 때까지 조선 독립을 기도하고 총독 정치의 철폐를 요구했으며, 만약 일본 정부가 독립을 승인하지 않고 병력 등으로써 우리를 압박할 때에 우리들은 일본에 대하여 혈전할 것을 선언한 뜻을 기술했으며,

(나) 「기관」(機關)·「방략」(方略)이라는 제목으로 대동단의 활동 기관의

구성 및 그 활동 방법을 정하고 조선 독립의 목적을 수행하라는 문자를 기술했으며,

(다) 「진정서」라는 제목으로 일한 합병의 불법된 점을 누누이 통론하고 조선의 독립을 공인해 달라는 뜻을 기술하고 미국 및 파리강화회의에 발송하려는 뜻을 부기했으며,

(라) 「포고」(佈告)라는 제목으로 모두(冒頭)에 중화민국 대표 강기요(康寄遙) 외 338인으로부터 조선 독립의 승인을 파리강화회의에 청원케 함으로써 조선 민족은 그 사정을 영원히 감사하고 더욱 분려(奮勵)하는 것이 옳다는 뜻을 기록하고 본문에 「청원서」(請願書)라 칭한 것의 내용 곧 일한병합은 특히 만몽(滿蒙)과 지나 본국까지 위험을 일으킬 우려가 있으므로 조선의 독립을 승인해 달라는 뜻의 기사를 등재한 것을 차례로 저작하고 동부 주교정(舟橋町) 125번지 최익환의 셋집에서 다이쇼 8년 증거 제690호의 17의 등사판을 사용해, (가)는 약 70매(동호의 22), (나)는 약 40통(동호의 23), (라)는 약 20통(동호의 24), (마)는 약 50통(동호의 25)을 최익환의 집에서 순차로 인쇄하였다.

2. 동년 5월 중, 최익환과 전협이 공모하여 위의 인쇄물을 반포할 목적으로,

(가) 「등교 학생 제군」(登校學生諸君)이라는 제목으로 조선인 학생은 감연히 동맹하여 조국의 희생이 되어 독립운동에 노력하고 결코 굴종치 아니함이 옳다는 뜻을 기술하고,

(나) 「선언」이라는 제목으로 앞의 「선언서」와 같은 취지를 기술하고,

(다) 「관망 청담(觀望請談)의 제씨(諸氏)에게 경고한다」는 제목으로 일한병합 전후의 제국의 대한(對韓) 정책을 무방(誣謗)하고 일반 조선인은 분기옥쇄하는 것이 옳다는 뜻의 선동적 문사를 기술하였으며,

(라) 「일본 국민에게 고한다」는 제목으로 일본 국민은 속히 조선의 독립을 승인하지 않으면 안 된다는 뜻을 반복 상론한 것을 순차로 저작하여

최익환·권태석이 공모하여 동부 종로 5정목 189번지 양제은의 집에서, (가)는 동호의 16의 모필용 등사판을 사용하여 약 60통(동호의 21), (나)는 동호의 2 내지 6·9·10 등의 활판을 사용하여 약 2,000매(동호의 27), (다)는 동호의 17의 철필용 등사판을 사용하여 약 1,000여매(동호의 29), (라)는 약 400통을 순차로 인쇄하여 기회를 보아 이를 반포하고 안녕 질서를 방해하려다가 동년 5월 23일 최익환·권태석 두 사람은 사실이 발각되어 먼저 체포됨.

◾ 제2

피고 전협은 최익환이 체포된 전후에 소기의 목적을 달성하고자 귀족·신사·종교가·상공단·청년·부인 등을 각기 망라한 일대 단체를 결성하여 널리 동지를 규합하고 자금을 모집하여 공족(公族)·귀족 등을 상해 방면에 유출하여 조선 독립운동의 기세(氣勢)를 높이겠다고 생각하고,

(1) 동년 4월 이래 10월경까지의 기간에 남작 김가진을 대동단의 총재로 한 것은 앞에서 본 바와 같으며, 그 다음에 그 아들 김의한(金毅漢), 그 종제 김용환(金用煥) 및 김봉양(金鳳陽), 유림의 유력자 되는 곽종석(郭鍾錫), 이기현(李基鉉), 옛 보부상의 두목인 양정, 기타 정남용·한기동·윤용주·이재호·장현식·임응철(林應喆)·김재구(金在九)·강경진(姜景鎭)에게 전시 대동단의 취지와 목적을 설명하고 그들을 동지로 하여 함께 모두 이를 쾌히 승낙하여 대동단원이 되고, 등은 후기(後記)와 같이 활동함에 이르렀으며, 더욱이 양정은 상공단 총대로서 옛 보부상을 규합하고 대동단을 위하여 인쇄물의 배포 등을 맡았다.

(2) 정남용은 동년 4월 중, 이미 알고 지내던 최익환을 만나 대동단의 취지와 목적을 들었으며 그 뒤 최익환이 체포되자 즉시 전협과 그 우소(寓所)인 경성부 봉익동에서 회견하여 전항과 같이 그에게 설명을 듣고 대동

단에 가입하여 최익환의 후임으로 출판 행위를 담임할 것을 맹세하고, 또 동년 6~7월부터 10월경까지의 그간에 권복헌·박형남·이건호·송세호·나창헌을 권유하여 대동단원이 되게 하였다.

(3) 이건호는 동년 6월경 장현식과 함께 경성에 올라와 박형남의 소개로 관수교(觀水橋) 부근의 어느 집에서 전협·정남용 등과 회견하고 조선 독립운동의 경과를 청취한 다음 함께 온 장현식을 소개하자 전협은 대동단의 주의(主義) 방침을 거시(擧示)하면서 크게 분기하지 않을 수 없음을 말하고, 그 사상을 선전하고자 비밀 출판을 하려 하나 자금이 부족하므로 조력해 달라는 뜻을 권유하였다. 장현식은 이를 쾌락하여 기부를 약속하고 귀향한 뒤 동월 하순의 위의 주소에서 3,000원을 이건호에게 교부하고 이건호는 동월부터 7월에 이르기까지 전후 3회에 걸쳐 동부 입정정(笠井町) 전협의 집에서 그에게 교부했다.

(4) 피고 윤용주(尹龍周)는 동년 9월 중, 전협의 권유에 따라 대동단에 가입하고 그 무렵에 입경하여 머물고 있던 전라북도 정읍군(井邑郡)의 임응철(林應喆)·김재구(金在九)·강경진(姜景鎭)에게 위와 같은 대동단의 계획을 알리고 경성부 황금정 4정목 244번지 전복규(全福奎)의 집 및 동부 종로 5정목 이규문(李圭文)의 집에서 전협과 만났다. 전협과 윤용주는 서로 독립운동의 유망함과 대동단의 취지와 목적을 말하고 동지 및 자금의 모집에 진력하라고 권유하고 다이쇼 8년 증거 제1264호의 1과 동일 문언(文言)의 신임장(信任狀)을 다수 그들에게 교부한 결과 그들은 전라도로 귀향하여 분주히 활동했다. 동월 말경 김재구·강경진은 이범수(李範壽)와 형갑수(邢甲洙)를 데리고 입경하자 윤용주는 김재구가 해당 독립운동비로 강경진에게 출금(出金)한 200원, 이범수가 출금한 200원, 형갑수가 출금한 100원을 이규문의 집에서 수취하여 이를 전복규의 집에서 전협에게 교부했다.

(5) 정남용과 전협은 공모하여 동년 7월경 당해 관청에 허가를 받지 않고 널리 배포할 목적으로『대동신보』라는 제목으로 앞의 「선언서」·「기

관」·「방략」, 기타 조선 독립을 고취 선동할 수 있는 기사를 저작하고 이를 인쇄에 부치고자 전협은 장현식이 제공한 돈 중에서 1,500원을 김가진으로부터 받아 정남용에게 교부했다. 정남용은 그 돈으로써 인쇄 기계와 용지 등을 매입하여 그 무렵에 스스로 동지가 된 이건호의 첩의 집인 동부 황금정 5정목 142번지의 어느 방에서 이를 사용하여 동월 하순경까지의 사이에 약 1만 매를 인쇄하고 동년 10월 말경 사이에 자신 혹은 타인으로 하여금 경성 시내에 배포하거나 지방에 보내어 배포케 함.

피고 권헌복은 위에 판시(判示)한 바와 같이 정남용의 권유를 받고 대동단에 가입하여 이건호의 집에서 정남용으로부터 의식을 제공받으면서 잡역에 종사하며 살아온바, 동년 8월 초순 정남용으로부터 위『대동신보』를 배포하라는 명령을 받고 동부 창덕궁(昌德宮) 앞거리로부터 관수교(觀水橋) 인근에 이르기까지 민가에 『대동신보』 약 50매를 집집마다 투입하여 배포했다.

피고 동창율은 동년 8월 중, 정남용으로부터 함경도 방면에『대동신보』를 배포하라는 명령을 받고 그 수십 부를 휴대하고 함경남도 단천군 파도면 은호리(端川郡 波道面 銀湖里) 김병권(金秉權)의 집에 도착하여 동인에게 그 5매를 교부하고 동지가 되는 것이 옳다는 뜻을 권유하면서 70매가 넘는 신보를 교부하여 이원(利原) 방면의 반포를 부탁하고 귀경했다.

(6) 동년 8월 중, 전협과 정남용은 김가진 등과 협의하여 경성부 체부동(體府洞) 김가진의 집에서 당해 관헌의 허가 없이 인쇄 반포를 목적으로 대동단의 3대 강령과 그 조직 활동의 세목을 정한 「대동단 규칙」(다이쇼 8년 증거 제1210호의 2·10·20)을 지었다. 김가진의 아들 김의한(金毅漢) 등은 등사판을 사용하여 수십 부를 인쇄하고, 동월 중에 정남용은 동지를 모집할 목적으로 부산 방면에 배포할 것을 박형남에게 지시했다. 박형남은 권헌복과 같이 정남용에게 권유되어 단원이 되고, 이건호의 집에서 정남용에게 의식(衣食)을 제공받으면서 잡역에 종사하며 머물던 중에 위의 지시를

받고 「대동단 규칙」 몇 부를 휴대하고 부산부에 내려가 구상서(具尙瑞)란 자에게 이를 교부했다.

(7) 동년 10월 중, 상해임시정부의 특파원이라 칭하는 이종욱(李鍾郁)이라는 자가 경성에 와서 뒤에 기술하는 바와 같이 한편으로는 송세호 · 윤종석 · 나창헌 등과 함께 소위 연통제(聯通制)라는 것의 시행에 분주하고, 다른 한 편으로는 경성에 있는 각종의 조선 독립운동을 목적으로 한 비밀 단체와 협동하여 10월 31일 천장절(天長節) 축일을 기하여 상해 방면으로부터 송부해 온 박은식(朴殷植) 외 수십 명 명의의 제2회 독립선언서를 반포하고 일대 시위운동을 전개하려는 계획을 세우고 대동단 총재 김가진 등의 찬동을 얻어 김가진과 전협 · 정남용 등과 공의(共議)하였다. 정남용은 그 취지에 찬동했으나 해당 선언서는 조선에 사는 각 계급을 망라한 자를 대표자로 함이 아니면 그 효과가 적으므로 다시 인선한 뒤 대표자를 확정하고 이를 인쇄에 부쳐 배포 선동하는 것이 옳다고 말하고, 나창헌 등을 주로 하여 인선에 들어가 양정 · 한기동 · 이신애 등의 승낙을 얻었으나 선언서 인쇄 등의 준비가 미정(未整)되어 해당 기일에 거사에 이르지 못하고 연기했다.

(8) 이에 앞서 전협 · 정남용 · 김가진 등은 논의한 결과 이강 공(李堈公)을 상해에 유출하여 동인을 수령으로 정하고 동인 및 김가진 등의 이름으로 제2회 조선 독립을 선언함으로써 내외의 인심을 격동케 하여 예기의 효과를 거두기에 충분하다고 결의했다. 이에 앞서 이들은 대동단의 본부를 상해로 이전하는 것이 안전하다고 논의하고 동년 10월 상순에 총재 김가진 및 그 아들 김의한은 이종욱과 함께 변장하여 상해로 탈출하였다. 그 뒤 전협 · 정남용 · 이재호 · 한기동 · 동창율 · 나창헌 · 김중옥 등과 공모하여 위의 공족(公族) 이강 공에게 통영(統營) 부근 소재 카시이 겐타로(香椎源太郎)가 임차(賃借)한 어기권(漁基權)을 빙자하여 유괴하고 그 뒤에는 권의(權宜)의 수단을 써서 제국 밖의 상해에 이송하려고 기도하여 이재호로

하여금 경성부 삼각정 91번지의 정운복을 중간에 넣어 이강 공의 어장의 임차를 신입(申込)케 했으나 이강 공으로부터 사무관의 승인을 얻지 않으면 불가능하다는 뜻으로 거절당했다.

이에 다시 전협 등은 곧 임대차는 별도의 문제로 하고 이강 공을 직접 만난 뒤 이강 공으로부터 카시이 겐타로와 계약 기간이 만료된 뒤 피고 등에게 임차할 것을 구두로 약속하면 그에 만족하겠다 하며, 차제에 3만 원을 이강 공에게 대여하고 또 정운복에게 수수료 15,000원을 주겠노라고 감언으로써 기만했다. 이에 정운복은 몇 차례 서면 또는 면담으로 이강 공에게 교섭한 결과 이강 공은 자금주라 사칭하고 한석동(韓錫東)이라고 자신을 속인 전협과 면접한 자리에서 즉시 금 3만 원을 빌릴 수 있다고 오신(誤信)하고 자금주와 회견할 뜻을 보이자 정운복은 이재호를 통하여 전협에게 그 뜻을 통지케 하였으며, 피고 등은 다이쇼 8년 11월 9일 밤에 미리 밀의 장소로 임차하여 둔 경성부 공평동 3번지의 집에서 회견하겠다고 통고했으며, 현금 수수의 의사를 가지고 있던 이강 공이 주소에 도착했다.

이상과 같이 예정된 권의(權宜)의 방법을 거쳐 상해로 도항할 뜻을 결정하려고 위에 기록된 일동은 동소에 모였다. 한기동은 중문에, 동창율은 집밖에서 각기 기다리던 중, 그날 밤 8시경 정운복은 이강 공의 인력거꾼인 김삼복을 데리고 도착했다가 다시 김삼복을 보내어 이강 공을 영접했다. 앞서 지적한 바와 같이 진실로 현금 3만 원을 받을 것으로 착각한 이강 공은 비밀히 자기 집 뒷문으로 탈출하여 인사동 별댁에 잠시 들렀다가 김삼복으로 하여금 위험 유무를 탐지하게 한 뒤 그날 밤 12시경 그 가옥에 도착했다. 전협 등은 그를 안방으로 영입하여 유괴할 목적으로 전협은 자금주 한석동이라 칭하고 이재호와 함께 이강 공에게 주식(酒食)을 제공한 다음 정운복을 별실로 불러 전협은 그에게 지금으로부터 곧바로 이강 공과 함께 상해로 가서 가정부에 투신하라고 설득했다.

이때 김중옥(金仲玉)은 단총(短銃, 다이쇼 8년 증거 제1387호의 1)을 휴대하고 그 방에 들어왔으며, 나창헌·정남용·한기동·동창율 등도 역시 침입하여 곧 신체를 위해할 기세를 보이며 협박하고 다시 정운복을 데리고 이강 공의 방에 들어와 전과 같이 권유했다. 이때 김중옥은 권총을 차고 방에 들어와 전과 같이 위압(威壓)한 결과 부득이 이강 공과 정운복은 그 요구에 따를 뜻을 보이자 전협이 앞장 서 이강 공과 함께 인력거로 북문으로 떠나고 다음에 정남용·한기동 등은 정운복의 손을 원숭이처럼 결박하고, 이재호는 오늘밤에는 어찌 할 수 없으므로 이를 인내하라고 위유(慰諭)하면서 인력거에 타게 하고 나창헌 등이 뒤따라 북문 밖으로 떠났다. 정남용은 김삼복을 감시하면서 동소(同所)에 도착하여 미리 준비하여 둔 경기도 고양군 은평면 구기리 73번지의 산중 독립 가옥으로 데려가 이강 공을 다음날 10일 오후 5시경까지, 정운복을 동월 12일 오후 4시경까지 방에 유폐하고 피고 등이 번갈아 감시하여 그 자유를 구속했다.

피고 정남용 등으로부터 이미 위와 같은 계획 하에 이강 공을 유출하여 제국 밖으로 이송한다는 사실을 들어서 알고 있던 이을규(李乙奎)는 안동역까지 이강 공에게 붙어 정남용 등과 함께 이송할 임무를 받았으며, 송세호는 전협 등으로부터 위와 같은 계획을 듣고 또 남대문역 방면의 경계 유무를 탐색한 뒤 그 역에서 승차하여 수색역에서 내려 이강 공에게 붙어 안동역에 도착하여 수미(首尾)를 조심하며 이강 공을 상해로 향해 떠나게 한 뒤에는 경성으로 돌아와 동지에게 복명할 것을 담임했다. 동월 10일 밤 예정과 같이 송세호는 남대문역으로부터 봉천행(奉天行) 열차에 탑승하고 이을규는 정남용 등과 함께 같은 날 밤 11시가 지나 수색역으로부터 이강 공 신변에 붙어 봉천행 열차에 탑승하여 송세호와 만났다. 도중에서 송세호는 평양에서 하차하여 관헌의 경계를 탐색한 뒤 열차로 안동(安東)역에 도착하여 하차하고, 정남용과 이을규는 이강 공을 감시하면서 다음 날 11일 오전 11시경 국경 밖 안동역에 도착하여 하차했는데 경계하던 경찰관에게 발견되어 이강 공은 보호를 받고 정남용은 체포되고 이을규는 그곳을 탈주했다.

(9) 전협·정남용·양정·한기동은 이미 김가진·나창헌 등과 협의를 거쳐 동년 10월 중, 이강 공을 수령으로 "3월 1일 독립을 선언하고 4월 10일 정부를 건설하였으나 완미(頑迷)한 일본은 시세의 추이를 돌아보지 않고 공연히 시랑(豺狼)의 만성(蠻性)으로써 이를 압억(壓抑)하여 백주에 도중(徒衆)에게 총을 쏘고 성읍(城邑)과 촌락을 불태운 것은 인류 양심으로 참기 어려운 일이라. 우리 민족의 단충(丹忠) 열혈(熱血)은 결코 이와 같은 비정리적(非正理的)인 압박에 위축하지 아니 하나니 더욱 정의 인도로써 용왕(勇往) 매진할 뿐이니라. 만일 일본이 끝내 회과(悔過)하지 아니하는 때 우리 민족은 부득이 3월 1일 공약에 의해 최후의 1인까지 최대의 성의와 최대의 노력으로써 혈전을 불사할 것을 성명한다."는 기사를 실은 제2회 독립선언서에 대표자의 이름을 나열하고, 당해 관헌의 허가가 없이 인쇄 반포하여 일대 시위운동을 전개함으로써 일반 조선인의 독립 사상을 격려·통일하고 조선의 독립을 실현케 하기로 기획했다.

피고 이신애는 동년 8월경 이래 한기동·나창헌 등으로부터 대동단의 취지와 목적을 들은 뒤 그들의 소개로 전협과 회견하고, 동년 10월에 이르러 위와 같은 독립선언의 기획을 듣고 부인 대표자가 되기로 쾌락하였으며, 이어서 동 피고는 동월 중, 박정선과 한일호(韓逸浩)에게 각기 부인 대표자가 된 뜻을 설명하고 또 노인 대표자 되는 것이 좋겠다는 뜻을 김상열·이종춘·김익하·이겸용(李謙容)에게 설명했다. 전협은 동월경 이정(李政)에게 대표자가 되는 것이 좋겠다는 뜻을 권유하고, 정규식은 동월 중 나창헌에게 같은 내용의 설명을 들었으며, 박정선·김상열·이종춘·김익하·정규식·이정 등은 모두 이를 쾌락하고 선언서의 문사(文詞) 등은 일체 이를 간부에 일임했으며, 그 명의인인 선언서의 술작자(述作者)로 하여금 연서하는 것이 옳다고 결정했다.

나창헌 등이 그 인쇄에 착수하던 중, 전협·정남용·양정·한기동 등이 차례로 검거됨으로써 나창헌은 이신애·정규식·박원식·안교일·정희종 등과 협력하여 동년 11월 20일경 등사판을 사용하여 정희종의 집과 기타의 장소에서 앞의 선언서 수백 매(다이쇼 8년 증거 제1387호의 12호 증거)를 인쇄하고 유유히 동월 27일 오후 5시를 기하여 경성부 내에 이를 반포하는 동시에 일대 시위운동을 거행하기로 하고 그 실행 방법으로 자동차 3대를 빌려, (1) 1대는 남대문통 조선은행 앞, (2) 1대는 동대문 내 한일은행 지점 앞, (3) 1대는 정동 배재학당 앞에 파견하는데,

(1)에는 정규식 기타 공모자 3명이 동승하여 도중에서 해당 선언서를 살포하면서 하세가와정(長谷川町)을 거쳐 광화문 통으로 나아가 비각 앞에서 선동 연설하고 조선 독립 만세를 높이 부르면서 보신각 부근에 도착할 것.

(2)에는 이신애·박정선 등이 탑승하고 도중에서 선언서를 살포하고 또 만세를 높이 부르면서 보신각 부근에서 도착할 것.

(3)에는 이정이 다른 동지와 함께 차를 타고 앞의 경우와 마찬가지로 동일 장소에서 만나기로 했다.

선언서의 대표자인 김상열 등의 노인은 같은 시간에 장춘관(長春館)에 모여 주식(酒食)을 든 뒤 종용(從容)히 체포되기로 정했다. 한편 나창헌 등은 동월 25일경 위의 인쇄와 독립선언서 약 50매 및 상해 방면에서 보내온 활판본 선언서 약 50매(다이쇼 8년 증거 제1387호의 13)를 안교일에게 교부하고, 강정희(姜正熙)라는 자를 소개하여 정희종 방으로 보내어 민가에 배포할 것을 부탁하였다. 정희종은 다음날 26일 밤에 이를 동부 효제동 202번지 전대진의 집에 가지고 가서 27일에 있을 시위운동의 기획을 알리고 그날 밤에 배포할 것을 의뢰하면서 선언서 전부를 교부했다.

피고 전대진은 이를 응낙하고 받은 30매 가량을 박용주에게 주면서 정황을 설명하고 배포의 분담을 부탁하였으며, 두 사람은 함께 같은 날 밤

종로 5·6정목의 민가에 선언서를 투입하여 배포하고 다음날 27일 오후 5시경 위의 각 피고는 예정된 장소에 도착하였으며, 김상열·김익하·이종춘은 경찰 관헌에게 통고하지 않고 할 일 없이 귀가했다. 이정과 정규식은 자동차로 약속 장소에 도착했으나 다른 동지들이 모이기에 아퍼 이정은 그곳에서 체포되고 정규식은 할 일 없이 귀가했다. 이신애와 박정선은 자동차가 오지 않았으므로 할 일 없이 귀가했다.

같은 날 밤에 이신애·정규식·박원식·나창헌 등은 김종진의 거처인 경성부 원동(苑洞) 162번지 김정하(金鼎夏)의 집에 회합하여 당일의 실패를 분개하여 밤을 지새우며 논의한 끝에 다음날 28일 오후 4시 반을 기하여 부내 안국동 경찰관 주재소 앞 광장에서 시위운동을 거행할 것을 약속했다. 다음날 28일 아침에 이신애는 박정선의 집에 도착하여 해당 계획을 알리고 참가를 요구했다. 동일 오후에 이신애·정규식·박원식 등은 동소에서 압수된 태극기(다이쇼 8년 증거 제1387호의 10) 및 「대한 독립 만세」라 쓴 깃발(동호의 11) 각 한 폭을 제작했다. 동일 오후 4시 반경에 이신애·박정선·정규식·박원식은 차례로 광장에 모였다. 계획을 들어 알고 있던 이종진도 역시 그 운동의 일원으로서의 목적을 위하여 동소에 모였으며, 통행인 다수가 왕래하는 동소에서 이신애와 정규식은 전기한 깃발을 흔들며 앞장 서 조선 독립 만세를 높이 부르고 박원식 등도 만세를 시작할 때 박원식을 제외한 일동이 즉시 체포되었다. 그러므로 누구든지 안녕 질서를 해치거나 또는 해치고자 하는 자이다.

▪ 제3

피고 송세호(宋世浩)는 동년 3월 중 이종욱으로부터 지시를 받고 상해에서의 조선 독립운동의 상황을 시찰하고 돌아온 자로서 동년 10월 중 경성에서 이종욱과 회견하였으며, 그로부터 조선 독립운동의 목적을 이루고자 상해 가정부와 조선 내의 각종 비밀 단체와 연락하고 또 경성에는 본부를, 지방에는 지부를 설립하여 서로 기맥을 통하고 상해로부터 보내오는 불온 문서를 받아 배포할 임무를 담당케 하고자 연통제(聯通制)라는 것을 시행하기에 앞서 경성에 연통 본부를 설치할 필요가 있다는 설명을 듣고 이에 찬동하였으며, 동월 중, 몇 차례 동부 연건동(蓮建洞) 이종욱의 집에서 이종욱·나창헌은 송세호·윤종석·전필순 등과 회합하고 협의한 결과 피고 등도 이에 찬동하여 활동하기로 서약했다.

피고 전필순은 본부에서 회계 사무를 담임하기로 하고 송세호·윤종석·나창헌은 앞으로 각도 감독부의 임무를 맡기로 하였다. 윤종석은 이종욱으로부터 상해 방면으로부터 독립운동을 위하여 내왕하는 동지의 접촉과 문서를 접수하기에 좋은 장소의 설치 및 기관의 선정을 부탁하고 동월 중에 경성부 화천정(和泉町) 5번지 민강 방에서 같은 취지를 알리고 연락기관이 되도록 권유함에 민강은 이를 허락하였으며, 상해 방면으로부터 내방하는 자는 암호를 써서 방문하면 동지로 인정하고 이를 윤종석에게 통보하기로 했다. 또한 불온 문서는 자기의 영업용 하물을 취급하는 동부 남대문통 5정목 7번지 공성운송점(共城運送店)이라는 이름의 남창우(南昌祐) 방 박춘식(朴春植) 앞으로 보내어 동점에 유치 통보하도록 약속했다. 동월 30일 안동현 방면으로부터 박만식(朴萬植)이라 칭하고 온 자가 소정의 암호를 쓰므로 민강은 이를 윤종석에게 통보하였으며, 그들은 다음날 아침에 만나 동일 거행하기로 예정한 시위운동에 대하여 타합에 이르렀다.

이에 앞서 민강은 김사국(金思國)·한남수(韓南株)·안상덕(安商悳) 등이 3월 1일 이래 조선 각지에서 빈발한 독립운동이 아무런 연락이 없이 소기의 효과를 거두는 일이 적음을 개탄하고 국민대회(國民大會)라는 것을 조직하여 각개 독립운동단을 통일·단합하고 각도 대표자를 경성부 서린동(瑞麟洞) 봉춘관(奉春館)에 모이게 하는 동시에 다수의 군중을 규합하여 시위운동을 위한 계획을 세우고 있음을 알고 그 자금을 갹출하고자 동년 4월 19일경 김사국의 집인 통의동(通義洞) 김회수(金晦秀) 방에 안상덕 등이 회합할 때 참가하고, 천도교(天道敎) 대표자 안상덕과 예수교 대표자 현석칠(玄錫七)로 하여금 각 600원을 제공할 것을 정하고 그 수수는 민강이 약종상을 경영하므로 금전 출납 및 손님의 내왕이 빈번하지 않아 비밀 누설을 막기에 충분하니 피고의 손을 거치는 것으로 정하고 민강은 이를 쾌락하였다. 다음날 20일 안상덕은 500원을 민강의 집에 지참하고 가 동 피고는 이를 수취 보관하고 있다가 그날 밤 찾아 온 김사국에게 교부한 사실이 발각되어 검거되었다. 피고는 동년 8월 중, 보석으로 출감 중에 앞의 범행이 있는 자이므로 계속하여 범의를 보인 자이다.

❧ 제4

피고 유경근은 동년 5월 중, 전부터 알고 지내던 김진상(金鎭相)이라는 자를 경성부 종로 보신각 앞에서 만나 그로부터 상해 가정부의 군무총장 이동휘(李東輝)가 노령(露領) 블라디보스토크(浦鹽斯德) 신한촌(新韓村)에서 군사를 양성하여 조선 독립에 내외의 기세를 더하고, 독립의 목적을 이루는 날에는 모국 정부의 친병(親兵)이 되기에 마땅한 자들로서 조선 내에 있는 지망의 청년을 모집하여 신의주 영정(榮町)에 있는 김성일(金成鎰) 등의 손을 거쳐 만주를 통과하여 노령에 파견하라고 권유하는 취지에 찬동하여 승낙한 이래 조종환 등에게 그 계획을 알려 조력을 구했다. 조종환은 이를 승낙하고 동년 6월 중, 노준(魯駿)·위계후(魏啓厚)·고경진(高景鎭) 등에게 유경근의 기획을 알리고 군사(軍士)가 되어줄 것을 권유했다. 이에 위계후·고경진 등은 조규상(曺圭象) 외 4인을 권유하였으며, 이들은 조종환의 소개로 동부 관철동(貫鐵洞) 조선여관과 그 밖의 곳에서 유경근을 만났다. 피고들은 위 자와 함께 「신의주 김성일 앞(宛)」이라는 암호를 기재한 소개장(다이쇼 8년 증거 제931호의 4)을 주고 동년 7월 초순에 남대문역으로부터 신의주로 향하여 차례로 출발하도록 주선함으로써 안녕 질서를 해치고자 한 자이다.

▪ 제5

피고 이능우(李能雨)는 다이쇼 8년(1919) 4월 중, 최익환 등과 협의한 뒤 상해로 건너가 소위 임시정부에 투신하여 독립운동에 참여하고자 그 여비 조달에 부심하던 중, 경성부 옥인동(玉仁洞) 이익호(李翼鎬)로부터 손영택(孫永澤)이라는 자가 홍순형(洪淳馨)이 소유한 충청남도 연기군 소재 토지의 마름(舍音)을 희망하고 있음을 알고 피고가 주선하여 그 목적을 이룰 수 있다고 말하고 동월 24일 이익호의 집에서 손영택의 대리인인 김승기(金升基)에게, 홍순형 부자와는 하등의 친교가 없으므로 그 주선이 불가능한지 가능한지도 불확실함에도 불구하고, 피고는 홍순형 및 그 아들 홍봉표(洪鳳杓)와는 매우 가까운 사이여서 반드시 성공하리라 기만하고 주선료 600원을 요구하였으며, 그 다음날 25일 앞의 장소에서 김승기의 손을 거쳐 손영택으로부터 주선료 명의로 300원을 수취하여 편취했다.

▪ 제6

피고 김영철(金永喆)은 범의를 계속하여 다이쇼 8년(1919) 3월 1일 및 동월 5일에 경성부 파고다공원 부근 또는 남대문역 부근에서 조선 독립을 목적으로 하는 시위운동에 참가하여 군중과 함께 조선 독립 만세를 높이 불러 치안을 방해했다.

피고 전협은 메이지(明治) 45년(1912) 7월 20일에 경성지방법원에서 사문서 위조 행사 및 사기 취재죄(取財罪)로 징역 3년에 처했으나 그 형의 집행 중에 다이쇼 3년(1914) 5월 칙령 제104호에 따라 징역 2년 4개월 6일로 변경되었으며, 최익환은 메이지 42년(1909) 10월 27일 경성공소원에서 도계관재산죄(盜係官財産罪)로 징역 7년에 처하여 그 수형하던 중, 다이쇼 3년 5월 칙령 제104호에 따라 징역 5년 8개월 20일로 변경되었고, 이재호는 다이쇼 8년 8월 25일 대구지방법원에서 외국 지폐 위조 사기죄로 징역 3년에 처하여 동년 중에 은사(恩赦)로 징역 2년 3개월로 감형되었는데, 그 모두가 형을 받은 후에도 위에 판시된 범행을 저지른 자들임.

○ 당 법정에서 최익환의 권태석에 관한 부분을 제외한 판시(判示)에 맞는 취지 사실의 공술.

○ 전협의 권태석에 관한 부분 및 인쇄물 반포의 목적에 관한 점을 제외한 판시에 맞는 취지 사실의 공술.

○ 최익환에 대한 예심 제2회 신문 조서에서, 피고는 3월 1일 손병희 등의 선언서를 봉익동 162번지 전협의 집에서 동거할 때 전협과 함께 본 뒤 점차 시민들이 열심히 운동하고 피고 등도 역시 조선을 위하여 진력할 생각이 일어나 3월 중 전협과 대담하였다. 최익환이 대동단 조직의 뜻을 발의하자 전협은 이에 찬동하고 판시(判示)의 3대 강령을 제기하여 그 실행과 단원을 모집하고, 집회가 불가능하므로 출판에 의하여 해당 주의(主義)를 선전하고 단원이 교대하여 최후 1인에 이르기까지 일본 정부 및 총독부에 주의를 진술하여 그 주장을 관철코자 협의했다. 외부의 일, 곧 단원 모집 등의 일은 전협이 맡고 피고는 내부의 일, 곧 출판물을 맡았으며, 피고도 권태석·이능우·김사국·김영철에게 권유한 일이 있으며, 권태석과 4월 중 파고다공원에서 회합했다.

그 무렵에 최익환은 피고의 주소지인 종로 4정목 양제은의 집에 연이어 찾아온 권태석을 설득하여 자금을 제공하게 하고 또 출판에 조력케 했다. 최익환은 4월 25~26일에 양제은의 집에서 독립운동의 출판물 인쇄 기계 구입비 300원을 출금케 하여 이를 전협에게 교부하고 전협은 한자와 언문을 혼합하여 3만 개 남짓한 활자·잉크·수압(手押)인쇄기 등을 사들였다. 그밖에 최익환은 권태석과 함께 비용 100원 가량을 전협에게 제공하고 그 외의 200원을 동인이 이 운동에 소비하여 합계 600원 남짓한 돈을 출자했다. 압수 21호의 문서는 5월 13일경 피고가 원지에 쓴 것을 권태석이 인쇄하고 동 27호의 선언서는 5월 20일경 양제은의 집에서 피고와 권태석이 인쇄하고 동 29·30호의 문서도 함께 만들었다는 뜻의 공술을 기재.

○ 사법경찰관의 권태석에 대한 신문 조서에서, 피고는 3월 1일 소요 뒤 시국에 대하여 느낀 바가 있어 자기도 그 운동을 하고자 생각하고 최익환에게 설명하여 서로 독립운동에 대하여 행동을 함께하기로 하고 그의 숙소인 종로 5정목 양제은의 집에서 4월 20일부터 동거하면서 최익환이 문서를 인쇄하여 이를 널리 국민에게 배포하도록 노력하라고 말하자 인쇄기와 용지 등의 비용으로 600원 넘는 돈을 제공하고 또 다수의 문서를 등사 또는 인쇄했다는 뜻의 공술을 기재.

○ 전협에 대한 제2회 예심 조서에서, 압수 22호의 선언서는 인쇄하여 일반 조선인에게 배포할 생각이었고, 동 23호의 「기관」·「방략」은 대동단의 취지와 목적을 명료하게 하여 단원에게 보이고 또 새로이 단원을 모집할 때 보여 동지를 규합하고자 만든 것이요, 동 24호의 「진정서」는 미국 대통령 및 강화 회의에 제출하고 일반 단원을 모집할 때 보여주고자 만든 것이요, 동 25호 「포고」는 일반에게 배포하려 만든 것이요, 동 27호의 「선언서」도 같은 뜻으로 만들었다는 뜻의 공술을 기재.

○ 판시한 바와 같은 뜻의 문구를 기재한 다이쇼 8년 증거 제690호의 22 「선언서」 70매, 동호의 23 「기관」·「방략」 10통, 동호의 24 「진정서」 5통, 동호의 25 「포고」 6통, 동호의 21 「등교하는 학생 제군에게」 60통, 동호의 27 「선언서」 2,000매, 동호의 29 「경고 관망 청담(淸談) 제군」 1,200매, 동호의 30 「일본 국민에게 고함」 800매가 현재 존재하고 있음.

○ 다이쇼 8년 증거 제690호의 2-6 활자, 동호의 11·16·17의 인쇄기, 동호의 9·10·12·13·19·31·32·33·34 및 동호의 7·8의 인쇄용 부속품, 동호의 26·28·36·37의 용지류의 현재를 종합하여 이를 인정함.

판시 제2의 사실에 대하여,

○ 당법정에서 전협은 (1) 양정·이건호·윤용주·이재호·한기동을 권유하여 동지가 되게 한 점과 (8)의 이강 공 유괴 등에 관한 점 이외에도 판시에 해당한 취지의 사실을 공술함. 더욱이 (6)의 「대동단 규칙」은 다이쇼 8년 8월 중에 체부동 김가진의 집에서 동인과 정남용이 협의하여 제정·술작(述作)한 것인바 그들이 동년 8월 및 9월의 두 번에 걸쳐 인쇄했다는 뜻의 공술.

○ 동 피고 정남용이 (2) 동지를 권유한 점 (6)의 「대동단 규칙」을 저작한 점 (8)의 이강 공 유괴 등에 관한 점 (9)의 제2회 「선언서」에 관한 점 이외에도 판시에 응당한 취지 사실을 공술.

○ 동 이신애는 한기동의 권유를 받았다는 점과 선언서 인쇄에 관한 점 이외에도 판시에 적합한 취지의 사실을 공술.

○ 동 정규식의 출판법 위반 행위 외에 판시에 적합한 취지의 사실을 공술.

○ 동 박정선의 모든 판시에 부합한 사실의 자인.

○ 전협에 대한 제4회 예심 조서에서, 피고는 다이쇼 8년 음력 8월 초 무렵 종로 5정목 이규문(李圭文)의 집에서 윤용주를 만나 회견하고 대동단의 취지와 목적을 설명하여 그를 단원으로 가입하게 하였으며, 그 뒤 강경진(姜景鎭)이 보낸 500원을 윤용주로부터 받았으며, 양정에 대하여는 음력 6월경 입정정(笠井町)의 셋집에서 대동단의 취지와 목적을 설명하여 찬성하게 하고 대동단에 가입하게 했다. 양정에게는 옛 보부상을 맡기고자 할 때 위의 상공단(商工團)을 조직할 자금 3,600원을 김용환이 소지하고 상해로 가고자 했으며, 양정에게는 대동단의 운영을 위하여 현금 600원으로 그가 거주하는 예지동(禮智洞)의 가옥을 매입하라는 뜻의 공술을 기재.

○ 제5회 예심 조서 중 음력 6월경의 어느 날 밤 관수동(觀水洞) 어느 집에서 정남용과 박형남(朴馨南)이 만났을 때 박형남은 이건호라는 자가 대동단에 가입하겠다고 말하면서 그를 추천했다. 그 다음날 밤에 다시 같은

집에서 정남용·박형남·이건호가 회견했는데 이건호는 대동단의 취지에 크게 찬성하여 전라도의 장모(張某)를 추천하였으며, 그날 밤인지 그 다음날 밤인지 동소에 장모와 함께 와서 회견하고 끝내 장모는 금 3,000원을 출자함에 이르렀다. 위의 장현식(張鉉軾)과는 8월 중 양정의 집에서 이건호와 동행하여 찾아와 면회한 일이 있다는 뜻의 공술을 기재.

○ 사법경찰관의 전협에 대한 제1회 조서에서, 피고는 (8)의 협박 감금한 사실 이외에 판시 제2의 (8)에 응당한 취지를 자공(自供)했으며, 이강 공을 탈출시키려 한 동지는 이재호·정필성(鄭必成, 정남용)·한기동·나창헌·김중옥·동창율·송세호·이을규인데 북문 밖 구기리의 집은 양정이 미리 준비하여 살게 한 것이며, 최성호는 양정의 첩제(妾弟)가 된다는 뜻의 공술을 기재.

○ 검사의 전협에 대한 제2회 신문 조서에서, 피고는 11월 9일 이강 공을 유출(誘出)한 공평동의 가옥은 빈집이 아니며 피고 등 동지의 회합 장소로 쓰려고 최모(崔某)로 하여금 살게 한 곳이며, 동소에 이강 공을 유인한 다음 상해로 탈출한다면 가정부에서는 별도로 김가진과 이강 공 등을 중심으로 한 조선 독립의 운동 기관을 설치하고 조선 내에 있는 조선인의 독립 사상을 고취함으로써 조선의 독립을 도모한다는 뜻의 공술을 기재.

○ 전협에 대한 제3회 예심 조서에서, 10월 31일을 기하여 거행할 시위운동은 미리 이종욱 등이 계획한 것으로 전협은 반대했으나 김가진 부자가 그 협의회에 출석해서 찬성하라고 말하므로 하는 수 없이 이를 양해했으며, 그때 배포한다고 말한 선언서는 상해에서 제작한 것이므로 발표하지 아니하고 그 선언서에는 조선 내에 있는 자에 한하여 서명하라고 나창헌 등에게 말한 일이 있고, 그 뒤 제2회의 선언서에 대표자로 된 연명(連名)은 김가진의 지시를 따른 것이며, 그 선언서를 작성하는 일은 모두 상담을 거쳐 위의 취지를 선언하는 일에 동의했다는 뜻의 공술을 기재.

○ 동 제7회 예심 조서에서, 김가진으로부터 제2회의 독립선언을 발표

하고 또 시위운동을 하자는 설명을 듣고 피고도 이에 찬동하여 이강 공을 상해로 탈출시킨 뒤 독립운동을 실행하자는 의견을 정남용에게 말한바 동인도 같은 생각이라고 말한 뜻의 공술을 기재.

○ 정남용에 대한 제2회 예심 조서에서, 피고는 권헌복과 자주 파고다 공원에서 만나 독립운동에 관한 대화를 나누고 박형남에게 대동단의 취지 목적을 설명하여 가입을 권함에 그는 이에 진력할 뜻으로 대답했다. 두 사람은『대동신보』를 배포할 때 일을 맡길 터이니 이건호에게 두 사람의 숙박료를 피고가 부담하겠다는 뜻을 여러 차례 말했고, 박형남에게는 그 뒤「대동단 규칙」몇 통을 건네주고 부산의 구상서(具尙瑞)에게 전달하게 했다. 그들은 동지를 모집하고자 동창율에게도 동월『대동신보』몇 십 매를 건네주고 함경남도 단천(端川) 지방에 배포하면서 동시에 자금을 모집하라고 지시하여 보낸 일이 있고, 이건호에게 대하여는 대동단의 취지와 목적을 설명하면서 원조하여 달라고 말하고 이에 앞서『대동신보』를 인쇄하니 사람이 와서 보지 않도록 감시하여 달라고 의뢰함에 이건호는 이에 승낙하고 그 집에서 인쇄한 뜻의 공술을 기재.

○ 동 제4회 예심 조서에서, 정남용은 나창헌과 이전부터 알고 지낸 터로서 8월무렵 나창헌이 보석 출옥 중에 만나 이건호의 집에 피고를 방문했을 때 대동단의 취지와 목적을 설명하고『대동신보』를 보이자 그는 찬성하고 피고의 소개로 대동단에 가입했다는 뜻의 공술을 기재.

○ 사법경찰관의 정남용에 대한 제2회 신문 조서에서, 피고는 9월 이강 공을 유출(誘出)한 그날 저녁에 이재호의 집에서 전협 · 한기동 · 김중옥 · 피고 등이 저녁 식사를 하던 중, 전협은 일동에 대하여 이미 말한 바와 같이 오늘밤에 은밀히 이강 공을 탈출시킬 것이니 모두 공평동의 집에 모이라 하고 위의 사람과 함께 이재호 · 동창율 · 나창헌 등이 모였다. 전협이 이재호의 집에서 가져온 마분지 앞뒤에 10원짜리 지폐를 씌운 것과 100원짜리 지폐를 씌운 것을 이강 공에게 보여주었는데 그때 권총을 가

진 자는 김중옥이라는 내용의 공술을 기재.

○ 사법경찰관의 권헌복에 대한 제1회 조서에서, 피고는 다이쇼 8년 7월경 파고다 공원에서 정필성(鄭必成)과 서로 알게 되었는데 동인으로부터 조선의 망국과 부흥의 애기를 듣고 이에 감동하여 그 부하가 되어 8월부터 정필성과 이건호의 첩의 집에서 하숙하면서 피고도 대동단에 가입하고 9월 2일에 『대동신보』를 배포한 내용의 공술을 기재.

○ 검사가 동 권헌복에 대한 제2회 신문 조서에서, 피고는 신(神)처럼 생각하고 살아온 정필성으로부터 독립운동에 관한 인쇄물을 배포하라는 말을 듣고 약 50매를 수취하여 관수동 부근의 민가에 배포한 내용의 공술을 기재.

○ 동 권헌복이 당 법정에서 정남용으로부터 『대동신보』를 받아 창덕궁 앞으로부터 관수동 부근에 이르는 민가에 배포한 내용의 공술.

○ 사법경찰관의 박형남에 대한 조서에서, 피고는 다이쇼 8년 9월 2일에 이건호의 집에서 정필성과 알게 된 후 동인으로부터 대동단에 관한 설명을 듣고 피고도 이에 가입하여 동월 13일 무렵에 그를 만나 「대동단 규칙」을 부산의 구상서에게 전하라는 지시를 받고 부산으로 내려갔다는 뜻의 공술을 기재.

○ 사법경찰관의 이건호에 대한 신문 조서에서, 피고는 권헌복의 소개로 정필성과 알게 되었는데 정필성으로부터 대동단에 가입의 권유를 받고 그 취지에 찬성하고 가입한 내용의 공술을 기재.

○ 사법경찰관(全羅北道 第3部 勤務)의 이건호에 대한 청취서 중, 피고는 다이쇼 8년 음력 5월 중에 장현식과 함께 상경했는데 간동(諫洞) 김종희(金鍾姬)의 집에서 박형남과 회합하여 독립 문제를 말한 뒤에 독립운동의 세력가로서 대동단의 주도권을 쥐고 있는 사람을 만나라고 말하자 이에 승낙하고 서로 함께 떠나 장현식을 만나는 자리에 동인도 가서 3인이 동행하여 관수동 어느 집에서 박형남의 소개로 전협을 만났다. 이때 전협은

3월 이래 소요를 설명하고 우리의 독립 의지를 내외에 서로 호응하여 획책하고 있는데 유감스러운 바는 자금이 부족하여 뜻과 같이 계획을 실행하기 불가능한바, 자산가가 이에 출자하고 대사를 걱정하면 조선 독립에 대하여 신문을 발간하겠다고 하는 뜻을 말했다. 장현식은 자산가들이 조선 독립에 뜻이 없는 것은 아니나 발각됨을 두려워하여 출금하지 않는 것이라고 대답함에 전협은 어디까지든지 비밀로 하리라고 말했다. 장현식은 귀하의 뜻은 감사하며 귀향한 뒤에 돈을 보내겠다고 말했다. 그 뒤 장현식이 돌아간 지 십 며칠 뒤 동인으로부터 편지가 왔기에 자신이 금구(金溝)에 가서 만난즉 조선식 의복 두 벌(상하)을 찢고서 그 안에서 3,000원을 꺼내어 주면서 돈을 받으러 오지 않으면 이런 방법으로 옷에 지폐를 넣어 소포로 보낼 생각이었다고 말했다. 그 뒤 그는 경성에 돌아와 2,000원을 전협에게 주고 다시 음력 6월 15일 500원을, 동월 21일경 500원을 전협에게 건네준 내용의 공술을 기재.

○ 장현식에게 대한 제2회 예심 조서에서, 피고는 전협의 집에 가기 전에 이건호에게 어느 정도의 돈을 기부하라는 부탁을 받은 바가 있으므로 전협으로부터 대동단의 목적과 행동 그리고 인쇄비와 가옥 매입비가 없다는 말을 듣고 어느 정도의 돈을 기부하겠다고 말하고 헤어졌다는 내용의 공술을 기재.

○ 동 제3회 예심 조서에서, 전협이 인쇄비가 없어 곤란하다고 말하자 피고는 어느 정도의 돈을 기부하면서 그 인쇄물이라는 것은 독립 사상을 고취하기 위해 일반에게 배포하는 것이라는 점을 알고 있었다는 뜻의 공술을 기재.

○ 사법경찰관의 윤용주에 대한 신문 조서에서, 피고는 다이쇼 8년 음력 5월경에 상경하여 전협과 최익환 2인이 대동단을 조직하고 있음을 알고 8월에 다시 상경했을 때 동단에 가입했다. 자기는 동단의 지방 단원을 모집하는 임무를 맡고 전라도에 김재구(金在九)를 파견하여 모집케 했다.

대동단의 운동에 의해 조선은 독립할 수 있다고 생각한 그는 조선인으로서는 진실로 이를 희망치 않는 자가 한 사람도 없으며, 물질이 작은 것으로부터 큰 것으로 이동하는 것과 같이 우리가 바쁘게 추진하는 대동단도 소수로부터 다수에 이르러 13도의 노유(老幼) 모두가 단원이 되면 일본 정부는 어찌할 수가 없다는 내용의 공술을 기재.

○ 참고인 임응철(林應喆)에 대한 예심 촉탁 신문 조서에서, 참고인은 다이쇼 8년 윤 7월 말 무렵 족보를 만들기 위해 경성에 머물던 중, 김재구·강경진과 함께 대동단의 전협·윤용주를 만나 동단의 취지에 찬동하고 단원의 규합과 자금 모집을 부탁 받은 일이 있다. 원래 참고인의 아버지 임병찬(林炳瓚)은 면암(勉庵) 최익현(崔益鉉)과 함께 대마도(對馬島)에 유배된 뒤 병합에 반대 건의서를 제출했다가 거문도(巨文島)에 유배되어 객사하고 자기도 평소 독립을 희망하고 있던바, 위와 같이 경성에 머물던 중에 윤용주의 방문을 받고 그 집으로 오라는 말을 듣고 동대문 내 이규문(李圭文)의 집에 갔더니 전협 등이 그곳에 살고 있었다. 윤용주로부터 동지가 되기를 권고 받은 뒤 임응철은 김재구와 강경진에게 이를 알리니 그들도 윤용주 등과 회견하고 싶다고 말하자 그 다음날에 3인이 동행하여 이규문의 집에서 윤용주와 회견했다. 이때 윤용주가 자기들에게 전라도에 있는 동지의 규합과 자금의 모집을 부탁하는 신임장이라는 것을 봉투에 넣은 것을 자기들에게 주기에 이를 열어보니 전라도의 대동단 기관 건설 특파원을 명한다는 뜻의 신임장이 들어 있었다. 그 뒤 윤용주는 「대동단 규칙」 등을 전협으로부터 받아 건네준 내용의 공술을 기재.

○ 참고인 강경진은 동 조서에서, 참고인은 다이쇼 8년 7월에 피고·임응철·김재구 등 3인이 동대문 안의 지나요리점에서 윤용주와 만나 입정정 모처에서 전협과 함께 회합했는데 위의 두 사람으로부터 대동단에 가맹하라는 권고를 듣고 그 목적에 찬성하여 가입하였으며, 그들로부터 독립 사상의 선전 단원의 규합과 자금 모집을 부탁받고 전라도 방면에서 활

동하기로 약속하고 헤어져 동월 말경 김재구와 동행하여 전주에 내려가 벼(籾)를 팔아 200원을 마련하여 그중의 100원을 김재구에게 주었으며, 김재구는 이를 휴대하고 상경하여 100원을 윤용주에게 주고 참고인을 대동단 재무부에 선임한다는 뜻의 신임장을 교부해 전달하고 그 뒤 다시 100원을 김재구에게 건네주었다. 이어서 김재구는 분주히 동년 음력 8월 20일경 피고·김재구·이범수·형갑수(邢甲洙) 등과 상경했다. 그 뒤 김재구는 참고인이 제공한 200원과 대동단을 위해 왕복한 비용 50원을 포함하여 250원의 영수증을 윤용주로부터 교부받아 건네주고 김재구는 별도로 이범수로부터 200원을, 형갑수로부터 100원을 대동단에 출금한다고 하여 각기 영수증을 받는 것을 보았다는 내용의 공술을 기재.

○ 사법경찰관이 양정에 대한 제2회 신문 조서에서, 피고는 대동단원이거나 역원(役員)은 아니며 음력 5월 하순 입정정 동창율의 집에서 회합했을 때 전협은 본단의 사업을 위해 가옥이 다수 필요하므로 적당한 것을 구입하고자 하여 동인으로부터 돈을 수취하고 예지동에 주택 1동을 매수하여 처의 명의로 하고 지금까지 살게 한 내용의 공술을 기재.

○ 이재호에 대한 예심 제1회 조서에서, 전협은 다이쇼 8년 윤 7월 17일 오랜 친구인 양제은의 집에서 동인의 소개로 서로 알게 되어 음력 8월 20일경부터 20여 일 동안 동인을 피고의 집에서 하숙케 하고, 피고의 집 앞에 있는 초음정 191번지의 집을 빌려 전협·정남용·한기동 등이 10일간 머물렀으며, 피고의 집에서 돈을 받았다는 뜻의 공술을 기재.

○ 사법경찰관의 이재호에 대한 제3회 조서에서, 대동단의 두목은 전협이며, 그밖에 정필성(洪宇錫)·나창헌(王世俊)·한기동·이을규·송세호·양정·김중옥·동창율 등인데 피고는 10월 10일 김가진이 가정부로 간 사건과 관계가 있다. 처음에 김가진이 이강 공의 상해행을 말할 때 10만 원이 없으면 가지 않겠다고 하므로 전협은 그와 같이 큰돈은 안되므로 이강 공을 유출하여 공을 세울 구실로 어기권(漁基權)을 빙자했다. 정운복이 이

강 공과 친함을 이용하여 피고로부터 정필성에게 교섭하여 끌어내어 공평동 구가(舊家)로 오게 한 것은 전협·피고·정성필·나창헌·김중옥·한기동·동창율이 했다는 내용의 공술을 기재.

○ 동 제2회 조서에서, 피고는 한석동이라 칭하는 전협으로부터 이강 공의 어기권을 얻을 방법이 있으면 교섭하는 말을 듣고 이강 공과 친분이 있는 정운복의 주선을 요청하면서 수수료 15,000원을 주겠다고 말함에 그가 이에 승낙하고 교섭했다. 이강 공은 이것이 늘 문제가 되는데, 그것은 이왕직 사무관의 간섭을 받아야 하는 것이라고 말함에 등은 그것은 할 수가 없다 대답하고, 다시 사무관의 동의가 없이 만기 뒤에 대여하는 일을 구두로 약속이라도 하도록 교섭하고 표면적으로 이자를 받고 3만 원을 빌려 줄 것이며, 그 밖에 수수료 15,000원을 주기로 하고 단계적으로 위 금액을 인도하기로 했다. 11월 8일 전협은 다음날 유유히 돈을 인도하기로 하고 이강 공을 불러내어 오라고 말하고 그 다음날 밤에 전협이 지정한 공평동의 집에서 정운복으로 하여금 이강 공을 맞이하도록 했다.

이강 공이 도착하기 이전 오후 8시경에 그 집에 전협과 정필성, 그리고 권총을 가진 김중옥 등이 모였으나 전협이 어기권 운운한 것은 실상은 거짓이며, 이강 공을 끌어내어 상해 가정부에 가도록 하고자 그 준비를 하는 것이니 정운복이 오거든 협박하라고 말했다. 8시경에 정운복이 오고 그 다음 11시경에 이강 공도 왔던바 브랜디와 조선 요리를 장만하고 정운복을 별실에 호출하여 김중옥이 권총을 휴대하고 정필성이 이에 가세하자 정운복이 드디어 승낙하고 이어 이강 공의 방으로 들어가 두려움에 떨며 "전하 금일은 결심하소서. 결심할 시기가 왔습니다."라고 말했다. 이때 전협이 들어와 "어기권 운운한 것은 실상 거짓이며, 이곳에 준비한 돈은 독립운동을 위한 것이라. 금일로부터 그곳(상해)으로 가서 (독립운동의 분위기를) 조성하시오. 그러면 민심이 통일될 것입니다."라고 말했다.

이때 김중옥이 권총을 들고 실내에 들어오려고 하매 공이 크게 놀라자 전협은 김중옥을 꾸짖고 물러서라 하고 미리 마련한 인력거에 이강 공을 태우고 전협과 나창헌이 이를 따라 갔다. 이어서 정운복에 대하여는 정필성이 손을 앞으로 묶은 채 차에 태우고 전협과 김중옥 등이 따랐으며, 김삼복은 정필성이 데리고 나가 북문에서 정운복의 포박을 풀어주고 도보로 북문 밖 세검정의 최성호의 집에 연행했으며 그날 밤에 피고는 서울로 돌아 왔다가 그 다음날 아침에 동소에 갔다는 내용의 공술을 기재.

○ 사법경찰관의 동창율에게 대한 제1회 조서에서, 피고는 이전부터 알고 지내던 양정에게 권유받아 9월경부터 이재호 집의 소사(小使)가 되어 점차로 이재호와 양정 등이 독립운동을 하는 것을 알게 되었다. 피고는 11월 8일 혹은 9일 저녁을 먹고 이재호와 함께 공평동의 집에 가서 문밖에 서서 경관이 오면 "와이"라 소리지르라는 명령을 받고 서 있는데 그 다음날 아침에 이재호가 귀가하여 이강 공은 예정대로 상해로 탈출하는데 성공했다고 말했다. 그 뒤 11일경 전협으로부터 편지가 와 왕십리에 간 일이 있고 그 뒤 북문 밖 최성호의 집에 머물면서 한기동이 경성으로 가면서 맡긴 권총과 탄환을 소지하고 머물렀다는 내용의 공술을 기재.

○ 북청지청재판소(北靑支廳裁判所) 서기가 작성한, 사법경찰관의 김병권(金秉權)에게 대한 조서 초본 중, 피고는 다이쇼 8년 음력 7월경 동창율이 살던 단천군 파도면 은호리(波道面 銀湖里)에 편지를 보내어 가정부의 유력자라 말하고, 10월경에는 조선이 독립하고 상해의 가정부는 경성으로 옮기면 일본도 부득이 승인할 수밖에 없어 독립은 빨리 성공할 것이므로, (우리의 뜻에) 찬성하라고 말하고 『대동신보』 5매를 교부하고 또 이원(利原) 방면에 아는 사람이 없느냐고 물어보자 김형극(金瀅極)을 안다고 대답함에 동 방면에 배포를 의뢰하고 동 신보 70여부를 넘겨 준 내용의 기재.

○ 사법경찰관의 한기동에 대한 제1회 조서에서, 피고는 다이쇼 7년 10월말 블라디보스토크(浦鹽) 방면에 살다가 다이쇼 8년 2월 원산(元山)으로 돌아와, 3월 이래 독립운동이 일어나자 피고도 그 운동에 참여했다. 송세

호는 평양 사람으로서 피고와는 지면이 있는 사이였는데, 10월 무렵에 피고의 집인 경성 적선동 정(鄭)의 집에 내방하여 이강 공도 독립운동에 몸바쳐 진력(盡力)한다고 말하면서 함께 대동단에 가입하지 않겠느냐고 유인하였으며, 초음정 이재호의 집에 머물면서 전협과 회견하고 서로 독립운동의 장래에 어찌 할는지의 방침을 논의하면서 그 뒤 그의 집에 머물렀다. 그의 집에는 전협·나창헌·송세호·정필성 등이 여러 차례 집회·밀합(密合)하면서 피고에게 그 일을 알려준 것은 11월 7일 밤이었다. 이재호와 전협이 밀실에서 피고를 불러 전협이 말하되 "우리는 지금 독립운동을 위해 이강 공을 상해 방면에 파견할 계획이다. 정운복으로 하여금 거짓말을 하게 하여 이강 공을 공평동 집으로 유인한 다음 상해로 파견코자 하는 것이니 내일 9일 밤에 결행할 때 문밖에서 망을 보라." 하자 피고도 이에 동의했다.

그날 밤에 동창율은 지나요리점으로부터 좁은 길로 들어오는 모퉁이에서 망을 보고 한기동은 중문 밖에 숨어서 망을 보았다. 이강 공이 온 뒤 피고도 안으로 들어갔으며, 김중옥과 함께 그가 가져온 밧줄로 피고도 정운복의 양손을 앞으로 묶었다. 다음날 밤 수색역으로부터 피고와 정필성과 이을규가 이강 공을 따라 북쪽으로 가는 기차를 탔는데 피고는 개성에서 하차하여 다음날 11일 오후에 돌아와 북문 밖의 집에서 일박했다. 12일 아침에 전협과 나창헌은 성내에 돌아왔으며, 김중옥도 성내에 돌아온 다기에 권총과 탄환을 피고에게 맡기고 점심을 먹은 뒤에 다시 동창율에게 맡기고, 피고도 경성에 돌아왔다는 내용의 공술을 기재.

○ 이을규에 대한 예심 조서에서, 피고는 다이쇼 8년 10월경 안동현(安東縣)으로부터 경성으로 돌아와 11월 초순에 사직동에서 정남용과 만났으며 그의 말에 따라 10일 오후 5시경에 창의문(彰義門) 밖 세검정 부근에 도착하여 정남용의 소개로 이강 공을 만났는데 이강 공은 아무 말도 없이 두려운 모습을 보였다. 피고는 이강 공을 안동역으로 안내하게 되어 피

고·정남용·한기동 3인이 이강 공을 따라 그날 밤 수색에서 북행 기차를 타고 송세호와 함께 안동현에 도착했으나 많은 경찰관이 나와 있는 것을 보고 일이 발각되었음을 알고 도주했다. 피고는 이강 공이 상해로 건너가 가정부의 총재라도 될 줄로 알고 그 일을 돕고자 하는 생각에서 안내의 역할을 맡은바 내용의 공술을 기재.

○ 당 법정의 조서에서, 이을규가 10일 세검정 처소에 갔을 때 강태동(姜泰東) 일파와 전협 일파 간에 이강 공 사건에 대하여 다투면서 전협 등이 이강 공을 유괴했고, 이강 공은 그 뜻과는 달리 끌려가고 있음을 알았으나 이미 앞서 강태동으로부터 의뢰 받은 일도 있고 또 그가 전협에게 양보함으로써 피고는 정남용과 함께 이강 공의 신변에 붙어 11월 10일 오후 11시경 수색역발 봉천행의 열차에 탑승하고 다음날 11일 오전 11시경 안동현까지 갔던 내용의 공술.

○ 다이쇼 8년 11월 15일부 사법경찰관의 송세호에게 대한 조서에서, 피고는 11월 10일 창덕궁에서 이을규와 만나 세검정에 동행하던 중에 정남용과도 만나 정남용과 이을규가 이번에 이강 공을 수행하니 안동역까지 함께 가라는 말을 듣고 이를 승낙했다. 이강 공이 상해 가정부에 가는 것은 조선인의 가정부에 대한 신용을 높이는 일이라 생각하여 그는 이에 찬동했다. 이을규의 지도로 이강 공의 소재 불명에 따른 경계 상황을 살피라는 말을 듣고 오후 7시경 경성으로 돌아와 시내의 상태를 살펴본즉 각별한 일이 없으므로 안심하고 오후 11경 남대문역을 출발하여 수색역에서 승차하는 이을규에게 경성의 상황을 보고하고 수색에서 이강 공을 만나보았다. 피고는 평양의 경계 형편을 알아보고자 하차했다가 다시 오후 4시의 기차를 타고 9시가 지나 신의주에서 하차하여 송세헌(宋世憲)이라는 가명으로 노송정(老松町) 광성여관(光城旅館)에 투숙 중에 체포된 내용의 공술을 기재.

○ 동 제2회(동월 24일부) 조서에서, 송세호는 11월 1일경 이을규와 만났

는데 종래 안동현과 상해간의 연락은 선우혁(鮮于赫)이 맡고 있던 중이며 그가 상해로 간 뒤에는 자기가 맡았다는 뜻으로 말하고 그 3~4일 뒤 이재호의 집에 정남용을 방문한바 출타하고 없으므로 나창헌과 만나 위의 말을 전하고 일찍이 이을규가 대동단에 가입했다고 말함으로써 그 역시 나창헌에게 연결 지어 준 내용의 공술을 기재.

○ 다이쇼 8년 11월 22일부 사법경찰관의 피고에 대한 제4회 조서(檢 제 4卷 96丁) 중, 송세호는 종래 청년외교단 단원인바 근래에 정남용으로부터 대동단에 가입할 것을 권유받고 승낙한 내용의 공술을 기재.

○ 증인 정운복에 대한 예심 조서에서, 증인은 이재호와 궁내부 시종으로 있을 때부터 알던 사이로서 이재호는 다이쇼 8년 봄 이래 여러 차례 증인의 집에 출입했으며, 세간의 소요 사건 당시에 누구를 파송(派送)했는가를 물은즉 이재호는 그것이 대동단이라고 하는 거대한 비밀 단체로서 그리 한 것이라고 대답했다. 9월 초 무렵으로부터 정운복은 한 참판이라는 자가 이강 공의 어기권을 주선하여 달라고 말하면서 계약금 3만 원과 주선료 1,500원을 지불하겠다는 것을 이강 공의 인력거꾼 김삼복에게 의뢰하여 이강 공에게 편지를 보냈더니 이를 거절하므로 이를 이재호에게 언급했더니 그 뒤에 여러 차례 그가 찾아 왔다. 어기권에 관하여는 카시이 겐타로와 계약 기간이 만료된 뒤 다시 계약을 맺는다는 조건으로 3만 원을 대여하겠다는 뜻을 다시 이강 공에게 편지를 보냈다.

이에 이강 공은 이재호를 만나 지금 현금을 빌려주면 계약을 허락하겠다는 뜻을 그에게 통지했으며, 이러한 교섭이 이뤄져 3만 원을 받으면 이강 공을 만나 공으로부터 카시이 겐타로와 계약 기한 만료 뒤에 자금주 등에게 어기권을 주는 것으로 만족해야 하며, 돈의 전달에 대하여는 11월 8일 이재호가 와서 조용한 장소를 선정하고 이강 공이 그리로 왔으면 매우 좋겠다고 알렸으나 이강 공은 이에 응하지 않았다. 세 번의 교섭을 지낸 결과 결국 자금주 측이 선정한, 노파 1인이 거처한다는 공평동 3번지

한 참판의 집에서 9일 밤에 회견하기로 하고, 그날 밤 9시경 증인은 김삼복을 데리고 찾아오자 이재호가 그를 영입하여 한 참판과도 인사하고 김삼복으로 하여금 이강 공을 모시고 오도록 다시 보냈다.

12시가 지나자 김삼복의 안내로 이강 공이 도착하여 안방에서 이강 공과 정운복·한 참판·이재호 등이 대좌하여 술과 음식을 들었다. 한 참판은 돈을 직접 전하에게 넘겨 드리는 것은 실례라고 말하면서 증인을 별실로 데려가 가방을 열고 100원 짜리 지폐를 보여주고 이대로 돈을 가지고 가겠느냐고 말하면서 돈을 넘겨주기에 앞서 결심을 듣고자 가방을 닫으면서 "이 돈은 오늘밤에 이곳을 출발하여 상해로 가기 위한 것"이라고 말하는데 나창헌·정남용·한기동 등의 청년 및 동창율 등이 방으로 들어왔다. 특히 26~27세의 장대한 남자가 권총을 들고 형세가 불온하므로 증인은 독립운동을 하는 자들이라고 감지하고 자신도 상해로 갈 것을 승낙했다고 말했다.

그러자 그 말을 전하에게 권하라고 말하고 안방에 들어가 공의 결심을 촉구할 때 한 참판과 27세의 남자 및 앞의 사람들이 모두 들어와 전후좌우에 늘어섰다. 한 참판은 권총을 가진 남자에게 그런 위험한 물건을 가지고 있지 않아도 좋다고 말하면서 그들을 밖에 내보내고 공에게 "우리 독립 정부에서 전하를 기다림이 이미 오래인지라. 전하가 결심하오면 즉시 출발하여 오늘밤 조용한 곳으로 가 내일 인천으로 출발하여 지나인의 배로 도항하리라"고 말하고 인력거를 불러 한 참판과 그 밖의 1~2인의 청년이 따라 그 집을 출발했다. 그때 정남용과 한기동이 증인의 입에 솜을 물리고 깁으로 그 위를 씌우고 다시 양손을 묶었다. 이재호와 동창율도 그 옆에 있었는데 이재호는 "오늘밤에는 하는 수가 없으므로 참으라"고 말했다. 나창헌과 한기동은 밖으로 나가 창의문에서 내려 결박을 풀고 도보로 세검정 부근의 산중에 있는 어느 집으로 들어가니 그때는 벌써 3시경이었다.

이때 한 참판은 자신이 사실은 전협이라고 고백하고 상해 가정부에는 인물이 없으므로 함께 가자고 말하고, 이강 공을 끌어낸 것에 대하여는 어기권을 빙자한 것인데 장시간 고심했다고 엄숙하게 말했다. 또 이재호에 대하여는 무례함이 지나침을 힐책함에 그는 국사를 위해 한 것이며 다른 뜻은 없다고 대답했다. 그 집에서 이강 공을 별실에 모셔 출입과 면화(面話)를 금하는데 세수할 때 두 세 번 말을 하는 중에 공은 총독부와 교섭의 안건도 있는데 상해에 가면 돌아오기 어려운 몸이 되므로 매우 곤란하다고 말하고, "또 기차를 타고 가는 동안이나 안동역에서 자신의 태도를 확실히 밝히리라" 말하며 심려하는 얼굴빛을 보였다. 안동역 운운 한 것은 그곳이 일본의 세력 범위 안에 있으므로 그때 관헌에게 알리리라는 의미로 추측되었다.

이강 공이 10일 오후 5시경에 그의 집에서 출발한 뒤 증인 정운복은 12일 오후 4시경까지 그의 집에 갇혀 있었는데 그간 항상 청년이 감시하고 있었으므로 탈출이 불가능했다. 이미 이강 공이 출발한 뒤 이강 공 명의로 독립선언서를 발표하여 일대 소동을 일으키고 그 뒤에 증인을 상해로 데려가고자 그때까지 그를 감금했다. 12일 아침에 전협이 증인에게 독립선언의 취지를 위임할 것인가를 물으면서, 선언서를 기안하되 서명자는 이강 공, 김가진 및 증인으로 해 달라고 말하고, 또 선언서를 발표할 신문기사를 써달라고 말하면서 이강 공 등의 승낙은 사후에 받겠다고 말하자 증인은 경성에 돌아간 뒤에 기안(起案)함이 옳다는 내용의 공술을 기재.

○ 이신애에 대한 제3회 예심 조서에서, 피고는 대동단의 일을 당초 한기동으로부터 들었고 그 뒤 나창헌과도 얘기를 나눴으며, 그 뒤 두 사람의 소개로 전협과 회견했다. 한기동은 자신이 대동단원이라고 말하고 또 나창헌도 같은 내용으로 진술했다. 또 한기동은 피고를 대표자로 하여 제2회 독립선언서에 명의를 쓴다고 말하고, 시위운동은 동인의 체포에 앞서 천장절 축일을 기하여 행하기로 하고, 한기동과 나창헌 등도 그렇게 말한

내용의 공술 기재.

○ 정규식에게 대한 예심 조서에서, 피고는 선언서의 인쇄에 관한 부분 이외에도 판시와 같은 취지를 공술했고, 또 나창헌의 말에 따르면 선언서에 명의를 쓴 자는 모두 이에 찬성하여 선언서를 발표하는 것의 승낙을 받았다는 내용의 공술 기재.

○ 사법경찰관의 정규식에 대한 제1회 조서에서, 피고는 11월 24일에 안교일의 집에서 등사판 인쇄의 선언서를 보았는데 그의 말에 따르면 선언서의 안문(案文)은 상해의 김가진이 보낸 것으로서 안교일이 등사판으로 약 3,000매 인쇄하기로 되어 있었다는 내용의 공술 기재.

○ 검사의 정규식에 대한 제2회 조서에서, 선언서의 인쇄 반포 담임자는 안교일이라는 내용의 공술 기재.

○ 사법경찰관의 박원식에게 대한 조서에서, 피고는 이신애와 11월 5일 종교예배당(宗橋禮拜堂)에서 서로 알게 되었으며 그 뒤 얼마간 소식이 없다가 다시 만난 그는 제2회의 독립선언서를 발표할 터이므로 원조하기를 원했다. 부인으로서 이러한 경우에 이르렀는데 남자로서 취합(取合)하지 아니치 못할 것이므로 박원식은 이를 승낙하자 이신애는 11월 23일~24일경 원동(苑洞) 162번지의 집에서 독립선언 1매를 보여주고 이와 같이 원지(原紙)에 써 달라고 말했다. 그러나 자신은 시골 출생이므로 글쓰기가 불가능하다고 말하고 안교일의 집에 가지고 가서 동대문 밖 그의 집에 머물면서 그 뜻을 전한바 명일 또 오라고 말하매 다음날 거듭 안교일의 집에 가서 글 쓴 원지 1매를 받아 돌아와 이신애에게 건네주었다.

동월 26일에 피고 박원식은 이신애와 만나 그 선언서를 내일 자동차로 뿌릴 뜻을 말하고, 4월 27일 밤에 원동 162번지의 집에 갔더니 정규식·나창헌·이신애·박정선·김종진 등이 합석하여 내일 28일 오후 4시 30분에 안국동 광장에서 만세를 부를 일을 상담한 다음 그날 밤 동소에 1박하고 아침 3시경 돌아왔다. 피고는 당일 오후 3시경에 재차 그 집에 갔는데 정규식과 이신애가 있음에 정규식으로부터 1원을 수취하여 안국동 지나인의 집에서 당목(唐木)과 잉크를 사서 교부함에 그들은 태극기와 대한독립만세를 먹으로 쓴 깃발 2장을 제작하여 이를 휴대하고 피고와 3인이 안국동 광장에 간 내용의 공술을 기재.

○ 김종진에 대한 제2회 조서에서, 피고는 다이쇼 8년 11월 28일 오후 4시 30분의 안국동 광장에서 만세를 부를 뜻을 알고 당일은 평일과 같이 통학하여 귀가한 뒤에 만세를 부르고자 동소에 갔으나 만세를 부르기에 앞서 순사에게 체포되었다는 내용의 공술을 기재.

○ 사법경찰관의 이정에 대한 제2회 조서에서, 피고는 다이쇼 8년 음력 4월 이래 경성 각처에서 여러 차례 전협·양정·윤용주·동창율 등과 회합하여 제2회의 독립선언을 할 일을 협의하고 또 피고도 대동단원으로 된 내용의 공술을 기재.

○ 당 법정에서 동 피고의 판시 제2회 독립선언서에 대표자로 연명하고 또 판시의 행동으로 즉시 체포되었는데 다이쇼 9년 증거 제23호의 1의 선언서는 그 당시에 소지했던 피고의 소유물이라는 내용의 공술.

○ 사법경찰관의 김상열에게 대한 조서에서, 피고는 다이쇼 8년 11일경 이신애가 제2회 선언서를 발표하게 됨에 이에 대표자로 연명하기를 원함에 승낙했다. 또 다른 사람 중에 적당한 자가 있으면 추천해 달라고 하므로 김익하의 집에 동인이 이종춘·이겸용(李謙容)에게 설명함에 그들도 승낙했다. 손병희 등이 체포된 바는 알았으나 조선인으로서 하루라도 속히 독립할 것을 희망하여 대표자가 되어 판시와 같이 장춘관(長春館)에 참석한 공술을 기재.

○ 사법경찰관의 김익하(金益夏)에 대한 조서에서, 피고는 제2회의 독립선언서의 대표자로 연명한 것은 김상열이 와서 권유하므로 피고도 조선이 독립하는 것을 희망하던 터인 고로 승낙했으며, 선언서는 11월 27일 오후 5시를 기하여 시내에 살포할 것을 알았고 또 이신애로부터 통지가

있었으므로 김상열로부터 권유받은 바 되어 판시와 같이 장춘관에서 참석하여 식사하며 전원이 동관에 집합하면 선언서를 발표하기로 하였으나 모두 오지 않으므로 12시가 지나 모두 돌아갔다는 내용의 공술을 기재.

○ 이종춘에 대한 예심 조서에, 피고는 판시에 맞는 취지의 공술을 기재.

○ 사법경찰관의 안교일에게 대한 조서(檢 제6권의 分)에서, 피고는 다이쇼 8년 11월 20일 무렵에 상해 가정부로부터 명령을 받고 입경했다. 김일(金一)이 비밀스러운 것이므로 누구누구에게 배포하여 달라고 말하면서 증거 제1호(다이쇼 8년 증거 제1387호의 13에 해당함)를 건네주며 그 배포 방법을 정희종에게 의뢰했으며, 그 인쇄는 조선 독립에 관한 비밀 문서라는 것을 알고 있었다. 증거 제2호(동호의 14에 해당함)의 원안 연필로 쓴 것을 정희종에게 넘겨준 일이 없으며 그 무렵 토요일 오후에 김일로부터 지난날 인쇄물을 건네준 자에게 다시 건네 달라고 잉크와 미농백지를 주므로 즉시 정희종 집으로 가져가 건네준 일이 있다는 내용의 공술을 기재.

○ 동 제2회 조서에서, 안교일은 11월 25일 밤에 이강 공 외 32명의 선언서의 안문(案文)과 등사판용 원지 10매 남짓한 것을 박순화(朴順和, 박원식)가 가져왔으므로 이를 정희종의 집에 가져가 그로 하여금 원지에 쓰게 하고 김일에게 건네주었으며, 이미 인쇄한 것 40~50매를 신문에 싸서 초교(初橋)와 동대문 사이의 노상에서 강정희(姜正熙)에게 의뢰하여 정희종에게 건네주도록 했는데 김일의 말에 따르면 어떤 움직임이 있는 듯하므로 26일에 배포하여 달라는 뜻을 정희종에게도 알린 내용의 공술을 기재.

○ 동 제2회 조서(檢 제7권의 分) 중, 11월 26일 밤 김교선(金教善)의 집에서 정규식에게 명일 자동차로 배포하는 것이 좋겠다고 말하고 등사한 선언서 약 200매 가량을 내어준 일이 있다는 내용의 공술을 기재.

○ 사법경찰관의 정희종에게 대한 조서에서, 증거 제1호(大正 8년 증거 제1387호의 13에 해당)를 다이쇼 8년 11월 24일 밤 안교일이 몇 매 지참하고 27

일에는 무슨 일이 있는 듯하니 26일 밤에 배포하라 하므로 26일 오후 8시경 전대진의 집에 가지고 가서 종로 5정목에 재교(再橋)로부터 동대문까지의 민가에 배포하라고 말하고 전부 넘겨주었다. 이보다 앞서 안교일은 증거 제2호(동호의 14)의 안문(案文)을 연필로 쓴 것을 25일경 가지고 와 이를 원지로 하여 그 학교의 등사판을 자택에 갖다놓고 약 40매 넘게 인쇄하고 앞의 선언서와 함께 배포하라고 전대진에게 교부한 내용의 공술을 기재.

○ 동 제2회 조서에서, 증거 제2호에 안문은 안교일이 원지 10매 남짓한 것과 함께 지참하여 1매만 원지로 동인에게 넘겨주고 25일경 밤 등사판으로 인쇄하여 선언서 40매 남짓하게 동인이 지참하여 강정희(姜正熙)에게 넘겨주었으며, 이에 앞서 동월 20일 안교일은『독립신문』호외의 안문을 가져와 등사해 달라고 요구하므로 동인이 지참한 잉크와 미농지로 약 7~8매를 인쇄하여 그 아침에 안교일에게 교부한 내용의 공술을 기재.

○ 정희종과 안교일의 예심에 대한 신문 조서에서, 정희종에게『독립신문』호외의 인쇄를 의뢰한 적이 없고 다만 선언서를 의뢰했다는 취지의 안교일의 공술을 기재.

○ 사법경찰관의 강정희 심문 조서에서, 피고는 다이쇼 8년 11월 11일경부터 정희종을 자기 집 건넌방에 머물게 한바 동월 경(일자 미상) 어느 날 밤 8시경 건넌방의 장자(障子)를 열고 방안을 보았더니 정희종이 등사판으로 안교일과 함께 무엇인지 인쇄함을 목격했다. 오늘의 만남이 어떻게 될지 모르므로 방안에 들어가지 않았다는 내용의 공술을 기재.

○ 전대진에 대한 예심 조서에서, 피고는 판시에 맞는 취지의 사실을 공술하고, 그날 밤에 배포하려고 나가려 할 때 박용주가 찾아와 내일 만세를 부를 뜻으로 오늘 밤중에 배포를 요구한 사실 및 제2회의 독립선언서임을 알리고 활판쇄와 등사판쇄를 교합하여 약 30매를 교부하고 종로 5~6정목에 배포할 것을 동인에게 의뢰한 내용의 공술을 기재.

○ 사법경찰관의 박용주에 대한 제1 · 2회 조서에서, 피고는 판시에 맞

는 취지의 사실 공술을 기재.

○ 판시와 같은 취지로 기재된 다이쇼 8년 증거 제1,210호의 2·10·20의「대동단 규칙」, 다이쇼 8년 증거 제1387호의 12·14 및 다이쇼 9년 증거 제23호의 1의 선언서의 현재 및 다이쇼 8년 증거 제1,387호의 1의 육혈포, 동호의 2 탄환, 동호의 10·11의 깃발의 현재를 종합하여 이를 인정한다.

판시 제3의 사실에 대하여는,

○ 송세호에 대한 예심 제1·2회 조서에서, 피고는 판시에 맞는 취지의 사실을 공술 기재.

○ 사법경찰관의 윤종석에 대한 심문 조서에서, 피고는 판시의 연통제에 관하여는 제2회 조서의 판시에 맞는 취지의 사실과 같고, 민강과의 관계에 대하여는 제4회 조서 판시에 맞는 취지의 사실을 공술 기재.

○ 민강에 대한 예심 조서에서, 피고는 김사국 관계의 다이쇼 8년 4월 중의 사실과 망동을 미연에 막았다고 변소(辯疏)한 것을 제외한 모든 판시에 부합되는 취지의 사실을 공술 기재.

○ 당법정에 대한 민강의 판시 후단(後段)에서 피고는 다이쇼 8년 4월 중의 김사국·김상열 등과의 관계에 대하여 판시한 범죄 사실의 자인.

○ 사법경찰관의 전필순에 대한 제2회 조서에서, 피고는 판시에 맞는 취지의 사실을 공술 기재에 따라서 이를 인정했다.

판시 제4의 사실에 대하여는,

○ 당 법정에서 유경근의 조종환에 관한 부분을 제외한 판시에 맞는 취지의 사실을 기재.

○ 사법경찰관의 유경근에 대한 제2회 조서에서, 피고는 다이쇼 8년 5월말 또는 6월 초에 조종환에 설명한 바 있으며, 그 뒤 머지않아 조종환은 군인 지망자 4~5인이 있으므로 이를 안내해 달라고 찾아왔다. 그 다음날 피고는 종각 앞에서 조종환을 따라온 위계후(魏啓厚)·고경진(高景鎭) 외

3인과 회견하고 조종환에게 지시하여 밀짚모자를 사게 하여 그 지망자의 도리우치(鳥打帽)와 바꿔 먼저 정거장에 보내고 피고도 그 뒤로 따라가 편지로 신의주로 보내는 소개장을 교부하였다. 이들은 도중 황주(黃州)에서 1박하고 신의주에는 김성일(金成鎰)의 지도를 받아 안동역으로 건너가 장춘(長春)으로 갔다가 다시 안내를 받아 블라디보스토크(海參威)의 소회선생(蘇回先生, 金鎭相)의 집을 찾아 가라고 지시했다. 피고는 그 다음날 또 노준과 조규상 외 1인의 전라도인을 남대문역으로부터 보낸 다음 그날 밤 현순익(玄淳益) 외 1인을 같은 방법으로 보낸바 그 모두가 조종환이 소개한 것이라는 내용의 공술 기재.

○ 유경근에 대한 제1회 예심 조서에서, 피고는 다이쇼 8년 증거 제931호의 3은 김진상과 타합(打合)한 암호로서 그는 그 편우(片隅)에 암호의 용례를 써서 설명하여 달라고 하자 그것은 언문의 모음(母音)을 로마 숫자로 하고 자음을 한자의 숫자로 하고 언자의 수순으로부터 1·2·3으로 정하여 언자를 표기하는 법칙으로 하여, 예를 들면 「7五」는 언문의 「소」가 된다는 내용의 공술을 기재.

○ 사법경찰관의 조종환에 대한 제2회 조서에서, 피고는 다이쇼 8년 5월말인지 6월 초에 관철동 조선여관에서 이미 알고 지내던 유경근과 시국 문제에 대하여 상담했는데 그는 상해로부터 노령으로 건너가 머물고 있는 이동휘가 가정부의 친병(親兵)을 모집하고 있으므로 자기도 그 계획에 찬동하고 지망자를 물색 중이므로 이를 도와 달라고 의뢰하자 피고도 이를 승낙했다. 그 뒤 매일 이를 걱정하던 중, 6월 15일경 운현궁 부근에서 노준과 만나 함께 낙원동의 그의 숙소에 가서 그에게 대하여 이를 설명했다.

그 뒤 7월 상순에 노준이 찾아와 고경진과 위계후 두 사람이 노령으로 가기를 희망하므로 남대문 밖 덕흥관(德興館)에 머물러 있으라는 뜻을 전하고 피고는 동소에 머물면서 두 사람과 만난 이외에 3인의 동지도 함께 와서 함께 머물고 싶다는 뜻을 피고가 유경근으로부터 듣고 크게 기뻐하며 소개하여 달라고 말하므로 조선여관으로 가서 유경근에게 말했더니 내일 아침 제1번 북행 열차로 출발하도록 주선하여 그들을 데리고 오라고 말함에 다시 돌아와 그들을 호출하여 함께 회견한 뒤 남대문역으로부터 출발하기에 이르렀다. 그러던 중, 3일에 노준이 돌아와 관헌의 취체가 엄중하므로 국경 밖으로 나가는 것이 불가능하니 자기와 조규상(曺圭象)은 먼저 출발하고 3인 중 1명은 되돌아 왔고 기타의 3인은 아마 신의주로부터 안동역에 이르지 못했을 것이라고 말한 내용의 공술을 기재.

○ 검사의 조종환에 대한 심문 조서에서, 유경근으로부터 이동휘가 조선의 독립운동을 하기 위해 사관을 양성하는데 김진상이 그 모집을 위해 조선에 들어온 사실를 알고 그 계획에 찬동하여 피고도 타인 등을 권유하여 남대문역으로부터 출발하라고 한 내용의 공술을 기재.

○ 사법경찰관의 노준에 대한 심문 조서에서, 피고는 다이쇼 8년 3월 하순에 경성의 소요가 일어났을 때 서울에 있는 누이를 만나고자 입경하였다가 동향의 이좌진(李佐鎭)의 소개로 조종환과 만나, 이 무렵 지나 방면으로 갈 사람이 있는데 100원의 여비가 있으면 가능하겠다는 말을 듣고 귀향했다가 6월 초 다시 입경하여 14~15일경에 조종환과 만나 여비는 조달하여 주겠다고 말했다. 그는 3월 하순 동향의 조규상(曺圭象)을 만난 뒤 다시 유성기(劉成基)를 회견하고 들은 바에 따르면 고경진·위계후·조주현(曺柱鉉)·김형모(金衡模) 등도 모두 만주로 가고자 입경하여 있었는데 어느날 밤에 남대문 밖 덕흥관을 찾아온 고경진과 위계후 두 사람이 여비를 대여해 줄 수 있다고 말했다. 이들은 7월 4~5일경 남대문 밖 신창상회(信昌商會)에서 유경근과 함께 회견하고 동소에서 고경진으로부터 100원을 수취하고 조규상 등이 남대문역으로부터 먼저 출발하였으며, 동소에 전송 나온 유경근은 신의주로 가서 김성일의 지도(指圖)를 받으라고 말하고 편지를 주었으나 신의주에 도착한 뒤 여권이 없으면 도저히 불가능하다고

말하므로 헛되이 경성에 돌아 온 내용의 공술을 기재.

○ 노준에 대한 제2회 조서에서, 경성에 머물던 자는 유경근인데 그는 블라디보스토크로 가면 체격 자격이 좋아 사관학교에 채용될 터이니 국가를 위해 비상히 자애(自愛)하라 말하였으며, 도중에 신의주의 김성일에게 갈 편지에 김성일의 주소와 성명을 써 주었다. 또 고경진과 위계후의 말에 따르면 블라디보스토크까지 가는 병졸을 모집하고 또 사관학교를 설립하기로 되어 있으며, 조종환의 말에 따르면 이미 몇 백 명이 블라디보스토크에 도착하기로 되어 있는데 피고가 아는 사람은 단지 김형모·유성기·조주현·조규상·현모(玄某) 등뿐이라는 내용의 공술을 기재.

○ 증인 위계후에 대한 예심 조서에서, 증인은 다이쇼 8년 3월 5일의 시위운동에 참가했다는 혐의를 받고 여러 곳을 방랑하던 끝에 국경을 벗어나 자유의 몸이 되었다고 생각하고 있었는데 7월 상순 종로에서 조종환을 만나 증인의 숙소인 덕흥관으로 함께 가 속마음을 밝혔더니 그는 상당한 수단도 있고 아는 사람도 많으므로 소개할 수 있다고 말했다. 피고는 유경근과 관철동 조선여관과 남대문 밖 신행(信行)여관에서 3회 만났다. 피고의 말에 따르면 조선의 독립을 도모하고자 블라디보스토크와 북간도 방면에서 군인 및 교원을 양성하는데 피고는 블라디보스토크 방면에 사람을 파송하는 일을 담당하여 지식이 있는 자는 교원으로 삼고 지식이 없는 자는 군인으로 한다는 뜻으로 말하고 그곳의 군인양성소는 가정부의 사업인데 언제든지 일본에 대한 선전의 포고가 가능하도록 준비하고 또 조선을 독립시킨다는 것이었다.

위의 담화는 조선여관에서 유경근으로부터 증인·고경진·조종환 등이 들은바, 증인은 군인을 지원하므로 인도해 달라고 요청하였다. 앞에서 말한 조종환과 회견한 4~5일 뒤에 노준이 찾아와 조종환으로부터 증인에 관한 것을 묻고 피고도 국경을 넘기를 희망하여 찾아 왔는데 여비가 없어 탄식하므로 그 하루 이틀 뒤 100원을 빌려주어 곧 출발했을 것으로 생각했다. 1주일이 넘어 그는 신의주까지 갔는데 경비가 삼엄하므로 도저히 국경을 넘기가 불가능하다고 말하고 돌아 왔다. 이 무렵에 증인 강모(姜某)의 아우와 조주현도 유경근의 소개로 신의주까지 갔으나 같은 이유로 돌아왔으며, 조규상에 대해서도 그 방면으로 가는 일로 증인으로부터 100원을 대여 받아 유경근의 소개로 신의주까지 갔다는 내용의 공술을 기재.

○ 다이쇼 8년 증거 제931호의 3~4의 기재를 종합하여 이를 인정하고 판시 제5의 사실에 대하여,

○ 이능우에 대한 예심 조서에서, 홍봉표(洪鳳約)와 상합(相合)하여 동대문 안의 박정래(朴廷來)를 알선하여 준다는 의사로써 변소(辯疏)한 것 이외에는 판시에 응당한 취지의 사실의 공술을 기재.

○ 증인 김승기(金升基)에 대한 예심 조서에서, 증인의 처의 종형되는 손영택(孫永澤)이 판시한 사음(舍音)을 희망하고 이능우가 홍(洪) 판서와도 절친하고 그 아들 홍봉표(洪鳳杓)와는 매우 절친하므로 그에게 의뢰하면 된다는 말을 믿고 그 운동비로 판시 일시 장소에서 소개료 600원 중 300원을 피고에게 대부한 내용의 공술을 기재.

○ 증인 홍봉표에 대한 예심 조서에서, 증인은 홍순형(洪淳馨)의 아들인데 연기군에 증인이 소유 명의로 추수 100석의 전답이 있는바 다이쇼 8년 4월의 사음 최용식(崔龍植)이 사망하자 곧 그 아우인 최인식(崔麟植)을 사음으로 정하였으며, 그동안 사음으로서의 흠결(欠缺)이 없었다. 동대문 안의 박정래(朴廷來)와는 3년 전에 만난 일이 있고 그 뒤 다이쇼 9년 5월 중, 1회 노상에서 회견하였을 뿐이므로 절친하지 않으며, 이능우는 전혀 모르는 사이임. 박정래의 집에서 신문 기자라고 자칭하는 이능우를 만났으나 본 적이 없는 인물이며, 그 아버지도 이능우를 모른다는 내용의 공술을 기재하고 이를 인정했다.

판시 제6의 사실에 대하여는,

○ 사법경찰관의 김영철(金永喆)에 대한 제1회 심문조서에서, 피고는 판

시에 맞는 취지의 사실을 공술 기재함에 따라 이를 인정하고 최익환·전협·이재호의 전과(前科) 및 수형 종료의 사실은 3명의 당법정에 대한 각 판시에 부합하는 취지 공술에 의해 이를 인정함.

법률에 비추어 최익환과 권태석의 판시 제1의 소위는 다이쇼 8년 4월 칙령 제7호 제1조 제1항에 해당하는 징역형을 선택함이 가함. 최익환의 판시 제1의 (1)과 (2)의 불온 문서 저작은 출판법 제11조 제1항 제1호, 조선형사령 제42조, 형법 제55조에 따르며, 해당 최익환의 동 (1)과 (2)의 불온 문서 인쇄 및 권태석의 동 (2)의 불온 문서 인쇄는 출판법 제11조 제2항 제1호, 조선형사령 제42조, 형법 제55조에 해당하며, 최익환의 저작과 인쇄 간에는 수단과 결과의 관계가 있으므로 형법 제54조 제1항 후단 및 제10조에 의해 가장 무거운 인쇄의 죄를 과하는 형에 따름. 두 사람의 출판법 위반과 제령 제7호 위반은 1개의 행위로 해당 몇 개의 죄명에 저촉되므로 형법 제54조 제1항 전단, 제1조에 의해 가장 무거운 제령 제7호 위반의 죄에 과하는 형에 따르며, 더구나 최익환은 재범이므로 형법 제56조 제1항, 제57조, 제64조에 의해 가중 처벌함.

피고 전협의 판시 제1·3, 정남용·양정·이건호·장현식·윤용주·동창율·박형남·권헌복·이재호·한기동·이을규·이신애·정규식·박정선·이정·김상열·김익하·이종춘·박원식·안교일·정희종·전대진·박용주·김종진의 판시 제2, 윤종석·전필순의 판시 제3, 유경근·조종환의 판시 제4의 정치 변혁을 목적으로 안녕 질서를 방해했거나 또는 방해하려고 한 행위는 누구든지 다이쇼 8년 4월 제령 제7호의 제1조 제2항에, 송세호의 판시 제2·3의 행위는 앞과 같이 제령의 법조 및 형법 제55조에, 민강의 판시 제2의 행위는 앞의 제령의 법조 및 형법 62조 제1항, 제55조에 각 해당하여 누구든지 징역형을 선택한다.

피고 민강에 대하여는 형법 제63조, 제68조 제3호를 적용하여 감경(減輕)

하고, 전협의 판시 제1의 (1)과 (2), 전협·정남용은 동 제2의 (5)와 (6), 전협·정남용·양정·한기동·이신애·박정선·정규식·이정·김상열·김익하·이종춘이 동 (9)의 각 불온 문서를 저작한 점은 출판법 제11조 제1항 제1호, 조선형사령 제42조에 해당한다. 전협·정남용에 대하여는 형법 제55조에도 적용하고, 정남용은 판시 제2의 (5), 이신애·정규식·박원식·안교일·정희종이 동 (9)의 불온 문서를 인쇄한 점은 출판법 제11조 제2항 및 제1항 제1호, 조선형사령 제42조에 해당한다.

피고 정남용·동창율·권헌복은 판시 제2의 (5), 정남용·박형남의 동 (6), 안교일·정희종·전대진·박용주는 동 (9)의 불온 문서를 배포한 점은 출판법 제11조 제1항 제1호, 조선형사령 제42조에 해당하며, 정남용에 대해서는 형법 제55조를 적용함. 정남용의 저작·인쇄·반포, 이신애와 정규식의 저작·인쇄, 안교일과 정희종의 인쇄·반포의 간에는 어떤 형태로든 수단 결과의 관계있으므로 형법 제54조 제1항 후단과 제10조를 적용하며, 정남용에 대하여는 가장 무거운 배포의 죄를, 이신애와 정규식에 대하여는 가장 무거운 인쇄의 죄를, 안교일과 정희종에 대하여는 가장 무거운 반포의 죄를 적용함.

이상 전협·정남용·동창율·권헌복·박형남·양정·한기동·이신애·박정선·정규식·이정·김상열·김익하·이종춘·박원식·안교일·정희종·전대진·박용주의 출판법 위반과 제령 제7호 위반은 모두 1개의 행위로 몇 개의 죄명에 저촉되는 것이므로 형법 제54조 제1항 전항과 제10조에 의해 가장 무거운 제령 제7호 위반죄를 적용한다. 전협·정남용·이재호·한기동·동창율의 판시 제2의 (8)의 제국 외에 이송할 목적으로서 이강 공을 유괴한 점은 각 형법 제226조 제1항에 해당하고 동 피고 등이 이강 공 및 정운복에 대한 협박은 각 동법 제222조 제1항과 제55조에 해당한 징역형을 선택하는 것이 옳고, 동 피고의 체포 감금의 행위는 각 동법 제220조 제1항과 제55조에 해당하고, 송세호와 이을규의 이강 공을 제국

외에 이송한 점은 동법 제226조 제1·2호에 해당하고, 전협과 이재호는 모두 재범이므로 형법 제56조 제1항, 제57조 및 유괴죄에 대하여는 동법 제14조를 함께 적용하여 각 죄에 대하여 가중한다.

피고 전협·정남용·이재호·한기동·동창율·송세호·이을규는 모두 몇 가지의 죄가 병합되므로 각기 형법 제45조, 제47조, 제10조, 제14조에 의해 가장 무거운 유괴죄로 가중 적용하며, 이능우의 판시 55의 사기 행위는 형법 제246조 제1항에 해당한다. 김영철의 판시 제5의 행위는 범죄 후의 법령에 의해 형의 변경이 있으므로 형법 제6조와 제10조에 의해 신구 양법을 비교해 보면 보안법 제7조, 조선형사령 제42조, 형법 제55조에, 신법에 따르면 다이쇼 8년 4월 제령 제7호 제1조 제1항, 동법 제55조에 각기 해당하나 구법이 경형(輕刑)이므로 이를 적용하여 징역형을 선택한다.

이상의 소정 범위 내에서 각 피고에 대하여 각기 형을 양정(量定)하고 장현식과 김영철을 제외한 각 피고에 대하여 판결 구금 일수의 일부를 본형에 산입함이 옳으므로 형법 제21조를 적용하고, 김익하·이종춘·김영철·김종진에 대하여는 그 정상에 따라 형법 제25조, 형법 시행법 제54조를 적용하고 상당 기간 각기 형의 집행을 유예함이 가함.

압수 물건 중, 다이쇼 8년 증거 제690호의 21·22·23·24·25·27·29·30의 각 인쇄물, 동호의 2·13·16·17·19·20·26·28·31·34·36·37의 인쇄기, 그 부속품, 인쇄 재료, 용지류, 다이쇼 8년 증거 제1210호의 2, 동년 증거 제1387호의 13, 다이쇼 9년 증거 제23호의 1의 각 인쇄물, 다이쇼 8년 증거 제1387호의 10·11의 깃발 2폭은 형법 제19조에 이를 몰수함이 가하고, 기타는 몰수할 수 없으므로 형사소송법 제202조에 의해 처분함이 가하고, 공소 재판 비용은 전부 판시 제5의 사실에 관한 증인에게 지급할 것이므로 동법 제201조 제1항을 적용하여 전부 이능우의 부담으로 함이 가함.

본건 공소 사실 중, 양정이 판시 제2의 (8) 이강 공을 유괴, 동인 및 정운복의 협박, 동 체포 감금에 가담한 점 및 노준이 판시 제4의 유경근 등을 설득하여 러시아로 건너가 군사가 되게 한 점은 어느 모로 보나 이를 인정할 증빙이 충분치 못하므로 형사소송법 제236조 및 제224조에 의해, 양정에 대하여는 앞의 부분 및 노준에 대하여는 각 무죄를 언도함이 가함.

따라서 주문과 같이 판결함.

피고 송세호는 지금으로부터 이 판결의 송달을 받거나 또는 판결 집행에 의해 형의 언도가 있다는 사실을 안 날로부터 3일 이내에 고장(故障)을 신립(申立)할 수 있음.

다이쇼 9년 12월 7일

경성지방법원 형사부

재판장 조선총독부 판사 이토 준키치(伊東淳吉)

조선총독부 판사 다자이 아키라(太宰明)

조선총독부 판사 후지무라 에이(藤村英)

조선총독부 서기 소노베 토모카즈(園部知一)

대정(大正) 10년(1921) 형공(刑控) 제35~40호

경상북도 선산부 해평면 송곡동 재적

동소 거주

      승려, 송세호(宋世浩 : 27세)

충청남도 부여군 규암면 외리 재적

주소 부정

      무직, 이건호(李建鎬 : 37세)

전라북도 김제군 김제면 상신리 90번지 재적

경성부 계동 139번지 거주

      농업, 장현식(張鉉軾 : 26세)

경성부 장사동 23번지 재적

동부 인사동 7번지 거주

      무직, 김상열(金商說 : 70세)

충청남도 홍성군 결성면 성곡리 100번지 재적

경성부 안국동 78번지 거주

      포목상, 박원식(朴源植 : 31세)

경기도 강화군 양도면 일리 재적

경성부 화천정 242번지 오한영(吳漢永) 방 거주

      세브란스연합의학전문학교 생도, 윤종석(尹鍾奭 : 26세)

* 『독립운동사자료집』(10) : 독립군전투사자료집(서울 : 독립운동사편찬위원회, 1976), 870~879쪽.

경성부 화천정 5번지 재적

동소 거주

　　약종상, 민강(閔橿 : 38세)

경기도 강화군 부내면 월화리 303번지 재적

경성부 공평동 153번지 거주

　　광업, 유경근(劉景根 : 45세)

충청남도 논산군 두마면 현암리 27번지 재적

동소 거주

　　곡물상, 이을규(李乙奎 : 21세)

위 피고 등에 관한 정치범 처벌형 위반 피고 사건에 대하여 다이쇼 9년 12월 7일 경성지방법원이 언도한 유죄 판결에 관하여 각 피고로부터 공소의 신립이 있어 당원에서는 조선 총독부 검사 히라야마 쇼조(平山正祥)의 간여로 이을규(李乙奎)가 궐석한 상태에서 종합 심리를 마치고 다음과 같이 판결한다.

주문(主文)

본건 중, 이건호(李建鎬) · 유경근(劉景根) · 이을규(李乙奎)의 공소를 기각한다. 원판결 중, 송세호(宋世浩) · 윤종석(尹鍾奭) · 민강(閔橿) · 박원식(朴源植) · 장현식(張鉉植) · 김상열(金商說)에 관한 부분을 취소한다.

피고 윤종석 · 민강을 각각 징역 1년 6월에, 박원식 · 장현식 · 김상열에게 각각 징역 1년에 처한다. 단, 윤종석 · 민강 · 박원식 · 김상열에 대해서는 미결 구류 일수 200일을 본형에 산입하고, 장현식 · 김상열에 대해서는 각각 2년간 집행을 유예한다.

피고 송세호를 면소한다.

압수에 관한 물건 중, 다이쇼 8년 증거 제1387호의 10·11의 각 1호는 이를 몰수하고 기타의 물건은 각 소유자에게 환부한다.

이유(理由)

¶ 첫째

다이쇼 8년 3월 1일 손병희(孫秉熙) 등 33인이 조선의 독립을 선언하고 조선 민족은 일본 제국의 굴레를 벗어나기 위해 최후의 1인까지 최후의 1각까지 노력하지 않으면 안 된다는 내용을 선동한 이래 이를 세원(勢援)하는 시위운동이 발발하자, 원심 전협(全協)·최익환(崔益煥)은 이 기회를 이용하여 조선의 독립을 목적으로 하는 한 단체를 조직하여 대중을 규합, 일대 활동을 전개할 계획으로 다이쇼 8년 3월 말경 경성부 봉익동(京城府鳳翼洞) 62번지의 전협의 집에서,

(1) 조선을 일본 제국의 통치에서 이탈하게 하여 독립국을 형성하게 할 것.

(2) 세계의 영원한 평화를 확보할 것.

(3) 사회주의를 철저히 실행할 것.

등의 3대 강령을 제창하고 널리 동지 및 자금을 모집하고 비밀리에 출판물 등을 반포하고 그 사상을 고취하여 조선의 현 정치를 변혁시킬 목적으로 남작 김가진(男爵 金嘉鎭)을 총재로 하는 비밀 결사를 조직하여 이를 대동단이라 명명했다.

피고 이건호(李建鎬)는 (일자 미상) 동 단원인 원심 정남용(鄭南用)으로부터 동단의 주의(主義)를 청취하고 이에 찬동·가입하여 진작부터 지면(知面)이 있는 사이인 장현식(張鉉軾)이 자산가임을 알고 동 피고를 권유하여 자금

을 헌납하도록 할 생각으로 다이쇼 8년 6월 중, 장현식을 유인하여 경성
부 관수교(觀水橋) 부근의 어느 집에서 전협·정남용 등과 회견하여 조선
독립운동의 경과를 청취한 다음 전기의 장현식을 소개했다. 원심 전협은
대동단의 주의 방침을 열거하고 매우 분기했으며, 또 그 사상 선전을 위
해 비밀 출판을 하려 해도 자금의 결핍으로 말미암아 곤경에 처하고 있으
니 이에 협조해 달라는 내용을 권유하고 또 이건호도 곁들여서 장현식에
게 독립운동의 자금이라면 자산가는 마땅히 출금하는 것이 옳다고 권유
하여 동 피고로부터 승낙을 받고, 이건호는 동월 하순 전라북도 김제면
상신리에서 장현식을 독촉하여 전기 자금으로서 피고로부터 일금 3천 원
을 수취하여 동월부터 다음 7월에 걸쳐 전후에 경성부 입정정(笠井町) 전협
의 집에서 위 돈을 동인에게 교부함으로써 안녕 질서를 방해하려 했음.

◥ 둘째

　피고 김상열(金商說)은 다이쇼 8년 11월 중, 원심 이신애(李信愛)로부터 원
심 전협·정남용·양정(楊楨)·한기동(韓基東) 등이 이미 김가진·나창헌(羅
昌憲) 등과 협의하여 동년 11월 중, 이강(李堈)을 수령으로 하여 조선의 독
립 사상을 고취하는 기사를 기재한 제2회 독립선언서에 대표자로서 이름
을 열거하고 당해 관헌의 허가 없이 인쇄 반포하고 일대 시위운동을 함으
로써 일반 조선인의 독립 사상을 격려 통일하여 조선의 독립을 실현시키
려고 계획했다. 또 원심 김익하(金益夏)에 대하여 위 계획을 이야기하고 동
인을 대표자로서 그 선언서에 이름을 열거할 것을 권유하여 승낙하게 하
고 선언서의 문사(文詞) 등은 일체 이를 간부에게 일임하기로 했다.
　그때 김가진이 "3월 1일 독립을 선언하고 4월 10일 정부를 수립했던바,
무도한 일본은 시세의 추이에 상관없이 포학한 만성으로 이를 탄압할 뿐
만 아니라, 맨주먹의 군중을 총으로써 대하고 촌락을 불태우는 등 인간의
양심으로는 차마 할 수 없는 만행을 일삼았다. 만일, 일본으로서 끝까지

개과(改過)하지 않는다면 우리 민족은 할 수 없이 3월 1일의 공약대로 최후의 1인까지 최대의 성의와 최대의 노력으로 혈전을 불사할 것을 성명한다"는 기사를 게재한 제2회 독립선언서를 발기하였다. 상해로부터 선정되어 온 원심 안교일(安敎一)·정희종(鄭喜鍾) 등은 동년 11월 25일 경성부 내에서 등사판을 사용하여 김상열 외 수십 명의 명의로 된 선언서(다이쇼 8년 증거 제1387호의 12 및 14) 수십 매를 인쇄하여 나창헌·이신애 등과 협의하여 동월 27일 오후 5시를 기하여 선언서를 일반에게 반포하여 경성부 내에서 일대 시위운동을 하기로 계획했던바, 김상열은 시위운동의 계획에 찬동하고 당일 경성부 종로 2정목 장춘관(長春館)에 모인 뒤 선언서를 발표하고 부서를 담당했는데, 동일 원심 김익하(金益夏) 등은 동소에서 과음했기 때문에 선언문을 발표하지 못하고 헛되이 돌아갔다. 또 다른 동지들의 시위운동의 계획도 좌절되어 실현을 보지 못했다.

피고 박원식(朴源植)은 원심 이신애·정규식·나창헌 등과 김종진(金鍾振)의 숙소인 경성부 원남동(苑南洞) 162번지 김정하(金鼎夏)의의 집에서 회합하여 당일의 실패를 개탄하고 다시 모의하여 명 28일 오후 4시를 기하여 부내 안국동(安國洞) 경찰관 주재소 앞 광장에서 조선 독립의 기세를 앙양하기 위한 시위운동을 거행할 것을 협의 결정하고, 다음날 28일 오후 박원식은 이신애·정규식 등과 같은 장소에서 압수한 태극기(다이쇼 8년 증거 제1387호의 10)및 「대한 독립 만세」라고 쓴 기(동호의 11) 각 1기를 제작하였다. 동일 오후 4시 반경 박원식은 이신애·박정선·정규식과 전기 광장에 모여 통행인이 다수 왕래하는 그곳에서 이신애 등은 위의 깃발을 휘두르면서 조선 독립 만세를 소리 높이 부르고 박정선 등은 이에 합세하려던 순간에 박원식을 제외한 일동이 체포되었다.

❧ 셋째

피고 윤종석은 다이쇼 8년 10월 초순경 경성부 연건동 이종욱(李鍾郁)의 숙소에서 송세호·전필순·나창헌·이종욱 등과 회견한 석상에서 이종욱으로부터 조선 독립의 목적을 달성하고자 상해 가정부와 조선 내에서의 독립운동을 목적으로 하는 각종 비밀 단체를 연합하여 경성에 본부를, 지방에 지부를 설립하고 서로 연락을 취함으로써 상해로부터 송치되어 온 통신 문서의 교환 등의 임무를 수행할 수 있는 연통제(聯通制)라는 것을 실행하고자 먼저 경성에 연통 본부를 설치할 필요가 있다고 말하자 이에 찬동한 송세호 및 나창헌 등이 각도의 감독부의 임무를 맡도록 했다.

또 이종욱으로부터 상해 방면에서 독립운동을 위해 내왕하는 동지의 절충과 문서의 접수를 위한 장소의 설치 및 기관의 선정을 부탁 받아 동월 중, 경성부 화천정(和泉町) 5번지 민강(閔橿)의 집에 들려 그 취지를 말하고 연락하자는 권유에 민강은 쾌히 승낙하고 상해 방면으로부터의 내방자가 소정의 암호를 가지고 오면 동지로 인정하여 이를 윤종석에게 통지할 것과, 문서는 자기의 영업용 하물의 취급점인 동부 남대문통 5정목 7번지 공성운송점(共成運送店), 일명 남창우(南昌祐) 방 박춘식(朴春植) 앞으로 송치되는 것은 동점에서 유치하게 하라는 내용을 협정해 두었던바, 4월 30일 안동현(安東縣) 방면에서 한만식(韓萬植)이라고 칭하며 내방한 자가 소정의 암호를 사용하면서 조선 독립 시위운동에 관하여 연락을 취하기 위해 온 자라 하므로 민강은 윤종석에게 이를 통지하고, 그는 다음날 아침 한만식과 면접하여 당일 거행 예정인 조선 독립의 시위운동에 대하여 타합하기 위해 동인을 이종욱의 집에 연락하려 할 때 체포되었다.

이로부터 앞서 민강은 김사국(金思國)·한남수(韓南洙)·안상덕(安商悳) 등이 3월 1일 이후 조선 각지에서 발발하는 독립운동이 아무런 연락 없이 활동하기 때문에 실효가 없음을 감안하여 국민 대회라는 것을 조직하여 각개의 독립운동 단체를 통일·결합하여 각도의 대표자는 경성부 서린동 봉춘관(奉春館)에 집합하여 동시에 다중을 규합하여 시위운동을 할 계획을 수립하였다. 그 비용을 각출하고자 동년 4월 19일경 김사국의 숙소인 동부 통의동 김회수(金晦秀)의 집에서 김사국과 안상덕 등이 회합했을 때 민강도 참석했는데 안상덕과 예수교 대표자 현석칠(玄錫七)이 각각 600원을 제공할 것을 약속했는데 금전의 출납 및 손님의 내왕이 빈번한 민강의 약종상 점포에서 위 금액을 접수한다는 것이 도리어 비밀 누설을 방지하기에 충분하다 하여 동 피고도 이를 쾌히 승낙하였다. 다음날 20일 안상덕은 일금 500원을 민강의 집에 가지고 오자 동 피고는 이를 수령·보관하여 같은 날 밤에 찾아온 김사국에게 이를 교부하려다 사전에 발각되어 검거되어 동년 8월 중, 보석으로 출감 중, 위의 범행을 범한 자로서 모두 안녕 질서를 방해하려고 한 행위에 해당하며 계속 범의(犯意)가 있는 자들이다.

◾ 넷째

유경근(劉景根)은 다이쇼 8년 5월 중, 구면인 김진상(金鎭相)이라는 자와 경성부 종로 보신각 앞에서 만나 그로부터 상해 가정부의 군무총장 이동휘(李東輝)가 러시아 블라디보스토크 신한촌(新韓村)에서 군사를 양성하고 있음과 또 조선 독립에 대하여 내외의 정세를 첨가하여 말하고 또 독립의 목적을 달성했을 때는 모국 정부의 친병(親兵)이 되므로 조선 내에서 지망한 청년을 모집하여 신의주 영정(榮町) 김성일(金成鎰) 등의 손을 거쳐 만주를 지나 러시아로 파견하라는 권유를 받고 그 취지에 찬동하고 승낙하였다.

그 뒤 피고 유경근은 원심 조종환(趙鍾桓) 등에게 그 계획을 말하고 협조해 줄 것을 요청했다. 조종환은 이를 승낙하고 동년 6월 중에 노준(魯駿)·위계후(魏啓厚)·고경진(高景鎭) 등에게 위의 유경근의 계획을 말하여 군인이 되는 것이 어떠냐는 내용을 권유하여 위계후와 고경진 등 외 몇 명을 권유하였다. 이상의 자들은 조종환의 소개로 동부 관철동 조선여관에서 유경근과 회견하고 동 피고는 위 자 등에게 신의주 김성일 앞으로 암호로

된 소개장(다이쇼 8년 증거 제931호의 4)을 주어 동년 7월 초순 남대문역으로 부터 신의주로 향발하기 위한 절차를 주선함으로써 안녕 질서를 방해하려고 한 자이다.

○ 판시 제1 사실 중, 대동단의 주의 및 방침에 대해서는 원심 공판 시 말서 중, 최익환의 공술로서 판시에 부합한 공술 기재에 의해 이를 인정 했다. 동 사실 중, 이건호와 장현식에 대해서는 원심 공판 시말서 중, 정남용의 공술로서 자기는 다이쇼 8년 4월 20일에 서울로 올라와 최익환을 만나 그로부터 대동단의 취지와 목적을 듣고 매우 이에 찬동하여 동년 5월 20일경 전협에게 권유되어 동 단원으로 되었다는 내용의 공술을 기재.

○ 원심 전협에 대한 제5회 예비 조서에서, 피고는 음력 6월경의 어느 날 밤 관수교의 어느 집에서 정남용·박형남(朴馨南)과 회견했는데, 박형남에게 이건호가 말한 대동단에 가입하라고 말하면서 추천하고 그날 밤 다시 같은 집에서 정남용·박형남·이건호와 만나 이건호는 대동단의 취지에 크게 찬성하여 전라도의 장현식을 추천하여 그날 밤인가 그 이튿날 밤에 같은 곳에 장현식을 데리고 와서 회견하고 결국 장현식은 일금 3,000원을 출자하게 되었다는 내용의 공술을 기재.

○ 사법경찰관의 이건호에 대한 신문 조서에서, 권헌복(權憲復)의 소개로 정필성(鄭必成, 일명 정남용)은 판시 동인으로부터 대동단에 가입을 권유하여 그 취지에 찬동하여 가맹하게 했다는 내용의 공술을 기재.

○ 동상(전라북도 제3부 근무)의 장현식에 대한 신문 조서에서, 자기는 이건호와 5~6년 전부터 지면이 있는 사이인데 동년 4월 10일 아침인가 밤에 그는 좋은 일이 있으니 놀러 오라고 했으므로 갔더니 피고를 어느 집으로 안내하고 그의 집에서 어떤 자를 피고에게 소개했던바, 그는 자기는 조선의 독립에 대하여 활동하고 있는 사람인데 독립은 틀림없이 달성될 것을 의심하지 않으므로 자산이 있는 조선인들은 자기들의 독립 계획에 대하

여 자금을 제공하여 달라는 권유가 있어 자신은 될 수 있는 대로 출금하
겠다고 대답했는데, 피고와 그의 대화 중, 이건호는 상대방을 가리키며
이 사람이 말하는 바와 같이 조선의 독립을 위한 자금이므로 재산이 있는
자는 돈을 아까워하지 말고 출금하는 것이 당연하다고 권유했다. 또 당시
이건호는 피고에게 위 자를 왕모(王某)라고 말하였는데, 그때의 모양에 따
르면 이건호는 피고의 사정을 위 자에게 미리 말했던 모양이었다. 오늘에
와서야 그 자는 전협이라는 것을 알았다. 그 뒤 음력 3월 초 이건호는 피
고를 향리에 찾아 와서 출금을 재촉하기 때문에 동인에게 일금 3,000원을
교부했다는 내용의 공술을 기재.

　○ 사법경찰관의 이건호에 대한 조서에서, 장현식으로부터 일금 3,000
원을 수취하여 경성에 돌아가 그중에서 2,000원을 전협에게 주고 음력 6
월 15일에 5백 원을, 동월 21일경에 또 500원을 전협에게 주었다는 내용의
공술을 기재.

　○ 장현식에 대한 제3회 예비 조서에서, 전협이 인쇄기가 없으므로 곤
경에 처해 있다고 말하며 다소 기부해 달라고 했는데, 그 인쇄물이라 말
함은 독립 사상을 고취하고자 일반에게 배포할 것이라고 말했다는 내용
의 공술 기재를 종합하여 이를 인정함.

　○ 판시와 같은 사실에 대해, 사법 경찰관의 김상열에 대한 조서에서,
피고는 다이쇼 8년 11월 중 이신애가 제2회 선언서를 발표하도록 했는데,
거기에 발표자로서 연명(連名)해 달라고 말하여 승낙했으며, 또 다른 곳에
적당한 자가 있으면 추천해 달라고 하므로 김익하의의 집에 동행하여 동
인에게 권유하여 승낙했는데, 자기는 조선인으로서 하루라도 빨리 독립
될 것을 희망하여 대표자로 되었으며 판시와 같이 장춘관에 참석했다는
공술을 기재.

　○ 사법경찰관의 김익하에 대한 조서에서, 피고는 제2회의 독립선언서
에 대표자로서 연명했으며, 김상열이 와서 (不明) 또 전협은 조선의 독립을

목적으로 하는 대동단이 주가 되어 선언서를 발표하게 되었다고 말하고 있으므로 김상열에 대하여 전협으로부터 위의 선언서에 대표자로서 이름을 열기(列記)하라고 권유하여 그는 이에 찬성하고 승낙했다는 내용의 공술을 기재.

○ 사법 경찰관의 정규식에 대한 제1회 조서에서, 피고는 11월 24일 안교일의 집에서 등사판으로 인쇄한 선언서를 보였는데, 동인의 말에 따르면 그 선언서의 문안은 상해의 김가진이 보내 준 것으로 안교일이 등사판으로 인쇄했다는 내용의 공술 기재.

○ 사법경찰관의 정희종에 대한 조서에서, 피고는 안교일이 증거 제2호(다이쇼 8년 증거 제1387호의 14에 해당)의 안문을 연필로 적은 것을 다이쇼 8년 11월 25일경 지참하여 이를 편지에 써서 등사판에서 약 40매를 인쇄하여 배포해 달라고 전대진(全大振)에게 교부했다는 내용의 공술을 기재.

○ 정희종에 대한 제2회 조서에서, 제2호의 안문은 안교일이 원지 10매를 지참해 온 중에서 1매를 써 동인에게 주었다. 일자 미상의 밤에 원지로 등사판에서 인쇄한 선언서 40매 정도를 동인이 지참하여 강정희(姜正熙)로부터 받았다는 내용의 공술 기재.

○ 사법 경찰관의 박원식에 대한 조서에서, 피고는 11월 27일 밤 원남동(苑南洞) 162번지의 집에 갔더니 정규식·나창헌·이신애·박정선·김종진 등이 와 있어 타합하여 다음날 28일 오후 4시 30분을 기하여 안국동(安國洞) 광장에서 독립 만세를 고창하기로 합의하고 그날 밤 동소에서 1박하고 아침에 돌아와 당일 오후 3시경 동가에 도착했는데 정규식과 이신애가 와 있었으며, 정규식으로부터 돈 1원을 받아 안국동의 지배인의 집에서 수건과 잉크를 사 가지고 와 교부하자 그들은 태극기와 「대한 독립 만세」라고 먹으로 쓴 기를 만들어 이를 휴대하고 안국동의 광장에 갔다는 내용의 공술을 기재.

○ 원심 공판 시말서 중, 이신애의 공술로서 11월 27일 김종진의 집에

정규식·박원식·나창헌 등이 회합하여 당일의 시위운동의 계획이 조잡하여 실패에 그쳤음은 유감스러운 일이라고 생각하며 다시 결행하기로 하여 치밀한 계획을 협의한 결과, 다음날 28일 오후 4시 반을 기하여 안국동 경찰관 주재소 앞의 광장에서 조선 독립 만세를 고창하고 시위운동을 하여 기세를 앙양하기로 결정하고 28일 오후 박순화(朴順和, 박원식을 가리킴)가 사온 것으로 정규식이 태극기(증거 제1387호)와 「대한 독립 만세」라고 쓴 기(동호의 11)를 만들어 자기와 박순화·정규식의 3인이 예정한 장소에 이르렀고, 그 뒤 박정선과 김종진도 합세하여 위 11호의 기를 휘두르며 대한 독립 만세를 고창하다가 즉시 체포되었다는 내용의 공술을 기재.

○ 판시 선언서는 같은 취지로 기재한 다이쇼 8년 증거 제1387호의 12·14의 선언서 및 동호의 10·11의 기의 현재를 종합하여 이를 인정하고, 판시 제3의 사실에 대해서는 사법 경찰관의 윤종석에 대한 제3회 조서에서, 피고가 이종욱 집을 방문했더니 그의 집에는 김상열·나창헌·송세호 등이 와 있었으며, 그 자리에서 이종욱은 상해 가정부의 상황을 이야기하고 또 "당지에서는 여러 동지들의 단체가 있으나 모두가 개별적으로 행동하고 있으므로 통일을 이루지 못함은 실로 큰 결점이다. 그렇기 때문에 경성에 연통 본부를 설치하여 각 도에 감독부를 두어 명령을 하달하고 하정상달(下情上達)의 방법을 갖고 연통 본부는 해외와의 통신을 취하여 내외 상호 호응할 때는 그 효과 매우 크므로 그 설립에 대해서는 상해에 돌아가 모든 명령을 발송하겠다"고 말하기 때문에 자기는 이에 찬성했으며, 송세호·나창헌과 자기의 3인이 각 도의 감독을 하기로 했다는 내용의 공술을 기재.

○ 동상의 제4조서에서, 이종욱은 연통 기관을 상담하고 2~3일을 경과하여 그는 피고에게 대하여 경성에는 통신부가 1개소밖에 없다는 것이 불안정하기 때문에 또 다른 하나를 더 설치하려 하므로 적당한 방법을 고안하여 달라고 말한 데 대해, 피고는 그 일을 민강에게 이야기하고 동인

의 거처를 통신 기관으로 할 것을 부탁하고 또 해외에 있는 자에 대하여 동인의 거처를 방문할 때는 암호로써 신청하도록 해 달라고 말했다. 그는 이에 승낙하고, 서신의 왕복은 어떻게 할 것인가에 대하여 서로 상의했는데 민강은 운송점이 있으므로 그곳에서 서신을 수발하기로 했다. 그리고 수취인은 반드시 박춘식(朴春植)이라고 쓰도록 타합해 두었었는데, 10월 30일에 민인복(閔仁復)의 집으로부터 조모(趙某)라고 하는 자가 찾아 와 황금정(黃金町)의 동인을 방문했다는 내용의 공술을 기재.

○ 민강에 대한 예심 조서에서, 윤종석이 우리의 집에 찾아 와 조선 내 및 상해 방면에서 조선의 독립에 관한 운동자를 위해 연락을 취할 필요가 있으므로 상해에서 찾아 온 자를 회견할 장소로 피고의 집을 빌려 달라고 말하고, 또 가정용 청심원(淸心元)을 달라고 말하는 자는 연락원으로 찾아 온 자로 알도록 하라고 말하여 피고는 이를 승낙하고 자기의 상품을 취급하고 있는 공성운송점(共城運送店)을 하물을 수취하는 장소로 정하고 이를 남창우(南昌祐)에게 명해 두었으며, 또 이종욱은 상해 방면에서 자기 처소를 찾아오는 자는 암호로써 가정용 청심원을 달라고 말하며 올 것을 타합했다. 그 뒤 10월 30일에 조만식(趙萬植)이라는 자가 암호를 사용하며 찾아 왔기에 그 일을 전화로 윤종석에게 연락했는데, 조만식은 독립 시위운동에 대하여 연락을 취하고자 찾아 온 자라면 알고 있다는 내용의 공술을 기재.

○ 윤종석에 대한 예심 조서에서, 피고가 이종욱을 방문했더니 그는 독립운동에 대하여 통신 기관이 불비(不備)하기 때문에 완전히 통신을 할 수 없어 경성에 연통 본부를 설치하려 하므로 협조해 달라고 말하고, 또 10월 31일에는 시위운동을 하기로 되어 있으니 자기를 찾아오는 자들을 위해 조용한 장소를 물색해 달라고 말하므로 민강의 집에 가서 그 일을 이야기하고 또 장소로서 동인의 집을 빌려 달라고 부탁했다. 그 뒤 10월 30일에 조만식이라는 자가 민강의 집에 찾아 온 까닭을 듣고, 미리 피고는

이종욱으로부터 그 자가 찾아 올 때는 자기의 집에 안내해 달라고 부탁이 있었으므로 조만식의 거처에 찾아가 동인을 연락하고 이종욱의 집에 안내하려고 하던 차에 체포되었다는 내용의 공술을 기재.

○ 원심 공판 시말서 중, 민강의 공술로서 판시 후단에 다이쇼 8년 4월 중, 김사국·안상덕 등의 관계에 대하여 판시 범행과 동일 논지의 기재를 종합하여 이를 인정함.

○ 판시 제4 사실에 대해서는 원심 공판 시말서 중, 유경근의 공술로서 다이쇼 8년 5월 10일경, 보신각 앞에서 신현구(申鉉九)를 만났는데, 그는 상해 가정부에서 동지 및 자금의 모집을 하고 있으며, 뒤에 가정부를 조선 안에 이동할 때의 필요상 군무총장 이동휘가 러시아 블라디보스토크의 신한촌에서 다수의 병사를 양성하고 있으므로 조선 안에서 지망하는 청년이 있으면 모집해 달라고 말하므로 그에 매우 찬동하여 지망자를 선정할 필요상 암호를 만들어 신현구와도 타합했으며, 7월 초순에 위의 지망자인 노준·고경진·위계후 등 외 수명을 순차로 남대문역에서 신의주 방면으로 출발하게 했다. 이때 신의주의 김성일 앞으로 소개장 및 암호와 같은 것을 위의 자들에게 지참하게 했다는 내용의 기재.

○ 사법 경찰관의 조종환(趙鍾桓)에 대한 제2회 조서에서, 피고는 다이쇼 8년 5월 말 또는 6월 초순경에 관철동 조선여관에서 유경근과 시국 문제에 대하여 이야기했는데, 그는 상해로부터 러시아에 가 있는 이동휘가 가정부의 친병을 모집하고 있으므로 자기도 이 계획에 찬동하여 지망자를 물색 중이므로 이에 협조해 달라고 부탁하여 자기는 이를 승낙하고 활동하던 중, 노준을 만나서 그 취지를 설명했다. 그 뒤 7월 상순에 노준이 찾아 와 고경진·위계후 두 사람이 러시아로 갈 것을 지망하므로 남대문 밖 덕흥관에 체재하고 있다는 내용을 말하기에 그곳에 찾아갔더니 두 사람 외에 3인의 동지들도 와 있었다. 피고가 유경근으로부터 들은 이야기를 두 사람에게 말하자 몹시 기뻐하며 소개해 달라고 하므로 그들을 유경

근의 거처하는 여관에 데리고 가서 한 차례 회견하고 순차로 남대문역에서 출발하게 했다는 내용의 공술 기재를 종합하여 이를 인정했다.

법률에 의거하여 이건호·유경근·윤종석·민강·장현식·김상열·박원식이 각기 정치를 변혁할 목적으로 다중이 공동으로 치안을 방해하려한 점은 모두 다이쇼 8년 4월 제령 제7호 제1조 제1항에 해당되며, 민강에 대해서는 형법 제55조를 적용하는 것이 가하고, 김상열이 불온 문서를 작성한 점은 출판법 제11조 제1항 제1호, 조선형사령 제42조에 해당하여 하나의 행위로 두 개의 죄명에 저촉되므로 형법 제54조, 제10조에 의해 가중한 제령 제7호 위반의 죄에 저촉된다.

이상 각 피고에 대하여 모두 징역형을 선택하는 것이 가하므로, 이건호·유경근을 각각 징역 3년, 윤종석·민강을 각각 징역 1년 6월, 박원식·장현식·김상열을 각각 징역 1년에 처하는 것이 가하며, 이건호·유경근·윤종석·민강·박원식·김상열에 대해서는 형법 제21조를 적용하여 미결 구류 일수 200일을 각 본형에 산입하고, 또 김상열·장현식에 대해서는 형의 집행을 유예함이 가하다 인정하며, 동법 제25조를 적용하여 각기 2년간 형의 집행을 유예함이 가하다. 압수 물건 중, 주문에 기재한 깃발 2점은 범죄에 사용한 물건으로서 범인 이외의 자에 속하지 아니하므로 동법 제19조에 따라 이를 몰수하는 것이 가하고, 그 여타는 형사 소송법 제202조에 의거하여 처분하는 것이 가하다.

피고 박원식의 진술 중에서 다이쇼 8년 11월 25일 나창헌·안교일 등은 모두 판시 제2회 독립선언서를 당해 관헌의 허가를 받지 않고 인쇄했다는 내용의 공소 사실은 이를 인정하는 것이 가하며, 증거가 충분하지 못하나 그 사실은 동 피고에 대한 본안 범죄 사실과 연관이 있는 것으로 기소되어 위 범죄의 일부에 불과하므로 특히 무죄를 언도하지 않는 것이 타당하다.

피고 송세호에 대한 공소 사실로서, 원심 전협 등은 이강을 상해에 유괴함으로써 내외의 인심을 격동시키고 또 그곳에서 이강을 수령으로 하여 그와 김가진의 명의로 제2회 조선 독립의 선언을 발표하려는 계획 하에 이강을 친히 면담하여 어기권(漁基權)의 임차료로서 일금 3만 원을 대여하게 한다는 허언감언(虛言甘言)을 말하여 다이쇼 8년 11월 9일, 이강을 전협 등의 동지 수명의 감시 하에 경성부 공평동 3번지 어느 집에 유치하여 이를 유괴했다. 송세호는 위 계책을 듣고 남대문 방면의 경계의 유무를 탐지하여 그 역에서 승차, 수색역에서 다른 동지와 연락하여 이강을 안동역에 도착하게 하여 상해에 향발하게 하고 경성으로 되돌아와 동지들에게 복명할 것을 담당하고, 동월 10일 밤 예정과 같이 남대문역에서 봉천행(奉天行)에 탑승하여 수색역에서 이을규 및 이강 등을 만나 이강의 신변에 붙어 평양역에 도착하여 경계 상황을 탐사하기 위해 동 역에서 하차하여 다음 열차로 안동역에 도착하기로 했다. 이을규 등은 이강을 감시하면서 11일 안동역에 도착했다. 또 피고는 전기 제3의 사실 중, 이종욱으로부터 판시 연통제의 취지를 청취하고 윤종석 외 수명과 함께 이에 찬동하고 한 차례 협의를 하여 피고는 그 뒤 각도 감독부의 임무를 담당하도록 했다.

이상은 모두 치안을 방해하려고 한 것이므로 그 공소 사실은 이를 인정하는 것이 가하다. 송세호는 다이쇼 8년 3월 이후 경성을 비롯하여 조선 각지에서 독립운동이 빈발하자, 중국 상해에서 조선의 독립을 표방하는 소위 가정부라는 단체를 조직하여 그 목적 달성에 기여하였으며, 동년 5월경 수명의 동지들은 대한민국청년외교단이라는 단체를 조직하여 상해 가정부와 연계를 갖기 위해 스스로 지부장이 되어 조용전(趙鏞田)·이종욱 등을 동 정부에 파견하고 동년 8월 이종욱이 상해에 향발하기로 했다. 피고는 일금 100원을 지출하고 다른 동지가 지출한 돈과 함께 이를 이종욱에게 주어 가 정부에 송부하였다.

또 송세호는 동 단원 나창헌·연병호(延秉昊)와 협의하여 동단으로부터 동 정부에 건의를 하기로 정해 연병호가 이를 기안하기로 하고 각파가 공동으로 열국 정부와의 외교를 통해 일본 정부에 독립 요구 등의 주의를 내용으로 하는 건의서를 양 총무 명의로 동 정부에 보냈으며, 동년 9월 초순경 경성부 원동 유욱(柳煜)의 집에서 그 외 몇 명과 모의하여 동단을 대한청년단(大韓靑年團)이라 개칭하여 그 확장 진흥을 획책한 것을 인정하고, 다이쇼 9년 12월 27일 동 피고의 공소를 기각하여 징역 3년에 처했던 바, 그 상고도 기각되어 다이쇼 10년 2월 12일 판결은 확정된 것이다. 본안 공소 사실은 위의 확정 판결을 거쳐 범죄와 연속의 관계를 인정해 형사 소송법 제224조 및 제265조 제4호를 적용하여 대구복심법원은 송세호에 대하여 면소를 언도함이 가하다.

그렇다면 원판결에서 송세호가 유죄로 처단되고, 박원식이 불온 문서를 작성한 점을 인정하여 해당 법조를 의율(依律)한 것밖에 안 된다. 민강에 대한 제령 제7호 위반의 종범으로서 문의(問擬)하고 또 윤종석을 징역 2년, 박원식을 징역 1년 6월에 처하고, 김상열·장현식에 대하여 형의 집행을 유예하여 정상을 참작함으로써 이상 각 피고의 공소는 이유 없으나, 전기와 동 취지에서 나온 이건호·유경근에 대한 원판결은 유죄로서 두 사람의 공소는 이유 없다. 모두 전자에 대해서는 형사소송법 제260조…

(이하 불명)

4. 일제치하에서 한국인에게 적용된 법령

1) 신문지법(新聞紙法)

광무 11년(1907) 7월 27일 법률 제1호, 개정 융희 2년(1908) 4월 법률 제7호

제1조   신문지를 발행코자 하는 자는 발행지를 관할하는 관찰사(경성
에서는 경무사)를 경유하여 내무대신에게 청원하여 허가를 받아
야 함.

제2조   전조의 청원서에는 아래 사항을 기재해야 함.
    (1) 제호.
    (2) 기사의 종류.
    (3) 발행 시기.
    (4) 발행소 및 인쇄소.
    (5) 발행인 · 편집인 및 인쇄인의 성명 · 거주 · 연령.

제3조   발행인 · 편집인 및 인쇄인은 연령 20세 이상의 남자로 국내에
거주하는 자에 한함.

제4조   발행인은 보증금으로 금 300원을 청원서에 첨부하여 내부에
납부함이 가함. 보증금은 확실한 은행의 임치금 증서로써 대
납할 수 있음.

제5조   학술 · 기예 혹은 물가 보고에 관한 사항만 기재하는 신문지의
경우에는 보증금을 납부할 필요가 없음.

제6조   제2조 제1호 · 제2호 또는 제4호의 사항을 변경코자 하는 때는
1주일 이내에 미리 청원하여 허가를 받음이 가하되 기타 각

호의 사항을 변경코자 하는 때는 1주일 이내에 신고해야 함. 발행인·편집인 혹은 인쇄인이 사망하거나 만약 제3조의 요건을 상실한 때는 1주일 이내에 후계자를 정하여 청원하여 허가를 받아야 하되 그 허가를 받기까지는 담임자를 가정하여 신고한 뒤에 발행을 계속할 수 있음.

제7조 발행을 정지하는 경우에는 기한을 정하여 신고함이 가하되 발행 정지 기간은 1개년을 지날 수 없음.

제8조 전 2개조의 청원 및 신고는 제1조의 절차에 의함이 가함.

제9조 발행 허가의 일 또는 신고와 관계하여 발행 정지의 최종일로부터 2개월이 지나도 발행치 아니하는 때는 발행 허가의 효력을 상실함. 신고가 없고 발행을 정지하여 2주일이 지난 때도 역시 같음.

제10조 신문지는 매회 발행에 앞서 내부 및 그 관할 관청에 각 2부를 납부해야 함.

제11조 황실의 존엄을 모독하거나 국헌을 문란하거나 혹은 국제 교의(交誼)를 저해할 사항을 기재할 수 없음.

제12조 기밀에 관하는 관청의 문서 및 의사(議事)는 당해 관청의 허가를 얻지 아니하면 상략(詳略)을 불문하고 기재할 수 없음. 특수한 사항에 관하여 당해 관청에서 기재를 금지한 때도 역시 같음.

제13조 범죄를 왜곡하여 비호(曲庇)하거나 또는 형사피고인 혹은 범죄인을 구호하거나 또는 상휼(賞恤)을 위하는 사항을 기재할 수 없음.

제14조 공판에 회부되기 이전 만약 공개치 아니한 재판 사건을 기재할 수 없음.

제15조 사람을 비훼(誹毁)하기 위해 허위의 사항을 기재할 수 없음.

제16조 혹 사항의 기재 여부와 약 정정(訂正) 또는 격소(擊消) 여부로 조건을 지어 보수를 주거나 또는 받을 수 없음.

제17조 신문지는 매호에 제호·발행 시기·발행소·인쇄소·발행인·편집인·인쇄인의 성명을 기재해야 함.

제18조 기사에 관해 재판을 받은 때는 다음 회에 발행하는 지상에 선고 전문을 기재해야 함.

제19조 관보로써 초록한 사항에 관해 관보에서 정오(正誤)한 때는 다음 회에 발행하는 지상에 이를 기재해야 함.

제20조 기사에 관해 관계자가 정오(正誤)를 청구하거나 정오서 혹은 변박서(辨駁書)의 게재를 청구한 때는 다음 회에 발행하는 지상에 기재해야 함. 정오서 또는 변박서의 자수(字數)가 원기사의 자수의 2배를 초과하는 때는 그 초과 자수에 대하여 보통 광고료와 동일한 금액을 요구할 수 있음. 정오 또는 변박의 취지 혹은 사구(辭句)가 본법으로 기재를 금한 자, 혹은 요구자의 성명·거주를 명기치 아니한 자의 요구는 불응할 수 있음.

제21조 내부대신은 신문지가 안녕 질서를 방해하거나 풍속을 괴란(壞亂)하는 자로 인하는 때는 그 발매 반포를 금지하여 이를 압수하며 또는 발행을 정지 혹은 금지할 수 있음.

제22조 보증금은 신문지의 발행을 폐지하여 발행 허가의 효력을 잃거나 또는 발행을 금지하는 때는 환부함.

제23조 기사에 관하여 재판에 부(付)하고 재판 확정일로부터 1주일 이내에 재판 비용 및 벌금을 완납치 아니하는 때는 보증금으로써 이에 충하고 부족금은 형법 징상 처분(刑法徵償處分)에 의거함.

제24조 보증금으로 재판 비용 및 벌금에 충당한 때는 발행인은 그 통지를 받은 날로부터 1주일 이내에 보증금을 보진(補塡)함이 가

함. 만약 기일 내에 보진하지 아니하는 때는 이를 보진하기까지 신문지의 발행을 계속할 수 없음.

제25조　제11조에 위반한 경우에는 발행인·편집인·인쇄인을 3년 이하 역형(役刑)에 처하며 그 범죄에 사용한 기계를 몰수함.

제26조　사회의 질서 또는 풍속을 괴란하는 사항을 기재한 경우에는 발행인·편집인을 10개월 이하의 금옥(禁獄) 또는 50원 이상 300원 이하의 벌금에 처함.

제27조　제12조·제16조에 위반한 경우에는 편집인을 10개월 이하의 금옥 또는 50원 이상 300원 이하의 벌금에 처함.

제28조　제21조를 기하여 행한 처분에 위반한 경우에는 발행인·편집인 및 인쇄인을 50원 이상 300원 이하의 벌금에 처함.

제29조　제13조·14조에 위반한 경우에는 편집인을 50원 이상 200원 이하의 벌금에 처함.

제30조　제1조의 허가를 받지 않고 신문지를 발행하거나 제23조에 위반하여 발행을 계속하거나 또는 보증금을 납부치 아니한 신문지로 제5조의 사항 이외의 기사를 게재한 경우에는 발행인을 40원 이상 100원 이하의 벌금에 처함.

제31조　제18조·제19조·제20조 제1항에 위반한 경우에는 편집인을 10원 이상 100원 이하의 벌금에 처함.

제32조　제3조·제6조·제10조·제17조에 위반한 경우에는 발행인을 10원 이상 50원 이하의 벌금에 처함.

제33조　제5조에 위반한 경우에는 형법 조언율(造言律)에 의해 처단하되 피해자 또는 관계자의 고소를 기다려 그 죄를 논함.

제34조　외국에서 발행한 국문 혹은 국한문 또는 한문의 신문지와 또는 외국인이 내국에서 발행한 국문 혹은 국한문 또는 한문의 신문지로 치안을 방해하며 또는 풍속을 괴란할 때는 내부대신

은 해당 신문지를 내국에서 발매·반포함을 금지하고 해당 신문지를 압수할 수 있음.(융희 2년 법률 제8호로 개정 추가)

제35조 제34조의 금지를 위반하여 신문지를 발매·반포한 내국인은 300원 이내의 벌금에 처함.(융희 2년 법률 제8호로 개정 추가)

제36조 내국인이 제34조를 의해 발매·반포를 금지된 사실을 알고 해당 신문지를 수송하거나 또는 배포한 자는 50원 이내의 벌금에 처함.(융희 2년 법률 제8호로 개정 추가)

제37조 신문지의 기사에 관하여 편집인을 처벌하는 경우에 해당 기사에 서명하는 자는 모두 편집인과 같이 그 책임을 지게 함.

제38조 본법을 범한 자는 자수감등(自首減等), 2죄 이상 처단례(處斷例) 및 수속 처분(收贖處分)의 예를 불용(不用)함.

〈부칙(附則)〉

제39조 본법의 규정은 정기 발행하는 잡지류에 이를 준용함.

제40조 본법은 반포일부터 시행함.

제41조 본법 반포 전에 발행하는 신문지는 본법 반포 2개월 이내에 본법의 규정을 따라 상당한 절차를 행함이 가함.

2) 보안법(保安法)

광무 11년(1907) 7월 29일 법률 제2호

제1조 내부대신은 안녕 질서를 보지(保持)하기 위해 필요할 경우에 결사(結社)의 해산을 명령할 수 있음.

제2조　경찰관은 안녕 질서를 보지하기 위해 필요할 경우에 집회 또는 다중의 운동 혹은 군집을 제한·금지 또는 해산할 수 있음.

제3조　경찰관은 제2조의 경우에 필요할 때는 무기와 폭발물 기타 위험한 물건의 휴대를 금지할 수 있음.

제4조　경찰관은 가로나 기타 공개한 처소에서 문서·도서의 게시와 분포와 낭독 또는 언어의 형용과 기타의 작위를 하여 안녕 질서를 문란할 처(處)가 있다고 인정할 때는 그 금지를 명할 수 있음.

제5조　내부대신은 정치에 관하여 불온한 동작을 행할 우려가 (있다고) 인정할 만한 자에 대하여 그 거주 처소에서 퇴거를 명하고, 단 1개년 이내의 기간을 특정하여 일정한 지역 내에 범입(犯入)함을 금지할 수 있음.

제6조　제5조에 의한 명령을 위반한 자는 40대 이상의 태형(笞刑) 또는 10개월 이하의 금옥(禁獄)에 처함. 제3조의 물건이 범인의 소유에 계(係)한 때는 정상에 의하여 몰수함.

제7조　정치에 관하여 불온의 언론과 동작 또는 타인을 선동과 교사(敎唆) 혹은 사용하여 또는 타인의 행위에 관섭(關涉)하여 이로 인해 치안을 방해한 자는 50대 이상의 태형, 10개월 이하의 금옥 또는 2년 이하의 징역에 처함.

제8조　본법의 공소 시효는 6개월간으로 함.

제9조　본법의 범죄는 신분 여하를 불문하고 지방재판소 또는 항시(港市)재판소의 관할로 함.

〈부칙(附則)〉

제10조　본령은 공포일로부터 시행함.

3) 출판법(出版法)

융희 3년(1909) 2월 26일 법률 제6호

제1조   기계와 기타 여하 방법을 물론하고 발매 또는 반포로 목적 삼
        는 문서와 도서를 인쇄함을 출판이라 하고, 그 문서를 저술하
        거나 번역하거나 편찬하거나 도서를 작위(作爲)하는 자를 저작
        자라 하고, 발매 또는 반포를 담당하는 자를 발행자라 하고,
        인쇄를 담당하는 자를 인쇄자라 함.

제2조   문서·도서를 출판코자 할 때는 저작자 또는 그 상속자와 및
        발행자가 연인(連印)하여 고본(稿本)을 첨부하여 지방장관(한성부
        에서는 경시총감을 함)을 경유하여 내부대신에게 허가를 신청해야
        함.

제3조   관청의 문서·도서 혹은 타인의 연설 또는 강의의 필기를 출
        판코자 하는 때와 또는 저작권을 가진 타인의 저작물을 출판
        코자 하는 때는 전조의 신청서에 해당 관청의 허가서 또는 연
        설자, 강의자, 저작권자의 승낙서를 첨부함을 요함. 전항의 경
        우에는 허가 또는 승낙을 얻은 자로서 저작자로 간주함.

제4조   사립학교, 회사 기타 단체에서 출판하는 문서·도서는 해당
        학교, 회사 기타 단체를 대표하는 자와 및 발행자가 연인(連印)
        하여 제2조의 절차를 행함이 가함. 전항의 대표자는 저작자로
        간주함.

제5조   제2조의 허가를 얻어 문서와 도서를 출판한 때에는 즉시 제본
        2부를 내부(內部)에 납부해야 함.

제6조   관청에서 문서·도서를 출판할 때는 그 관청에서 제본 2부를

내부에 송부해야 함.

제7조 　문서·도서의 발행자는 문서·도서를 판매함으로 영업 삼는
　　　　자에만 한함. 단, 저작자 또는 그 상속자는 발행자를 겸함.

제8조 　문서·도서의 발행자와 인쇄자는 그 성명, 주소, 발행소, 인쇄
　　　　소 및 발행·인쇄의 연월일을 해당 문서·도서의 말미에 기재
　　　　함이 가하고, 인쇄소가 영업상 관용한 명칭이 있을 경우에는
　　　　해당 명칭도 기재함이 가함. 몇 사람이 협동하여 발행 또는 인
　　　　쇄를 경영하는 경우에는 업무상의 대표자를 발행자 또는 인쇄
　　　　자로 간주함.

제9조 　문서·도서를 재판하는 경우에는 저작자 또는 그 상속자와 및
　　　　발행자가 연인하여 제본 2부를 붙여 지방장관을 경유하여 내
　　　　부대신에게 신고함이 가함.

제10조 　서간·통신·보고·사칙(社則)·인찰(引札)·광고·제예(諸藝)의
　　　　차제서(次第書), 제종의 용지의 유(類) 및 사진을 출판하는 자는
　　　　제2조·제6조·제7조에 의함을 불요함. 단 제11조 제1호·제2
　　　　호·제3호에 해당하는 경우에는 본법에 의해 처분함.

제11조 　허가를 얻지 않고 출판한 저작자·발행자는 아래의 구별에 의
　　　　해 처단함.

　　　　(1) 국교(國交)를 저해하거나 정체를 변괴하거나 국헌을 문란하는
　　　　　　문서·도서를 출판한 때는 3년 이하의 역형(役刑).

　　　　(2) 외교와 군사의 기밀에 관한 문서·도서를 출판한 때는 2년 이
　　　　　　하의 역형.

　　　　(3) 전2호의 경우 외에 안녕 질서를 방해하거나 또는 풍속을 괴
　　　　　　란(壞亂)하는 문서·도서를 출판한 때는 10개월 이하의 금옥
　　　　　　(禁獄).

　　　　(4) 기타의 문서·도서를 출판한 때는 100원 이하의 벌금. 전항

문서·도서의 인쇄를 담당하는 자의 벌도 역시 같음.

제12조   외국에서 발행한 문서·도서와 또는 외국인이 내국에서 발행
          한 문서·도서로 안녕 질서를 방해하거나 또는 풍속을 괴란할
          때는 내부대신은 그 문서·도서를 내국에서 발매 또는 반포함
          을 금지하고 그 인본을 압수함.

제13조   내부대신은 본법을 위반하여 출판한 문서·도서의 발매 또는
          반포를 금지하고 해당 각판(刻版) 인본(印本)을 압수함.

제14조   발매 반포를 금지한 문서·도서인 것을 알면서도 이를 발매
          또는 반포하거나 외국에서 수입한 자는 6개월 이하의 금옥에
          처함. 단 그 출판물로써 제11조 제1항 제1호 내지 제3호의 1에
          해당한 때는 동 조례에 비추어 처단함.

〈부칙(附則)〉

제15조   본법 시행 전 이미 출판한 저작물을 재판코자 하는 때는 본법
          과 규정에 의함.

제16조   내부대신은 본법 시행 전 이미 출판한 저작물로 안녕 질서를
          방해하거나 또는 풍속을 괴란할 우려가 있을 경우에는 그 발
          매 또는 반포를 금지하고 및 해당 각판 인본을 압수함.

4) 조선에 시행할 법령에 관한 칙령(勅令) 제324호

명치 43년(1910) 8월 29일

짐(朕)은 이에 긴급의 필요가 있다고 인정하여 추밀 고문(樞密顧問)의 자

문(諮問)을 경유하여 제국 헌법 제8조에 의해 조선에 시행할 법령에 관한 건을 재가하여 이를 공포케 한다.

어명(御名) 어새(御璽)

메이지 43년 8월 29일

내각총리대신 겸 대장대신 후작 가츠라 타로(桂太郎)

육군대신 자작 테라우치 마사다케(寺内正毅)

외무대신 백작 코무라 주타로(小村壽太郎)

해군대신 남작 사이토 마코토(齋藤實)

내무대신 법학박사 남작 히라타 토스케(平田東助)

체신대신 남작 구토 신페이(後藤新平)

문부대신 겸 농상무대신 고마쓰바라 에이타로(小松原英太郎)

사법대신 자작 오카베 나가모토(岡部長職)

〈칙령 제324호〉

제1조   조선에서 법률을 필요로 하는 사항은 조선 총독의 명령으로써 이를 규정할 수 있다.

제2조   앞 조의 명령은 내각총리대신을 경유하여 칙재(勅裁)를 청해야 한다.

제3조   임시 긴급을 필요로 하는 경우에 조선 총독은 바로 제1조의 명령을 내릴 수 있다. 전항의 명령은 발포 뒤 곧 칙재를 청해야 한다. 만약 칙재를 얻지 못 한 때에는 조선 총독은 곧 그 명령이 장래에 향하여 효력이 없음을 공포해야 한다.

제4조   법률의 전부 또는 일부를 조선에 시행할 필요가 있는 것은 칙령으로써 이를 정한다.

제5조   제1조의 명령은 제4조에 의해 조선에 시행한 법률 및 특히 조선에 시행할 목적으로 제정한 법률 및 칙령에 위배될 수 없다.

제6조   제1조의 명령은 제령(制令)이라 칭한다. 본영은 공포일로부터
        이를 시령(施令)한다.

5) 조선태형령(朝鮮笞刑令)

명치 45년(1912) 3월 제령 제13호

제1조   3월 이하의 징역 또는 구류에 처할 자는 그 정상에 의하여 태
        형에 처할 수 있다.
제2조   100원 이하의 벌금 또는 과료(科料)에 처할 자가 다음 각 호의
        1해당하는 때는 그 정상에 의하여 태형을 처할 수 있다.
        (1) 조선 내에 일정한 주소를 가지지 않은 때
        (2) 무자산이라고 인정된 때
제3조   100원 이하의 벌금 또는 과료의 언도를 받은 자가 그 언도 확
        정 뒤 5일 이내에 이를 완납하지 아니하는 때에는 검사 또는
        즉결 관서(卽決官署)의 장(長)은 그 정상에 따라 태형으로 바꿀
        수 있다. 단, 태형 집행 중, 아직 집행하지 않은 태수(笞數)에
        상당하는 벌금 또는 과료를 납부한 때는 태형을 면한다.
제4조   본령에 의하여 태형에 처하거나 또는 벌금이나 과료를 태형으
        로 바꾼 경우에는 1일 또는 1원을 태 1대로 감산(減算)한다. 1원
        미만의 것은 이를 태 1대로 계산한다. 단 태는 다섯 대 미만이
        될 수 없다.
제5조   태형은 16세 이상 60세 이하의 남자가 아니면 이를 과할 수
        없다.
제6조   태형은 태로 볼기를 때려 이를 집행한다.

제7조　태형은 태 30대 이하이면 이를 집행하고, 매 30대를 초과할 때마다 1회씩 가한다. 태형의 집행은 1일에 1회를 초과할 수 없다.

제8조　태형의 언도를 받은 피고인이 조선 내에 일정한 주소가 없거나 또는 도주할 우려가 있는 때에는 검사 또는 즉결 관서의 장은 감옥 또는 즉결 관서에 유치할 수 있다.

제9조　태형의 언도가 확정된 자는 그 집행이 끝날 때까지 이를 감옥 또는 즉결 관서에 유치한다. 제3조의 규정에 의하여 환형(換刑)의 처분을 받은 자도 또한 같다.

제10조　검사 또는 즉결 관서의 장은 수형자의 심신 또는 신체의 장애로 인하여 태형의 집행이 적당하지 않다고 인정되는 때는 3월 이내 집행을 유예할 수 있다. 유예한 3월을 초과해도 아직 태형의 집행이 적당하지 않다고 인정되는 때는 그 집행을 면한다. 전항의 규정에 의해 집행이 유예된 자에 대하여는 전조의 규정에 의하지 않을 수 있다.

제11조　태형은 감옥 또는 즉결 관서에서 비밀리에 집행한다.

제12조　태형의 시효는 각 본형에서 정한 예에 따른다.

제13조　본령은 조선인에 한하여 이를 시행한다.

〈부칙(附則)〉

본령은 메이지 45년(1912) 4월 1일부터 시행한다.

6) 조선태형령시행규칙(朝鮮笞刑令施行規則)

명치 45년(1912) 3월 총령 제32호

제1조　태형을 집행코자 하는 때는 의사에게 매회 수형자의 신체를

진사(診査)시키고 그의 건강이 태형을 받기에 매우 곤란하다고 인정되는 때는 집행을 유예해야 한다. 단, 의사에게 진사시킬 수 없을 때에는 입회 관리의 인정에 따라 바로 집행을 유예할 수 있다.

제2조   집행이 유예되기 때문에 수형자를 유치하지 않는 때는 그에게 주거의 장소를 정하고 지정한 기일에 출두할 것을 서약하게 하고 또 상당한 보증인을 세우게 해야 한다.

제3조   태형의 집행 중, 수형자의 심신 또는 신체에 현저한 장애가 있다고 인정되는 때에는 이를 정지해야 하며, 필요한 경우에는 제1조의 절차를 취하여야 한다.

제4조   태형을 면하거나 그 집행을 면하는 처분은 검사 또는 즉결 관서의 장이 이를 행한다.

제5조   태형의 집행에는 전옥(典獄), 간수장 또는 즉결 관서의 장 또는 그의 대리관이 입회하여 수형자에게 태형을 집행할 것 및 그 태수(笞數)를 고지한 뒤 소속 관서의 이원(吏員)에게 이를 집행케 한다.

제6조   태형의 집행은 대제(大祭) 축일, 1월 1일, 1월 2일, 12월 31일 및 일전 일몰 후에는 이를 할 수 없다.

제7조   태형의 집행 중에는 태형에 종사하는 자 외에는 그 장내에 들어갈 수 없다. 단, 입회 관리의 허가를 얻은 자는 그러하지 아니하다.

제8조   태형의 집행을 받을 자가 동시에 2인 이상 있는 때는 1인씩 집행하며 그동안 다른 수형자를 집행 장소에 들어가지 못하게 해야 한다.

제9조   태형의 집행이 2회 이상에 걸린 때는 연일 이를 집행해야 한다. 단, 사정에 의해 격일로 이를 집행할 수 있다.

제10조   태형의 집행이 끝난 때는 입회 관리가 그 시말서를 작성하고
        서명 날인해야 한다.
제11조   생략(태형의 집행대 및 태의 모형 양식 규정임).

〈부칙(附則)〉
본령은 명치 45년(1912) 4월 1일부터 이를 시행한다.

7) 정치에 관한 범죄 처벌의 건

대정 8년(1919) 4월 15일 제령 제7호

제1조   정치의 변혁을 목적으로 하여 다수가 공동으로 안녕 질서를
        방해하거나 또는 방해하려고 한 자는 10년 이하의 징역 또는
        금고에 처한다. 단 형법 제2편 제2장의 규정(內亂罪)에 해당한
        때는 본령을 적용하지 아니한다. 전항의 행위를 할 목적으로
        선동을 한 자의 벌도 또한 전항과 같다.
제2조   전조의 죄를 범한 자가 발각 전에 자수한 때에는 그 형을 감경
        (減輕) 또는 면제한다.
제3조   본령은 제국 외에서 제1조의 죄를 범한 제국 신민(臣民)에게도
        또한 적용한다.

1919년의 시대정신과 대동단^{大同團}[*]

－복벽^{復辟}과 공화에 관한 논쟁을 중심으로－

> 30세 이전에 공화주의자가 아닌 사람은
> 심장이 없고,
> 30세가 넘어서도 공화주의자인 사람은
> 두뇌가 없다.
>
> 기조(François Guizot)[1]

[*] 본 논문은 조선민족대동단 기의(起義) 84주년 기념학술회의(2003.11.25, 서대문독립관)에서 발표한 바 있는 「대동단(大同團)의 국내 활동에 관한 연구」를 보완하여 『사회과학논총』(27)(서울 : 건국대학교 사회과학연구소, 2003), 1~41쪽에 수록한 글과 조선민족대동단 기의(起義) 제93주년 기념식 및 동농(東農) 김가진(金嘉鎭) 선생 순국 90주기 기념학술회의(2012.11.27, 서대문독립관)에서 발표한 「1919년 공화정과 복벽(復辟)의 논쟁」, 1~16쪽을 이 책의 부록에 맞도록 다시 편집한 글임.

[1] http://en.wikiquote.org/wiki/Winston_Churchill. 이 말은 오늘날 "30세 이전에 진보주의자가 아닌 사람은 심장이 없고, 30세가 넘어서 보수주의자가 아닌 사람은 두뇌가 없다."로 변용되었다.

1. 서론

역사의 굽이굽이에는 수많은 사건이 있었고, 그 사건의 훼예(毁譽)와 포폄(褒貶)은 각기 달랐다. 그것은 단지 사관(史觀)이나 시각(視角)의 문제가 아니라, 그 시대와 지금 시대의 상황이나 인식의 차이일 수도 있고, 공과(功過)에 대한 관용이나 인색함의 문제일 수도 있다. 더욱이 그 사건이 이념 논쟁의 소지를 안고 있을 경우에 그에 대한 평가는 더욱 다양했다. 한국 현대사에서 그러한 사건으로서 대표적인 것이 곧 조선민족대동단(朝鮮民族大同團), 약칭하여 대동단(大同團)이었다.

그동안 대동단의 연구는 그 활약상에 견주어 소략(疏略)한 편이었다. 아마도 그것이 점 조직이었기 때문에 실체를 파악하기가 어려웠을 수도 있고, 그 지도부의 일부가 친일 단체인 일진회(一進會)에 몸담은 적이 있었다는 전비(前非) 때문일 수도 있으며, 초기에 보여준 사회주의적 요소 때문일 수도 있다. 그러던 중에 신복룡(申福龍)의 『대동단실기』(서울 : 양영각, 1982)가 논픽션의 형태로 출판된 적이 있고, 그 뒤 다행히도 대동단의 심문 및 공판 기록이 발견되어 『한민족독립운동사자료집(5)·(6) : 대동단사건(I)·(II)』(과천 : 국사편찬위원회, 1988)으로 출판되었으며, 이를 토대로 하여 장석흥(張錫興)의 「조선민족대동단 연구」, 『한국독립운동사 연구』(3)(천안 : 한국독립운동사연구소, 1989)가 출판된 것이 학계 연구 결과의 전부였다.

이러한 계제에 2002년 6월에 조선민족대동단 기념사업회가 창립되고 유족 사이에 자료 교환이 활발해진 것이 이 분야의 연구에 크게 기여했다. 이제 대동단은 그 암울하던 지하 조직의 시대를 벗어나 그에 합당한 평가를 받을 때가 되었다. 그들의 일부 가운데에서 분별없던 젊은 시절에 보여주었던 친일의 문제에 대한 사죄와 용서, 사회주의 노선에 대한 재조명, 매몰되었던 사실에 대한 재평가 등의 문제가 우리에게 남아 있다. 이 글은 그와 같은 시대적 요청에 부응하고자 쓴 습작이다.

2. 1919~1920년의 정치적 분위기 : 절망과 분노의 이중주

1) 일제 식민 통치의 성격과 한국인의 대응

1919년은 합방 10년에 이른 때로서 국내적 분위기는 매우 복합적이었다. 적어도 일부 해외 지식인을 제외한다면 대부분의 민중들은 한국의 장래나 독립에 대하여 매우 절망적이었거나 체념에 빠져 있었다.[2] 해아 밀사 사건과 고종(高宗)의 퇴위 그리고 정미(丁未) 7조약이 체결된 1907년부터 1910년의 합방 시기에 이르기까지 몇 차례의 무력 항쟁을 끝으로, 1910년부터 1919년까지 기간에 민족 멸망에 저항하는 항쟁이 일어나지 않았던 것은 기이한 일이다. 이러한 현상은 두 가지 측면에서 살펴 볼 필요가 있다.

첫째로, 일제 식민지 정책의 강도(强度)와 그 주효(奏效)함을 지적할 수 있다. 일제 식민지 지배의 성격과 정체를 살펴보면,

(1) 「조선주차헌병조례」(1910년 9월 10일자)에 따라서 수행된 헌병국가적 지배 체제는 국내 무장 투쟁의 가능성을 봉쇄했다. 전직 육·해군 대장만으로 보임(補任)이 가능했던 조선 총독은 그 자체로서 군국주의적이었다. 폭압과 그에 대한 굴욕적 적응, 급진 세력의 망명, 초기 자본주의의 산업화 정책에 의한 자주 의식의 마비는 지적 수준이 그리 높지 못한 한국의 일반인들로 하여금 현실의 삶에 대한 체념을 유발했다.
(2) 1908년에 설립된 동양척식회사를 통한 토지 겸병(兼倂)은 토지를 영혼처럼 생각하는 한국인들이 정신적으로 의지할 곳을 장악하는 것이라고 일본의 식민지주의자들은 생각했다. 뒤를 이어 토지조

---

2) 申錫九, 「自敍 3·1독립운동」, 『신동아』 1969년 3월호, 206쪽.

사사업(1912~1918)을 통한 식민지 수탈의 가속화가 이뤄졌다.

　(3) 식민지 동화 정책 : 언어의 말살이 민족 말살의 첨경임을 깊이
인지하고 있었던 일본은 우편국(소)장, 전신 기사, 저금, 열차매표원
등의 업무에 모두 일본인을 고용했고, 다만 우표나 팔고 인지를 붙
이는 등의 하급 조수에 1~2명의 한인을 고용했을 뿐이었다.[3]

　이와 같은 정치적 기제들(機制, mechanism)은 위협과 회유의 방법에 따라
서 지속적으로 자행되었고, 그러한 세뇌 작업 아래에서 한국인들은 타의
적으로 길들여지고 있었다.

　두 번째로, 이는 우리가 참으로 인정하고 싶지 않고, 그래서 더욱 괴로
운 일이지만, 대한제국 멸망기의 한국인들은 무력했다. 대한제국이 멸망
할 당시의 5년 동안인 1907년의 정미의병(丁未義兵)에서부터 합병 2년째가
되는 1911년까지 조국을 수호하기 위한 시위 등의 방법으로 대일 투쟁에
참여한 수효는 전체 인구 13,120,000명[4] 가운데에서 14만 명[5] 정도밖에
되지 않았으니까 항일참전율(抗日參戰率)은 1.1%가 된다. 임진왜란(壬辰倭亂)
의 경우를 보면 그 무렵의 인구는 483만 명 정도였는데[6] 7년 동안의 전투
에 참가한 총인원은 정규군과 의병을 합쳐 17만 명[7] 정도였으니까 이 당
시의 항일참전율은 약 3.5%가 된다.

　이와 같은 통계를 고려할 때 대한제국이 멸망하기 전후의 항일참전율
이 1.1%였다면 이 정도의 항쟁으로써 민족이 살아남기는 어려웠을 것이

---

3) 朴殷植, 『韓國獨立運動之血史』(上)(서울 : 서문당, 1975), 99쪽.
4) 「조선총독부 통계연보」, 1911년도 〈표 65〉, 『일제침략하 한국36년사』(I)(서
　울 : 국사편찬위원회, 1975), 152쪽.
5) 李弘稙, 『國史大事典』(서울 : 知文閣, 1963), 1096쪽 : 「義兵」條.
6) 이에 관한 자세한 논의는 신복룡, 『한국정치사』(서울 : 박영사, 2003),
　424~425쪽.
7) 崔泳禧, 『壬辰倭亂 중의 社會 動態』(서울 : 한국연구원, 1975), 61쪽 : 각주
　85의 도표.

다. 세이뇨보(Charles Seignobos)의 말처럼 약소민족이 무장 투쟁을 통하여 독립을 쟁취할 수 있는 가능성은 본래부터 희박한 것이었다.[8] 그럼에도 불구하고 대한제국 멸망기의 항일 투쟁은 무장 투쟁의 형식을 취했어야 만 했으며, 이 점에서 신채호(申采浩)의 주장은 옳았다. 그것은 민족정기의 문제이지 성패의 문제가 아니었다.

2) 국제적 조류와 해외에서의 움직임

이와 같은 암울한 상황 속에서도 한국인들로 하여금 민족의 장래를 고뇌하게 만드는 국제 사회에서의 몇 가지 조류(潮流)가 있었다. 그 첫 번째 현상이 민족자결주의의 풍미였다. 이 무렵은 제1차 세계대전의 전후 처리 문제로 윌슨(W. Wilson)의 구상이 풍미하던 때였다.[9] 그러한 여파로 1918년 11월에 윌슨의 특사인 크레인(Charles R. Crane)이 상해에 와서 미국의 정책을 설명하고 그에 대한 환영회를 개최하자 1천여 명이 모였는데 여운형(呂運亨)을 비롯한 한국의 민족주의자들이 그 자리에 참석했다. 그 자리에서 크레인은 "지금 파리에서 개최되고 있는 세계 평화 회의는 각국 모두 중대한 사명을 다하는 것으로 그 영향도 또한 클 것"이라고 설명했다.[10]

---

8) Alfred Cobban, *National Self-Determination*(London : Oxford University Press, 1947), p.73; 신복룡(외 역주), 『민족자결주의』(서울 : 광명출판사, 1968), 112쪽.
9) 윌슨의 민족자결주의가 당시의 지식인에 끼친 영향에 관해서는, 金度演, 『나의 인생 백서』(서울 : 강우출판사, 1967), 66~68쪽; 白寬洙, 「조선독립청년 단 「2·8선언」 약사」, 윤재근, 『芹村 白寬洙』(서울 : 동아일보사, 1996) 부록 : 295~296쪽 申錫九, 「自敍 3·1 독립 운동」, 『신동아』 1969년 3월호, 206쪽.
10) 「여운형에 관한 경기도 경찰부 피의자 신문 조서」(제1회, 1929.7.18), 『夢陽 呂運亨全集(1)』(서울 : 한울, 1991), 409쪽.

이러한 사조가 한국인 전체에게 보편적으로 영향을 미친 것으로 보기는 어려우며, 민중적 차원에서의 인지도는 매우 낮았다. 다만 그 시대에 해외 정세를 인지할 수 있는 몇몇 지식인들만이 윌슨의 의지를 감지할 수 있었다. 그러한 예로서, 여운형과 같은 해외파 지식인들은 크레인의 연설을 듣고 김규식(金奎植)과 협의하여 1918년 11월 파리에서 열리는 만국평화회의에 대표를 파견하기로 했다. 그러나 국제회의에 개인 명의로 독립요구서를 제출할 수 없었기 때문에 그들은 상해에 머물고 있던 여러 동지를 모아 정당을 급조하여 그 당명으로 대표를 보내게 되었는데 이것이 곧 신한청년당(新韓靑年黨)이다.[11] 이들은 민족운동 진영이 조직화되지 못한 당시의 상황에서 여론을 선도하는 그룹을 이루었다.

1919년 전후에 한국의 독립운동이 영향을 끼친 또 하나의 사조는 러시아혁명이었다. 러시아혁명의 여진이 한반도에 전달된 데에는 세 가지의 채널이 있었다.

(1) 러시아로 이주한 한인들과 함경북도 일대 한국인들과의 정치적 커뮤니케이션을 통한 것이었는데 이는 그리 큰 영향을 끼쳤다고 볼 수는 없다.

(2) 재만 독립운동자들이 손문(孫文)의 영향을 받고 있었다는 점과 관련이 있다. 당시 손문은 연아용공책(聯俄容共策)을 써서 보로딘(M. Borodin)과 같은 코민테른 대표를 고문으로 쓰고 있었다. 군벌과 일제에 대한 투쟁을 위해서 국민당(KMT)은 공산당과 제휴하지 않을 수 없었고, 이러한 외교 노선은 그들과 순치(脣齒)의 관계에 놓여 있는 한국의 임정에 커다란 영향을 미쳤다. 이러한 시대 상황으로 말미암아 일부 한국의 민족주의자들이 공산주의의 기치를 들게 되었는데, 예컨대 본시 공산주의자가 아니었던 이동휘(李東輝)가 공산주의자로

---

11) 「여운형에 관한 경성지방법원 피고인 신문 조서」(제2회, 1930.2.20), 『夢陽 呂運亨全集(1)』, 564~566쪽.

변신한 것이라든가,『독립신문』(상해)에 맑스주의적 논조가 등장했던 점,12) 그리고 박은식(朴殷植)이 러시아 혁명을 찬양했던 점13) 등이 이러한 측면에서 이해될 수 있을 것이다.

(3) 일본 유학생들을 통한 이념의 전파였다. 1919~1920년대는 이른바 다이쇼(大政) 민주주의의 시대로서 비교적 사상의 유입이 자유스러웠고 시기적으로 초기 자본주의 시대의 경제적 모순이 여과 없이 노출되던 시기여서 노동운동을 중심으로 하는 사회주의 사조가 풍미하고 있었다. 더욱이 이 시기에 탄생한 일본사회주의동맹은 일본 지식인 사회에 커다란 영향을 미치고 있었다.14) 그 무렵 일본에 유학하고 있던 한국의 식민지 유학생들에게 러시아혁명의 소식은 "복음처럼" 들려왔다.15) 도쿄(東京)의 2·8독립선언서가 러시아 혁명을 찬양했던 점16)이 그 좋은 예라고 할 수 있다.

3) 만주에서의 무오(戊午) 독립선언

이와 같은 사조 속에서 최초로 독립의 의지를 표명한 사람들은 재만(在滿) 독립운동가들이었다. 김교헌(金敎憲)·김규식(金奎植)·김동삼(金東三)·김약연(金若淵)·김좌진(金佐鎭)·김학만(金學萬)·여준(呂準)·유동열(柳東說)·이광(李光)·이대위(李大爲)·이동녕(李東寧)·이동휘(李東輝)·이범윤(李範允)·이봉우(李奉雨)·이상룡(李相龍)·이세영(李世永)·이승만(李承晩)·이시영(李始

---

12) 이강훈,『대한민국임시정부사』(서울 : 서문당, 1977), 108쪽.
13) 朴殷植,『韓國獨立運動之血史』(上), 154쪽.
14) 閔斗基,『일본의 역사』(서울 : 지식산업사, 1977), 269~270쪽.
15) 당시 도쿄 유학생들이 러시아혁명에서 받은 영향에 대하여는 윤재근,『芹村 白寬洙』(서울: 동아일보사, 1996), 58쪽 참조.
16) 2·8독립선언서는 "최후 동양 평화의 견지로 보건대, 위협이던 러시아는 이미 군국주의적 야심을 포기하고 정의와 자유를 기초로 한 새로운 국가의 건설에 종사하는 중이며…"라고 지적하고 있다. 김도연,『나의 인생 백서』, 78쪽; 白南薰,『나의 일생』(서울 : 신현실사, 1973), 407쪽.

榮) · 이종탁(李鍾倬) · 이탁(李沰) · 문창범(文昌範) · 박성태(朴性泰) · 박용만(朴容萬) · 박은식(朴殷植) · 박찬익(朴贊翊) · 손일민(孫一民) · 신정(申檉 : 申圭植) · 신채호(申采浩) · 안정근(安定根) · 안창호(安昌浩) · 임방(任滂, 또는 任挪) · 윤세복(尹世復) · 정재관(鄭在寬) · 조용은(趙鏞殷 : 趙素昂) · 조욱(曺煜) · 최병학(崔炳學) · 한흥(韓興) · 허혁(許爀) · 황상규(黃尙奎) 등 재중국 독립운동가 30인, 재러시아 독립운동가 4인, 미주 독립운동가 4인, 국내 독립운동가 1인, 도합 39인은 1919년 2월에 만주에서 소위 「무오(戊午)독립선언」을 발표했다.17)

이 선언서는 위의 39인이 모여 작성 · 서명한 것이 아니고, 조용은(趙素昂)이 작성하고 각자에게 서명 동의를 얻어 발표한 것으로서, 합병 이후 최초로 발표된 독립선언서라는 데 중요한 의미를 담고 있다. 이 선언서는 다음과 같이 요구하고 있다.

> 우리 대한은 완전한 자주 독립과 신성한 평등 복리로 우리 자손 여민(黎民)에 대대로 물려주고자 이에 이민족(異民族) 전제의 학정을 해탈하고 대한 민주의 자립을 선포하노라.
>
> (1) 일본이 조선을 합병한 동기는 저들이 말하는 범(汎)일본주의를 아세아주에 실행함이니 이는 동서의 적이요,
>
> (2) 일본의 합방 수단은 사기 강박과 불법 무도와 무력 폭행을 모두 갖추었으니 이는 국제 법규의 악마이며,
>
> (3) 일본의 합병 결과는 군경의 야만적 권력과 경제의 압박으로 종족을 마멸(磨滅)하며, 종교를 억압하며, 교육을 제한하여 세계 문화를 저장(沮障)하였으니 이는 인류의 적이라. 이런 까닭으로 천의(天意)

17) 1919년(기미)에 발표된 것이기는 하지만 그때가 음력으로 무오년이어서 「무오독립선언」이라고 부르며, 원문은 「대한독립선언서」로 되어 있다. 원문은 조소앙, 『素昂文集』(상)(서울 : 삼균학회, 1979), 229~231쪽에 수록되어 있으며, 출신지별 분류는 박영석, 「대한독립선언서」, 『한민족독립운동사(3) : 3 · 1운동』(과천 : 국사편찬위원회, 1988), 121~149쪽 참조.

인도(人道)와 정의 법리에 비추어 만국의 입증으로 합병의 무효를 선
언하며, 저들의 죄악을 징응(懲膺)하며 우리의 권리를 회복하노라.[18]

이 선언서는 (1) 한민족의 독립의 역사성의 선포, (2) 임진왜란 이후의
불행한 한일 관계와 이로 인한 한민족의 피해, (3) 민족 자결의 요구 (4)
대동 사회의 건설 (5) 육탄 혈전의 전개 등의 내용을 담고 있다.

4) 도쿄에서의 2·8독립선언

이와 거의 때를 같이하여 도쿄(東京)의 한국인 유학생들 사이에서도 독
립운동이 진행되고 있었다. 그 무렵 일본 유학생의 총수는 769명이었는데
그 가운데에서 642명이 도쿄에 집중되어 있었다.[19] 당대의 선구적 지식
인이었던 그들은 윌슨의 민족 자결 등 국제적인 조류를 감지하고 있던 터
에 1919년 1월 6일의 도쿄유학생 웅변 대회를 계기로 하여 최팔용(崔八
鏞)·전영택(田榮澤, 사임)·서춘(徐椿)·김도연(金度演)·백관수(白寬洙)·윤창석
(尹昌錫)·이종근(李琮根)·송계백(宋繼白)·김상덕(金尙德)·최근우(崔謹愚)·이
광수(李光洙)·김철수(金喆洙) 등이 조선 독립운동을 위한 실행위원회를 구
성한 다음[20] 2월 8일에 조선기독교청년회관에서 조선청년독립단의 이름
으로 독립을 선언했다. 백관수의 책임 아래 이광수가 작성한 이 선언서에
서 그들은 다음과 같은 결의를 피력했다.

(1) 한일합병이 우리 민족의 자유의사에서 나오지 않고 우리 민족

---

18) 「대한독립선언서」, 『素昻先生文集』(上), 229~230쪽.
19) 강재언, 「2·8독립선언과 3·1운동」, 『한민족독립운동사(3) : 3·1운동』,
    199쪽.
20) 김도연, 『나의 인생 백서』, 70쪽.

의 생존과 발전을 위협하고 동양의 평화를 교란하는 원인이 되므로 독립을 주장하며,

(2) 조선 민족 대회를 소집하여 대회의 결의로 우리 민족의 운명을 결정할 기회를 줄 것을 일본의 의회와 정부에 요구하며,

(3) 우리 민족에게 민족자결주의를 적용할 것을 만국평화회의에 요구하며,

(4) 이러한 요구가 실패할 때에는 일본에 대하여 영원히 혈전할 것을 선언한다.[21]

이 선언서에 담긴 주지(主旨)는 (1) 조선은 역사적으로 독립·통일된 국가였으며, (2) 청일전쟁과 러일전쟁을 치르기까지의 기간 동안에 한일 양국은 우호적이었으나, (3) 일본 군국주의자들의 야망에 의해 한국인의 의사와 배치되는 합병이 단행되었고, (4) 합병 이후에는 자유와 생존이 유린되었으며, (5) 이와 같은 합병은 동양 평화의 화근이 될 것이며, (6) 한국은 독립을 위해 혈전을 전개할 것이므로, (7) 일본과 열강은 조선에 자결의 기회를 부여할 것을 요구하고 있다.

위와 같은 국제적 조류와 두 번의 해외 독립선언을 설명하면서 우리가 주의해야 할 점은, 우리의 민족운동이 스스로의 의지에 의해 일어난 것이 아니라 마치 해외 사조나 움직임에 의해 타율적으로 전개된 것처럼 이해해서는 안 된다는 점이다. 어떤 사조가 이입될 때 그것이 자신의 메커니즘을 통하여 무리 없이 이해되고 수용되었다면 그 자체로서 자신의 사상이 되는 것이지 그것을 꼭 외래 사조라고 분리하여 설명할 수는 없다.

---

21) 김도연, 『나의 인생 백서』, 79쪽; 白南薰, 『나의 일생』, 405~409쪽.

3. 3·1운동의 발발

1) 3·1운동의 성격

이상에서 살펴본 두 번의 독립선언 가운데 만주의 무오 독립선언은 일부 점 조직에 의해 한국에 알려졌지만,[22] 공개적으로 전개된 도쿄의 2·8독립선언은 국내 민족주의 운동에 커다란 영향을 끼쳤다. 2·8독립선언의 중심인물이었던 도쿄 유학생 송계백은 그 선언이 있기 며칠 앞서 귀국하여 송진우(宋鎭禹)·현상윤(玄相允)·최린(崔麟)·최남선(崔南善) 등을 만나 도쿄에서의 사태의 추이를 설명하고, 본국에서도 이에 상응하는 민중 봉기를 요청한 사실이 있다.[23] 이와 같이 도쿄 유학생들의 독립선언이 알려지면서 이미 추진되어 오던 국내 독립선언이 박차를 가하게 되었다.[24]

이러한 상황 속에서 고종(高宗)의 죽음은 하나의 계기를 마련해 주었다. 사실이든 사실이 아니든 간에, 그가 독살되었다는 소문[25]은 민족의식을 더욱 자극했다. 이를 계기로 전국적 규모의 항쟁이 일어났다. 그것은 자

---

22) 「안교일에 대한 경찰 조서」(1), 『대동단사건』(I)(과천 : 국사편찬위원회, 1988), 230~231쪽(이하 『대동단사건』(I)로 略記함);「안교일에 대한 경찰 조서」(2), 같은 책, 236~237쪽;「대동단 사건에 대한 경성지방법원 검사국 의견서」, 같은 책, 240쪽;「증인 강정희에 대한 예심 조서」, 『대동단사건』(II) (과천 : 국사편찬위원회, 1988), 257쪽(이하 『대동단사건』(II)로 略記함);「정희종에 대한 예심 조서」(2), 같은 책, 259쪽.

23) 김도연, 『나의 인생 백서』, 70~71쪽; 백남훈, 『나의 일생』, 126쪽; 백관수, 「조선독립청년단 〈2·8선언〉 약사」, 297쪽.

24) 申錫九, 「自敍 3·1 독립 운동」, 208쪽;「默菴 李鍾一 備忘錄」(1919년 2월 15일자), 『월간 중앙』 1979년 3월호, 106쪽.

25) 「묵암 이종일 비망록」(1919년 1월 22일자), 『월간 중앙』 1979년 3월호, 105쪽;「3월 9일 高陽郡 蠹島面 독도소방조 게시판에 첨부되어 발견된 유인물」, 『3·1운동독립선언서와 격문』, 66~67쪽.

존(自存)을 위한 외침이었고, 생존을 위한 최소한의 요구였으며, 거기에 근왕주의적(勤王主義的) 요소까지 가미되었다. 이 당시 시위 참여의 상황은 다음과 같은 수치로써 설명될 수 있다.

〈표 1〉 사상자 상황(1919.3.1~3.3)[26]

한국 측		일본 측	
사망	부상	사망	부상
187	456	8	77

〈표 2〉 시위 발생 상황(1919.3.1~5.31)[27]

건수	군중 수	사망자 수	부상자 수
1,492	1,489,748	7,475	15,693

일본 측과 한국 측에서 제시되고 있는 위의 두 통계는 엄청난 차이를 보여주고 있다는 점에서 주의를 필요로 한다. 일본 측은 축소했고 비분강개한 박은식의 기록에는 과장이 있었다. 그러나 분명한 사실은, 그 어느 쪽이든 간에, 비폭력 시위였던 당시의 민중운동이 가혹한 탄압을 받았음은 분명한 사실이다.

이와 같은 모습을 갖추고 있는 3·1운동의 사상사적 본질은 다음과 같이 요약될 수 있다.

(1) 3·1운동은 자유·평등·권리·국민·국가 등의 의미를 제시함으로써 한국 현대사에서 최초의 공화주의의 염원을 공론화했다.[28] 독립협회(獨立協會)나 만민공동회(萬民共同會)의 시절에 공화주의

---

26) 「騷擾事件에 관한 朝鮮軍參謀部 報告書」(1919.5.1, 朝特報 第12號), 『韓國 民族運動史料 : 3·1운동(3)』, 465쪽.
27) 朴殷植, 『韓國獨立運動之血史』, 182~195쪽

적 색채를 띤 논의가 없었던 것은 아니지만, 그것은 소수 의견이었 거나 공론화되지 못한 지하 의견이었다.

(2) 원시적 형태이기는 하지만 3·1정신에는 초기 산업자본주의에 로의 이입과 경제적 민족주의의 자각이 내포되어 있다. 일본 제국주 의의 한국 진출이 그들의 미완성된 자본주의의 모순을 타개하기 위 한 돌파구로서의 경제적 수탈이었다는 점을 간파한 한국 민족주의 는 3·1운동을 계기로 하여 민족주의의 경제적 측면을 중요하게 여 기기 시작했다.[29] 이는 정치적 자유의 획득을 주요 목표로 했던 종 래의 민족주의가 이를 계기로 하여 경제적 민족주의로 발전되었음 을 의미하는 것이다.

(3) 3·1운동을 통하여 이제까지 마찰을 이루었던 근대화 의식과 민족 보전(保全)의 의식이 전반적인 융합을 이루면서 민중에게 수용 되었다. 3·1운동 이전의 한국 민족주의, 이를테면, 위정척사, 개화 사상, 동학운동은 근대화와 민족 보존 사이에 갈등을 느낌으로써 민 족운동의 전체상(全體相)을 보여주지 못했으나[30] 3·1운동을 계기로 양자의 타협이 모색되었다.

(4) 3·1운동은 주로 청년 지식인들이 주축을 이뤄 전개된 민족운 동이었으나 종래의 어느 민족운동보다도 계층을 초월하여 민족의 동질성을 확인했다. 종래의 민족운동은 계급적 파편화와 배타주의 를 극복하지 못했었는데, 3·1운동은 계층·지역·신앙·성별을 초 월하여 전개됨으로써 한국의 민족주의가 민중통합적인 기반 위에

---

28) 예컨대, 기미독립선언서 중에서, 인류의 평등과 정의로운 권리의 요구, 침략 주의와 강권주의의 배격, 각개 인격의 정당한 발전, 세계 평화, 정의·인 도·생존·존영(尊榮)의 요구 등이 이에 속한다.

29) 예컨대, 시위 중에 전국적으로 상인조합이 이에 조직적으로 가담하면서 철시(撤市)·폐점(閉店)으로 항쟁한 사건들이 이에 속한다. 朝鮮軍司令官, 「3·1運動日次報告」(1919.4.2), 姜德相(編), 『現代史資料 : 朝鮮 : 3·1運動 (1)』(東京 : みすず書房, 1977), 160쪽.

30) 이에 관한 자세한 논의는 신복룡, 『한국정치사상사』(하)(서울 : 지식산업사, 2011), 제34장 3·1운동(598~599쪽) 참조.

서게 되었음을 의미한다.[31] 한국사에서의 민중주의는 이때부터 싹
이 터 대중 투쟁의 모습을 갖추기 시작했다.[32]

요컨대 10년 동안 지속된 일제의 억압 속에서의 좌절과 분노는 한국의
독립을 위해 유리하게 전개되고 있었고, 이와 같은 국제적인 조류를 감지
한 해외 지식인들의 궐기, 그리고 해외 지식인들과 국내 민족주의자들의
의견 교감을 통해 민족적 요망과 염원이 분출된 것이 곧 3·1운동이었다.
3·1운동은 독립과 자주는 물론 봉건적 질서의 청산을 통한 민주적 시민
사회를 건설하려는 의식과 세계 평화에 대한 인식의 출발점이었다는 점
에서 한국 현대사의 중요한 분기점을 이루는 사건이었다.

2) 3·1운동의 한계와 회한(悔恨)

그러나 위와 같은 역사적 의미에도 불구하고 3·1운동은 그 자체로서

---

31) 「3·1 독립운동사건 기소피고인의 종교별 현황」(1919.3.1~5.8), 국사편찬위
원회(편), 『일제침략하 한국36년사(4) : 1918~1919』(서울 : 탐구당, 1969),
868~871쪽; 3·1 독립운동사건 기소피고인의 교육정도별 현황(1919.3.1~5.8),
같은 책, 868~871쪽; 「3·1 독립운동사건 기소피고인의 직업별 현황」(1919.
3.1~5.8), 같은 책, 876~879쪽; 「3·1 독립운동사건 기소피고인의 연령별
현황」(1919.3.1~5.8), 같은 책, 880~883쪽 참조.

32) 千寬宇, 「한국 민족주의의 역사적 구조 : 재발견」, 陳德奎(編), 『한국의 민족
주의』(서울 : 현대사상사, 1976), 84~85쪽. 3·1운동의 성격에 관해서는,
Shin Bok-ryong, "Politico-Ideological Heritages of the March 1st Independence
Movement (1919) in Korea : in Commemoration of its 90th Anniversary," Sonja
Häußler and Mózes Csoma (ed.), *Proceedings of the Conference dedicated
to the 20th Anniversary of Diplomatic Relations between Hungary and the
Republic of Korea : 1989~2009*(Budapest : Eötvös University Press, 2010),
pp.121~135; 이의 한국어 번역본은, 신복룡, 『한국정치사상사』(하), 567~599
쪽 참조.

의 몇 가지의 한계를 안고 있었다.

첫째로 지적해야 할 점은 그것이 내포하고 있던 종교적 이상주의의 한계였다. 서구의 대다수의 농민 봉기나 시민 혁명이 절대주의에 대항하여 투쟁할 때 으레 종교라는 것으로 착색되어 표면화되었던 역사적 사실과 마찬가지로 한국의 민족운동도 대부분이 종교적 이념을 표방했다. 신라 −고려−조선 왕조를 잇는 불교의 호국 사상이나 동학의 보국안민(輔國安民)을 굳이 들지 않더라도 한국의 종교계는 외세에 대하여 항상 날카로운 반응을 나타내었다.

종교적 전통은 민중들에게 단순히 특정한 신앙을 제공할 뿐만 아니라 특수한 사회적 관심이나 습성을 형성·유지하고 문학과 법률에 영향을 미침으로써 인류 문화를 형성하는 데 매우 중대한 역할을 해 왔다.[33] 이와 같은 현상은 민족주의 혁명에서도 마찬가지여서 종교는 기존의 정치적·사회적 질서에 반대하는 이념을 제공하고 사회적 결속을 마련해 줌으로써 민란을 자극하는 일이 흔히 있었으며,[34] 한국과 같이 무속성이 강한 곳에서는 더욱 그러했다.

그러나 민족주의가 내포하고 있는 종교적 성격은 민족운동사에 많은 갈등을 일으킨다. 먼저 생각할 수 있는 것은 그것이 가지고 있는 배타성이다. 종교가 비교도나 이교도에 대하여 가지고 있는 배타적 성격은 민족주의 진영으로 하여금 연합 전선의 구축을 불가능하게 한다. 때로는 적전분열을 일으킴으로써 범민족적 투쟁의 결정적인 장애가 되고 있다. 민족투쟁은 그러한 갈등이 없이 총력전이어야 한다. 그러고도 그 투쟁이 독립을 쟁취할 수 있으리라는 보장은 없다. 하물며 종교적 배타심으로 인한 분열이 있음에랴.

---

33) C. J. Hayes, *Nationalism : A Religion*(New York : Macmillan, 1960), p.4.
34) Guenter Lewy, *Religion and Revolution*(New York : Oxford University Press, 1974), p.546.

민족주의의 종교적 성격이 가지는 두 번째 갈등은 그들의 이상주의이다. 오늘날의 민족운동은 고도의 전략을 필요로 한다. 비정한 국제 사회와 냉혹한 민족 투쟁에서 이길 수 있는 길은 정확한 상황 판단과 분별 있는 대응책을 강구하는 데 있다. 그러나 종교적 이념으로 무장되어 있는 민족운동이 전략 개념을 갖추지 못한 채 이상주의만을 지향할 뿐 현실을 냉철하게 판단하지 못하고 따라서 민족 투쟁을 효과적으로 전개시킬 만한 실질적인 역량을 갖추지 못할 경우 그 결과는 비극적일 수밖에 없다.

이러한 이상주의가 세속적인 무리들을 설득할 때 부딪히는 또 다른 약점은 그들의 현세주의적 내세관이다. 그들은 "당신들이 살아서"(this-worldly) 천국을 보리라고 약속하는 특징을 가지고 있다.[35] 그러나 그들이 약속하는 "그날"은 영원한 미래일 뿐 결코 오늘이 되는 것은 아니다. 이럴 경우 종교적 오리엔테이션을 경험하지 못한 세속인들은 그 가능성에 대하여 회의를 느낄 것이고, 믿는 자들도 거듭되는 빗나간 예언에 대해 믿음을 상실하게 된다.

여기에서 우리가 주목해야 할 사실은 그러한 민족운동이 종교인들에 의해 추동되었다고 해서 그것을 종교 투쟁의 측면에서 이해하는 것은 대단히 위험한 추론이라는 점이다. 종교는 민중운동이 확산되어 가는 과정에서 중요한 역할을 담당하는 인자임에는 틀림이 없으나 한국 근대사를 종교적 인자만으로 설명할 수는 없다. 중세 독일에서 뮌처(Thomas Münzer : 1489~1525)의 난이 종교를 매체로 한 전쟁이었음에도 근본적으로는 농민 전쟁이었던 사실과 마찬가지로, 농민 또는 그 밖의 어떤 신분의 민중들도 반봉건 투쟁이나 민족운동을 전개하면서 "종교적 표피를 쓰고"(in religious guise)[36] 또는 "종교적 깃발 아래"(under religious flag)[37] 투쟁을 전개할 뿐이

---

35) *Ibid.*, p.236.
36) *Ibid.*, p.119.

지 그 실질적 내용이 종교 투쟁은 아니었다. 바꿔 말해서 한국 근대사에서의 반봉건 투쟁이나 민족운동에서는 민란 또는 민족의식이 독립 변수였고 종교적 성격은 종속 변수였을 뿐이다. 어느 사회에서나 대중 운동은 그 당시 민중의 궁극적 관심이 그 외연(外延)이며 종교적 성향은 거기에 내포되는 것일 뿐이다.

공화주의와 관련하여 3·1운동을 설명하는 과정에서 종교적 색채를 강조하는 논리의 뒤에는 민족 대표 33인의 역할과 그들의 종교성을 강조하는 경향이 담겨 있다. 이런 경향은 3·1운동이 마치 종교 운동 또는 어떤 특정 계층에 의한 제한적 운동으로 보려는 성격을 담고 있다. 공화주의는 계급의 갈등이나 적의(敵意)를 극복하려는 노력을 담고 있다. 따라서 지도부의 종교적 성격을 과장하여 3·1운동이 마치 종교에 기초를 둔 투쟁인 듯이, 또는 어느 특정 종파의 위명(偉名)을 기리는 것으로 해석되는 것을 경계해야 한다. 그와 같은 잘못된 견해를 반박하는 자료로서 다음과 같은 시위 피검자의 직업별 통계를 살펴볼 필요가 있다.

3·1 독립운동사건 기소피고인의 직업별 현황(1919.3.1~5.8)[38]

	농어업	공업	광업	교통 상업	학생	종교인	공무원	자영업	비복(婢僕) 일고(日雇)	무직	불명	총계
합계 (명)	3,467	208	9	692	634	443	74	353	212	229	96	6,417
비율 (%)	54.0	3.2	0.1	10.8	9.9	6.9	1.2	5.5	3.3	3.6	1.5	100

위의 통계로 미루어 볼 때, 3·1운동이 종교 연합 세력에 의한 민족운동이었다는 연구의 주장[39]과는 달리, 33인의 지도부와는 다른 차원의 민

---

37) *Ibid.*, p.583.
38) 국사편찬위원회(편), 『일제침략하 한국36년사(4) : 1918~1919』(서울 : 탐구당, 1969), 876~879쪽.

중들의 참여, 그리고 더욱이 다양한 사회 집단이 연합하여 3·1운동에 가담함으로써 시위를 주도하였다는 사실을 알 수 있다.[40] 아마도 3·1정신이 긍정적 평가를 받는 중심 개념 가운데 하나는 그것이 단결과 통일의 공감대를 이루었고, 후대의 민족주의자들은 이날을 독립운동의 진로를 모색하는 계기로 삼았다는 점[41]일 것이다.

3·1운동이 안고 있었던 두 번째 한계는 무저항 비폭력주의이다. 이 문제는 당초에 3·1운동의 지도 원칙을 정할 때에 손병희(孫秉熙)와 최린(崔麟) 등의 천도교 측 대표들이,

> (1) 독립운동을 대중화할 것.
> (2) 독립운동을 일원화할 것.
> (3) 독립운동의 방법은 비폭력으로 할 것.[42]

으로 정하면서 기정사실화된 원칙이었다. 이 원칙에 따라서 일본 경찰이나 헌병과 시위대와의 충돌을 피하고자 지도부는 당초 탑골공원으로 되어 있던 집회 장소를 명월관(明月館)으로 변경하는 등의 조치를 취했다.

장소 변경의 문제는 3·1운동의 성격 규정과 함께 지도부의 전략에 대한 비판의 대상이 되어 왔다. 그러나 이 문제에 대해서는 "유혈을 막기 위해서였다"는 당사자들의 주장[43]을 믿어주어야 한다. 왜냐하면 당시 그

---

39) 『독립운동사(2) : 3·1운동사(상)』(서울 : 원호처독립운동사편찬위원회, 1971), 70~71쪽.
40) 김용직, 「3·1운동의 정치사상」, 『한국정치사상사』(서울 : 백산서당, 2005), 685~686쪽.
41) 한상도, 『한국독립운동과 국제환경』(서울 : 한울출판, 2000), 102~103쪽.
42) 崔麟, 「自敍傳」, 『한국사상』(4)(서울 : 일신사, 1962), 164쪽; 『如菴文集』(상)(서울 : 여암선생문집편찬위원회, 1971), 182~183쪽.
43) 신석구, 「自敍 3·1 독립 운동」, 209쪽.

들로서는 유혈을 막아야 한다는 것이 진심에서 우러나온 소신이었기 때문이다. 그들은 혁명가적 기질의 선동가도 아니며 투사적인 극렬분자도 아니다. 그들은 종교적 온정주의자들이며 경건한 수도사들이었다. 그들은 비폭력(非暴力)을 신조로 삼은 해월(海月) 최시형(崔時亨)의 문도(門徒)들이었으며, "칼을 사용하는 자는 칼로 망하리라."(『신약성서』마태오복음 26 : 52)고 말한 그리스도의 제자들이며, 살생을 금기로 삼는 불제자들이었다. 따라서 그들이 유혈을 막고자 다소는 오해를 받을 만한 일은 했다손 치더라도 그들의 진심만큼은 오해해서는 안 된다.

또 한 가지, 지도부가 폭동화를 바라지 않는 이유로서는, 설령 민중이 폭동화될지라도 승산(勝算)에 대해서 그들은 자신하지 못했다는 점을 지적할 수 있다. 33인이 취한 여러 가지 점을 참작할 때 그들은 사태가 이토록 크게 확대되리라고는 미처 생각하지 못했던 것으로 보인다. 따라서 초기의 과정, 곧 모의와 추진 과정에서는 민족 대표들이 민중을 이끌었지만 일단 시위가 전개된 뒤로는 민중이 지도자보다 앞서고 있었다. 혁명이 일단 본궤도에 오르게 되면 혁명가가 혁명을 리드하는 것인지, 아니면 민중이 혁명가를 충동하는 것인지를 알 수 없다. 혁명의 절정에 이르면 혁명가와 민중이 상호유혹적인 것이다. 따라서 3·1운동이 격정적인 시점에 이르러서는 민중이 지도자를 앞서고 있었다. 요컨대 33인의 비폭력 사상은 시위의 초기 준비 과정에서부터 일관된 것이었지 중도에서 변질된 것이라고 보기는 어려우며, 그와 같은 비폭력주의는 그들 나름대로의 판단에 의한 소신이었다.

33인의 비폭력 무저항주의를 비난하는 측에서는 논리를 비약하여, 그들의 그와 같은 주장은 결국 시위를 맥 빠지게 만들었고 결과적으로 거족적인 민족운동을 실패로 이끌었다고 주장한다. 그러나 이것은 사실과 다소 다르다. 사실상 지방의 시위대들은 독립선언문을 읽지도 못한 사람이 대부분이며 따라서 33인이 누구인지도 몰랐다. 그들은 각자의 독립 정신에 따라 시위에 참여했을 뿐이다. 그들은 33인의 비폭력 지시를 받지 않았음에도 불구하고 그들의 대부분은 비폭력 운동을 전개했다. 바꾸어 말해서 설령 33인이 폭력화를 지시했을지라도 그것이 민중에게 어느 정도 어필했을는지는 의심스러운 일이다.

따라서 3·1운동의 비폭력성은 33인이 그들을 그렇게 지도했기 때문에 그런 것이 아니라 한민족 자신이 원천적으로 비폭력적이었기 때문이었다. 3·1운동의 행동 노선이 나약했다면 그것은 한민족의 독립운동 양식이 나약한 것이지 33인이 나약한 것은 아니다. 33인의 온정주의가 마치 3·1운동 전체를 오도한 것처럼 보는 것은 3·1운동을 지나치게 33인 위주의 영웅중심주의적 사관으로 보려는 데에서 빚어진 결과이다. 따라서 이와 같은 논란은 3·1운동사 기술에서 영웅주의를 배제한다면 스스로 해소될 수 있는 문제들인 것이다. 요컨대 시위의 비폭력은 민중이 스스로 선택한 것이지 33인의 지시에 의한 것은 아니었다.

그렇다고 해서 3·1운동의 비폭력성이나 무저항주의가 저지른 실수가 면책되는 것은 아니다. 인도와 상황이 다른 처지에서 간디(M. Gandhi)의 영향을 운위하는 것은 적절하지 않다. 한국의 대일항전은 그 강인성(强靭性)이나 강도의 면에서 일본의 침략적 잔혹성에 견주어 너무 나약했다. 당시의 한국인들은 국제 사회에서의 도덕률이라든가 무저항·비폭력투쟁이 얼마나 환상적이며 이상주의적이었던가를 알았어야 했다.

3·1운동의 이와 같은 무저항주의는 그 후의 민족주의 항쟁에 많은 회한과 반성을 안겨주었다. 한국의 민족주의자들은 해방 투쟁에서의 도덕적 호소나 비폭력 무저항주의가 얼마나 무의미한 것인가를 뼈아프게 깨달았으며, 그것은 곧 무장 투쟁에 대한 고무의 현상으로 나타났다. 예컨대, 1919년 12월의 북로군정서(北路軍政署)의 성립과 1920년 10월의 청산리(靑山里) 전투가 그러한 예에 속한다.

4. 1919년 공화정과 복벽(復辟)의 논쟁

1) 공화주의의 사상적 맥락

천하의 주인은 누구인가? 왕인가, 백성인가? 고대 그리스와 로마에서 공화주의의 싹이 보였던 것은 사실이지만, 적어도 계몽주의 이전까지 통치 주체는 군주라는 데 상하의 암묵적 동의가 이루어져 있었다. 더욱이 동양 사회에서는 서세동점기인 19세기 말엽 이전까지 군주제는 아무런 도전을 받지 않은 채 굳건히 지탱되어 왔다. 군주가 타락했을 때 이를 몰아낸다는 폭군추방설(monarchomachy)이 예로부터 있었으나 그것은 악덕의 군주를 "교체한다"는 뜻이었지 군주의 주권이 민중에게 돌아와야 한다는 뜻은 아니었다. 따라서 인민 주권이 동양 사회에서 자리 잡기까지에는 오랜 기다림이 필요했다.

군주가 그렇게 자리를 지킬 수 있었던 것은 그가 늘 선정(善政)을 베풀었기 때문만은 아니었고, 밑으로부터의 불만이나 저항을 어루만지는 기술을 잘 알고 있었기 때문이었다. 그러한 방법 가운데 하나가 역성(易姓)이나 반정(反正)의 논리로 미리 백성의 입을 막든가, 아니면 재상(宰相)을 등장시키거나 어떤 형태로든 대신 회의를 구성하여 민의를 가장하는 것이었다. 정치적 기반이 성숙하지 못한 군주는 조신(朝臣)회의의 합의제를 채택하거나 개인적으로 신임이 두터운 사람들을 내각이라는 이름으로 곁에 두고 이들을 통하여 추밀원이나 그 밖의 최고 권력 기관의 결의에 대하여 최종적인 결정권을 가짐으로써 전문적으로 훈련 받은 관리의 증가하는 세력을 제거하고 스스로 최고의 권력을 장악하려 하였다.[44]

군주들은 금과옥조처럼 "백성이 나라의 근본"[45]이며, "백성이 귀하

---

44) Max Weber, 박봉식(역), 『직업으로서의 정치』(서울 : 박영사, 1977), 39쪽.
45) 『書經』 夏書 五子之歌 : "民惟邦本 本固邦寧".

다"[46]라는 말로 민중을 어루만지려 했지만, 백성이 귀하다는 것이 곧 백성이 나라의 주인이라는 뜻은 아니었다. 선정은 지배 계급의 시혜(施惠, being about to share)이거나 자비였지 의무 사항(ought to share)은 아니었으며, 그것은 전적으로 지배자의 결심 사항이었다. 민중이거나 백성들은 국가의 주인으로서의 의식을 가질 만큼 지적(知的)으로 성숙하지도 않았고, 또 지배 계급이 그것을 허락하지도 않았다. 이런 점에서 본다면 정치사는 공화주의에 대한 요구와 이를 저지하려는 군주권의 긴 싸움이었다.

그러다가 18세기에 들어와 서구의 지식인들이 그리스 · 로마의 문화적 유산에 대한 동경을 바탕에 깔고 치열한 성찰과 현실 인식을 통하여 계몽주의를 주창함으로써 민중이 통치의 주체가 되어야 한다는 생각을 구체적으로 정리하기 시작했다. 그리고 그들은 이러한 사조를 공화주의(republicanism)라고 불렀다. 그들의 핵심 논리는 "모두에게 영향을 미치는 것은 모두의 의사에 따라서 결정되어야 한다."는 로마법의 원리(principle of quod omnes tangit)로 돌아가는 것이었다.[47]

그렇다면 그와 같은 공화주의의 이상을 구현하려면 갖추어야 할, 또는 전제되어야 할 장치는 무엇일까? 이 점에 대해서는 대체로 다음과 같이 정리할 수 있을 것이다.

첫째로, 공화주의에는 민중이 자기를 지배하는 정치지도자를 스스로 뽑을 수 있는 제도가 전제되어야 한다. 그들은 세습을 적대 개념으로 규정했다. 그들은 자신들이 참정(參政)해야 한다는 의미를 깨닫고 그동안 잠재되었던 정치적 욕구를 분출하기 시작했다. 본디 인간은 모두 "잠재적 정치인"이다.[48] 그들의 참정 요구는 세습으로 인한 부적격자의 집권 가능성을 우려하면서 민선지도자를 요구했다. 실제로 선거는 무능한 지도자

---

46) 『孟子』 盡心章句(下) : "民爲貴 社稷次之 君爲輕"
47) Maurizio Viroli, *Republicanism*(New York : Hill and Wang, 2002), pp.5, 27.
48) Max Weber, 박봉식(역), 『직업으로서의 정치』, 27쪽.

를 피하고 유능한 지도자를 얻는 데 유리하다.[49]

　공동체의 정치 과정에 참여하고, 토론에 참가하고, 회의에서 자신의 의견을 피력하고, 대표를 선출하고, 대표들이 일하는 것을 감시하는 시민들은 공공선(公共善)이 남의 것이 아니라 자신의 것이라고 느끼게 됨으로써 그에 대하여 마치 자신의 소유물에 대하여 느끼는 것과 같은 애정을 느끼게 된다.[50] 그러면서 민주적 선거는 "좋은 정치를 위한 여러 가지 보장 가운데 가장 본질적인 것"이라고 그들은 말한다.[51]

　둘째로, 공화주의는 국가의 규모에 따라 직접민주주의가 불가능할 때 대의민주주의로 대체할 수 있는 통치 구조를 요구한다. 시민들이 모두 성인일 수는 없고, 모든 사람들이 합리적인 토론을 거쳐 합의에 이를 수 있는 유일한 공공선도 없다.[52] 그것은 공간적으로도 불가능하다. 그래서 대안으로 나온 것이 대의제였다. 합의제라는 기제(機制)는 대중의 추종을 설득하기에 적절한 명분을 제공해 준다. "이 결정에 당신의 의견도 들어 있다."는 설명보다도 더 절실하게 민중을 움직일 수 있는 방법은 없다.

　현대 정치가 대의제로 갈 수밖에 없는 또 다른 이유는 정치의 전문화 때문이다. 인구의 팽창, 도시 규모의 증대, 사회의 분화 등으로 말미암아 이제 정치는 범인(凡人)의 능력을 벗어났다. 따라서 주의 깊게 선발된 적은 숫자의 집단이 법을 만들거나 법을 고치는 일을 맡아야 했다. 일반 시민의 대부분은 그런 일을 맡을 능력이 없기 때문이다. 또한 무슨 일이 벌어질 때마다 인민투표에 의존할 수도 없다. 직접민주주의를 반대하면서 대의민주제로 갈 수밖에 없다고 주장하는 사람들은 인민투표에 의한 정

---

49) Karl A. Wittfogel, *Oriental Despotism*(New Haven : Yale University Press, 1958), p.104.

50) Maurizio Viroli, *Republicanism*, p.104.

51) J. S. Mill(지음), 최명관(옮김), 『자서전』(서울 : 창, 2011), 117쪽.

52) Joseph A. Schumpeter, *Capitalism, Socialism and Democracy*(New York : Harper and Brothers Publishers, 1942), p.251.

치가 결국에는 "영혼의 무산자화"를 유발할 뿐이라고 지적한다.53)

셋째로, 공화주의를 이루려면 적어도 "정치적인 공간"에서만이라도 평등이 보장되어야 한다. 몽테스키외(Baron de Montesquieu)와 루소(Jean J. Rousseau)를 거쳐 현대에 이르기까지 불평등은 민주정체가 경계해야 할 가장 악덕의 유산이었으며, 귀족정치나 군주정 또는 전제정치로 이끌어 가려는 극도의 불평등은 민주 정치의 가장 큰 적이었다.54) 굳이 정치적 평등보다는 경제적 평등을 요구하지 않는다는 점에서 공화주의는 자본주의에 더 친화적이다. 마키아벨리(N. Machiavelli)나 루소의 사상에서 빈곤의 문제가 나타나고 있는 것은 사실이지만, 그것이 하나의 이데올로기로 결정화(結晶化)되기까지에는 맑스(K. Marx)의 시대에까지 기다림이 필요했다.

공화정의 미덕은 정치적 가치의 공평한 배분에 있다. 경제적 가치는 그 다음의 문제이다. 모든 사람이 다 같이 동등하게 접근할 수 있는 토대에 입각하여 가치를 배분하는 어떤 정식(定式)을 실효적으로 적용하는 정도에 따라 지배는 공평할 수도 있고 공평하지 않을 수도 있다. 그것이 공평할 때 이를 공화정이라 한다. 따라서 어떤 지배의 공평성은 그 지배의 공화정치적 성격에 따라 바뀐다.55) 억압은 공화주의가 피해야 할 악덕이다. 군주와 대신들의 멍에 아래에서는 국가에 헌신하고자 하는 열정이 국민들에게서 피어날 수 없다.56)

넷째로는 법의 지배(rule of law)가 보장된 사회가 되어야 한다. 인간에게 법은 속박일 수 있지만, 법에 복종함으로써 인간은 오히려 자유로울 수 있다. 그들은 자신의 가치를 지키려면 역설적으로 권리의 일부를 포기하

---

53) Max Weber, 박봉식(역), 『직업으로서의 정치』, 93쪽.

54) Baron de Montesquieu, *The Spirit of the Laws*, Book Ⅷ § 2.

55) H. D. Lasswell and A. Kaplan, *Power and Society : A Framework for Political Inquiry*(London : Routledge & Kegan Paul LTD, 1952), p.232.

56) Maurizio Viroli, *Republicanism*, p.15.

지 않을 수 없었다. 또한 권력분립주의자들은 사법권과 입법권이 한 기관에 집중되는 것이 개인의 자유를 유지하는 데 얼마나 위험한 것인지를 잘 알고 있었다. 이 문제에 대해서는 명말청초(明末淸初)의 사상가 고염무(顧炎武)의 다음과 같은 논리를 들어볼 필요가 있다.

주공(周公)이 지은 『상서』(尙書) 입정(立政)에서 이르기를, 문왕(文王)께서는 관리들이 여러 가지 안건을 처리하고, 여러 가지 소송을 처리하고, 심문하는 일을 겸직하지 않도록 했으며, 그런 일에 대해서 문왕께서 굳이 알려고 하지 않았으니 정말로 그 뜻이 지극하다고 말할 수 있다. 진시황(秦始皇)이 나라를 다스릴 적에 천하의 일에서 크고 작은 것 없이 모두 위에서 결정하다가 마침내 멸망했다. …… 두원개(杜元凱)의 『좌씨전』 해석에 이르기를, "법이 바로 서면 사람이 법을 따르고, 법이 실패하면 법이 사람을 따른다."(法行則人從法 法敗則法從人)고 했다.57)

다섯째로, 시민들은 개인주의를 넘어 최소한의 공동체 의식(community spirit)과 공화국의 영광에 대한 소명(召命) 의식(애국심)을 가지고 있는 사회여야 한다. 근대에 들어오면서 "국가의 발견" 과정에서 중요한 동력은 애국심이었다. 그리고 바로 그 공화주의적 애국심에 고무된 사람들이 근대 입헌민주주의의 탄생에 크게 이바지했다. 시민의 덕성으로서의 애국심이란 일종의 자기 포기(renunciation)와 같은 것이다.58) 공회에 참여하는 개인은 국가 전체의 이익을 고려해야 하며, 가문이나 당파나 자신을 뽑은 사람들을 대변해서는 안 된다.

---

57) 顧炎武, 윤대식(역), 『日知錄』(서울 : 지식을 만드는 지식, 2009) : 政治-法制.
58) Maurizio Viroli, *Republicanism*, pp.16, 70.

2) 한국에서의 공화주의의 맥락과 전개

한국사에서 중세적 형태의 공화주의의 논리를 조선 선조(宣祖) 시대의 사상가 정여립(鄭汝立)에게서 찾으려는 논의[59]가 있지만, 그는 당대에 아무런 호소력이 없었고, "좌절된 이념"이었다는 점에서 공화주의의 전사(前史)로서의 가치를 가질 수 있으나 그 계보에 포함시키기에는 한계가 있다. 따라서 한국사에서 공화주의의 발생은 서세동점기 또는 국난의 대한제국기로 늦추어 잡을 수밖에 없다. 공화주의가 명시적으로 거론되기 시작한 자리의 맨 앞줄에는 개화파의 구상이 있었다. 김옥균(金玉均)을 중심으로 하는 초기 개화파를 공화주의자로 볼 수 있는지에 대해서는 논란의 여지가 있다. 왜냐하면 적어도 1884년 갑신정변(甲申政變)의 상황에서 그들은 기본적으로 근왕주의자(勤王主義者)들이었고 혁명은 친위 쿠데타의 성격이 짙었기 때문이다. 그러나 혁명의 주체 세력 가운데 박영효(朴泳孝)와 같은 사람들은 내각책임제를 구상한 흔적이 보인다는 점[60]에서 공화주의의 싹을 볼 수는 있다.

개화파 가운데에서 명시적으로, 그리고 최초로 공화제를 주창한 인물은 초기 개화파의 요원이었던 박제형(朴齊炯)었다. 갑신정변에도 참여한 바 있는 그는,[61] 일본 유학의 경험도 있던 터라 서구의 공화제, 그 가운데에서도 대통령중심제를 이해하고 있었던 것으로 보인다. 그는 아마도 갑신정변에서 희생된 것으로 보이지만, 혁명 실패한 뒤 2년이 지나 일본에서 그의 유고(遺稿)가 출판되었는데, 거기에는 다음과 같은 글이 담겨 있다.

---

59) 이에 관한 자세한 논의는 신복룡, 『한국정치사상사』(하), 제21장(77~102쪽) 참조.
60) 박영효, 「갑신정변」, 『純宗實記』(新民 제14호)(서울 : 신민사, 1926), 43쪽.
61) 조일문·신복룡(역주), 김옥균, 「갑신일록」, 『갑신정변회고록』(서울 : 건국대학교출판부, 2006), 68쪽(11월 10일자), 75쪽(11월 16일자), 113쪽(12월 4일자)

무릇 왕이 백성을 위해 있는 것이지 백성이 왕을 위해 있는 것이
아니다. 한 사회에 비유하여 말하자면, 먼저 지혜롭고 의로운 자를
뽑아 회장을 삼는데, 국가도 그와 마찬가지이다. 그러므로 서양에서
말하기를, 천하가 사회를 위해 있는 것이니 사회의 총리(總理)는 모름
지기 덕망이 높은 자를 뽑아야 한다. 상고시대가 법을 세우던 초기
와 그리 멀지 않아 요순(堯舜)과 우탕(禹湯)은 서로 왕위를 물려주었고,
고요(皐陶)와 익(益)과 직(稷)은 왕위를 물려주었지만 받지 않았다. 만
약 오늘날에 왕위를 신하에게 물려준다면 연왕(燕王) 쾌(噲)가 자지(子
之)에게 왕위를 물려줌으로써 천하가 어지러웠던 일이 반드시 일어
나 신하로 하여금 대역의 죄를 쓰게 할 것이다. (이런 일을 생각해보건
대), 미국의 대통령 선거가 만고에 지극히 공의로운 법이다.[62]

실패한 혁명가의 꿈이 그 시대에 반영되었다고 볼 수야 없는 일이지만,
어쨌든 박제형은 그 시대에 최초로 공화제의 대통령제를 꿈꾸던 지식인
이었다.

한국 공화주의 논쟁사에서 독특한 입장을 차지하고 있는 인물은 해학
(海鶴) 이기(李沂)이다. 학통으로 보면 실학(實學)의 학맥을 잇고 있으면서 동
학(東學)농민혁명을 지지했고, 대한자강회(大韓自强會)와 대종교(大倧敎)에 관
계하는 등, 사상적 편력이 다양했던 그는 공화제를 지지하지는 않았지만
그 가치를 충분히 인지하고 있던 인물이었다. 저작 연대를 알 수 없는「국
제(國制)에 관한 글」에서 그는 다음과 같이 설명하고 있다.

지금 천하에 스스로를 국가라고 부르는 곳은 많으나 그 정체는 크
게 세 가지이니 첫째는 공화정이며, 둘째는 입헌제이며, 셋째는 전제
군주제이다. 지금 동양에서는 찾아볼 수 없지만, 그 역사를 살펴보
면, (왕위를 남에게 물려주었던) 요순(堯舜)의 시대는 공화제였으며, [왕위

---

62) 朴齊炯, 『近世朝鮮政鑑』(東京 : 中央堂, 1886), 9左-10右.

를 남에게 물려주지는 않지만 법도를 지키면서 선정을 베푼 하은주(夏殷周)의] 삼대(三代)는 입헌군주제였으며, (왕위를 세습하면서 백성을 압제한) 진한 (秦漢) 이래의 시대는 전제군주제였다. 그 세 가지 가운데 공화정이 가장 훌륭했고, 전제군주제가 가장 나빴지만, …… (지금의 우리로서는) 입헌제를 채택할 만하다.[63]

위의 두 인물, 곧 박제형과 이기가 그 시대에 독자들에게 호소력이 없는 유고(遺稿)에서 대통령제를 설명했거나 지지한 것과는 조금 달리 구체적이고도 적극적으로 공화제의 실시를 요구한 공간은 만민공동회(萬民共同會)였다. 그 회의에서 오고간 많은 논의 가운데 발설자도 알 수 없고 작성자도 알 수 없는 다음과 같은 익명서(匿名書, 1898)가 독립문에 내걸리는 사건이 벌어졌다. 그 내용은 다음과 같다.

무릇 왕이 지켜야 할 길은 천리(天理)를 따르고 천명(天命)을 받아야 한다. 이는 고금의 변함없는 이치라. 이제 왕실이 기울고 타락하였으며, 국세(國勢)가 거꾸러지는데 위로는 왕을 보필하는 신하가 없어 이른바 칙임관(勅任官)도 자기 살찌는 정치만 하고 백성의 아픔을 돌보지 않으며 주판임(奏判任)이라는 자가 재산을 모으는데 눈이 벌겋고 옳은 정치를 할 생각이 없도다. 이제 민심이 하나로 돌아와 백성과 하늘의 뜻이 같아 종로 큰길에 만민이 함께 큰 집에 모여 회의를 하는데 모든 권한을 대통령에게 주고 바른 정치를 하게 하니 대통령은 하늘과 백성이 모두 맹세한 바이로다. 칼로써 피를 흘리거나 죽이는 일이 없이 어진 군주를 추대하여 악행이 없이 모두 한목소로 외치니 숨어 있던 인물이 대궐로 들어가도다. 정부가 모두 내려와 항복하고 백성이 따르도다. 민망(悶亡, 민씨의 멸망)하고 민망함이여, 민 씨의 움직임이로다. 민심이 곧 천심이니 윤(尹)씨 집안의 경사로

63) 李沂, 『海鶴遺書』(2) 急務八制議 國制(1)

다. 높고 낮은 백성들은 힘을 다하고 깨달아 개명으로 진보함을 두 손 모아 빌지어다.[64]

이 글에는 하늘의 뜻과 인간의 뜻이 끝내는 같다는 이른바 천인감응설(天人感應說, 天人合一說)의 내용이 담겨 있다. 이 글은 출처에서부터 미묘한 여운을 남기고 있다. 이 글을 후세에 남긴 사람은 윤치호(尹致昊)였다. 이 글의 함의가 미묘하다는 것은 이 글에서 대통령으로 거명되고 있는 인물이 바로 윤치호 자신이었다는 점이다. 이로 말미암아 이 글이 혹시 윤치호 자신의 공명심에서 나온 것이 아닌가 하는 의혹이 들 수도 있지만, 정교(鄭喬)가 이 글을 보았다는 기록[65]을 남긴 것으로 보아 이 글은 실제로 존재했던 것으로 보인다.

서희경(徐希慶)은 이 익명서를 논의한 "만민공동회가 한국 공화주의의 맹아(萌芽)이다."[66]라는 논리를 전개하고 있다. 이 글이 가지는 의미는 높다. 그러나 이 글을 익명의 벽보(掛書)로 발표할 수밖에 없었던 당시의 정황과 이 글이 발표된 뒤, 『독립신문』에서 근왕적 논설을 강력하게 게재했다는 사실이 눈길을 끈다. 그 논설은 다음과 같이 주장하고 있다.

대한국의 신민으로서 대황제에게 귀속된 군권(君權)을 침해(侵損)하는 행위가 있으면 이미 행함(旣遂)과 행하지 못함(未遂)을 따지지 않고 신민의 도리를 잃은 자로 알지니라.[67]

위 『독립신문』의 논설은 보황(保皇)노선을 분명하게 표출하고 있다. 이

64) 尹致昊, 「獨立協會의 始終」, 『純宗實記』(新民 제14호, 1926), 59쪽.
65) 鄭喬, 『大韓季年史』(4)(서울 : 국사편찬위원회, 1971), 295쪽(광무 2년 戊戌, 1898).
66) 서희경, 『대한민국 헌법의 탄생』(서울 : 창비, 2012), 41쪽.
67) 『독립신문』 192호, 1899.8.23 : 「대한민국 국제(國制)」.

일련의 논의가 가지는 의미는 당시 공화제나 대통령제에 대한 길항(拮抗)과 진보주의자들의 정치 인식의 얼개와 한계를 읽을 수 있다는 사실이다. 곧, 그들이 공화주의나 대통령제에 대한 문제의식을 가지고 있었음은 분명한 일이지만, 그것은 공개적인 자리에서 나누어진 담론이 아니었고, 아직 숨어서 이야기할 수밖에 없는 "위험한 사조"로 받아들여지고 있었다는 사실이다. 그 시대로서는 진보적이었다는 애국계몽기의 지식인들의 생각이 거기까지였다면, 당시 민중의 보편적 정서는 아직 공화주의로부터 멀리 떨어져 있었을 것이다.

대한제국 말기에 공화정을 강령으로 채택한 최초의 단체는 신민회(新民會)였다. 1905년 을사보호조약에 대한 충격과 반사작용으로 창립된 이 단체는 1906년 말부터 미주 한인 애국단체를 주축으로 하여 움직임을 보이더니 1907년 4월에 미국 캘리포니아주에서 창립되었다. 이들의 성격을 이해하기 위해서는 먼저 다음과 같은 그 구성원을 살펴볼 필요가 있다. 곧,

  (1) 양기탁(梁起鐸), 신채호(申采浩), 박은식(朴殷植), 장지연(張志淵)을 중심으로 하는 『대한매일신보』 계열
  (2) 안창호(安昌浩)·윤치호(尹致昊)·이승훈(李昇薰)·전덕기(全德基)·이상재(李商在)를 중심으로 하는 기독교청년회(YMCA)와 상동교회(尙洞敎會) 계열
  (3) 안태국(安泰國) 등을 중심으로 하는 서북지방 상공인 계열
  (4) 이동휘(李東輝)·이갑(李甲)·유동열(柳東說) 등의 무관 출신들[68]

신민회의 구성을 보면, 대부분이 어떤 형태로든 독립협회와 인연을 맺

---

68) 유영렬, 「대한자강회와 신민회의 민족운동」, 국사편찬위원회(편), 『한민족독립운동사』(1) : 국권수호운동(1)(서울 : 탐구당, 1987), 184쪽; 「대한신민회의 구성」(1909년 警視總監 기밀보고 제5921), 국사편찬위원회(편), 『한국독립운동사』(1)(서울 : 국사편찬위원회, 1965), 1023쪽.

고 있었고, 그 정신을 계승한 개화자강계열의 결사로서 대한자강회와 서우학회(西友學會, 서북학회)에 소속된 애국계몽운동의 정예분자들이었다. 그리고 예수교도와 『대한매일신보』 출신들이 관계되어 있다. 신민회 회원의 수는 대략 800명이었다.[69]

신민회가 구상한 정치적 이념이 무엇이었던가는 그들의 창립 취지서에 다음과 같이 명시되어 있다.

> 우리는 지난날로부터 스스로 새로워지지(自新) 못하여 나쁜 나무에 나쁜 과일(惡樹惡果)을 오늘에 받게 되었으나 오늘 진실로 능히 새로워질진대 좋은 나무에 좋은 과일(善樹善果)을 다른 날에 거둘지라. 오늘 애국하는 길은 역시 새로워지는 일뿐이다. …… 동방으로부터 나쁜 소식은 귀뿌리를 놀라게 하며, 이역(異域)의 광음(光陰)은 유수(流水)와 같이 최촉(催促)하니 편안히 앉아 있고자 하되 참을 수 없고, 헛되이 죽고자 하되 무익(無益)이라. 이에 천지신명에게 묻고 아래로 동포형제에게 꾀하여 드디어 한 모임을 캘리포니아주에서 발기하니 그 이름을 대한신민회라 한다. …… 우리는 마땅히 잠을 잊고 먹기를 끊으며 바라는 바는 유신(維新)이다. 마음으로 노래하고, 피를 말리며 실행할 것은 이 유신이라.[70]

이어서 그들은 "본회의 목적은 우리 대한의 부패한 사상과 습관을 혁신하여 국민을 유신케 하며, 쇠퇴(衰頹)한 발육과 산업을 개량하여 사업을 유신케 하며, 유신한 국민이 통일·연합하여 유신한 자유문명국을 성립케 함"[71]이라고 밝히면서, "한국으로 하여금 여러 나라의 보호 아래 공화정

---

69) 「대한신민회의 구성」, 1023쪽; 유영렬, 「대한자강회와 신민회의 민족운동」, 185쪽.
70) 「대한신민회 취지서 및 同會 章程」(1909년 헌병대장 기밀 보고), 국사편찬위원회(편), 『한국독립운동사』(1), 1026~1027쪽.
71) 「大韓新民會通用章程」, 국사편찬위원회(편), 『한국독립운동사』(1), 1028쪽.

체의 독립국으로 함에 목적이 있음"[72]을 주장하고 있다. 이들의 문건에는 진화(進化)와 천연(天演) 등 당시 중국의 사회진화론자였던 엄복(嚴復)이 주장하는 서학 수용의 흔적도 나타나고 있다.[73] 신민회의 활동은 1911년 105인 사건을 통하여 사실상 와해되었다. 그러나 이들은 대한제국 말기로부터 망국의 시기에 걸쳐 공화주의를 정강으로 채택한 최초의 정치 집단이었다는 평가를 받을 수 있다.

3) 3·1운동에 나타난 공화주의의 전개

사상사의 전개 과정을 보면, 얼마 동안 여러 가지 지류(支流)가 갈등과 융합을 거치면서 지속되다가 시대정신을 깨달은 위대한 사상가가 명상과 고뇌를 통하여 이들을 합류(合流)하게 만드는데, 서구의 경우에는 계몽사상이 그러한 예에 속하고, 한국 근현대사의 경우에는 3·1운동이 그러한 예에 속한다. 3·1운동이 품고 있는 역사적 의미는 복합적이다. 정치사상사로 좁혀 말한다면, 3·1운동의 정신 가운데서 가장 의미 있는 부분은 "근대 국가"의 발견이었을 것이다. 그 이전이라고 해서 한국인에게 국가의식이 전혀 없었던 것은 아니었다. 그러나 전근대 사회에서 국가 의식이라는 것은 충군(忠君)에 입각한 근왕사상(勤王思想)이었으며, 일제시대에는 일본의 폭압적 동화(同化)정책에 따라 국가 의식이 사라졌거나, 아니면 강요된 내선일체(內鮮一體)의 인식, 또는 이 모든 것으로부터의 체념과 같은 것이었다. 이는 어느 모로 보아도 근대 국가의 출현과는 거리가 있는 것이었다.

---

72) 「대한신민회의 구성」, 1024쪽.
73) 「대한신민회 취지서 및 同會 章程」, 1024쪽. 엄복(嚴復)의 생애와 그것이 한국의 개명 사상에 끼친 영향에 대해서는 신복룡, 『한국정치사상사』(하), 제35장 「역사주의」(626~630쪽) 참조.

이러한 상황에서 3·1운동이 안겨준 첫 번째 의미는 주권 의식의 발견이었다. 이제까지 충군이나 사직(社稷)의 보전에 바탕을 두었던 독립이 국가 주권의 구현으로 가능하다는 것을 인식한 한국인들은 임시정부의 구성이 그 실마리임을 자각하고 이 과업에 착수했다. 그와 같은 주권 의식의 표현으로서 시위 초기 과정인 4월 10일에 최초로 공화정에 관한 의지가 유인물에 등장하기 시작했다. 그 대표적인 예로서 조선국민대회－조선자주당연합회가 발표한 다음과 같은 「조선민국 임시정부 창립 장정(章程)」을 음미해 볼 필요가 있다.

제1조 조선민국대회의 조선자주당은 연합회 의정(議定)의 명의로
　　　서 조선을 조선 민족이라 이름(號)하고 이에 임시정부를 조
　　　직함
제2조 조선민국은 2인의 도령(都領)을 선거하여 이를 통할(統轄)함
제3조 도령은 이를 나누어 도령·부도령이라 칭함
재10조 도령은 30인 이상의 위원을 자선(自選)하여 민국 약법을 제
　　　정함
제11조 약법은 임시정부의 권한을 규정하고 또 헌법제정위원회의
　　　조직 및 그 당해 위원의 선거 방법을 제정하여 이를 내각
　　　회의에 붙여 승인을 얻을 것을 요(要)함[74]

이 선언문이 가지는 의미는 민선 지도자를 요구하고 있다는 점이다. 그들이 말하는 도령이라 함은 서구적 개념의 민선 대통령을 의미하는 것이었고, 이들의 구상은 대통령(도령)을 중심으로 하는 대의민주정치였다. 그리고 그들은 30명 이상으로 구성된 제헌의회의 소집을 요구하고 있다. 이제 한국인들은 일제에 병합되어 살아가는 민족 생활의 문제점을 체험적

74) 「4월 10일 경성 인사동에 배포된 유인물」, 『3·1운동독립선언서와 격문』(서울 : 국가보훈처, 2002), 215~222쪽.

으로 깨달으면서 근대적인 국가 주권의 의미를 자각하게 되었다.[75] 그래서 그 결론으로 국가 창설과 임시정부의 구성에 주목하였다. 그리고 그와 같은 일련의 작업의 확대로서 행정부로서의 내각의 수립을 제언하고 있다.

이 밖에 또 다른 유인물은 다음과 같이 국체와 대의민주주의 그리고 국제 관계에 대한 구상을 밝히고 있다.

> 제1조 국체는 민주제를 채용함
> 제2조 정체는 대의제를 채용함
> 제3조 국시(國是)로서 국민의 자유와 권리를 존중하여 세계 평화
>   의 행운을 증진할 것[76]

3·1운동의 결과로 통합을 이룬 임시정부는 「대한민국임시헌장」(1919.4.11)을 제정하면서 그 제1조에 "대한민국은 민주공화제로 함"[77]을 명문화하였다. 이와 때를 같이하여 상해의 망명 세력들은 3·1운동 직후인 4월 13일에 안창호를 중심으로 임시정부를 수립하였고, 3·1운동 직전인 2월 25일에 블라디보스토크에서는 김철훈(金哲勳)과 문창범(文昌範)이 주도하던 대한국민의회, 그리고 서울에서 3월 17일에 이규갑(李奎甲)과 홍진(洪震) 등에 의해 추진되던 한성임시정부가 연대를 모색하다가 9월 11일 통합된 또 다른 임시정부의 발족을 보게 되었다. 이들은 『대한민국임시정부공보』호외(1919.9.11)를 통하여 「대한민국임시헌법 전문(前文)」을 발표하였는데 그

---

75) 전상숙, 「일제강점기 사회주의운동 계열의 민족 문제 인식」, 『나라사랑 독립정신』(서울 : 국가보훈처, 2005), 304쪽.
76) 「4월 27일 경성 인사동에서 학생으로 보이는 자가 誦讀하던 중에 발견·압수된 유인물 : 국민대회 선포문」, 『3·1운동독립선언서와 격문』, 301~303쪽.
77) 한국임시정부선전위원회(편), 조일문(옮김), 『한국독립운동문류』(서울 : 건국대학교출판부, 1976), 9쪽.

내용은 다음과 같다.

　　우리(我) 대한민국은 우리나라(我國)가 독립국임과 우리 민족이 자
유민임을 선언하였도다. 이(此)로써 세계만방에 고(告)하여 인류 평등
의 대의(大義)를 극명(克明)하였으며, 이로써 자손만대에 고하여 민족
자존의 정권(正權)을 영유케 하였도다. 반만년 역사의 권위에 의지(仗)
하여……78)

　　위 전문의 내용은 민족 대표 33인이 작성한 「3·1독립선언서」의 복제
품(複製品)과 다름이 없다. 더 나아가서 이는 상해임시정부가 3·1운동의
산물임을 문헌적으로 입증하고 있다. 이 시기의 공화주의의 천명(闡明)이
가지는 의미는 왕정 세습을 부인하는 주권재민의 의지를 넘어서서 군주
정에 견주어 국제주의적이고도 평화주의적인 측면을 담고 있다는 점이
다. 이런 점에서 3·1운동의 정신에 담긴 동양 평화의 염원은 하나의 정
치적 미덕이 될 수 있다. 그들은 침략주의를 거부하며, 조선의 독립이 곧
동양 평화의 밑돌임을 강조한다.79) 이러한 동양평화주의는 임시정부에도
계승되어 『임시정부공보』 제11호(1920.1.26)에 「국무원포고」 제1호로서 다
음과 같은 취지의 글을 발표했다.

　　대개 우리 대한 나라는 성조(聖祖) 단군(檀君)께옵서 억만세 무궁의
국기(國基)를 시작(肇)하심으로부터 이래 반만년 동안 열국(列國)의 충
의와 용감으로 능히 안으로는 우수한 문화를 건설하고 밖으로는 동
서의 강적을 응징하고 막아(懲禦) 독립국의 자유민이 영예로운 역사
를 향유하더니, 슬프다.……80)

---

78) 『대한민국임시정부공보』(천안 : 독립운동사연구소, 2004), 7쪽.
79) 한용운, 「조선 독립의 書」, 『나라사랑』(2)(서울 : 정음사, 1971), 149, 152쪽.
80) 『대한민국임시정부공보』, 38쪽.

이 글에서 임시정부는 안으로는 독립 국가의 자존을 지키고 밖으로는 동양 평화를 유지하는 한 축의 구실을 자임함으로써 종래의 군주주권적 수기(守己) 의식이나 배타적 지배 의지를 보이지 않으며 공영·공존에 대한 열망을 담고 있다.

또 한 가지 지적할 것은, 아직 분명한 통계 자료가 연구된 바는 많지 않지만, 이 운동에서 여성의 참여가 두드러졌다는 점도 계층 초월을 보여 주는 한 단면이 될 수 있을 것이다. 당시 여학생들은 3·1운동에 중요한 매개자였으며, 부인과 기녀(妓女) 등이 이 무리에 가담함으로써 민족의 정치 무대에 처음으로 여성의 역할을 완수했다.[81]

요컨대, 3·1운동이 가지는 사상사적 가치를 여러 가지 측면에서 살필 수 있지만, 정치사상사의 측면에서 본다면 군주정에서 식민지시대를 거치면서 민국 정부의 수립에 이상을 제시했고, 실제로 임시정부의 조직을 통해 그러한 정신을 구체적 현실로 구현했다는 점이다. 앞서 지적한 개화파나 만민공동회 또는 신민회의 공화주의가 당대 지식인의 가슴에 머문 것이었다면, 3·1운동은 이러한 서면(書面) 이데올로기(paper ideology)를 실체적 진실로 민중들에게 제시했다는 의미를 가지고 있다.

4) 복벽론(復辟論)의 사상적 기원과 전개

시대정신은 공화주의로 흘러가고 있고, 또 그것이 정도(正道)라는 공감에도 불구하고 왕정에 대한 향수를 갖는다는 것이 시대착오적이라는 비난에 맞서 복벽(왕정복고)을 추구하는 사람들에게는 많은 용기와 고민이 필요했을 것이다. 망국의 비극을 겪은 지 10년의 시간이 흐른 1919년대의 상황은 왕정에서 살았던 백성의 숫자가 지배적이었을 터이고, 충군의 의

---

81) Gregory Henderson, *Korea : The Politics of the Vortex*(Cambridge : Harvard University Press, 1978), p.82.

식을 씻기가 쉽지는 않았을 것이다.

3·1운동의 공화주의 논의에서 하나 걸림돌이 있다면, 그 과정에서 나
타난 바로 그 복벽의 성격을 어떻게 이해해야 할 것인가의 문제이다.[82]
왕정이 공화정을 지향하지 않았다든가, 아니면 공화정으로 가는 길을 저
해했다는 이유만으로 비난하고, 역사에 역행한 것으로 규정할 수는 없다.
왕정은 그 자체로서 존재 이유가 있었고, 그 안에서도 어느 정도의 진보
가 가능했기 때문이다. 따라서 당시로서는 복벽주의가 자랑할 것은 아니
지만 그렇다고 해서 치명적인 허물도 아니다. 왜 그 시대에도 복벽은 아
직 생명력을 가지고 민중의 가슴속에 남아 있었을까? 이에 대해서는 다음
과 같은 설명이 가능할 것이다.

첫째로 당시의 민중들이 아무리 공화주의의 사조 속에 살았다고
하더라도 그들에게는 오랜 경험과 학습을 통해 삶의 일부가 된 유교
적 충군사상으로부터 벗어나는 일이 쉽지 않았을 것이다. 전통 사회
에서의 군주는 부권(父權)의 연장이었다. 그들에게는 충군이 최고의
가치였으며 미덕이었다.

둘째로 당시의 민중들에게는 망국의 회한(悔恨)이 멸망한 왕조에
대한 향수를 불러 일으켰다. 그러한 정서는 이성이나 논리를 뛰어넘
는 것이었다. 그런 점에서 그들은 보수주의자들이었다. 그들에게는
다가오는 미래보다 지나간 날들에 대한 그리움이 더 절절했다.

셋째로 당시의 민중들은 고종(高宗)의 비극적 말로에 대한 연민(憐
憫)을 가지고 있었다. 사실이든 사실이 아니든, 그가 독살되었다는
소문은 그에 대한 연민을 넘어서 민족의식을 더욱 자극했다. 이를
계기로 전국 규모의 항쟁이 일어났다. 그것은 근왕주의적 요소를
넘어서서 자존(自存)을 위한 외침이었고, 생존을 위한 최소한의 요구

82) 이에 대한 자세한 논의는 이현주, 「3·1운동기 서울에 배포된 전단과 정치
적 지향」, 『仁荷史學』(10)(인천 : 인하대학교, 2003), 902~907쪽.

였다. 일본 헌병 통치의 한계 상황이 고종의 죽음이라는 변수와 맞아 떨어지면서 근왕과 민족의식이 미묘한 융합을 이루며 확산되었다.

넷째로 중화주의적 반(反)서구의식이 서구적 정치제도에 대한 반발과 함께 종묘니 사직이니 하는 유교적 지배 이념에 대한 경도를 유발했다. 한국인은 종교나 학교 교육에 관계없이 삶의 모습은 유교적이었다.

군주정체가 공화정에 비하여 장점이 되는 부분이 있는 것은 사실이다. 곧 정무(政務)가 단 한 사람에 의해서 지휘되므로 집행에 보다 더 신속성하다. 그러나 그것만으로 복벽을 합리화시킬 수는 없다. 그 신속성이 잘못하면 졸속으로 변할 수도 있기 때문이다. 뿐만 아니라 개인의 판단이 집단적 숙고보다 우수하기는 어렵다. 그러므로 법의 집행은 어느 정도 완만해야 한다고 공화주의자들은 주장한다.

1919년의 시대적 배경에서 그와 같은 복벽의 움직임이 있었다는 것은 기이한 일이다. 이를테면 3·1운동의 계승이라고 할 수 있는 대동단(大同團)의 복벽 문제가 바로 그것이었다. 사건의 전말을 보면 김가진(金嘉鎭)·전협(全協)·최익환(崔益煥) 등이 의친왕(義親王) 이강 공(李堈公)을 상해(上海)로 탈출시키려고 했던 사실이 문제의 핵심으로 등장했다.[83] 의친왕의 탈출 자체가 복벽으로 비쳐질 수도 있으려니와, 그 창당 과정에서 복벽주의자들이 가담했다는 사실도 대동단의 성격을 복벽으로 해석할 수 있는 빌미를 제공했다. 왜 하필이면 탈출 대상으로 선택한 인물이 이강 공이었을까? 이에 대해서는 그가 개인적으로 가지고 있었던 카리스마의 상징성과, 그의 부왕(父王) 고종에 대한 것과 마찬가지로 이강 공의 비운에 대한 민중들의 연민, 그리고 대동단 총재 김가진과의 가족사적인 인연[84] 등이 작

___

83) 의친왕 탈출 사건에 대한 전말은 본서, 113~154쪽 참조.

용했을 것이다.

　실제로 대동단원들 사이에는 복벽의 문제가 구체적으로 거론되는 일이 벌어졌다. 이를테면 대동단원 가운데 이달하(李達河)는 보성(普成)사립학교를 졸업한 인텔리겐치아로서 평소에 고종이나 황태자, 또는 이강 공 가운데에서 어느 누구를 황제로 다시 추대하여 독립운동을 전개해야 한다는 확신을 가지고 대한제국 말기의 내부대신이자 명성황후(明成皇后)의 종형제인 민영달(閔泳達)과 함께 복벽 운동을 벌였다. 그러다가 그는 1919년 전협의 무리가 이강 공을 상해로 탈출시킨다는 밀계를 듣고 감동하여 대동단에 합류했다.[85] 그는 구종서(具宗書)의 소개로 정두화(鄭斗和)를 만났을 때에도 복벽 운동을 강조한 바 있다.[86] 이달하는 귀족이나 진신(縉紳, 벼슬아치) 가운데 전 참정대신 한규설(韓圭卨), 전 내부대신 윤용구(尹用求), 전 의정부 찬정(贊政) 홍순형(洪淳馨) 등을 영입 대상으로 삼고 교섭에 나섰으나 뜻을 이루지 못했다.[87]

　대동단원의 일부가 제기한 복벽 운동에 대한 해석은 조심스럽다. 왜냐하면 그들의 복벽 논리가 어느 정도 비중 있게 논의되었으며, 회원들 가운데 얼마나 이에 동의하고 동조했는가에 대해서는 의심의 여지가 있기 때문이다. 그들의 복벽 운동에 대한 이 글의 입장은 그것이 그리 대단한

---

84) 「전협에 대한 경찰 조서」(1), 『대동단사건』(I) : 한민족독립운동사자료집(5)』 (과천 : 국사편찬위원회, 1988), 150쪽; 靑柳南冥, 『朝鮮獨立騷擾史論』(서울 : 朝鮮硏究會, 1920), 194쪽.

85) 「이달하에 대한 경찰 조서」(1), 『대동단사건』(I), 143쪽; 「이달하에 대한 경찰 조서」(2), 『대동단사건』(I), 179쪽; 「정두화에 대한 경찰 조서」(2), 『대동단사건』(I), 197쪽; 「이달하에 대한 예심 조서」, 『대동단사건』(II) : 한민족독립운동사자료집(6)』(과천 : 국사편찬위원회, 1988), 174~175쪽.

86) 「정두화에 대한 경찰 조서」(2), 『대동단사건(I), 197쪽; 「이달하에 대한 경찰 조서」(4), 『대동단사건』(I), 205쪽; 「이달하에 대한 예심 조서」, 『대동단사건』(II), 176쪽.

87) 「전협에 대한 경찰 조서」(3), 『대동단 사건』(I), 194쪽.

것이 아니었다는 것이다. 그 당시 대동단의 기본 생각은 「대동단 임시규칙」에서 그들이 명증(明證)하게 요구하고 있는 바와 같이 사회주의였다.[88] 여기에서 다시 그들의 사회주의 인식이 얼마나 구체적으로 심도 있는 것이었고 공고한 것이었느냐에 대해서는 또 다른 논의가 있을 수 있지만,[89] 그들이 사회주의 색채를 띠고 있었던 것은 부인할 수 없다. 그들이 사회주의를 표방한 것이 의미를 갖는 이유는 사회주의자가 복벽을 주장하는 예란 없기 때문이다.

1919년의 복벽을 둘러싼 두 번째의 사건은 임시정부에서의 복벽 사조와 이를 둘러싼 여운형(呂運亨)의 저항이었다. 임시정부에서는 임시 헌장을 제정하면서 멸망한 구황실(舊皇室)을 어떻게 대우할 것이냐 하는 문제에 부딪혔다. 공화주의에 대한 개명 의식을 가지고 있지 않을 뿐만 아니라 심지어는 복벽의 성격을 띠고 있었던 일부 임정 요인들이 멸망한 왕조에 대한 연민을 가졌던 것은 있을 수 있는 일이었다. 조완구(趙琬九)를 중심으로 하는 보수주의자들은 조선조 5백 년의 전통, 국권 유지를 위해 노력한 고종의 충정(衷情), 그리고 고종의 죽음에 대하여 보여준 국민들의 폭넓은 조문(弔問) 분위기 등을 지적하면서 황실의 우대를 명문화할 것을 요구했다.[90]

임정의 보수주의자들이 요구한 "황실의 우대"가 정확히 복벽인지의 문제인지는 미묘한 어의(語義)의 차이가 있다. 그러나 그들의 주장이 정확히 복벽은 아니었다 하더라도 왕정에 대한 깊은 향수를 담고 있었음에는 틀림없고 그래서 후대에는 이 문제가 복벽으로 분류되었다. 결국 이 문제는 다수가 이에 동의하여 임시 헌장에 황실 우대의 조항을 담는 쪽으로 분위기가 흘러갔다.[91] 이미 개명 사조에 젖어 있었던 여운형으로서는 황실 우

---

88) 본서, 110, 252쪽(「대동단 사건에 대한 경성지방법원 1심판결문」) 참조.
89) 신복룡, 『한국정치사상사』(하), 590~591쪽 참조.
90) 여운홍, 『몽양 여운형』(서울 : 청하각, 1967), 41~42쪽.

대를 법조문화하려는 입장을 받아들일 수 없었다.[92] 결국 이 문제는 대한
민국 임시 헌장 제8조에 "대한민국은 구황실을 우대함"이라고 명기하는
것으로 일단락되었지만 여운형으로서는 이 사실을 끝까지 용납할 수가
없었다. 따라서 그는 개회 당시에는 경기도 대표의 자격으로 의정원 의원
으로 선출되었지만 그의 주장과 의견이 통과되지 않자 한 번도 의정원 회
의에 출석하거나 직무를 수행한 적이 없으며, 상해 민단장(民團長)의 이름
으로 활동했다.[93]

이상의 정황으로 볼 때, 3·1운동사에서 복벽주의가 안팎으로 논의된
것은 사실이고 일부 인사들이 복벽에 관심을 보인 것은 사실이지만, 그것
이 대세가 아니었던 것은 분명하다. 왕정은 이미 그 시대 민중의 관심사
가 아니었다. 따라서 이 시대의 복벽 논쟁은 다소 과장된 느낌이 있다.
민중은 이미 망국에 대한 왕실의 책임을 감지하고 있었고 존왕(尊王) 의식
으로부터 멀어져 있었다. 고종이 독살되었다는 소식이 전해지면서 일시
적으로 왕정에 대한 연민이 표출된 것은 사실이라 하더라도, 그것이 3·1
운동의 성격에서 복벽주의를 강조할 수 있는 논거는 아니었다.

5. 결론 : 1919년의 시대정신

1919년대의 한국사상사는 거대한 용광로와 같았다. 서구로부터 들어

---

91) 「임시의정원기사록」(第1會集, 대한민국 원년 4월 10일),『대한민국임시정
    부의정원문서』(서울 : 대한민국국회, 1974), 39~41쪽.
92) 이만규,『여운형선생투쟁사』(서울 : 민주문화사, 1947), 23~24쪽.
93) 「여운형에 관한 경기도 경찰부 고등 경찰과, 치안유지법 위반 혐의자(여운
    형)에 관한 보고」(1929.7.12),『夢陽呂運亨全集』(1)(서울 : 한울, 1991), 391쪽;
    「여운형에 관한 경성지방법원 검사국 피의자 신문 조서」(제2회, 1925.8.1),
    『夢陽呂運亨全集』(1), 474~475쪽.

오는 온갖 사상과 그러한 사조에 저항하려는 보수주의의 논리가 서로 부딪치고 융합하면서 많은 사상들이 죽순처럼 일어났다. 전통과 현대가 결(結)을 삭이는 과정에서 진통이 있었는가 하면, 새로운 사상이 주는 감격에 사로잡히기도 했다. 자본주의의 사조와 함께 이에 실망한 사회주의 계열도 이때부터 머리를 들기 시작했다. 그러다 보니 신채호가 민족주의자요 역사주의자요 동시에 무정부주의자이듯이, 한 사람이 여러 가지의 사상적 스펙트럼으로 비춰지는 경우도 있었다. 이와 같은 배경을 가지고 있는 1919년의 사상사적 조류를 다음과 같이 정리할 수 있을 것이다.

[1] 전환기의 사상적 융합 과정에서 주류를 이룬 것은 민족주의라는 거대한 틀이었으며, 그 그늘 아래 공화주의가 나타났고, 그에 대한 반사작용으로 복벽의 운동도 함께 일어났다. 그 사상의 선악을 한마디로 가릴 수는 없지만 공화주의가 신생국 창설 과정의 주류를 이루고 있었던 것은 이상할 것이 없다. 공화주의는 그 나름의 장점을 갖추고 있었는데, 그것은 세습 군주에서 나타날 수 있는 "잘못된 군주"(worst ruler)의 가능성을 줄이면서 위대한 지배자의 발굴을 가능케 하는 기제(機制)로서의 민선(民選) 제도를 갖추고 있다는 점이었다. 또한 공화주의는 군주의 폭압을 억제하고 민중들로 하여금 "자신의 운명에 관한 결정"을 그들에게 돌려주는 장점을 가지고 있었다.

[2] 망국한 지 10년이나 지난 1919년의 시점에서 일부 복벽의 움직임이 있었던 것은 사실이지만 그것이 보편적이고 대중적인 의식은 아니었다. 군주국가를 유지하고 있는 영국인들은, "선량한 독재"(good despot)가 존재할 수 있다면 전제군주정이 최선의 정부 형태일 것이라고 오랫동안 주장했지만, 이런 주장은 좋은 정부란 무엇인가에 대한 질문을 치명적으로 곡해하는 것이다.94) 제1차 세계대전으로 유럽의 구질서가 파괴된 1919년의

상황에서 한국에서 나타난 복벽 논쟁은 시대정신도 아니었고, 보편적 정서도 아니었다. 그것은 역사의 분별없는 반동이었다.

[3] 그 시대의 조류는 공화주의였다. 그리고 그것이 상해임시정부의 임시헌장으로 구체화되었다. 1919년의 상황에서 공화주의가 가지는 미덕은 그 시대의 요구 사항이었던 애국심을 동원하기에 가장 적절한 이데올로기였기 때문이었다. 모든 시민들로 하여금 동일한 목표를 향하여 끊임없이 나가도록 하는 동력으로서는 두 개의 기둥이 있는데, 하나는 애국심이요 다른 하나는 종교이다. 그러므로 어떤 공화국이든 적어도 애국심이나 종교 가운데 하나는 갖추고 있어야 한다. 우리는 공화주의 아래에서만이 한때 독재에 대하여 항거하고 자유를 위해 투쟁한 역사를 기념하고, 우리 모두가 함께 고통 받았던 역사의 한 장(章)을 기억하고, 우리가 함께 공화국을 위해 몸 바쳤던 열사(烈士)들과 통일을 이룬 사람들을 이야기함으로써 모든 이들로 하여금 그들의 가슴 깊이 자신들도 그러한 업적을 이루어야 한다는 도덕적 의무감을 일깨워 줄 수 있다.[95]

[4] 특히 식민지 지배라는 시대 상황에 비춰볼 때 공화주의가 가지는 미덕은 그것이 군주국에 견주어 활력(活力)과 증오심과 혹은 복수심을 더 많이 담고 있으며, 자유에 대한 기억이 그들을 조용하게 내버려 두지 않는다는 점[96]이다. 군주 주권에서 국민 주권으로 옮겨가는 과정에서 나타나는 공화정이 다른 정체에서처럼 억제력이 있는 것도 아니고,[97] 군주정에 견주어 생산성과 속도에서 뛰어난 제도가 아님은 사실이다. 그러나

94) John S. Mill, "Representative Government," in *Three Essays*(Oxford : Oxford University Press, 1861), 179쪽.

95) Maurizio Viroli, *Republicanism*, 92~94쪽.

96) 마키아벨리, 신복룡(역주), 『군주론』(서울 : 을유문화사, 2007), 46쪽 : 5장 § 3.

97) Baron de Montesquieu, *The Spirit of the Laws*, Vol.I, Book V, § 7.

공화제를 움직이는 태엽으로서의 정치적 덕성(political virtue)[98]은 억압받는 다수의 행복을 고민하는 제도임에는 틀림이 없기 때문에 이를 선호할 수밖에 없다.

[98] Baron de Montesquieu, *The Spirit of the Laws*(York : Hafner Publishing Co., 1949), p.xxi : Author's Note.

(1) 공판 기록

「大同團豫審決定書」,『동아일보』1920.6.29~7.3

「大同團京城地法一審判決文」(정부기록보관소 소장)

「大同團京城地法一審判決文」, 岩瀨健三郎(編),『朝鮮併合十年史 : 附 朝
　　　　鮮 獨立 問題의 眞相』(京城 : 大同出版協會, 1924)

「大同團京城控訴院判決文」,『독립운동사자료집(10) : 독립군전투사자료
　　　　집』(서울 : 독립운동사편찬위원회, 1976)

「崔益煥判決文」,『京城控訴院裁判原本』7-5-17(1909.12.9)

『한민족독립운동사자료집(5)·(6) : 대동단사건(I)·(II)』(과천 : 국사편찬
　　　　위원회, 1988)

(2) 국내서

『居昌郡史』(거창 : 거창군사편찬위원회, 1997)

국가보훈처 소장 독립유공자 공적 조서

국가보훈처 소장,『독립유공자공훈록』

金九,『白凡逸志』(서울 : 국사원, 1948)

金九, 도진순(주해),『백범일지』(서울 : 돌베개, 1997)

김두헌,『民族原論』(서울 : 동국문화사, 1960)

김상기(편저),『애국지사 剛山 金庸源 : 항일의 삶과 기록』(서울 : 경인문화사, 2004)

김위현,『동농김가진전』(서울 : 학민사, 2009)

김준엽・김창순,『韓國共産主義運動史』(2)(서울 : 高大 亞細亞問題研究所, 1972)

『大韓民國獨立運動功勳史』(서울 : 한국민족운동연구소, 1971)

『大韓帝國官員履歷書』(서울 : 탐구당, 1972)

『島山安昌浩全集』(4)(서울 : 안창호선생기념사업회, 2000) :「島山日記」

『독립운동사자료집(2) : 의병항쟁사자료집』(서울 : 독립운동사편찬위원회, 1971)

『독립운동사(3) : 3・1운동사(하)』(서울 : 독립운동사편찬위원회, 1971)

『독립운동사자료집(4) : 3・1운동사자료집』(서울 : 독립운동사편찬위원회, 1971)

『독립운동사자료집(5) : 3・1운동 재판기록』(서울 : 독립운동사편찬위원회, 1972)

『독립운동사자료집(8~9) : 임시정부사자료집』(서울 : 독립운동사편찬위원회, 1975)

『독립운동사자료집(10) : 독립군전투사자료집』(서울 : 독립운동사편찬위원회, 1976)

『독립운동사자료집(12) : 문화투쟁사자료집』(서울 : 독립운동사편찬위원회, 1977)

『독립운동사자료집(13) : 학생독립운동사자료집』(서울 : 독립운동사편찬위원회, 1977)

『독립운동사자료집(14) : 대중투쟁사자료집』(서울 : 독립운동사편찬위원

회, 1977)

민두기,『中國近代史論』(서울 : 지식산업사, 1980)

박은식,『韓國獨立運動之血史』(서울 : 서울신문사, 1946)

반민족문제연구소(엮음),『친일파 99인』(Vol.3)(서울 : 돌베개, 1993)

반병률,「해외에서의 대동단 조직과 활동」,『조선민족대동단의 역사적 재조명』: 조선민족대동단기의 84주년 기념학술회의논문집(서대문독립관, 2003.11.25)

『續陰晴史』(6)「沔陽行遣日記」

宋相燾,『騎驢隨筆』(서울 : 국사편찬위원회, 1971)

신복룡,『동학 사상과 한국 민족주의』(서울 : 평민사, 1985)

신복룡,『한국정치사』(서울 : 박영사, 2003)

신복룡,『東學思想과 甲午農民革命』(서울 : 선인, 2006)

신복룡,『한국정치사상사』(서울 : 지식산업사, 2011)

申　肅,『나의 일생』(서울 : 일신사, 1963)

신채호,「성토문」,『단재신채호전집: 별집』(서울 : 단재신채호선생기념사업회, 1979)

心山사상연구회,『金昌淑文存』(서울 : 성균관대학교출판부, 1994)

연세대학교 국학연구원(편),『동농 김가진전집』(2)(서울 : 선인, 2014)

오영섭,「대종교 창시 이전 나인영의 민족운동」,『한국민족운동사연구』(39)(서울 : 한국민족운동학사학회, 2004)

오익환,「반민특위의 활동과 와해」,『해방전후사의 인식』(서울 : 한길사, 1980)

이영선,『금강산건봉사사적』(서울 : 동산법문, 2003)

이해경,『나의 아버지 義親王』(서울 : 도서출판 진, 1997)

이홍직,『국사대사전』(서울 : 지문각, 1963)

『일제 침약하 한국 36년사』(3·4)(서울 : 국사편찬위원회, 1969)

장두원, 「애국지사 장현식(張鉉植)님의 발자취를 더듬어보며」, 임시정부 기념사업회, 『독립정신』(2012년 10월 23일자)

장석흥, 「대한민국청년외교단 연구」, 『한국독립운동사 연구』(2)(천안 : 독립기념관 한국독립운동사연구소, 1988)

장석흥, 「조선민족대동단 연구」, 『한국독립운동사 연구』(3)(천안 : 한국독립운동사연구소, 1989)

장석흥, 「나창헌의 독립운동 노선과 성격」, 2001년 6월의 독립운동가 나창헌 선생 공훈선양학술강연회(서대문독립공원, 2001.6.28)

정정화, 『長江日記』(서울 : 학민사, 1998)

조규태, 「대한독립공명단의 조직과 활동」, 『한국민족운동사연구』(33)(천안 : 독립운동사연구소, 2002)

조범래, 「6월의 독립운동가 : 병인의병대장 나창헌」, 『독립기념관』(2001년 6월호)

조소앙, 「대동단개황」, 『한국독립운동사자료집 : 조소앙편(3)(성남 : 한국정신문화연구원, 1997)

「志山(鄭元澤)外遊日誌」, 『독립운동사자료집(8) : 임시정부사자료집』(서울 : 독립운동사편찬위원회, 1975)

천관우, 「한국 민족주의의 역사적 구조-재발견」, 진덕규(편), 『한국의 민족주의』(서울 : 현대사상사, 1976)

추헌수(편), 『자료한국독립운동』(2)(서울 : 연세대학교출판부, 1972)

『한국민족운동사료 : 3·1운동편』(1~3)(서울 : 국회도서관, 1977)

『한국인명대사전』(서울 : 신구문화사, 1971)

한국정신문화연구원(편), 『한국인물대사전』(서울 : 중앙일보, 1999)

黃 玹, 『梅泉野錄』(서울 : 대양서적, 1982)

(3) 일본서

慶尙北道警察部,『高等警察要史』(京城 : 朝鮮印刷株式會社, 1934)

金正明(編),『明治百年史叢書 : 朝鮮獨立運動』(1/分冊)(東京 : 原書房, 1967)

金正柱(編),『朝鮮統治史料』(4 & 7)(東京 : 宗高書房, 1970)

「英國人 ショウ(Shaw)事件ノ詳細」, 金正柱(編),『朝鮮統治史料』(7)(東京 : 宗高書房, 1970)

朝鮮憲兵隊司令部(編),『朝鮮 三・一獨立騷擾事件 : 槪況・思想及運動』(東京 : 岩南堂書店, 1969)

靑柳綱太郎,『總督政治論』(下)(京城 : 京城新聞社, 1928)

靑柳南冥,『朝鮮獨立騷擾史論』(京城 : 朝鮮硏究會, 1920)

(4) 중국서

『史記』

『禮記』

『春秋左傳』

(5) 구미서

Carr, E. H., *What is History?*(London : Macmillan Co., 1961)

Emerson, R., *From Empire to Nation*(Boston : Beacon Press, Boston, 1962)

Weems, Clarence N.(ed), *Hulbert's History of Korea*(New York : Hillary House Publishers Ltd., 1962)

(6) 번역판

Underwood, L. H., *Fifteen Years among the Top-knots*(Boston : American Track Society, 1904)

언더우드(지음) · 신복룡(역주), 상투의 나라(서울 : 집문당, 1999)

(7) 정기간행물

姜昔珠,「남기고 싶은 이야기들 : 불교 근세 백년」,『중앙일보』1979년 8월 23일자

金昌淑,「독립 운동 비화: 이승만 대통령 파면 결의 무렵의 丹齋」,『경향신문』3월 2일자

『獨立新聞』(上海)

『동아일보』

『만주일보』

서대문형무소역사관(제공),「서대문형무소와 여성운동가(4) : 이신애」,『독립정신』, 2014년 1~2월호(Vol.73)

柳光烈,「나의 이력서(11) : 대동단사건」,『한국일보』1974.3.15

尹聲烈,「남기고 싶은 이야기들 : 培材學堂」,『중앙일보』1977.4.12

「의친왕의 외유 일화」,『한국일보』1964.2.23

「이달의 독립운동가 : 나창헌 선생」,『광복회보』, 2001년 6월 20일(Vol.213)

「이달의 독립운동가 백초월」,『광복회보』, 2014년 5월 29일(Vol.368)

李蘭香,「남기고 싶은 이야기들 : 明月館(5)」,『중앙일보』1970.12.30

李曾馥,「大同團 總裁 義親王의 秘話」,『三千里』1957년 6월호

李浩璧,「남기고 싶은 이야기들 : 藥事 창업(2)~(10)」,『중앙일보』1974. 7.9~11.18

「전협 10년 일생」, 『동아일보』 1927.7.12~7.19

조은경, 「이달의 독립운동가 백초월」, 『독립기념관』, 2014년 6월호(Vol.316)

趙芝薰, 「의친왕 탈출 사건 비사」, 『신동아』 1966년 3월호

한철호, 「쇼(G. L. Shaw), 일제의 탄압·축출 공작에 당당하게 맞서다」, 『독립기념관』, 2013년 6월호(Vol.306)

한철호, 「일본인 모친·처·며느리를 둔 죠지 L. 쇼(George Long Shaw)의 한국 독립운동」, 『독립기념관』 2013년 4월호(Vol.304)

한철호, 「한국 독립운동을 도운 쇼의 체포와 석방」, 『독립기념관』 2103년 5월호(Vol.305)

홍선표, 「한국독립운동을 도운 외국인 조지 쇼」, 『문화재사랑』, 2013년 8월호(Vol.105)

(8) 기타(未公刊記錄)

故 力田 崔益煥先生葬儀委員會(編), 「故 최익환(崔益煥) 선생 약력」, *mimeo*.

국사편찬위원회 전자도서관(http//www/history.go.kr/한민족독립운동사자료집별집)

尹炳奭, 『3·1운동 50년』, n.p., n.d.

이신애, 「이신애 사건」, *mimeo*(李炫熙 교수 소장)

이신애, 「이신애光復運動史蹟」, *mimeo*(李炫熙 교수 소장)

이종욱, 『대동단 활동의 동기』(1965년 7월 1일 기록, 手稿, 불교신문사 소장)

이종욱, 『爲國先烈招魂』(1962.7.15 : 手稿, 불교신문사 소장)

「파리강화회의에 보내는 진정서」, 독립운동사연구소 소장 자료 자1153, 필름번호3690

(9) 면담자

김옥경(金玉經, 1937년생, 金仲玉의 손자) : 대전시 중구 문화동 한밭우성
        아파트 111-807

나중화(羅重華, 1931년생, 羅昌憲의 아들) : 서울시 양천구 목1동 926-8, 성
        원아파트 102-1207호

박형남(朴馨南, 1887년생) : 서울특별시 서대문구 북아현동 1-58

이정규(李丁奎, 李乙奎의 아우) : 서울특별시 동대문구 이문동 163-82

이해경(李海瓊, 1930년생, 義親王의 딸) : 미국 뉴욕, 컬럼비아대학교 도서
        관 한국과 근무(은퇴)

전직선(全直善, 1906년생 : 전협의 차남) : 경기도 인천시 부평2동 760-5/2

한기동(韓基東, 1898년생) : 충남 서산군 서산읍 수석리 963

황무길(황창오의 손자) : 수원시 장안구 파장동 589-4 충신교회

찾아보기